Gramlich
Mietrecht

Beck'sche Kompakt-Kommentare

Mietrecht

**Bürgerliches Gesetzbuch (§§ 535 bis 580a)
Betriebskostenverordnung
Heizkostenverordnung**

Von

Bernhard Gramlich
Vorsitzender Richter
am Oberlandesgericht Stuttgart a. D.

14., neu bearbeitete Auflage 2018

C.H.BECK

www.beck.de

ISBN 978 3 406 72847 1

© 2018 Verlag C. H. Beck oHG
Wilhelmstraße 9, 80801 München
Druck und Bindung: CPI – Clausen & Bosse GmbH
Birkstraße 10, 25917 Leck
Satz: Druckerei C. H. Beck Nördlingen
Umschlag: fernlicht kommunikationsdesign, Gauting

Gedruckt auf säurefreiem, alterungsbeständigem Papier
(hergestellt aus chlorfrei gebleichtem Zellstoff)

Vorwort

Der größte Teil der Bevölkerung wird als Mieter oder Vermieter einer Wohnung von den gesetzlichen Bestimmungen des Mietrechts betroffen. Mehr als die Hälfte der 40 Millionen Wohnungen in Deutschland sind Mietwohnungen. Die wirtschaftlichen Auswirkungen der gesetzlichen Regelungen können sehr weitgehend sein. Entsprechend stark ist das Bedürfnis nach Information in den verschiedensten Formen.

Das Mietrecht steht bereits seit Inkrafttreten des BGB am 1.1.1900 ständig im Spannungsfeld zwischen den gegenläufigen Zielen der Vertragsfreiheit und des aus sozialen Gründen notwendigen Mieterschutzes. Wie ein gerechter Ausgleich zwischen diesen Interessen aussehen muss, kann nur politisch entschieden werden. Die sich im Laufe der Jahre und Jahrzehnte vielfach ändernden politischen Auffassungen des Gesetzgebers haben zu einer Vielzahl von Änderungen des Mietrechts innerhalb des BGB und zu Sondergesetzen geführt. Durch das Mietrechtsreformgesetz 2001 hat der Gesetzgeber die Übersichtlichkeit der Regelungen wieder deutlich verbessert und mehrere Sondergesetze ins BGB eingegliedert. Im Frühjahr 2013 hat der Gesetzgeber das Mietrecht erneut reformiert, um vor allem die energetische Modernisierung des Wohnungsbestandes zu erleichtern.

Mit einer weiteren Novellierung im April 2015 hat der Gesetzgeber die Rechte des Mieters deutlich gestärkt. Er hat für Gebiete mit erhöhtem Wohnbedarf die Möglichkeit geschaffen, Mieterhöhungen bei Neuvermietungen zu begrenzen (Mietpreisbremse). Durch eine Änderung des Wohnungsvermittlungsgesetzes schützt er den Mieter weitestgehend vor Maklerkosten. Zur Erläuterung dieser Regelung wurde auch dieses Gesetz in das Werk neu aufgenommen.

Neue prozessrechtliche Vorschriften haben es ermöglicht, dass der Bundesgerichtshof in den letzten Jahren in sehr großem Umfang Zweifelsfragen entschieden hat, die für viele Mietverhältnisse praktische Bedeutung haben. Schwerpunkte hierbei sind unter anderem das Recht der Schönheitsreparaturen, das Kündigungsrecht, aber auch Fragen zu den Nebenkosten oder zur Kaution. Hierdurch konnte ein deutlich höheres Maß an Rechtssicherheit gewonnen werden.

Die Anmerkungen in der vorliegenden Textausgabe sollen dem an genauerer Information interessierten Nichtjuristen, aber auch dem auf einem anderen Gebiet als dem Mietrecht spezialisierten Juristen, einen knappen Überblick über die im Wohnraummietrecht typischen Probleme geben und eine praktische Hilfe bei der Lösung aufgetretener Probleme bieten. Dem Mietrechtspraktiker bieten sie eine handliche Zusammenfassung der wichtigsten obergerichtlichen Entscheidungen. Die neuere Rechtsprechung des Bundesgerichtshofs wird praxisorientiert zusammengefasst dargestellt. Darüber hinaus werden auch die Entscheidungen des Bundesverfassungsgerichts, die für die weitere Rechtsprechung und auch für die Gesetzgebung oft richtungsweisend sind, in die Darstellung einbezogen.

Die Erläuterungen sind an der höchstrichterlichen Rechtsprechung ausgerichtet und mit dem Ziel der Umsetzung in der alltäglichen Praxis formuliert. Die so gesammelten Informationen sollen dazu beitragen, dass auch weiterhin der allergrößte Teil der mietrechtlichen Konflikte außergerichtlich gelöst werden kann. Nach einer Statistik des Deutschen Mieterbundes ist dies in 97 Prozent aller Beratungsfälle möglich.

Das Bundesverfassungsgericht hat in zahlreichen Entscheidungen zu mietvertraglichen Detailfragen Stellung genommen. Soweit diese Entscheidungen Bedeutung über den Einzelfall hinaus haben, wurden sie umfassend berücksichtigt.

Die Erläuterungen beziehen sich auf die Wohnraummietverhältnisse, die nicht öffentlich gefördert und nicht preisgebunden sind. Dabei ist zu sehen, dass seit der Föderalismusreform zum 1.9.2006 die ausschließliche Gesetzgebungsbefugnis für das Recht der Wohnraumförderung und der Wohnungsbindung vom Bund auf die Länder übertragen wurde. Die bisherigen Regelungen des Wohnungsbindungsgesetzes gelten nur noch, wenn sie nicht durch Landesrecht ersetzt worden sind. Baden-Württemberg, Bayern, Hamburg, Bremen, Schleswig-Holstein, Niedersachsen und Nordrhein-Westfalen haben bereits von dieser neuen Kompetenz Gebrauch gemacht, wobei in Baden-Württemberg (Landeswohnraumförderungsgesetzes vom 11.12.2007) und ähnlich in Schleswig-Holstein das Kostenmietenprinzip bereits völlig abgeschafft worden ist. Der besondere Schutz der Mieter in öffentlich geförderten Wohnungen beschränkt sich hier im Wesentlichen nur noch darauf, dass die zulässige Höchstmiete 10 % unter der ortsüblichen Vergleichsmiete liegen muss.

Die Erläuterungen orientieren sich insbesondere an der Rechtsprechung des Bundesgerichtshofs und an der herrschenden Meinung. Abweichende Meinungen und Entscheidungen werden nicht dargestellt. Eine systematische und dogmatische Begründung der einzelnen Rechtsfragen würde den Rahmen einer kurzen Erläuterung sprengen. Insoweit muss auf die zum Mietrecht vorliegenden, ausführlichen Kommentare und Erläuterungsbücher verwiesen werden.

Stuttgart, im April 2018   *Bernhard Gramlich*

Inhaltsverzeichnis

Inhaltsverzeichnis

Inhaltsverzeichnis

2. Zivilprozessordnung

3. Gesetz zur weiteren Vereinfachung des Wirtschaftsstrafrechts (Wirtschaftsstrafgesetz 1954)

4. Verordnung über die verbrauchsabhängige Abrechnung der Heiz- und Warmwasserkosten (Verordnung über Heizkostenabrechnung – HeizkostenV)

5. Gesetz zur Regelung der Wohnungsvermittlung (WoVermittG)

Abkürzungsverzeichnis

Abkürzungsverzeichnis

WoBindG .... Wohnungsbindungsgesetz
WoFG .... Gesetz über die soziale Wohnraumförderung
WoFlV .... Wohnflächenverordnung vom 25.11.2003 (BGBl. 2003 I 2346)
WoVermittG ...... Wohnungsvermittlungsgesetz
WPM .... Zeitschrift für Wirtschaft und Bankrecht, Wertpapiermitteilungen
zB .... zum Beispiel
ZGB .... Zivilgesetzbuch (der ehemaligen DDR)
ZMR .... Zeitschrift für Miet- und Raumrecht, Düsseldorf
ZPO .... Zivilprozessordnung
ZVG .... Gesetz über die Zwangsversteigerung und die Zwangsverwaltung

1. Bürgerliches Gesetzbuch

in der Fassung der Bekanntmachung vom 2.1.2002 (BGBl. 2002 I 42),
zuletzt geändert durch Gesetz vom 20.7.2017 (BGBl. 2017 I 2787)

– Auszug –

Titel 5. Mietvertrag, Pachtvertrag

Untertitel 1. Allgemeine Vorschriften für Mietverhältnisse

§ 535 Inhalt und Hauptpflichten des Mietvertrags

(1) [1] Durch den Mietvertrag wird der Vermieter verpflichtet, dem Mieter den Gebrauch der Mietsache während der Mietzeit zu gewähren. [2] Der Vermieter hat die Mietsache dem Mieter in einem zum vertragsgemäßen Gebrauch geeigneten Zustand zu überlassen und sie während der Mietzeit in diesem Zustand zu erhalten. [3] Er hat die auf der Mietsache ruhenden Lasten zu tragen.

(2) Der Mieter ist verpflichtet, dem Vermieter die vereinbarte Miete zu entrichten.

Übersicht

I. Allgemeines zum Mietvertragsrecht

1. Abschluss des Mietvertrags

1   Das Mietrecht des BGB gilt grundsätzlich im gesamten Bundesgebiet, auch in den fünf **neuen Bundesländern.** Die vor dem 3.10.1990 geschlossenen Mietverträge bleiben in vollem Umfang weiterhin gültig (Art. 232 § 2 EGBGB). Das bedeutet, dass alle Fragen, die im Mietvertrag nicht geregelt sind, nach dem Recht der Bundesrepublik Deutschland zu beurteilen sind. Soweit der Vertrag einschlägige Regelungen zB über die Miethöhe oder über die Hausordnung enthält, die bisher zulässig waren, sind diese Bestimmungen des Mietvertrages weiterhin gültig. Nur wenn Bestimmungen eines Mietvertrages gegen zwingende Verbote des Mietrechts der Bundesrepublik Deutschland verstoßen, sind sie in diesem Punkt unwirksam. Kein Vermieter konnte von einem Mieter im Beitrittsgebiet verlangen, dass dieser einen neuen Vertrag abschließt.

2   Das Mietrecht wurde mit Wirkung ab 1.9.2001 umfassend neu gestaltet. Grundsätzlich geltend die neuen Vorschriften auch für Mietverträge, die vor dem 1.9.2001 abgeschlossen worden sind. Nur in wenigen Ausnahmefällen, zB bei den früher möglichen unechten Zeitmietverträgen nach § 564c aF, gilt altes Recht weiter (Art. 229 § 3 EGBGB).

3   Der wirksame **Abschluss eines Mietvertrages** ist Voraussetzung für die Anwendung der gesetzlichen Bestimmungen für die Miete. Bereits bei den Vertragsverhandlungen bestehen aber gewisse beiderseitige vorvertragliche Schutzpflichten, deren schuldhafte Verletzung zu Schadensersatzansprüchen führen kann. Der Vermieter muss den Mieter über Besonderheiten der Wohnung, die für diesen erkennbar von besonderer Bedeutung sind, unterrichten und auf alle Fragen wahrheitsgemäße Antworten geben. Dies gilt umfassend und nicht nur für Fragen zur Miethöhe und zu den zu erwartenden Nebenkosten. Auch für falsche Angaben anderer Personen, die im Auftrag des Vermieters tätig werden (zB Hausverwalter), haftet der Vermieter. Der Mieter ist rechtlich nicht gezwungen, Angaben auf Fragen des Vermieters (Selbstauskunft) zu machen. Lässt er Fragen unbeantwortet, so können sich allerdings seine Chancen auf Abschluss eines Mietvertrages verschlechtern. Gibt der Mieter jedoch Auskunft, muss sie der Wahrheit entsprechen, auch wenn die Fragen in Form eines Fragebogens gestellt worden sind.

4   Anders als im Arbeitsrecht hat die Rechtsprechung für den Wohnungssuchenden bisher die Grenzen der Offenbarungspflicht noch nicht fest-

geschrieben. Nur gegen Fragen, für die ein überwiegendes Informationsbedürfnis des Vermieters nicht zu erkennen ist, wird der Mieter zu schützen
sein. Dies hat das BVerfG zB bei der Frage nach einer Entmündigung des
Mieters angenommen (BVerfG NJW 1991, 2411). Macht der Mieter falsche
Angaben, riskiert er nicht nur einen möglichen Schadensersatzanspruch des
Vermieters, sondern auch die Anfechtung des Mietvertrages wegen arglistiger Täuschung gemäß § 123 und eine Strafverfolgung wegen Betrug
(§ 263 StGB) oder eine fristlose Kündigung (LG Wuppertal WuM 1999,
39).

Das **Allgemeine Gleichbehandlungsgesetz** („Antidiskriminierungs-   5
gesetz") vom 14.8.2006 verbietet eine Benachteiligung beim Vertragsschluss
aus Gründen der Rasse oder wegen der ethnischen Herkunft, wegen des
Geschlechts, der Religion, einer Behinderung, des Alters oder der sexuellen
Identität. Welche praktische Bedeutung dieser neuen Regelung zukommt,
muss abgewartet werden. In der Regel dürfte der private Vermieter, der nicht
mehr als 50 Wohnungen vermietet, vom Regelungsbereich des Gesetzes nicht
erfasst sein (§ 19 Abs. 5 AGG).

Der Mietvertrag kann grundsätzlich auch **mündlich** abgeschlossen werden.   6
Er kommt zustande, wenn sich Vermieter und Mieter über die wichtigsten
Punkte geeinigt haben (welche Wohnung, Miethöhe, Vertragsbeginn) und
keine Partei weitere Absprachen mehr für notwendig hält. Wird vereinbart,
dass der Mietvertrag schriftlich zu schließen ist, kommt er im Zweifel erst mit
Unterzeichnung der Vertragsurkunde durch beide Parteien zustande (§ 154
Abs. 2; → § 550 Rn. 4 ff.).

Der Schutz bei **Verbraucherverträgen** (§§ 312, 355, 357) ist grundsätz-   7
lich auch auf Mietverträge anwendbar. Hiernach besteht ein Widerrufsrecht
des Mieters, wenn ein geschäftsmäßig tätiger Vermieter den Mieter in einer
Privatwohnung zu einer Vertragsänderung veranlasst (BGH NJW 2017,
2823). Die so getroffenen Vereinbarungen bleiben dann unwirksam. Das Vereinbarte gilt nur, wenn die Änderung später erneut fehlerfrei abgeschlossen
wird. Wird der Mieter hierüber nicht ordnungsgemäß belehrt (gesonderte
Urkunde, Unterschrift des Mieters), beginnt die Widerrufsfrist von zwei
Wochen nicht zu laufen. Nach Ablauf eines Jahres und 14 Tagen seit der
Änderung erlischt das Widerrufsrecht aber auch, wenn der Vermieter (Unter-
nehmer) nicht ordnungsgemäß über die Widerrufsmöglichkeit belehrt hat
(§ 356 Abs. 3).

Abstandszahlungen, die der Mieter mit dem Vormieter vereinbart, wur-   8
den von der Rechtsprechung schon vor der Gesetzesänderung vom 21.7.1993
als unwirksam angesehen, wenn und soweit der Zahlungsverpflichtung kein
reeller Gegenwert gegenüber steht (vgl. LG Frankfurt a. M. NJW-RR 1992,
715; OLG Düsseldorf NJW-RR 1992, 1428). Jetzt ist dies in § 4 WoVermittG
eindeutig geregelt. Näher hierzu bei den Erläuterungen zum Wohnungsvermittlungsgesetz.

Sowohl auf der Vermieter- als auch auf der Mieterseite können **mehrere**   9
Personen (zB Ehegatten, Wohngemeinschaft) beteiligt sein. Sie sind dann
jeweils gemeinsam berechtigt und verpflichtet (Gesamtgläubiger, § 432; Gesamtschuldner, §§ 427, 421). Voraussetzung hierfür ist, dass beide Ehegatten

den Mietvertrag unterschrieben haben oder einer erkennbar auch als Vertreter des anderen gehandelt hat. Ob ein Vertretungswillen bei der Unterzeichnung stets angenommen werden kann, ist umstritten (→ § 568 Rn. 6 f.; BGH NJW 1994, 1649; OLG Düsseldorf ZMR 2000, 210). Entsprechendes gilt bei nichtehelichen Lebensgemeinschaften. Einen Rechtsstreit müssen beide Partner als notwendige Streitgenossen (§ 62 ZPO) gemeinsam führen (OLG Celle ZMR 1994, 514). Das Verhalten nach Vertragsschluss bzw. nach Auszug eines Partners kann bei lebensnaher Betrachtung zur Vertragserweiterung führen (BGH NZM 2005, 659). In der ehemaligen DDR sind regelmäßig beide Ehepartner Vertragspartner geworden, auch wenn dies im schriftlichen Vertrag nicht ausdrücklich steht (§ 100 Abs. 3 ZGB; LG Cottbus NJW-RR 1995, 524). Die mietvertraglichen Rechte und Pflichten sind unteilbar, so dass die Personenmehrheiten sich jeweils einheitlich verhalten müssen. Kündigung oder Vertragsänderung (Mieterhöhung) müssen einheitlich von allen und gegen alle Mieter ausgesprochen bzw. vereinbart werden (→ § 568 Rn. 7; → § 558 Rn. 1 ff.).

2. Formularmietvertrag

10 Die Verwendung von Formularmietverträgen ist sehr verbreitet. Die Zulässigkeit der in den Formularen enthaltenen Klauseln ist nicht nur durch die ausdrücklichen, zahlreichen Abweichungsverbote im BGB (zB § 573 Abs. 4), sondern darüber hinaus auch durch die gesetzlichen Regelungen über die allgemeinen Geschäftsbedingungen (§§ 305, 307 ff.) beschränkt. Bei der Verwendung von Formularen werden die vorgedruckten Vertragsbestimmungen zwischen den Vertragsparteien nicht mehr ausgehandelt. Der Mieter akzeptiert vielmehr häufig ohne oder mit nur geringfügigen Abänderungen (Streichungen) diese Vertragsbedingungen. Unklarheiten in den Bestimmungen, die auch durch ein ungenaues Ausfüllen (zB Streichen von Alternativen) auftreten können, gehen zu Lasten dessen, der das Formular verwendet, also regelmäßig zu Lasten des Vermieters. Wenn die Formularbedingungen für den Durchschnittsmieter unverständlich sind, zB weil sie auf nicht wiedergegebene Gesetzestexte Bezug nehmen, werden sie nicht Vertragsinhalt (RE OLG Karlsruhe ZMR 1986, 51). Ebenso wenn sie einen untypischen und deshalb überraschenden Inhalt haben (zB Lohnabtretung).

11 Soweit auch durch Auslegung das bei Vertragsschluss Gewollte nicht eindeutig festgestellt werden kann, gelten im Zweifel die hierzu bestehenden gesetzlichen Regelungen. Individuelle Vertragsabreden gehen, auch wenn sie nur mündlich getroffen wurden, entgegenstehenden vorformulierten Vertragsbedingungen vor. Dies gilt erst recht, wenn sie in ein Vertragsformular aufgenommen werden. Wer sich hierauf beruft, muss die getroffene individuelle Vereinbarung beweisen.

12 Formularverträge sind nicht nur die häufig verwendeten, von den Verbänden herausgegebenen Muster oder der vom Bundesjustizministerium herausgegebene Mustermietvertrag 1976, sondern zB auch festgelegte Bedingungen, die der Vermieter (insbesondere Vermietungsgesellschaften) selbst erstellt und wiederholt verwendet hat oder verwenden will.

Von der Rechtsprechung als **unwirksam** angesehen wurden folgende **13** Klauseln:
- die Bestätigung, dass alle Bedingungen ausgehandelt sind (RE OLG Hamm NJW 1981, 1049),
- die Bestimmung, dass eine Erklärung bei Vornahme oder Unterlassung bestimmter Handlungen als abgegeben gilt (§ 308 Nr. 5),
- Bestätigung, dass eine Hausordnung bei Vertragsschluss vorlag (BGH NJW 1991, 1750),
- die Regelung, dass eine Mieterhöhung oder Kündigung drei Tage nach Absendung als zugegangen gilt,
- unangemessene Schadenspauschale,
- Übertragung der Beweislast auf den Mieter (zB RE OLG Hamburg ZMR 1985, 236),
- Übertragung von Schönheitsreparaturen und Bagatellreparaturen auf Mieter (→ Rn. 47 ff., 68 ff.),
- Ausschluss der Haftung des Vermieters, wenn der Vormieter nicht rechtzeitig auszieht (OLG München NJW-RR 1989, 1499), näher → Rn. 23 ff.,
- Begrenzung der Haftung des Vermieters auf Vorsatz und grobe Fahrlässigkeit (RE BGH NJW 2002, 673),
- Haftung des Mieters für alle Besucherschäden (OLG München NJW-RR 1989, 1499),
- Haftung für Schäden, die von Personen verursacht wurden, die ohne Zutun des Mieters ins Haus kamen (BGH NJW 1991, 1750),
- die Bestimmung, dass alle Abänderungen schriftlich erfolgen müssen (BGH NJW 1991, 1750),
- pauschale Abgeltung von Schadensersatz- oder Aufwendungserstattungsansprüchen nach vorzeitiger Vertragsaufhebung, wenn nicht bereits unwirksam als Überraschungsklausel (RE OLG Karlsruhe NJW-RR 2000, 1538).

Verstößt eine Klausel gegen unabdingbare Vorschriften des BGB oder ist sie **14** inhaltlich unbillig, so ist sie insgesamt unwirksam. Der Mietvertrag im Übrigen bleibt hiervon grundsätzlich unberührt. Anstelle der unwirksamen Klausel gelten die gesetzlichen Bestimmungen. Zu den am häufigsten verwendeten Klauseln vgl. Kinne ZMR 2000, 725, 793.

3. Hausordnung

Insbesondere in größeren Mietshäusern besteht häufig eine Hausordnung, die **15** Regeln für ein möglichst reibungsloses Zusammenleben der Hausbewohner trifft, so zB für die gemeinsame Benutzung und Reinigung bestimmter Räume (Waschküche, Dachboden, Treppenhaus) oder für die Einschränkung des Mietgebrauchs im Interesse der Mitmieter (Musikausübung, Autowaschen, Teppichklopfen). Diese Regelungen sind für den einzelnen Mieter in vollem Umfang nur verbindlich, wenn im Mietvertrag auf die Hausordnung Bezug genommen worden ist und diese dem Mieter bei Vertragsschluss ausgehändigt oder in vergleichbarer Weise zur Kenntnis gebracht worden ist. Bestimmungen der Hausordnung, die über den typischen Rahmen der Hausordnungen hinausgehen und zB Haftungsregelungen treffen, sind als sog.

überraschende Klauseln unwirksam. Der Verstoß gegen in der Hausordnung wirksam bestimmte Verhaltenspflichten ist eine Vertragsverletzung, die den Vermieter berechtigt, auf Erfüllung zu klagen und unter Umständen bei schwerwiegenden, fortgesetzten Verstößen auch zur fristlosen Kündigung (§ 543 Abs. 2, § 569 Abs. 2) berechtigen kann. Fehlt eine Einbeziehung der Hausordnung im Mietvertrag, so ist der Vermieter nach herrschender Meinung ebenfalls berechtigt, eine Hausordnung aufzustellen. In diesem Fall sind einseitige Regelungen des Vermieters jedoch nur in sehr engem Rahmen möglich. Sie müssen zum ordnungsgemäßen Zusammenleben dringend erforderlich sein (zB Regelung von Benutzungszeiten). Die Übertragung von Reinigungspflichten kann auf diese Weise nicht erfolgen. Entsprechendes gilt, wenn eine Hausordnung bereits vor Abschluss des Mietvertrages aufgestellt war, vom Vermieter aber nicht in den Mietvertrag miteinbezogen wurde. Der vertragsgemäße Gebrauch (→ Rn. 25) der Wohnung darf nicht einseitig eingeschränkt werden.

4. Verhältnis der Mieter untereinander

16 Zwischen den Mietern untereinander bestehen keine vertraglichen Beziehungen. Dies gilt auch für die neuen Bundesländer. Die ehemaligen Mietergemeinschaften haben keinerlei Befugnisse mehr. Soweit das Verhalten einzelner Mieter einen Mitmieter in dessen Rechten verletzt, kann dieser Schadensersatz und Unterlassung nach den Vorschriften der unerlaubten Handlung (§§ 823 ff. – zB bei Beschädigung seines Eigentums – etwa bei einem Wasserschaden, vgl. OLG Hamm NJW-RR 1988, 530, oder bei einer Gesundheitsbeeinträchtigungen) verlangen oder die Störung seiner Rechte als Besitzer (§§ 862, 906) geltend machen, etwa bei Belästigung durch starkes Rauchen (BGH NJW 2015, 2023). Wird der Mieter durch andere Mieter am vertragsgemäßen Gebrauch der Wohnung gestört, so kann er immer auch vom Vermieter die Beseitigung dieser Störungen verlangen und ggf. auch die Miete mindern (§ 536). Der Vermieter muss dann gegen den anderen Mieter vorgehen (§§ 862, 906), notfalls auch diesem Mieter kündigen (§ 543 Abs. 2, § 569 Abs. 2).

5. Mischraummietverhältnis

17 Mischraummietverhältnisse liegen vor, wenn durch einheitlichen Vertrag sowohl Wohnräume als auch Gewerberäume vermietet sind. Ob im Einzelfall dann die besonderen Mieterschutzvorschriften für Wohnraummietverhältnisse anwendbar sind, hängt davon ab, welche Räume den Vertragscharakter prägen. Dies ist im Einzelfall oft nicht einfach feststellbar. Sind die vertraglichen Vereinbarungen nur äußerlich verbunden, soll aber nach dem Willen der Parteien das Mietverhältnis über die Wohnräume unabhängig von der Geschäftsraummiete bestehen, so liegen rechtlich zwei getrennte Verträge vor. Ist jedoch, wie in der Regel, eine einheitliche Vereinbarung über die Überlassung aller Räume gewollt, so ist danach abzugrenzen, welche Nutzungsart überwiegt. Der Umstand, dass Wohn-und Gewerberäume wirtschaftlich teilbar wären, reicht zur Anwendung der für Wohnräume geschaffenen Mieterschutzvorschriften nicht aus, da die Parteien diese Trennung nicht vereinbart haben. Welche Nutzungsart überwiegt, muss nach den Vorstellungen der Vertragsparteien beim Vertragsschluss festgestellt werden. Indiz für einen gewollten Wohnraummietvertrag ist das verwendete Mietvertragsformular, ein Vergleich der Flächenanteile beider Nutzungsarten, aber auch das Verhalten der Vertragspartner vor und nach dem Vertragsschluss. Im Zweifel gilt Wohnraummietrecht (BGH NJW 2014, 2864).

Bewohnt der Mieter nur einen Teil der gemieteten Wohnräume selbst, **18** während er die anderen Räume **untervermietet,** so liegt Wohnraummiete nur vor, wenn der vorherrschende oder zumindest gleichwertige Vertragszweck im eigenen Wohnen des Mieters liegt, was nicht allein durch einen Flächenvergleich, sondern nur durch einen Vergleich der Interessen der Vertragspartner bei Vertragsschluss festgestellt werden kann (RE OLG Stuttgart NJW 1986, 322).

Wird Wohnraum zur **gewerblichen Weitervermietung,** etwa von einem **19** Arbeitgeber zur Belegung durch seine Arbeitnehmer angemietet, so unterliegt dieser Vertrag nicht den Schutzbestimmungen des Wohnraummietrechts. Entsprechendes gilt bei Mietverträgen, die von einer gewerblichen Vermietungsgesellschaft zur Weitervermietung der Räume geschlossen werden (typisch bei Wohnraum, der im Bauherrenmodell errichtet worden ist). Auch Mietverträge gemeinnütziger Organisationen, die geschlossen werden, um aus sozialen Gründen den Wohnraum an Dritte weiter zu vermieten, unterliegen nicht dem Schutz des Wohnraummietrechts (RE OLG Stuttgart NJW 1985, 1966), ebenso nicht der Vertrag, in dem ein Verein für seine Mitglieder Wohnräume mietet (RE OLG Frankfurt a. M. ZMR 1986, 360). Hier gelten die Schutzbestimmungen des Wohnraummietrechts für den Zwischenmieter nur, wenn dies ausdrücklich vereinbart ist.

Der die Räume als Wohnung nutzende Mieter wird als **Untermieter** **20** bezeichnet. Ein Wohnraummietvertrag liegt hiernach nur vor, wenn die gemieteten Räume vom Mieter selbst als Wohnraum genutzt werden sollen. Ob er diese dann tatsächlich auch selbst bewohnt oder vertragswidrig weiter vermietet, ist für die Qualifizierung des Mietverhältnisses nicht entscheidend (OLG Celle ZMR 1999, 469).

Die genannten Verträge können, da keine Wohnraummiete vorliegt, somit **21** vom Vermieter gekündigt und die Wohnräume herausverlangt werden (§ 546 Abs. 2), ohne dass im Regelfall die Kündigungsschutzbestimmungen (§ 573, § 574) beachtet werden müssen. In Ausnahmefällen besteht jedoch auch hier ein Kündigungsschutz für den Untermieter (→ § 546 Rn. 13). Auch der gewerbliche Zwischenmieter kann von dem Kündigungsrecht nach § 569 Gebrauch machen, er ist für den vertragswidrigen Zustand nicht verantwortlich ist (BGH NZM 2004, 222). Der Mietvertrag zwischen dem Mieter und dem die Wohnung nutzenden Untermieter unterliegt in vollem Umfang dem Mieterschutz, der allerdings ins Leere gehen kann, wenn der Vermieter Herausgabe gemäß § 546 Abs. 2 verlangt. Der Untermieter ist dann, sofern ihm nicht ausnahmsweise Kündigungsschutz auch gegenüber dem Vermieter zukommt, auf Schadensersatzansprüche (→ § 536 Rn. 12 f.) allein gegenüber dem Mieter (Zwischenvermieter) beschränkt.

6. Mischverträge

22 Von Mischverträgen (gemischte Verträge) spricht man, wenn neben der Überlassung von Wohnraum noch weitere Leistungen vereinbart werden. So können zusätzlich im Mietvertrag auch dienst- oder arbeitsrechtliche Elemente vereinbart sein, zB die Verrichtung bestimmter Arbeiten im Haus und Garten oder dienstvertragliche Elemente, wie etwa die Zubereitung von Mahlzeiten in Heimverträgen der verschiedensten Art. Wohnraummietrecht ist bei diesen gemischten Verträgen anzuwenden, soweit die Raumüberlassung überwiegt, dh den Vertrag prägt. Überwiegen die dienst- oder arbeitsrechtlichen Pflichten des Wohnenden und ist die Raumüberlassung nur ein Teil der Entlohnung, so liegt eine Werkdienstwohnung gemäß § 576b vor mit der Folge, dass die mietrechtlichen Bestimmungen grundsätzlich nicht anzuwenden sind. Bei den **Heimverträgen** ist auf den Umfang der Betreuungspflicht abzustellen. Bei Studentenwohnheimen und Lehrlingswohnheimen geht bereits das Gesetz (vgl. § 549 Abs. 3) davon aus, dass der Raumüberlassungsanteil hier generell überwiegt. Die Verträge in Altenwohnungen und zum Teil auch in Altenheimen (Altersheimen) mit gewisser Serviceleistung werden von der Raumüberlassung geprägt, so dass Wohnraummietrecht anwendbar ist. Erhält die Pflegeleistung aber verstärktes Gewicht, kann auch bei Altenheimen, in jedem Fall aber bei Altenpflegeheimen, die Raumüberlassung so weit zurücktreten, dass die sonstigen Leistungen den Vertragscharakter bestimmen (§ 1 WBVG). Dann ist oder wird das Wohnraummietrecht unanwendbar. Im Falle der Pflegebedürftigkeit gilt dies stets. Es kommt auf die tatsächlichen Verhältnisse im Einzelfall an (zum Altenheimvertrag BGH NJW 2005, 147). Bei der Erhöhung der „Heimmiete" ist eine ausführliche nachvollziehbare Begründung erforderlich (BGH ZMR 1995, 475; OLG München NJW 1995, 465).

II. Pflichten des Vermieters, Rechte des Mieters

1. Gewährung des vertragsgemäßen Gebrauchs

23 Der Vermieter muss die Wohnung zum **vereinbarten Termin** zur Verfügung stellen. Soweit nicht anderes vereinbart, haftet er auch dann dem neuen Mieter auf Schadensersatz, wenn er die Wohnung vom Vormieter nicht rechtzeitig zurückerhält (OLG Düsseldorf WuM 1999, 394; nach Auffassung des OLG Frankfurt a. M. hingegen nur, wenn bei Vertragsschluss bereits Anhaltspunkte für den Vermieter bestanden, dass der Vormieter nicht fristgerecht räumt, NZM 1999, 966). Gestattet der Vermieter den Bezug der Wohnung bereits kurze Zeit vor dem vereinbarten Zeitpunkt, so ist, wenn nichts anderes vereinbart wurde, für diese Zeit keine Miete zu bezahlen. Der Vermieter muss dafür sorgen, dass die Mietwohnung sich bei Übergabe in einem vertragsgemäßen Zustand befindet. Nach den gesetzlichen Regelungen muss er sie auch während der gesamten Mietzeit in vertragsgemäßem Zustand erhalten. Zur Zumutbarkeit der erforderlichen Aufwendungen (Opfergrenze) → § 536a Rn. 7. Der Vermieter muss auch die bei Abschluss des Vertrages vorhandene Ausstattung (Einbauküche, Teppichboden ua) erhalten ggf. erneuern. Dies kann er, wenn die gesetzlichen Voraussetzungen erfüllt sind, aber auch als

Modernisierungsmaßnahme durchführen und die Kosten – teilweise – auf den Mieter abwälzen gemäß §§ 555b, 559 (LG Stuttgart NJW-RR 2015, 1494). Die Verpflichtung zur Durchführung von Schönheitsreparaturen und kleineren Reparaturen wird jedoch häufig auf den Mieter übertragen (→ Rn. 47 ff., 68 ff.).

Von der Überlassung der Wohnung wie vertraglich vereinbart ist die Ge- **24** stattung der Benutzung weiterer Räume zu unterscheiden. Eine solche Gestattung kann jederzeit widerrufen werden.

Die Gewährung des vereinbarten vertragsgemäßen Gebrauchs ist die wich- **25** tigste Verpflichtung des Vermieters. Er muss alles tun, um dem Mieter die Nutzung der Wohnung zu ermöglichen und Störungen durch Dritte abzuwehren, soweit er von diesen Unterlassung verlangen kann (§§ 862, 906). Der Umfang seiner Überlassungspflicht im Einzelnen ist durch die Auslegung des Vertrages zu ermitteln. Dabei müssen jeweils alle Umstände des Einzelfalles und die Verkehrssitte berücksichtigt werden. Die folgenden Anmerkungen können immer nur die Tendenz der Pflichten im Regelfall darstellen. Besonderheiten des Einzelfalles sind zusätzlich zu berücksichtigen. Zur Frage des maßgeblichen Standards → § 536 Rn. 1 ff.

Den Vermieter trifft eine umfassende **Verkehrssicherungspflicht**. Er muss **26** alle erforderlichen und zumutbaren Maßnahmen ergreifen, um eine mögliche und drohende Gefährdung des Mieters in der Wohnung oder den Nebenräumen sowie auf den Zugängen abzuwenden. Die notwendigen Sicherheitsvorrichtungen zB an Treppen, Fahrstühlen usw sind funktionsfähig zu erhalten. Die Wege müssen im notwendigen Umfang geräumt und gestreut sowie ausreichend beleuchtet werden. Die Räum-und Streupflichten werden häufig aber auf einen Mieter oder alle Mieter im Wechsel übertragen. In diesen Fällen ist der Vermieter zu einer strengen Überwachung der Durchführung der Räum- und Streupflicht weiterhin verpflichtet.

Die **Grenzen** des vertragsgemäßen Gebrauchs, den der Vermieter zu **27** gewähren und dessen Grenzen der Mieter nicht überschreiten darf, können sehr unterschiedlich sein. Das dem Mieter gestattete Wohnen umfasst die gesamte Lebensführung des Mieters und seiner Familie mit allen ihren Bedürfnissen, soweit sie üblich sind oder in besonderer Weise im Mietvertrag berücksichtigt wurden. Der Mieter kann vom Vermieter, wenn ihm der vertragsgemäße Gebrauch nicht gewährt wird, Erfüllung des Mietvertrages verlangen. Gehen die Störungen von Mitmietern aus, die den ihnen zustehenden vertragsgemäßen Gebrauch überschreiten, kann der Vermieter unter Umständen verpflichtet sein, mit einer Unterlassungsklage (§ 541) oder nach Abmahnung auch durch Kündigung des Mietverhältnisses (§§ 573, 543, 569) vorzugehen. Gegen ortsübliche Belästigungen durch Dritte in der Nachbarschaft, die durch Immissionen (Lärm, Geruch) stören, muss der Vermieter gemäß 903, 906 vorgehen. Der Mieter kann aber auch Schadensersatz verlangen, die Miete mindern oder nach fristloser Kündigung ausziehen (§§ 536, 543, 569). Den Betrieb einer Mobilfunksendeanlage auf dem Grundstück kann der Mieter nicht beanstanden, wenn die Grenzwerte eingehalten sind (BGH NJW-RR 2006, 879).

28   Der Mieter darf Wohnräume nicht **gewerblich** nutzen. Normale Büroarbeiten dürfen vom Mieter aber in gewissem Umfang, wie es der Verkehrssitte entspricht, auch in der Wohnung erledigt werden. Einer teilweisen gewerblichen Nutzung, die nicht störend ist, muss der Vermieter zustimmen (BGH NJW-RR 2013, 1478). Die Betreuung fremder Kinder als Tagesmutter ist zwar grundsätzlich zulässig. Sofern jedoch eine größere Anzahl (etwa ab fünf) aufgenommen wird und eine einem Kindergarten ähnliche Einrichtung entsteht, wird der vertragsgemäße Gebrauch in der Regel überschritten. Gleiches gilt bei der Erteilung von Gitarrenunterricht (BGH NJW 2013, 1806). Bauliche Veränderungen darf der Mieter ohne Erlaubnis des Vermieters nicht vornehmen. Einrichtungen, die der Mieter später wieder entfernen kann und muss (§§ 536a, 538, 539), kann der Mieter im üblichen Umfang anbringen (zB Dübel, Haken, Teppichboden, Aufstellen einer Duschkabine).

29   Die fachgerechte **Aufstellung technischer Geräte,** zB einer Waschmaschine, Geschirrspülmaschine oder Wäschetrockner kann der Vermieter nicht verbieten; eine entsprechende Bestimmung im Mietvertrag ist in der Regel unwirksam. Die erforderlichen Elektroanschlüsse für den üblichen, auch gleichzeitigen Betrieb muss der Vermieter zur Verfügung stellen und kann dies im Mietvertrag in der Regel nicht ausschließen (BGH NJW-RR 2010, 737). Der Vermieter muss der Einrichtung eines Telefons oder **Kabelanschlusses** zustimmen, nicht aber der Anbringung einer CB-Dachfunkantenne, während bei entsprechendem Bedarf, dh bei Fehlen einer Gemeinschaftsantenne, eine Rundfunk- oder Fernsehantenne nicht versagt werden könnte. Das Aufstellen einer Antenne darf, selbst wenn ein Kabelanschluss besteht, nur aus sachbezogenen Gründen verweigert werden (BVerfG NJW 1994, 1147, 2143). Besteht kein Kabelanschluss, so kann der Mieter die Zustimmung zur Anbringung einer **Parabolantenne** verlangen, wenn dies baurechtlich zulässig und optisch vertretbar ist und durch einen Fachhandwerker ausgeführt werden soll. Der Mieter hat den Vermieter von allen anfallenden Kosten und Gebühren freizustellen. Für die Kosten der Demontage kann der Vermieter eine Kaution verlangen, für etwaige Fassadenschäden eine Haftpflichtversicherung. Bei der Abwägung ist aber auch zu berücksichtigen, ob der Mieter selbst mit zumutbaren Kosten eine hinreichende Erweiterung des Kabelangebots erwerben kann (BVerfG NJW-RR 2005, 661; BGH NJW 2006, 1062).

30   Das BVerfG fordert, dass in jedem Fall eine Abwägung des Informationsinteresses des Mieters mit dem Interesse des Eigentümers am unveränderten Bestand seines Eigentums erfolgen muss. Dabei misst es im Ergebnis dem Interesse des Mieters eine besonders große Bedeutung bei. Anerkannt wird ein Informationsbedürfnis zB auch dann, wenn bereits ein fremdsprachliches Programm in der Heimatsprache des Mieters über Kabelanschluss zu sehen ist, oder wenn ein deutscher Mieter ein „besonderes Informationsinteresse" hat. Allein der Hinweis auf gelegentliche Sendungen in nicht empfangbaren Programmen zu religiösen Themen begründet noch kein besonderes Informationsinteresse und berührt das Grundrecht der Religionsfreiheit noch nicht (BGH NJW 2008, 216). Will sich der Vermieter auf den Denkmalschutz berufen, muss er detailliert darlegen, wieso dieser eine Parabolantenne aus-

schließt (BVerfG NJW-RR 1994, 1232). Eine gemeinsame Parabolantenne gewährleistet in der Regel einen angemessenen Ausgleich zwischen den Interessen des Vermieters und der Mieter (BVerfG ZMR 1996, 12; BGH NZM 2004, 227).

Will einen Mieter eine Parabolantenne ohne feste Verbindung und ohne **31** ästhetische Beeinträchtigung (zB verdeckt auf dem Balkon) anbringen, muss dies ein Vermieter dulden, ohne dass es noch auf ein besonderes Informationsinteresse ankommt (BGH NJW-RR 2007, 1243). In Zukunft dürfte ein Anspruch auf Anbringung einer Parabolantenne nur noch dann bestehen, wenn die angemessene Information nicht über das Internet erfolgen kann (BGH NJW 2013, 1168).

Musikausübung oder -wiedergabe kann nicht gänzlich verboten, aber für **32** gewisse Ruhezeiten (etwa 13.00 bis 15.00 Uhr und 22.00 bis 8.00 Uhr) eingeschränkt werden. Die Musikausübung außerhalb der Ruhezeiten darf nicht zu einer Belästigung der Mitbewohner führen. Maßstab ist ein durchschnittliches Empfinden. Im Einzelfall kommt es nicht nur auf die Lautstärke sondern auch auf die Dauer (Berufsmusiker) und die Art der Musik (zB häufige mechanische Wiederholungen kurzer Stücke, hohe Töne, starke Bässe) an. Das Abspielen von Tonträgern in Zimmerlautstärke ist generell zulässig, auch wenn es wegen baulicher Mängel (Schallisolation) einen Nachbarn stört.

Die **Tierhaltung** kann durch eine Formularklausel im Mietvertrag nicht **33** wirksam eingeschränkt werden. Unter Berücksichtigung aller Umstände im Einzelfall ist der jeweils zulässige „vertragsgemäße Gebrauch" zu ermitteln. Hierbei sind zu berücksichtigen: Art, Größe, Verhalten und Anzahl der Tiere, Art, Zustand und Größe sowie Lage der Wohnung und des Hauses, Anzahl und persönliche Verhältnisse der Mieter und Nachbarn, die bisherige Handhabung im Haus sowie besondere Bedürfnisse dies Mieters (BGH NJW 2013, 1526).

Der Vermieter ist zum ordnungsgemäßen Betrieb einer mitvermieteten **34** **Heizung** verpflichtet. Die Wahl der Beheizungsart steht dem Vermieter vor Vertragsabschluss frei. Ist die gewählte Art unwirtschaftlich, begründet dies keinen Mangel. Aber auch wenn die Anlage zwar fehlerfrei arbeitet, aber technisch veraltet ist, stellt dies kein Mangel dar (BGH NJW 2014, 685). Es reicht aus, dass sie dem technischen Standard zur Zeit der Errichtung des Gebäudes entsprach. Der Mieter ist zur Benutzung der vorhandenen Heizung verpflichtet und darf keine andere Heizung installieren. In welchem Umfang er die Wohnung tatsächlich beheizt, bleibt allein ihm überlassen, solange hierdurch kein Schaden an der Wohnung zu erwarten ist (Frostschaden, Feuchtigkeit). Ist nichts anderes ausdrücklich vereinbart, so wird der Vermieter etwa zwischen Mitte September und Mitte Mai zum durchgehenden Betrieb der Heizung verpflichtet sein, wobei in den Wohnräumen tagsüber mindestens 20 Grad Celsius erreicht werden müssen. Regelungen hierzu können auch in Formularverträgen erfolgen. Sie müssen aber eindeutig sein (BGH NJW 1991, 1750). Unter welchen Umständen außerhalb dieser Zeiten (kalte Sommertage) zu heizen ist und wieweit eine Absenkung der Temperatur über Nacht (etwa zwischen 23.00 und 7.00 Uhr) angebracht ist, ist im Einzelnen stark umstritten. In Mehrfamilienhäusern wird sich der Vermieter nach der Mehrheit der Mieter richten müssen. Nach Ablauf der Mietzeit ist der Vermieter zwar nicht mehr zur Überlassung der Wohnung zum vertragsgemäßen Gebrauch verpflichtet. Eine Einstellung der Beheizung (oder der Versorgung mit Strom und Wasser – Versorgungssperre) wird aber in der Regel nicht zulässig sein, anders als bei der Gewerberaummiete (BGH NJW 2009, 1947).

35 Wegen der Umlage der Heizkosten wird auf § 556 und die Anmerkungen zur Heizkostenverordnung Bezug genommen.

36 Zur Aufnahme von Gästen, Besuchern und Verwandten → § 553 Rn. 2.

37 Gewährleistungsansprüche des Mieters wegen Nichtgewährung des vertragsgemäßen Gebrauchs, oder auch bezüglich baulicher Mängel, unterliegen während der Dauer des Mietvertrages nicht der Verjährung (BGH NJW 2010, 1292).

III. Pflichten des Mieters, Rechte des Vermieters

1. Mietzahlungspflicht

38 Die wichtigste Pflicht des Mieters ist die Bezahlung der vereinbarten Miete. Waren sich Vermieter und Mieter einig, dass die Räume nicht unentgeltlich überlassen werden, wurde aber dennoch kein konkreter Betrag vereinbart, so gilt die ortsübliche Vergleichsmiete (§ 558) als vereinbart. Das Fehlen einer Vereinbarung über die Miethöhe ist bei der heutigen Vermietungspraxis jedoch ein starkes Indiz dafür, dass die Parteien sich noch nicht über alle wesentlichen Punkte des Mietvertrages einig geworden sind, so dass noch kein Vertragsschluss vorliegt. Bei Vertragsschluss muss darauf geachtet werden, dass die vereinbarte Miete der Höhe nach zutreffend in den Mietvertrag aufgenommen wird. Sonst ist der Mietvertrag möglicherweise insgesamt wegen einer bezweckten Steuerhinterziehung nichtig (BGH NZM 2003, 716). Die Miete kann vom Vermieter gegen den Willen des Mieters nur in den gesetzlich zugelassenen Verfahren (§§ 556 ff.) erhöht werden. Im öffentlich geförderten, preisgebundenen Wohnungsbau (vgl. Vorwort) kann die dort geltende Kostenmiete nur durch Erhöhungserklärung gemäß § 10 WoBindG unter Beifügung einer Berechnung der gestiegenen Kosten erhöht werden.

39 Der Mieter trägt die Überweisungskosten. Zur Frage der Rechtzeitigkeit der Mietzahlungen sowie der Zahlung im Wege der Einzugsermächtigung oder des Lastschriftverfahrens (Abbuchungsverfahren) → § 556b Rn. 1 zu.

40 Der Anspruch des Vermieters auf die Miete **verjährt** in drei Jahren, beginnend jeweils zum Jahresende (§§ 195, 199). Dieselbe Verjährungsfrist gilt auch für die Rückforderung zu Unrecht bezahlter Miete oder Nebenkosten. Ansprüche wegen der Miete für das Jahr 2017 verjähren somit am 31.12.2020.

41 Nebenkosten hat der Mieter nur zu zahlen, soweit dies im Mietvertrag ausdrücklich und eindeutig vereinbart wurde. Sonst gelten alle Nebenkosten als mit der Miete abgegolten (§ 556). Für die Heizkosten gilt seit 1984 Abweichendes (vgl. §§ 1, 7 HeizkostenV).

2. Keine Gebrauchspflicht

Eine Gebrauchspflicht des Mieters besteht nicht. Das gilt auch in Gebieten, **42** für die ein Zweckentfremdungsverbot (Mietrechtsverbesserungsgesetz vom 4.11.1971, BGBl. 1971I S. 1745, Art. 6 Mietrechtsverbesserungsgesetz in Verbindung mit einer Verordnung der zuständigen Landesregierung, die den Anwendungsbezirk bestimmt) besteht. Zwar gilt auch das Leerstehenlassen von Wohnungen als Zweckentfremdung, eine zivilrechtliche Gebrauchspflicht des Mieters ergibt sich hieraus jedoch nicht. Auch wenn der Mieter die Wohnung leerstehen lässt, bleibt er zur Mietzahlung verpflichtet (§ 537). Ein Mietvertrag, der eine zweckentfremdete Nutzung einer Wohnung vorsieht, ist nicht nichtig (BVerfG WuM 1992, 298).

3. Obhutspflicht

Durch die Nichtbenutzung der Wohnung kann der Mieter jedoch unter **43** Umständen seine Obhutspflicht verletzen. Von der Übergabe (Überlassung) der Wohnung bis zu ihrer Rückgabe (§ 546) ist der Mieter verpflichtet, die Wohnung sorgfältig und pfleglich zu behandeln. Waschmaschine und Geschirrspüler sind während ihres Betriebs zu überwachen (OLG Hamm NJW 1985, 332) und nach Betrieb vom Wasseranschluss zu trennen, um Wasserschäden zu vermeiden (zur Schadensersatzpflicht → § 543 Rn. 15). Auftretende Schäden hat der Mieter anzuzeigen (§ 536c) und ihre Beseitigung zu ermöglichen (§ 555a). Benutzt der Mieter die Wohnung längere Zeit nicht, muss er dennoch die Wohnung zugänglich halten und die Schlüssel zB einer Person seines Vertrauens, oder auch dem Vermieter, etwa in einem versiegelten Umschlag, überlassen. Der Mieter muss Vorkehrungen treffen, dass durch den Nichtgebrauch der Wohnung kein Schaden zB durch Frost entstehen kann. Er ist für eine ausreichende Beheizung und Lüftung (Schimmelflecken) verantwortlich.

Der Mieter darf in der Wohnung auch **rauchen,** auch in gesteigertem **44** Umfang. Hierbei muss er aber auch darauf achten, dass die Mitbewohner nicht über das unvermeidliche Maß hinaus belästigt werden (BGH NJW 2015, 1239). Beim Rauchen auf dem Balkon ist es ggf. geboten, aus Rücksicht auf andere Bewohner sich zeitlich abzusprechen (BGH NJW 2015, 2023).

Verletzt der Mieter seine Obhutspflicht, haftet er dem Vermieter auf **45** Schadensersatz, nicht jedoch für unverschuldete Schäden zB bei einem Schlüsseldiebstahl (LG Hamburg NJW-RR 1999, 663). Für Schäden, die der Vermieter versichert hat, nimmt die Rechtsprechung jedoch eine stillschweigende Haftungsbegrenzung an. Der Mieter haftet hier nur bei Vorsatz und grober Fahrlässigkeit (→ § 538 Rn. 1 ff.). Eine Fristsetzung vor Geltendmachung der Schäden ist nicht erforderlich (BGH Urt. v. 28.2.18 – VIII 2 R 157/17, BeckRS 2018, 4060).

4. Besichtigungsrecht

Der Mieter muss die Besichtigung der Wohnung durch den Vermieter er- **46** möglichen, auch wenn dies im Mietvertrag nicht ausdrücklich geregelt ist.

Die Ausübung dieses Besichtigungsrechts ist nach den Umständen des Einzelfalls zeitlich abzustimmen. Es darf nicht schikanös ausgeübt werden. Abzustellen ist stets auf ein berechtigtes Interesse des Vermieters (BGH NJW 2014, 2566), zB im Zusammenhang mit aufgetretenen Schäden oder bei geplantem Verkauf und zum Ende der Mietzeit wegen der Weitervermietung. Der Vermieter muss auf die persönlichen Bedürfnisse des Mieters und seiner Familie Rücksicht nehmen. Der Vermieter muss seine Besichtigung vorher ankündigen. Gewaltsam darf er sich keinen Zutritt verschaffen, sonst verletzt er das Hausrecht des Mieters. Zur Abwägung insgesamt BVerfG NJW-RR 2004, 440.

5. Übertragung von Schönheitsreparaturen

47   Der Mieter übernimmt im Mietvertrag häufig die Ausführung von Schönheitsreparaturen. Soweit im Mietvertrag nicht näher präzisiert, ist hierunter das Tapezieren, Anstreichen oder Kalken der Wände und Decken sowie das Streichen der Türen und Fenster (jeweils Wohnungsinnenseite), der Heizkörper und Installationsrohre zu verstehen (§ 28 Abs. 4 S. 3 II. BV). Auch im nicht preisgebundenen Wohnungsbau ist dieser Katalog maßgebend. Er ist auch Maßstab für die Kontrolle der Angemessenheit der Formularklauseln (BGH NJW 2009, 1408). Nicht zu den Schönheitsreparaturen gehört das Abziehen der Parkettversiegelung und das Streichen der Fenster und der Wohnungseingangstüren von außen (BGH NJW 2010, 674).

48   Diese Pflichten bestehen nur, soweit ausdrücklich vereinbart. Ihre Erfüllung kann nicht allein auf Grund von Gewohnheitsrecht oder Verkehrssitte verlangt werden. Die Rechtsprechung hat bisher die schlichte Regelung: die Kosten der Schönheitsreparaturen trägt der Mieter, als ausreichend angesehen. Vorzuziehen weil präziser ist die Klausel: Die Schönheitsreparaturen sind bei Bedarf vom Mieter auszuführen. Solche Klauseln sind dahin auszulegen, dass Schönheitsreparaturen in dem üblichen Umfang und orientiert an den üblichen Fristen (Einheitsmietvertrag) durchgeführt werden müssen, ggf. auch – fachgerecht – durch den Mieter selbst (BGH NZM 2004, 734).

49   Ein Ausschluss des Rechts zur Selbstvornahme ist unwirksam und führt zum Wegfall der Abwälzung auf den Mieter insgesamt (BGH NJW 2010, 2877). Da das Gesetz von der Erhaltungspflicht des Vermieters ausgeht (§ 538), werden solche Vereinbarungen, soweit sie nicht eindeutig sind, stets einengend zu Lasten des Vermieters ausgelegt.

50   Die Übernahme der Schönheitsreparaturen durch den Mieter ist üblich und zulässig, auch im Formularmietvertrag. Sie ist als Hauptpflicht anzusehen. Die Renovierung kann der Vermieter auch im laufenden Mietvertrag verlangen. Kommt der Mieter dem trotz Fristsetzung nicht nach, kann der Vermieter einen Kostenvorschuss in Höhe der erforderlichen Renovierungskosten verlangen (BGH NZM 2005, 450). Die Rechtsprechung tendiert dazu, jede unübliche und übermäßige Belastung des Mieters durch Formularklauseln als unwirksam anzusehen. Als üblich und angemessen kann es nur angesehen werden, wenn dem Mieter Schönheitsreparaturen übertragen werden, die der Abnutzung während der Mietzeit entsprechen (BGH NJW 2015, 1594;

2015, 1871; 2015, 1874). Deshalb ist es auch unwirksam, wenn ein Formular-vertrag zur Durchführung von Schönheitsreparaturen verpflichtet und gleich-zeitig durch Individualvereinbarung eine Anfangsrenovierung durch den Mie-ter vereinbart wird. Zu den Schönheitsreparaturen gehört auch die Beseitigung von Nikotinrückständen, auch wenn diese durch extensives Rau-chen in kurzer Zeit entstanden sind, sofern sie sich durch die üblichen Reno-vierungsarbeiten (§ 28 Abs. 4 S. 3 II. BV) beseitigen lassen (BGH NJW 2008, 1439). Eine nachträgliche Vereinbarung durch Individualvertrag, die dann nicht einer strengen Inhaltskontrolle unterliegt, ist möglich, zB im Übergabe-protokoll (BGH NJW 2009, 1075).

Nicht zu den Schönheitsreparaturen gehört das Beseitigen von Mängeln, **51** die nicht durch das Abwohnen, sondern durch von außen wirkende Scha-densursachen ausgelöst wurden (zB Schäden wegen Wasserrohrbruch, Risse in Wänden oder Decken) und auch nicht der Ersatz eines gebrauchsbedingt abgenutzten Teppichbodens (RE OLG Hamm NJW-RR 1991, 844). Soweit der Mieter Schönheitsreparaturen übernommen hat, geht die normale Abnut-zung durch das Wohnen zu seinen Lasten. Er ist anstelle des Vermieters in dem von § 538 vorgesehenen Umfang zur Erhaltung der Wohnung verpflich-tet. Die Übernahme von Schönheitsreparaturen ist sowohl im öffentlich ge-förderten, preisgebundenen, als auch im nicht preisgebundenen Wohnungsbau möglich. Vereinbarungen in Formularmietverträgen unterliegen jedoch in besonderer Weise einer Billigkeitsüberprüfung im Streitfall durch die Gerich-te. Ist eine von der Rechtsprechung beanstandete Klausel verwendet worden, so ist die Abwälzung der Schönheitsreparaturen auf den Mieter insgesamt unwirksam. Auch wenn sie sich sprachlich durch Streichen einzelner Wörter in einen wirksamen und einen unwirksamen Teil zerlegen lässt, ist in der Regel nicht nur dieser Teil unwirksam (BGH NJW 2009, 1408; 2010, 674). Der BGH sieht die Klausel zur Durchführung von Schönheitsreparaturen in einem Mietvertrag als Einheit an. Die Klausel wird nicht sinngemäß auf das gerade noch zulässige Maß zurückgeführt.

Wirksam ist die Abwälzung von Schönheitsreparaturen, wenn die Wohn- **52** räume bei Überlassung an den Mieter renoviert übergeben wurden. Aller-dings muss der Mieter beweisen, dass damals vorhandene Gebrauchsspuren so erheblich waren, dass die Wohnung dem Gesamteindruck nach renovierungs-bedürftig war, also zumindest Malerarbeiten erforderlich waren (BGH NJW 2015, 1594; 2015, 1871). Die Übertragung kann auch wirksam sein, wenn der Mieter einen angemessenen Ausgleich für die fehlende Anfangsrenovie-rung erhält, zB einen Mietnachlass. In welcher Höhe dieser sein muss, ist bisher noch nicht von der Rechtsprechung konkretisiert. Weitere Vorausset-zung ist, dass die Renovierungsfristen angemessen sind und mit Beginn des Mietverhältnisses zu laufen beginnen (BGH NJW 1998, 3114).

Die **Fristen** in vielen der in der Vergangenheit verwendeten Formular- **53** mietverträge (drei Jahre für Küchen und Bäder, fünf Jahre für die Wohnräume allgemein), wurden zwar vom BGH bisher nicht als unangemessen beanstan-det (BGH NZM 2005, 299). Das Problem, dass so kurze Fristen oft noch keinen Renovierungsbedarf ergeben, wird noch nicht generell problemati-siert. Dem Mieter ist es jedoch nicht verwehrt, sich hierauf zu berufen. Zu unangemessen kurzen Fristen BGH NJW 2003, 2234. Zwar hat sich der BGH der Kritik in diesem Punkt geöffnet, hält aber „für die in der Vergangenheit abgeschlossenen Verträge" an der Angemessenheit der Fristen fest (BGH NJW 2007, 3632). Nach der Lebenswirklichkeit dürften jedoch generell erst erheblich längere Fristen angemessen sein. Im Ergebnis wird dieses Problem aber etwas entschärft, weil es unverzichtbar ist, dass sich die Fristen im Mietvertrag sprachlich nur auf den Regelfall beziehen dürfen, so dass dem Mieter der Beweis eines fehlenden Renovierungsbedarfes ermöglicht wird (zB wegen nur teilweiser Nutzung der Wohnung oder wegen besonders aufwändiger, vorausgegangener Renovierungen). Vor allem dürfen **keine starren Fristen** vereinbart werden (BGH NJW 2015, 1874). Es reicht aus, wenn der Vermieter nach dem Vertrag die Fristen verlängern kann (BGH NZM 2005, 299). Zulässig ist es auch zu vereinbaren: „üblicherweise werden Schönheitsreparaturen in folgenden Zeiträumen erforderlich sein" (BGH NJW 2009, 62) oder Formulierungen wie „für den Regelfall", „im Allgemeinen" oder „regelmäßig nach Ablauf" (BGH ZMR 2012, 617). Die Regelung einer starren Frist kann auch in zwei getrennten Klauseln vorliegen. Dann sind beide Klauseln unwirksam (BGH NZM 2004, 901). Lassen die vereinbarten Fristen die Berücksichtigung des konkreten Erhaltungszustandes der Räume zu, so muss der Mieter beweisen, dass trotz Fristablauf noch keine Renovierung fällig ist (BGH NJW 2008, 3772). Der Einwand, dass Formularklauseln zu Schönheitsreparaturen komplex sind, führt in der Regel nicht zu ihrer Unwirksamkeit wegen fehlender Transparenz (BGH NZM 2004, 903). Ist im Mietvertrag keine Frist für die Renovierung bestimmt, so wird diese fällig, sobald objektiv ein Renovierungsbedarf festzustellen ist. Verweigert der Mieter die Renovierung, kann der Vermieter hierfür einen Kostenvorschuss vom Mieter verlangen (BGH NJW 2005, 1862).

54   Wenn jedoch bestimmt ist, dass die Wohnung **bei Bedarf** zu renovieren ist, ist diese Klausel wirksam, wenn beide Parteien keine Anfangsrenovierung durch den Mieter vereinbaren wollten.

55   Als **unwirksam** wird eine **Klausel** im **Formularmietvertrag** angesehen, die dem Mieter die Durchführung von Schönheitsreparaturen beim Auszug unabhängig vom Zeitpunkt der zuletzt durchgeführten Schönheitsreparatur auferlegen will. Die Verpflichtung, Schönheitsreparaturen nur durch Fachhandwerker ausführen zu lassen, ist unwirksam, ebenso die Verpflichtung auf die „bisherige Ausführungsart" (BGH NJW 2007, 1743).

56   Die Verpflichtung des Mieters, je nach dem Zeitpunkt der letzten Schönheitsreparaturen einen **prozentualen Anteil** (Quotenklausel) an den Kosten der Renovierung, zu bezahlen, ist in der Regel intransparent und unwirksam, weil der Mieter bei Abschluss des Mietvertrages die damit verbundene Belastung nicht abschätzen kann (BGH NJW 2015, 1871). Seine jahrelange entgegengesetzte Rechtsprechung hat der BGH aufgegeben.

57   **Farbwahlvorgaben** darf der Vermieter in Formularverträgen nur in sehr eingeschränktem Umfang machen. Für die Mietzeit muss dem Mieter eine freie Farbwahl überlassen bleiben. Für die Endrenovierung ist die Beschränkung auf neutrale, helle Farben zulässig. Ein Verstoß gegen diese Grundsätze führt zu Unwirksamkeit der Renovierungsklausel insgesamt (BGH NJW

2009, 3716). Die Festlegung des Mieters auf „neutrale Farben" ist möglich, wenn dies ausdrücklich nur für die Endrenovierung so vorgesehen ist (BGH NJW 2008, 2499). Bei Holzanstrich ist auch eine strikte Einschränkungen des Gestaltungsspielraums möglich (BGH NJW 2009, 62).

Ebenfalls unwirksam ist die Bestimmung eines Formularmietvertrages, wel- **58** che den Mieter zur Endrenovierung nach Ablauf des Mietvertrages verpflichten will, ohne unmissverständlich darauf abzustellen, ob ein Renovierungsbedarf nach dem Zustand der Wohnung beim Auszug besteht (BGH NJW 2007, 3776).

Ist die Übertragung von Schönheitsreparaturen unwirksam, gilt die gesetzli- **59** che Regelung und der Mieter hat Anspruch auf Durchführung der Schönheitsreparaturen durch den Vermieter (§ 535 Abs. 1 S. 2). Führt er in Unkenntnis dieser Rechtslage Schönheitsreparaturen durch, hat er einen Erstattungsanspruch gegen den Vermieter.

Die Übertragung der Schönheitsreparaturen ist **insgesamt unwirksam,** **60** wenn auch nur eine Formularklausel den Vorgaben des BGH nicht genügt (BGH NJW 2015, 1874).

Schadensersatz wegen durchgeführter Schönheitsreparaturen bei **61** unwirksamen Vertragsvereinbarungen zur Übertragung der Renovierungspflicht kann ein Mieter nur dann verlangen, wenn dem Vermieter die Verwendung einer entsprechenden Vertragsklausel als Verschulden bei Vertragsschluss (§ 311 Abs. 2) angelastet werden kann, dh wenn er die einschlägige Rechtsprechung bei Vertragsschluss kennen musste. Fehlt es an einem entsprechenden Verschulden, kann der Vermieter Wertersatz (§ 818 Abs. 2) verlangen. Bei eigener Leistung des Mieters besteht dieser Anspruch aber nur in reduzierter Höhe (Materialkosten und an Helfer bezahlte Vergütungen bzw. eine billige Vergütung für die eigene Freizeit, BGH NJW 2009, 2590). Verlangt der Vermieter vom Mieter ausdrücklich die Durchführung von Schönheitsreparaturen, obwohl er die Unwirksamkeit der Klausel kennt, kann der Mieter Schadensersatz verlangen, auch wenn bei Abschluss des Vertrages die Unwirksamkeit der Klausel noch nicht erkennbar war (KG NJW 2009, 2688).

Schadensersatz wegen unterlassener Schönheitsreparaturen kann der **62** Vermieter verlangen, wenn er dem Mieter eine angemessene Nachfrist zur Erfüllung seiner vertraglichen Pflichten gesetzt hat. Hierbei ist zu bedenken, dass der Vermieter auf Grund seiner Schadensminderungspflicht nach Beendigung eines Mietverhältnisses auch gehalten ist, die Renovierung nicht zu lange aufzuschieben, so dass eine Anschlussvermietung nicht über Gebühr verzögert wird. Eine endgültige, eindeutige Erfüllungsverweigerung des Mieters macht eine Fristsetzung jedoch entbehrlich (§ 281 Abs. 2). Zieht ein Mieter zum Kündigungszeitpunkt aus, ohne Schönheitsreparaturen auszuführen, kann hierin eine ernstliche Erfüllungsverweigerung gesehen werden, wenn der Vermieter zuvor konkret mitgeteilt hat, welche Arbeiten er erwartet (KG NZM 2007, 356). Auch nach einem Verkauf der Wohnung kann der Vermieter Schadensersatz vom Mieter verlangen, ebenso, wenn er die Wohnung umbaut. Hier ist allerdings zu berücksichtigen, dass ein grundsätzlich zur Erfüllung der vertraglichen Schönheitsreparaturen bereiter Mieter nur

Materialkosten und Kosten seiner ersparten Arbeitsleistungen zu tragen hat, wenn er zur Eigenarbeit berechtigt war (BGH NZM 2005, 58).

63   Wird die Wohnung zu dem Zeitpunkt, in dem Schönheitsreparaturen fällig gewesen wären, renoviert und würden diese hierdurch wertlos, so ist der Mieter in der Regel zur Zahlung eines Ausgleichsbetrages verpflichtet. Voraussetzung des Zahlungsanspruchs ist dann aber auch, dass der Vermieter diese Renovierungsarbeiten dann auch durchführt (BGH NJW 2014, 1521). Die Höhe des Ausgleichsbetrages ist nach dem Wert der geschuldeten Arbeiten zu bestimmen. Maßgebend sind die Kosten, die dem Mieter entstanden wären, wenn die Schönheitsreparaturen wie vereinbart erfolgt wären. Für Mietverträge, die in der DDR geschlossen worden sind, soll dies jedoch nicht gelten (LG Berlin WuM 1996, 139). Für vereinbarte Baumaßnahmen hingegen, die durch Dispositionen des Vermieters wertlos würden und deshalb entfallen, besteht eine Zahlungspflicht nicht, da diese Verpflichtungen keine Gegenleistung für die Gebrauchsüberlassung darstellen (BGH NJW 1986, 309).

64   Der frühere Mieter bleibt für vertraglich vereinbarte, aber nicht ausgeführte Schönheitsreparaturen schadensersatzpflichtig, auch wenn der neue Mieter ihre Durchführung vertraglich übernommen und die Wohnung vor Bezug renoviert hat (BGH NJW 1968, 491; OLG Hamburg ZMR 1984, 343).

65   Werden die von der Rechtsprechung in Formularmietverträgen beanstandeten Klauseln nicht in einem Formular, sondern individuell im Einzelfall vereinbart, so sind sie in der Regel wirksam.

66   Ein **Bereicherungsanspruch** des Mieters kann bestehen, wenn dieser in den Fällen einer unwirksamen Renovierungsklausel Arbeiten durchführen lässt. Er kann dann zB Erstattung der bezahlten Malerkosten verlangen. Dem Vermieter wird es kaum gelingen zu beweisen, dass der Mieter die Unwirksamkeit der Renovierungsklausel positiv gekannt hat (§ 814; umfassend hierzu Paschke WuM 2008, 647). Dieser Ersatzanspruch des Mieters verjährt gemäß § 548 binnen sechs Monaten (BGH NJW 2011, 1866).

67   Ein **Zuschlag** im Mieterhöhungsverfahren zu den Mietspiegelwerten ist nicht möglich mit der Begründung, dass die vereinbarte Abwälzung der Schönheitsreparaturen unwirksam war (BGH NJW 2008, 2840). Entsprechendes gilt bei unwirksamer Vereinbarung zur Kostentragung bei Bagatellreparaturen (BGH NJW 2008, 2840). Nur im Bereich des preisgebundenen Wohnungsbaus darf eine unwirksame Renovierungsklausel durch einen Zuschlag nach § 28 Abs. 4 II. BV durch einseitige Erklärung des Vermieters ersetzt werden (BGH NJW-RR 2017, 1356). Entsprechendes gilt bei unwirksamen Klausel zu Bagatellreparaturen (BGH NJW 2008, 2840). Einen Zuschlag für Schönheitsreparaturen bereits im Mietvertrag neben der Grundmiete beanstandet der BGH hingegen nicht (BGH NJW-RR 2017, 981).

6. Übertragung von Bagatellreparaturen

68   Die Übertragung der Kosten von Kleinreparaturen auf den Mieter durch Formularvertrag ist nur wirksam, wenn für den Einzelfall eine Höchstgrenze bestimmt ist (maximal 100 EUR oder 2–3 % der Jahresmiete) und nur Teile

erfasst werden, die dem häufigen Zugriff des Mieters ausgesetzt sind (Installationsteile, Schlösser, Fenster uÄ). Ferner muss unbedingt auch eine Höchstgrenze für die Beteiligung des Mieters bei mehreren Kleinreparaturen binnen eines Jahres vorgesehen werden (maximal ca. 8 % der Jahresmiete). Unwirksam ist auch eine Beteiligung des Mieters mit einem Sockelbetrag an allen Reparaturen oder Instandhaltungsarbeiten (BGH NJW 1989, 2247; NJW 1991, 1750). Die Klausel verpflichtet nur zur einmaligen Beteiligung oder Übernahme der Kosten bei jedem Schaden. Tritt ein Schaden in kürzerer Zeit wiederholt auf oder übersteigen die Reparaturkosten die vereinbarte Höchstgrenze (OLG Düsseldorf ZMR 2003, 25), ist der Vermieter allein verpflichtet. Die Verpflichtung des Mieters, entsprechende Reparaturen auch selbst in Auftrag geben zu müssen, ist ebenfalls – zumindest in Formularmietverträgen – nicht zulässig (BGH NJW 1992, 1761).

Weitergehende Verpflichtungen können nur durch Individualvertrag begründet werden. **69**

Die **Abwälzung von Wartungspflichten** zB an Boilern, Heizgeräten **70** unter anderem kann auch durch Formularvertrag erfolgen, sofern eine Höchstgrenze im Rahmen des Zumutbaren bestimmt ist (BGH NJW 1991, 1750). Die Umlage von Wartungskosten bei zentraler Wärmeversorgung erfolgt gemäß §§ 7, 8 HeizkostenV, auch ohne ausdrückliche vertragliche Vereinbarung (§ 2 HeizkostenV).

7. Reinigungspflicht

Die Pflicht zur Reinigung von gemeinschaftlich benützten Gebäudeteilen **71** und Wegen kann dem Mieter im Mietvertrag ebenfalls übertragen werden. Allein auf Grund einer Hausordnung, die in den Mietvertrag nicht einbezogen wurde, ist er nur in sehr eingeschränktem Umfang entsprechend der Verkehrssitte zu Reinigungsarbeiten außerhalb seiner Wohnung verpflichtet. Eine Verletzung der Reinigungspflicht rechtfertigt in der Regel keine fristlose Kündigung (§§ 543, 569). Der Vermieter kann seinen Erfüllungsanspruch aber gerichtlich durchsetzen (vgl. § 887 ZPO) und ggf. Schadensersatz wegen Nichterfüllung verlangen.

IV. Pflicht, Lasten zu tragen

1. Lasten

Als Lasten (Abs. 3) werden die Verpflichtungen bezeichnet, die den Vermieter **72** als Eigentümer treffen. Hierzu gehören zB Grundsteuern, Gebühren für Müllabfuhr oder Schornsteinfeger. Vom gesetzlichen Grundsatz wird in der Praxis häufig abgewichen. Dem Mieter wird im Mietvertrag regelmäßig eine Beteiligung an diesen Kosten und auch an anderen Kosten auferlegt. Vereinbarungen über die Weitergabe der Nebenkosten müssen jedoch die abgewälzten Lasten eindeutig bezeichnen. Unklarheiten gehen zu Lasten des Vermieters. Für Änderungen während der Mietzeit wird auf §§ 556, 560 hingewiesen.

V. Das gerichtliche Verfahren

73 Für das gerichtliche Verfahren, das notwendig wird, wenn sich Vermieter und Mieter über die gegenseitigen Vertragspflichten nicht einigen können, bestehen aus sozialpolitischen Gründen eine Reihe von Sondervorschriften neben den allgemeinen Bestimmungen über den Zivilprozess. Die wichtigsten werden in Abschnitt 2 dieses Buches gesondert erläutert. Zu beachten ist, dass für Wohnraummietverhältnisse bestehende Sonderbestimmungen nur anwendbar sind, wenn der Mieter die Wohnung selbst als Wohnung nutzt und nicht weitervermietet (→ Rn. 17 ff.). In einigen Bundesländern ist vor Klageerhebung bei Streitwerten bis 750 EUR zunächst ein außergerichtliches Schlichtungsverfahren durchzuführen (§ 15a EGZPO). Dies gilt aber nicht, wenn ein Mahnbescheid beantragt wird. Lässt sich ein Anspruch durch Urkunden belegen (zB rückständige Miete), ist auch das besonders schnelle Verfahren des Urkundenprozesses möglich (BGH NJW 2005, 2701), selbst wenn der Mieter Mängel geltend macht (BGH NJW 2009, 3099).

1. Zuständigkeit

74 Zuständig für Streitigkeiten aus Wohnraummietverhältnissen ist in erster Instanz das Amtsgericht (§ 23 Nr. 2a GVG, § 29a ZPO), in dessen Bezirk die Wohnung liegt. Dies gilt auch für Prozesse, in denen Forderungen über mehr als 5.000 EUR, zB als Schadensersatz oder rückständige Miete, geltend gemacht werden. Abweichende Vereinbarungen über die örtliche Zuständigkeit sind nur in engem Rahmen des § 549 Abs. 2 Nr. 1–3 möglich (§ 29a ZPO). Auch Schiedsverträge sind unzulässig (§ 1030 Abs. 2 ZPO). Auch für **Ferienwohnungen oder Zweitwohnungen** ist das örtliche Gericht allein zuständig und eine Gerichtsstandsvereinbarung nicht möglich. Bei Wohnungen im europäischen Ausland ergibt sich ebenfalls eine Zuständigkeit des ausländischen Gerichts (Art. 24 Brüssel Ia-VO), die jedoch auch Ausnahmen zulässt. Dies gilt auch, wenn ein Reiseveranstalter die Wohnung vermietet (EuGH NJW 2000, 2009).

2. Räumungsklage

75 Räumungsklage kann der Vermieter bereits vor Ablauf der Kündigungsfrist erheben (RE OLG Karlsruhe NJW 1984, 2953), wenn konkrete Anhaltspunkte dafür sprechen, dass der Mieter nicht rechtzeitig räumen wird (§ 259 ZPO). Dies ist anzunehmen, wenn der Mieter die Wirksamkeit der Kündigung bestreitet oder sonst in irgendeiner Weise zum Ausdruck bringt, dass er nicht rechtzeitig räumen wird. Bis zum Ablauf der Widerspruchsfrist nach § 574b Abs. 2 braucht sich der Mieter jedoch nicht zu äußern. Ein Schweigen danach kann dem Vermieter unter Umständen Anlass für eine vorzeitige Räumungsklage geben. Auch wenn das Gericht das Mietverhältnis als beendet ansieht und keine Fortsetzung nach § 574a ausspricht, kann es dem Mieter eine Räumungsfrist von bis zu einem Jahr gemäß § 721 ZPO gewähren.

Einstweilige Verfügungen können in dringenden Streitfällen, die einer **76** vorläufigen Regelung bedürfen, erlassen werden (zB bei Verwehrung des Zutritts, Abschalten von Wasser oder Licht). Umfassend hierzu Hinz WuM 2005, 615. Die Räumung einer Wohnung kann durch einstweilige Verfügung aber nur angeordnet werden, wenn der Besitzer sie dem Verfügungsberechtigten eigenmächtig gegen dessen Willen entzogen hat (§ 940a ZPO; weitere Erl. s. dort), also zB im Fall der Hausbesetzung. Zur Doppelvermietung → § 536 Rn. 12.

Berufung gegen das Urteil des Amtsgerichts ist möglich, wenn der Beru- **77** fungsstreitwert 600 EUR übersteigt. Bei Mieterhöhungen ist die Berufung zulässig, wenn der Erhöhungsbetrag für 42 Monate 600 EUR übersteigt (§ 9 ZPO). Zuständig ist das Landgericht. Ein Umzug während des Rechtsstreits hat keine Auswirkung (BGH NJW 2006, 2782).

3. Revision

Die Regelung über den Rechtsentscheid ist nach dem ZPO-Reformgesetz **78** vom 27.7.2001 ausgelaufen. Jetzt ist das Berufungsgericht (Landgericht) befugt, die Revision zuzulassen bei grundsätzlicher Bedeutung der Rechtsfrage oder zur Fortbildung bzw. Sicherung einer einheitlichen Rechtsprechung. Der Rechtsweg geht dann vom Landgericht (Berufungsgericht) zum BGH (Revisionsgericht) gemäß § 542 ZPO. Die Grundsatzurteile des BGH in Mietsachen werden von allen anderen Gerichten beachtet, wie dies auf anderen Gebieten auch der Fall ist, ohne dass es hierfür einer förmlichen Regelung, wie sie beim Rechtsentscheid vorgesehen war, bedarf.

4. Kosten

Wer die Kosten des gerichtlichen Verfahrens zu tragen hat, wird vom Gericht **79** im Urteil entschieden. In der Regel werden die Kosten der unterliegenden Partei (§ 91 ZPO) auferlegt. Eine wichtige Ausnahme hiervon bildet § 93b ZPO für die Kosten des Räumungsverfahrens (→ § 574b Rn. 1). Für den Räumungsprozess ist als Streitwert der Betrag der jährlichen Miete einschließlich Nebenkosten gemäß § 41 GKG zugrunde zu legen. Bei Mieterhöhungen ist der jährliche Unterschiedsbetrag maßgebend. Die Kosten im Einzelfall hängen auch vom Prozessverlauf ab und können entsprechend variieren. Bei einem amtsgerichtlichen Räumungsverfahren kann bei einer Monatsmiete von 100 EUR (400 EUR) mit Gerichtskosten in Höhe von ca. 200 EUR (ca. 400 EUR) und mit Rechtsanwaltskosten in Höhe von ca. 350 EUR (ca. 1000 EUR) für jeden Rechtsanwalt gerechnet werden. Bei einem Mieterhöhungsverfahren wegen einer Mieterhöhung von monatlich 25 EUR (50 EUR) betragen die gerichtlichen Kosten ohne Berücksichtigung etwaiger Zahlungsrückstände ca. 100 EUR (ca. 150 EUR) zuzüglich der im Einzelfall recht unterschiedlichen Kosten für ein gerichtliches Sachverständigengutachten und Rechtsanwaltskosten in Höhe von ca. 100 EUR (ca. 200 EUR) für jeden Anwalt.

80   Ist der Mieter – seltener der Vermieter – nicht in der Lage, die Kosten des
Rechtsstreits ohne Gefährdung für seinen Lebensunterhalt aufzubringen, kann
ihm Prozesskostenhilfe bewilligt werden. Voraussetzung ist, dass sein Begeh-
ren Aussicht auf Erfolg hat. Er wird dann von den Gerichtskosten und –
sofern ihm ein Rechtsanwalt beigeordnet ist – auch von den Kosten seines
Rechtsanwalts freigestellt.

81   Das Risiko, die Rechtsanwaltskosten des Gegners im Falle des Unter-
liegens tragen zu müssen, bleibt jedoch bestehen. Sofern ihm Ratenzahlung
zumutbar ist, wird er zur Zahlung der Kosten in Raten herangezogen.

§ 536 Mietminderung bei Sach- und Rechtsmängeln

(1) ¹Hat die Mietsache zur Zeit der Überlassung an den Mieter einen Mangel,
der ihre Tauglichkeit zum vertragsgemäßen Gebrauch aufhebt, oder entsteht
während der Mietzeit ein solcher Mangel, so ist der Mieter für die Zeit, in der die
Tauglichkeit aufgehoben ist, von der Entrichtung der Miete befreit. ²Für die Zeit,
während der die Tauglichkeit gemindert ist, hat er nur eine angemessen herab-
gesetzte Miete zu entrichten. ³Eine unerhebliche Minderung der Tauglichkeit
bleibt außer Betracht.

(1a) Für die Dauer von drei Monaten bleibt eine Minderung der Tauglichkeit
außer Betracht, soweit diese auf Grund einer Maßnahme eintritt, die einer energetischen Modernisierung nach § 555b Nummer 1 dient.

(2) Absatz 1 Satz 1 und 2 gilt auch, wenn eine zugesicherte Eigenschaft fehlt
oder später wegfällt.

(3) Wird dem Mieter der vertragsgemäße Gebrauch der Mietsache durch das
Recht eines Dritten ganz oder zum Teil entzogen, so gelten die Absätze 1 und 2
entsprechend.

(4) Bei einem Mietverhältnis über Wohnraum ist eine zum Nachteil des Mieters
abweichende Vereinbarung unwirksam.

1. Fehlerhafte Wohnung

1   Ob eine vermietete Wohnung fehlerhaft ist, ist an dem im Mietvertrag vereinbarten Gebrauch zu messen (→ § 535 Rn. 23 ff.). Sofern dort nichts anderes ausdrücklich vereinbart ist, wird es darauf ankommen, von welchen
Eigenschaften der Mieter bei Abschluss des Vertrages auf Grund aller Umstände des Einzelfalls ausgehen durfte. Wenn nichts anderes vereinbart ist, wird
bezüglich der Lebensgewohnheiten und des technischen Entwicklungsstandes
(Wohnkomfort) auf den Standard zur Zeit des Vertragsschlusses abzustellen
sein, sofern dieser nach dem äußeren Zuschnitt der Wohnung erwartet
werden darf. Bei Altbauwohnungen darf kein Neubau-Komfort gefordert
werden. Der Schallschutz muss den bei Errichtung des Gebäudes geltenden
Grenzwerten entsprechen (BGH NJW 2013, 2417), wobei kein Anspruch auf
den gemäß der DIN erhöhten Schallschutz besteht (BGH NJW 2011, 1866).
Hinzunehmen ist zB ein knarrender Parkettboden, nicht aber eine unzureichende Elektroanlage, die etwa den Betrieb einer Waschmaschine oder eines

Geschirrspülers nicht zulässt (BGH NJW 2004, 3174). Regelmäßige technische Überprüfungen ohne konkreten Anlass (zB E-Check) muss der Vermieter nicht veranlassen (BGH NJW 2009, 143). Wird ein Haus umgebaut, darf der Mieter erwarten, dass die im Zeitpunkt des Umbaus geltenden Normen eingehalten sind (BGH NJW-RR 2004, 1450). Vorrangig maßgebend ist jedoch – soweit vorhanden – eine hierzu getroffene Vereinbarung im Mietvertrag. Bezüglich gesundheitsgefährdender Umstände soll nach Auffassung des BVerfG (BVerfG NJW-RR 1999, 519; ebenso RE BayObLG NZM 1999, 899) der Erkenntnisstand im Zeitpunkt der Gerichtsentscheidung maßgebend sein.

Die Gebrauchsbeeinträchtigung kann auch durch wiederholten Lärm anderer Hausbewohner oder deren Haustiere, aber auch durch gravierende Verschmutzungen entstehen. Ein Mieter muss insoweit nicht zwingend ein „Protokoll" über Zeit und Intensität solcher Beeinträchtigungen fertigen (BGH NJW-RR 2012, 977), sollte dies aber aus Beweisgründen tun, um so die Mängelsymptome präzise darzulegen (BGH NJW 2017, 3772). **2**

Bei einer **energetischen Modernisierung** wird das Minderungsrecht nur bei einer Einschränkung, nicht aber auch dann, wenn die Wohnungen überhaupt nicht mehr bewohnbar ist, vorübergehend ausgeschlossen. Die energetische Modernisierung muss nicht das einzige Ziel der Sanierungsarbeiten seien. **3**

Wenn ungewöhnlich hohe **Heizkosten** auf einem Fehler der Heizungsanlage beruhen, kann ein Mangel der Mietsache vorliegen. Ob aber ein Fehler der Heizung vorliegt, ist nach dem Stand der Technik zur Zeit des Einbaus der Heizung zu beurteilen. Der Vermieter ist nicht verpflichtet, die Anlage ständig auf dem neuesten Stand zu halten. Er schuldet keine Verbesserungen der dem technischen Stand zur Zeit der Gebäudeerrichtung entsprechenden Wärmedämmung. Er schuldet allerdings einen Mindeststandard, den der Mieter bei Vertragsschluss erwarten durfte (KG MDR 2008, 966). **4**

Der Mangel kann auf dem Zustand der Wohnung selbst beruhen (Baumängel wie zB fehlender Schallschutz, Feuchtigkeit) oder in störenden Einflüssen aus der Umwelt (zB Immissionen) oder in Störungen durch andere Mieter liegen. Ob Baulärm aus der Nachbarschaft zur Minderung berechtigt, ist umstritten. Für Straßenbauarbeiten im innerstädtischen Bereich hat dies der BGH verneint (BGH NJW 2013, 680). Entsteht nach Abschluss des Mietvertrages in der Nachbarschaft eine Lärmquelle (zB Bolzplatz), hängt die Frage, ob ein zur Minderung berechtigender Mangel vorliegt, davon ab, ob es dem Vermieter möglich und zumutbar ist, gegen die Lärmbelästigung vorzugehen (BGH NJW 2015, 2177). Auch öffentlich-rechtliche Beschränkungen des Gebrauchs (zB drohende Abbruchverfügung) können einen Mangel der vermieteten Wohnung darstellen. Zur Beweislast → § 538 Rn. 4f. **5**

Beruht die eingeschränkte Nutzbarkeit der Wohnung jedoch allein auf Umständen, die zur Risikosphäre des Mieters gehören (zB Einstellung der Stromversorgung nach Zahlungsverzug), so begründet dies keine Minderung (BGH NJW-RR 2011, 515). **6**

2. Erheblichkeit des Fehlers

7 Der Mangel muss so erheblich sein, dass er die Tauglichkeit der Wohnung für den vertragsgemäßen Gebrauch aufhebt oder mindert. Belanglose Kleinigkeiten sollen nicht zum Streit zwischen den Mietparteien führen, so zB wenn der Mangel schnell und mit geringem Kostenaufwand behebbar ist. Der Gebrauchswert ist auch dann nicht vermindert, wenn sich herausstellt, dass die Wohnung eine etwas **kleinere Fläche** hat, als bei Vertragsschluss vereinbart. Hier muss der Mieter konkrete Tauglichkeitsmängel vortragen (RE OLG Dresden NJW-RR 1998, 512). In der Regel wird kein erheblicher Mangel vorliegen. Bei einer Minderfläche von 10 % oder mehr ist der Mangel aber stets zu berücksichtigen (BGH NJW 2016, 239). Dies gilt bei Wohnungen und Einfamilienhäusern mit Gartennutzung gleichermaßen (BGH NJW 2010, 2192), auch bei möbliert vermieteten Wohnungen (BGH NJW 2011, 1282). Der Mieter ist zu einer entsprechenden Minderung berechtigt, selbst wenn er die Minderfläche erst längere Zeit nach Vertragsschluss festgestellt hat (BGH NJW 2005, 1947). Dies gilt auch, wenn eine Circa-Fläche ausgewiesen wird (BGH NJW 2010, 1745), es sei denn, im Mietvertrag wird die Größenangabe ausdrücklich als unverbindlich bezeichnet (BGH NJW 2011, 220). Unterliegt ein Teil der Wohnfläche öffentlich-rechtlichen Nutzungsbeschränkungen, ist eine Minderung nicht berechtigt, wenn die Nutzbarkeit faktisch nicht beeinträchtigt ist, weil die zuständige Behörde nicht einschreitet (BGH NJW 2009, 3421). Zur Feststellung der zutreffenden Wohnfläche und zur Mieterhöhung bei abweichenden Flächenangaben → § 558 Rn. 13 f.

8   Es kommt nicht darauf an, ob der Mangel bereits bei Überlassung der Wohnung aufgetreten ist oder erst später. Für die Rechte aus § 536 ist es auch nicht erforderlich, dass den Vermieter ein Verschulden am Vorliegen des Fehlers trifft. Einem Minderungsrecht steht auch nicht entgegen, dass der Vermieter sich bisher erfolglos bei der Wohnungseigentümergemeinschaft um die Behebung des Mangels am Gemeinschaftseigentum bemüht hat. Dies gilt auch bei gewerblicher Zwischenvermietung (RE OLG Zweibrücken ZMR 1995, 119). Zur Beweislast → § 536a Rn. 11.

3. Umfang der Minderung

9 Der Umfang der Minderung ist nach den Umständen des Einzelfalls zu bemessen. Voraussetzung der Minderung ist nicht, dass der Mieter sich durch eine besondere Erklärung gegenüber dem Vermieter darauf beruft. Sie tritt vielmehr automatisch allein auf Grund des Gesetzes ein, solange die Wohnung nicht in vertragsgemäßem Zustand ist (BGH ZMR 1985, 403). Zu beachten ist die Anzeigepflicht gemäß § 536c. Solange der Fehler besteht, ist der Mieter von der Zahlung der Miete in voller Höhe befreit, wenn die Wohnung praktisch unbewohnbar ist (zB totaler Heizungsausfall während der Wintermonate). Ist die Gebrauchstauglichkeit nur eingeschränkt, so ist die Miete in dem Verhältnis herabzusetzen, in welchem der mangelfreie Zustand zu dem wirklichen Zustand gestanden hat. Der Grad der Gebrauchseinschränkung ist entsprechend zu schätzen. Leichte Störungen (Nichtbeheizbarkeit des Schlafzimmers mit dadurch verursachten Feuchtigkeitsschäden, Zimmertemperatur in Wohnräumen nicht über 18 Grad Celsius, Lärmbelästigung tagsüber, Haustüre nicht abschließbar, mangelhafte Schallisolierung und erhebliche Belästigung durch Trittschall) werden in der Praxis mit 5–10% bewertet, Minderungssätze über 20% werden in der Regel nur bei schwerwiegenden und länger dauernden Beeinträchtigungen (zB erhebliche Feuchtigkeit, häufige Beeinträchtigung durch mangelhafte Abwasseranlage, teilweiser Heizungsausfall im Winter) von der Rechtsprechung anerkannt. Bei Belästigungen durch Straßenlärm ist zu berücksichtigen, dass dieser bereits bei Vertragsschluss bei der Miethöhe berücksichtigt werden konnte und insoweit zu keiner Ermäßigung führt. Baulärm kann selbst dann zur Minderung berechtigen, wenn der Vermieter ihn nicht verhindern kann (RE BayObLG NJW 1987, 1950). Eine Übersicht über die Rechtsprechung findet sich bei Wenger ZMR 2000, 645. Als Miete ist die Bruttomiete zugrunde zu legen, dh Nebenkosten für den Zeitraum der Minderung sind der Kaltmiete (Nettomiete) hinzuzurechnen (BGH NZM 2005, 455). Bei einer Nebenkostenabrechnung ist zu berücksichtigen, dass der Mieter auch nur in einer um den Minderungssatz reduzierten Höhe zur Zahlung der Betriebskosten während der Dauer der berechtigten Minderung verpflichtet ist (BGH NJW 2011, 1806). Zur Frage, was gilt, wenn der Mieter einen zu hohen Betrag abzieht, → § 543 Rn. 17.

4. Ausschluss des Minderungsrechts

Das Minderungsrecht ist ausgeschlossen, wenn der Mieter den Mangel ge- **10** kannt hat (§ 536b) oder ihn zu vertreten hat (§ 324; → § 535 Rn. 43 ff.) oder wenn er seiner Anzeigepflicht (§ 536c) nicht nachgekommen ist und deshalb der Mangel vom Vermieter nicht behoben wurde. Erkennt der Mieter einen Mangel und macht ihn längere Zeit (ca. sechs Monate) nicht geltend, kann darin unter Umständen ein Verzicht auf sein Minderungsrecht – auch für die Zukunft – gesehen werden (BGH NJW 1997, 2674). Dies wird sogar dann angenommen, wenn der Mieter zwar rügt, aber vorbehaltlos zahlt. Der Verlust des Rechts, sich auf Minderung zu berufen, ist seit 1.1.2001 allein nach § 536c zu beurteilen. Sein Recht, die Beseitigung des Mangels zu verlangen, wird hierdurch nicht eingeschränkt. Sagt der Vermieter Abhilfe zu, verliert der Mieter sein Minderungsrecht nicht so schnell. Der Anspruch auf Minderung unterliegt nicht der Verjährung (BGH NJW 2010, 1292).

5. Zurückbehaltungsrecht

Dem Mieter steht auch ein Zurückbehaltungsrecht (§ 320) neben dem Min- **11** derungsrecht zu (BGH NJW 1997, 2674). Fraglich ist aber die Höhe der ggf. zurückzubehaltenden Beträge. Hier besteht ein weites Ermessen des Gerichts. Es kommt auf die Umstände des Einzelfalls an. Eine schematische Begrenzung lehnt der BGH ab (BGH NJW 2015, 3087). Da die Miete monatlich fortlaufend zu entrichten ist, können mit der Zeit unverhältnismäßig hohe Beträge auflaufen. Die Höhe des Zurückbehaltungsrechts sollte auf das Doppelte (analog § 641 Abs. 3) oder höchstens das Dreifache des Betrages, der zur

Mängelbeseitigung erforderlich ist (BGH NJW-RR 2003, 873) begrenzt bleiben. Die Höchstgrenze des Zurückbehaltungsrechts ist nach den Umständen des Einzelfalls zu begrenzen (BGH NJW 2015, 3087). Erst wenn dieser Betrag erreicht ist, muss der Mieter die geminderte Miete wieder bezahlen. In formaler Hinsicht reicht es aus, wenn sich der Mieter erst im Rechtsstreit um rückständige Miete auf den Mangel bezieht (BGH ZMR 1997, 567). Nach Beendigung des Mietvertrages besteht kein Zurückbehaltungsrecht mehr. Ein Zurückbehaltungsrecht gegen eine noch offene Kautionsforderung besteht deshalb nicht (OLG Celle ZMR 1998, 272).

6. Rechte Dritter

12   Das Recht eines Dritten ist von praktischer Bedeutung zB im Falle der Doppelvermietung oder bei Vermietung zu einer rechtlich nicht zulässigen Nutzung. Eine Durchsetzung des Erfüllungsanspruchs für einen anderen Mieter (OLG Hamm NJW-RR 2004, 521) durch einstweilige Verfügung ist nicht möglich (KG NJW-RR 2007, 1167). Der Mieter, dem kein Besitz an der bereits von einem anderen Mieter bezogenen Wohnung eingeräumt wird, ist auf Schadensersatzansprüche nach § 536a (zB höhere Mietkosten) und das Kündigungsrecht gemäß § 543 beschränkt. Eine Überlassung der Wohnung gemäß § 535 kann er in der Regel nicht verlangen (KG ZMR 2015, 539). Eine Entziehung des Gebrauchs liegt auch vor, wenn der Hauptvermieter vor Beendigung des Untermietverhältnisses Zahlung an sich oder Räumung verlangt (RE OLG Hamm WuM 1987, 346).

13   Gewährleistungsansprüche können erst dann geltend gemacht werden, wenn in Folge des Rechtsmangels eine Gebrauchsbeeinträchtigung entsteht (BGH NJW 1996, 47). Kein Rechtsmangel liegt vor, wenn der Vormieter die Wohnung nicht rechtzeitig räumt. Hier haftet der Vermieter nur bei Verschulden (§§ 323, 280; OLG Frankfurt a. M. NZM 1999, 966).

7. Abweichende Vereinbarungen

14   Abweichende vertragliche Vereinbarungen (Abs. 4) sind bei Mietverhältnissen über Wohnraum unzulässig. Deshalb sind alle Klauseln unwirksam, die das Minderungsrecht vom Vorliegen weiterer Voraussetzungen abhängig machen wollen. Nicht ausgeschlossen ist hingegen die Möglichkeit, die Mietforderung trotz näher behaupteter Mängel im Urkundenprozess geltend zu machen (BGH NJW 2005, 2701).

§ 536a Schadens- und Aufwendungsersatzanspruch des Mieters wegen eines Mangels

(1) Ist ein Mangel im Sinne des § 536 bei Vertragsschluss vorhanden oder entsteht ein solcher Mangel später wegen eines Umstands, den der Vermieter zu vertreten hat, oder kommt der Vermieter mit der Beseitigung eines Mangels in Verzug, so kann der Mieter unbeschadet der Rechte aus § 536 Schadensersatz verlangen.

(2) Der Mieter kann den Mangel selbst beseitigen und Ersatz der erforderlichen Aufwendungen verlangen, wenn
1. **der Vermieter mit der Beseitigung des Mangels in Verzug ist oder**
2. **die umgehende Beseitigung des Mangels zur Erhaltung oder Wiederherstellung des Bestands der Mietsache notwendig ist.**

1. Anwendungsbereich; Mangel bei Vertragsschluss

Neben dem Anspruch auf Minderung (§ 536) kann der Mieter unter den 1 weiteren Voraussetzungen des § 536a auch Schadensersatz oder Aufwendungsersatz (früher §§ 538 und 547) fordern. Wegen eines daneben möglicherweise noch bestehenden Kündigungsrechts wird auf §§ 543, 569 hingewiesen. Die Kündigung wegen Gesundheitsgefahr ist auch dann möglich, wenn der Mieter die baulichen Mängel bei Vertragsschluss bereits kennt und auf seine Rechte insoweit verzichtet hat (KG ZMR 2004, 259). Im Übrigen ist die Wohnung jedoch nicht mangelhaft im Rechtssinn, wenn der Mieter ihren Zustand bei Vertragsabschluss akzeptiert hat (BGH NJW 1993, 523).

Ist der Mangel bereits bei Vertragsschluss vorhanden, so haftet der Vermieter 2 auch ohne Verschulden. Ihn trifft eine Garantiehaftung (vgl. BGH NJW 1975, 645). Es ist nicht erforderlich, dass der Mangel sich bereits bei Vertragsschluss gezeigt hat; ausreichend ist, dass die Schadensursache bereits vorhanden war. Ob sie für den Vermieter erkennbar war, ist unbedeutend (BGHZ 49, 450). Für Mängel, die zwischen Vertragsschluss und Übergabe entstehen, wendet die Rechtsprechung die Garantiehaftung entsprechend an (BGH NJW 1963, 804). Weitere Voraussetzung für die Garantiehaftung ist, dass die Wohnung an den Mieter übergeben ist (BGH NJW 1997, 2813).

2. Mangel nach Vertragsschluss

Für einen Mangel, der nach Vertragsschluss und Übergabe entsteht, haftet der 3 Vermieter entsprechend den allgemeinen Vorschriften nur auf Schadensersatz, soweit er den Mangel zu vertreten hat (§§ 276, 278). Der Vermieter hat auch für das Verschulden seiner Erfüllungsgehilfen (zB Handwerker, Putzfrauen, Hausmeister, nicht aber anderer Mieter) einzustehen, soweit er diese zur Erfüllung seiner vertraglichen Pflichten herangezogen hat. Der Mieter hat den Mangel gemäß § 536c anzuzeigen.

Feuchtigkeitsschäden sind in der Praxis häufig. Hier ist in der Regel ein 4 Mangel der Wohnung gegeben, wenn diese bei der üblichen Wohnungsnutzung auftreten. Auf besondere wärmetechnische Umstände muss sich der Mieter beim Heizen und Belüften nicht einstellen (vgl. OLG Celle WuM 1985, 9). Zur Beseitigung von Foggingschäden (Schwarzstaubablagerungen) → § 538 Rn. 2.

3. Verzug des Vermieters

In gleicher Weise besteht eine Schadensersatzpflicht, wenn der Vermieter mit 5 der Beseitigung eines nachträglichen Mangels, den er nicht zu vertreten hat, in Verzug kommt. Der Eintritt des Verzugs ist nach den allgemeinen Vorschriften (§§ 286 ff.) zu beurteilen. Demnach muss eine Mahnung durch den Mieter vorausgehen und der Vermieter muss die Nichtbeseitigung des Mangels schuldhaft versäumt haben. Eine Mahnung ist jedoch entbehrlich, wenn Mieter und Vermieter eine Frist für die Mängelbeseitigung vereinbart haben oder wenn der Vermieter die Beseitigung strikt verweigert.

4. Umfang des Schadensersatzanspruchs

6 Der Umfang des Schadensersatzanspruchs ist nach den Grundsätzen des Schadensersatzes bei Nichterfüllung zu bestimmen. Der Mieter kann verlangen, so gestellt zu werden, wie er bei vertragsgemäßer Erfüllung des Mietvertrages gestanden hätte. Hiernach kann nicht nur Ersatz für den durch den Mangel verursachten Minderwert und die Mangelbeseitigungskosten, sondern auch Ersatz für die Kosten einer etwaigen anderweitigen Unterbringung sowie entgangener Gewinn (zB aus Untervermietung) verlangt werden. Ferner kann Ersatz verlangt werden wegen der durch den Mangel verursachten Beschädigung des Eigentums des Mieters und seiner Angehörigen und auch Ersatz für etwaige Gesundheitsschäden selbst Schmerzensgeld (§ 253 Abs. 2). Bei Schimmelschäden kann so zB sowohl Schadensersatz bezüglich der Möbel (Wiederbeschaffungswert mit einem Abzug „neu für alt") als auch eine Fassadenisolierung am Haus verlangt werden (LG Mannheim NJW 2007, 2499). Zieht der Mieter aus, kann er die hierbei erforderlichen Vermögensaufwendungen, auch eine etwaige Mietpreisdifferenz als Schadensersatz geltend machen (BGH NJW 2013, 2660).

7 Eine Beseitigung der Mängel kann der Mieter nicht verlangen, wenn der Reparaturaufwand die dem Vermieter zumutbare Opfergrenze überschreitet, also wenn der Aufwand in keinem vernünftigen Verhältnis zum Nutzen des Mieters oder zur Wertverbesserung des Hauses steht (BGH NJW-RR 2005, 1681). Bei vermieteten Eigentumswohnungen ist auch zu berücksichtigen, ob der Vermieter einen Anspruch auf Zustimmung der Gemeinschaft zur Durchführung entsprechender baulicher Änderungen hat.

5. Recht zur Mängelbeseitigung

8 Aus Abs. 2 Nr. 1 ergibt sich ein Recht, nicht aber die Pflicht des Mieters zur Mängelbeseitigung. Abs. 2 Nr. 2 bezieht sich auf Notmaßnahmen des Mieters. Der Umfang des Erstattungsanspruchs richtet sich nach §§ 256, 257 und erfasst alle erforderlichen Aufwendungen. Der Mieter kann auch einen **Vorschuss** fordern. Dieser muss aber in einem zumutbaren Verhältnis zur Werterhöhung bzw. zum Verkehrswert der Wohnung stehen (BGH NJW 2010, 2050). Bei rückständigen Schönheitsreparaturen kommt ein Abzug wegen der vom Mieter insoweit ersparten Kosten in Betracht (LG Berlin NJW-RR 1997, 265). Lässt der Mieter den Mangel beseitigen, **ohne** zuvor den Vermieter hierzu aufzufordern und ohne ihm eine Frist zu setzen, so kann er

keinen Aufwendungsersatz nach allgemeinen Vorschriften (§ 536a Abs. 2, § 539, § 683, § 812) verlangen (BGH NJW 2008, 1216). § 536a regelt diese Frage abschließend. Hiermit soll sichergestellt werden, dass der Vermieter nicht vor vollendete Tatsachen gestellt wird. Eine Erstattungspflicht besteht hingegen, wenn dem Mieter im Mietvertrag die Durchführung der Mängelbeseitigung übertragen worden ist. In diesen Fällen ist auch keine Mahnung des Vermieters erforderlich (§ 286 Abs. 2 Nr. 4). **9**

6. Abdingbarkeit

Die Regelungen des § 536a können im Mietvertrag abbedungen werden. Bei Formularmietverträgen können unbillige Klauseln gemäß §§ 307, 309 unwirksam sein (→ § 535 Rn. 10 ff.). Der Ausschluss der verschuldensunabhängigen Haftung ist in der Regel zulässig (BGH ZMR 1992, 241). – Unabdingbar ist das Recht des Mieters zur Aufrechnung und Zurückbehaltung (§ 556b Abs. 2). Bei völligem Ausschluss von Verwendungsersatz bei vorzeitiger Vertragsbeendigung (Verfallklausel) handelt es sich um eine unzulässige Vertragsstrafenklausel nach § 555. **10**

7. Beweislast

Die Beweislast für die Anspruchsvoraussetzungen ist aufgeteilt. Verlangt der Mieter Schadensersatz, so muss er alle Voraussetzungen hierfür, einschließlich des Verschuldens des Vermieters für nachträglich aufgetretene Mängel beweisen. Nur wenn feststeht, dass die Schadensursache im Einflussbereich des Vermieters liegt, muss sich der Vermieter hinsichtlich des Verschuldens entlasten (BGH NJW 2006, 1061). Bezüglich der bereits bei Einzug des Mieters vorhandenen Mängel trägt der Vermieter die Beweislast, wenn der Mieter diese unverzüglich rügt. Sonst kehrt sich die Beweislast zum Nachteil des Mieters um (§ 363; BGH NJW 2009, 3099). Für Schadensersatzansprüche des Vermieters → § 538 Rn. 4 f.. **11**

§ 536b Kenntnis des Mieters vom Mangel bei Vertragsschluss oder Annahme

[1] **Kennt der Mieter bei Vertragsschluss den Mangel der Mietsache, so stehen ihm die Rechte aus den §§ 536 und 536a nicht zu.** [2] **Ist ihm der Mangel infolge grober Fahrlässigkeit unbekannt geblieben, so stehen ihm diese Rechte nur zu, wenn der Vermieter den Mangel arglistig verschwiegen hat.** [3] **Nimmt der Mieter eine mangelhafte Sache an, obwohl er den Mangel kennt, so kann er die Rechte aus den §§ 536 und 536a nur geltend machen, wenn er sich seine Rechte bei der Annahme vorbehält.**

1. Kenntnis des Mangels

1 Zur Kenntnis des Mangels (Sach- oder Rechtsmangel) gehört auch die Kenntnis seiner Auswirkung auf die Gebrauchstauglichkeit der Wohnung. Hat der Mieter formularmäßig anerkannt, dass sich die Wohnung in vertragsgemäßem Zustand befindet, sind seine Ansprüche nach § 536b nur dann eingeschränkt, wenn ihm der Mangel tatsächlich bekannt war. Entsprechende Klauseln in Formularmietverträgen sind gemäß §§ 307, 309 Nr. 12 unwirksam (→ § 535 Rn. 10 ff.). Bei Kenntnis des Mangels sind die Rechte aus §§ 536, 536a, aber auch das Kündigungsrecht aus § 543 ausgeschlossen. Der Mieter erhält sich seine Rechte nur, wenn er den erkannten Mangel bei der Übergabe rügt und sich seine Rechte insoweit vorbehält (S. 2). Ob die Beseitigung des Mangels, dh Erfüllung des Mietvertrages, verlangt werden kann, hängt von den Umständen des Einzelfalles ab. Im Vertragsschluss in Kenntnis des Mangels kann auch die Vereinbarung liegen, dass die Wohnung in diesem Zustand als vertragsgemäß angesehen wird. Hat der Mieter einen Erfüllungsanspruch, so kann er ein Zurückbehaltungsrecht an der Miete geltend machen, das sich am Aufwand für die Mängelbeseitigung orientiert (BGH NJW-RR 2007, 1021).

2 Die Ausübung einer Verlängerungsoption oder einer einvernehmlichen Mieterhöhung stehen dem Abschluss eines neuen Mietvertrages nicht gleich. Hierbei ist ein Vorbehalt der Gewährleistungsrechte nicht erforderlich (BGH NJW 2015, 402).

3 Eine **Sondersituation** besteht beim Bezug eines Neubaus. Auch wenn der Mieter hier Unvollständigkeiten kennt (zB Außenanlage), die dem vertragsgemäßen Zustand noch entgegenstehen, kann er seine Rechte aus §§ 536, 536a wahrnehmen, wenn der Vermieter eine Fertigstellung in angemessener Zeit versäumt. Aber auch wenn ein Mangel der Heizung zunächst längere Zeit hingenommen wird, sich dann aber unzumutbar verschlimmert, ist das Kündigungsrecht nicht ausgeschlossen (KG NJW-RR 2002, 227).

2. Grob fahrlässige Unkenntnis

4 Grob fahrlässige Unkenntnis liegt vor, wenn dasjenige unbeachtet gelassen wurde, was im gegebenen Fall jedem hätte einleuchten müssen, so dass die Sorgfaltsverletzung besonders schwer erscheint. Dies bedeutet aber nicht, dass der Mieter eine besondere Prüfungs- oder Erkundigungspflicht hat. Es müssen dem Mieter Umstände bei Abschluss des Mietvertrages bekannt gewesen sein, die auf bestimmte Unzulänglichkeiten hindeuten (BGH NJW-RR 2007, 1021). In den Fällen grob fahrlässiger Unkenntnis haftet der Vermieter nur, wenn er die fehlende Eigenschaft zugesichert oder den Fehler **arglistig verschwiegen** hat. Arglist liegt vor, wenn der Vermieter in dem Bewusstsein handelt, dass der Mieter den Mangel nicht kennt und bei seiner Kenntnis die Vereinbarung nicht (so) abschließen würde.

5 Wenn der Mieter **nachträglich Kenntnis** von einem Mangel erlangt, so hat er dies dem Vermieter anzuzeigen (§ 536c). Unterlässt er die Anzeige, führt dies unter Umständen zu einem Rechtsverlust nach § 536c Abs. 2. Im Grundsatz bleiben aber seine Rechte nach § 536 erhalten, anders als dies vor der Mietrechtsreform der Fall war (BGH NJW 2007, 147). Zahlt der Mieter ohne Vorbehalt längere Zeit die vereinbarte Miete weiter, so verwirkt er einen entsprechenden Rückforderungsanspruch.

3. Beweislast

Der Vermieter muss die Kenntnis des Mieters oder dessen grob fahrlässige **6** Unkenntnis beweisen, der Mieter ggf. das arglistige Verschweigen des Vermieters oder dass er bei der Übergabe einen Vorbehalt erklärt hat.

§ 536c Während der Mietzeit auftretende Mängel; Mängelanzeige durch den Mieter

(1) [1] Zeigt sich im Laufe der Mietzeit ein Mangel der Mietsache oder wird eine Maßnahme zum Schutz der Mietsache gegen eine nicht vorhergesehene Gefahr erforderlich, so hat der Mieter dies dem Vermieter unverzüglich anzuzeigen. [2] Das Gleiche gilt, wenn ein Dritter sich ein Recht an der Sache anmaßt.

(2) [1] Unterlässt der Mieter die Anzeige, so ist er dem Vermieter zum Ersatz des daraus entstehenden Schadens verpflichtet. [2] Soweit der Vermieter infolge der Unterlassung der Anzeige nicht Abhilfe schaffen konnte, ist der Mieter nicht berechtigt,
1. die in § 536 bestimmten Rechte geltend zu machen,
2. nach § 536a Abs. 1 Schadensersatz zu verlangen oder
3. ohne Bestimmung einer angemessenen Frist zur Abhilfe nach § 543 Abs. 3 Satz 1 zu kündigen.

Die Anzeigepflicht ist Folge der dem Mieter obliegenden Obhutspflicht **1** (→ § 535 Rn. 43 ff.). Der Mieter hat jede Verschlechterung oder Beschädigung an der Mietwohnung und an den mitvermieteten Einrichtungen und Gebäudeteilen anzuzeigen, auch wenn der vertragsgemäße Gebrauch der Mietwohnung hierdurch nicht berührt wird. Sofern der Vermieter selbst im Haus wohnt oder ein Hausmeister bestellt ist, entfällt die Mitteilungspflicht, soweit damit zu rechnen ist, dass diese selbst Kenntnis erlangen (zB Schaden an der Haustüre oder im Treppenhaus). Der Mieter hat keine besondere Prüfungspflicht. Bei grob fahrlässiger Unkenntnis (vgl. § 536b S. 2) wird er den Rechtsfolgen des Abs. 2 jedoch nicht entgehen können. Nach unterlassener Mängelanzeige verliert der Mieter seine Rechte aber nur, wenn der Vermieter beweist, dass die Mängelbeseitigung bei rechtzeitiger Anzeige möglich gewesen wäre (OLG Düsseldorf ZMR 2003, 21). Der Vermieter muss auch beweisen, dass der Mieter seine Anzeigepflicht verletzt hat, wobei der Mieter genau darlegen muss, wann und wie er den Mangel angezeigt hat (BGH NJW 2013, 1299).

2   Vorkehrungen zum Schutz der Wohnung kommen zB bei längerer Abwesenheit des Mieters oder bei Elementarschäden (Sturm, Wasser) oder bei baulichen Schäden (teilweiser Einsturz des Hauses, undichter Öltank) in Betracht.

536d Vertraglicher Ausschluss von Rechten des Mieters wegen eines Mangels

Auf eine Vereinbarung, durch die die Rechte des Mieters wegen eines Mangels der Mietsache ausgeschlossen oder beschränkt werden, kann sich der Vermieter nicht berufen, wenn er den Mangel arglistig verschwiegen hat.

1   Zum Begriff der Arglist → § 536b Rn. 4.

§ 537 Entrichtung der Miete bei persönlicher Verhinderung des Mieters

(1) [1] Der Mieter wird von der Entrichtung der Miete nicht dadurch befreit, dass er durch einen in seiner Person liegenden Grund an der Ausübung seines Gebrauchsrechts gehindert wird. [2] Der Vermieter muss sich jedoch den Wert der ersparten Aufwendungen sowie derjenigen Vorteile anrechnen lassen, die er aus einer anderweitigen Verwertung des Gebrauchs erlangt.

(2) Solange der Vermieter infolge der Überlassung des Gebrauchs an einen Dritten außerstande ist, dem Mieter den Gebrauch zu gewähren, ist der Mieter zur Entrichtung der Miete nicht verpflichtet.

1. Inhalt der Norm

1   Das Risiko, ob er den gemieteten Wohnraum auch verwenden kann, trägt der Mieter (früher § 552). Der **Hinderungsgrund** liegt **in der Person des Mieters,** wenn irgendein anderer Mieter zur Nutzung der Wohnung in der Lage wäre. Hinderungsgründe in der Person des Mieters sind somit zB Krankheit oder Tod des Mieters oder seiner Angehörigen, Arbeitsplatzwechsel, Ausweisung, Ladung zum Strafantritt, Absage einer Ausstellung für deren Dauer Wohnraum gemietet wurde, Änderung der Reisepläne.

2. Anrechnung

2   Der Vermieter muss sich nur das anrechnen lassen, was er tatsächlich durch anderweitige Vermietung erlangt, nicht aber auch das, was er hätte erlangen können. Er ist nur im Rahmen einer allgemeinen Schadensminderungspflicht gehalten, sich um eine ersatzweise Vermietung zu bemühen. Die verbrauchsabhängigen Nebenkosten (Wasser, Heizung) kann der Vermieter nicht verlangen.

3. Vorzeitiger Auszug

Zieht der Mieter vorzeitig aus, dh vor Ablauf der vereinbarten Mietzeit oder **3** vor dem Ende der Kündigungsfrist, hat der Mieter wegen der grundsätzlich weiter bestehenden Verpflichtung zur Mietzahlung ein starkes Interesse daran, dass eine vorzeitige neue Vermietung erfolgt. Der **Vermieter** ist aber grundsätzlich **nicht verpflichtet,** den Mieter aus dem Mietvertrag vorzeitig zu entlassen, auch wenn dieser ihm einen geeigneten **Ersatzmieter** (Nachmieter) benennt, der zur Fortsetzung des Mietverhältnisses unter denselben Bedingungen bereit ist. Eine solche Verpflichtung kommt nur ausnahmsweise in Betracht, wenn das berechtigte Interesse des Mieters an der Aufhebung des Vertrages dasjenige des Vermieters am Fortbestand des Mietvertrages ganz erheblich übersteigt (zB schwere Krankheit, beruflich bedingter Ortswechsel oder wesentliche Vergrößerung der Familie des Mieters). Es reicht nicht aus, wenn der Mieter zB ein eigenes Haus baut oder eine Eigentumswohnung kauft (für befristetes Mietverhältnis RE OLG Karlsruhe NJW 1981, 1741).

Zieht der Mieter vor Ende der Kündigungsfrist aus, kann es nach den **4** gesamten Umständen des Einzelfalles jedoch gegen **Treu und Glauben** verstoßen, wenn der Vermieter die Wohnung grundlos bis zum Ende der Kündigungsfrist unvermietet stehen lässt. Dies kann jedoch nicht generell gesagt werden (RE OLG Hamm ZMR 1995, 525). Der Vermieter muss sich nachhaltig um die anderweitige Vermietung bemühen (OLG Düsseldorf ZMR 1996, 324). Sofern die restliche Mietzeit nur noch verhältnismäßig kurz ist (drei Monate), braucht der Vermieter in der Regel einen Ersatzmieter für diese Zeit nicht zu akzeptieren, insbesondere wenn er danach mit einem anderen Mieter einen neuen Vertrag mit günstigeren Bedingungen abschließen will (RE OLG Oldenburg WuM 1981, 125). Die Regeln der Schadensminderung (§ 254) gelten bei der Bemessung der Miete nicht, da es sich um keinen Schadensersatzanspruch des Vermieters handelt (BGH NJW 2007, 2177).

Der Vermieter kann aus allen **vernünftigen, sachlichen Gründen** einen **5** Ersatzmieter ablehnen, nicht aber aus willkürlichen Gründen den Abschluss eines Mietvertrages mit einem ansonsten zumutbaren, zuverlässigen Mieter verweigern (OLG Koblenz NZM 2004, 39).

Ist im Mietvertrag eine **Mietnachfolgeklausel** enthalten oder wird sie **6** später vereinbart, so ist der Vermieter nach der getroffenen Vereinbarung regelmäßig verpflichtet, mit einem entsprechenden Ersatzmieter einen neuen Mietvertrag abzuschließen (OLG Frankfurt a. M. ZMR 1991, 383). Grundsätzlich muss dann der Vermieter die Einschränkung seiner Auswahlfreiheit hinnehmen. Er darf dann keine persönlichen Abneigungen oder abstrakten Befürchtungen ausschlaggebend sein lassen (Ablehnung eines Nachmieters mit Kind – BGH NJW 2003, 246).

4. Keine Mietzahlungspflicht

Die Mietzahlungspflicht entfällt, wenn der Vermieter nicht mehr erfüllungs- **7** bereit ist. Dies ist nicht nur dann der Fall, wenn er an einen Dritten vermietet hat, sondern auch, wenn er die Räume selbst nutzt oder verändert oder sie Handwerkern als Lager oder Aufenthaltsraum überlässt. Kann diese Verwendung oder Veränderung jedoch jederzeit rückgängig gemacht werden und können die Räume dem Mieter wieder zur Verfügung gestellt werden, entfällt dessen Mietzahlungspflicht nicht. Die fehlende Erfüllungsbereitschaft des Vermieters hat der Mieter zu beweisen (RE OLG Oldenburg WuM 1981, 177).

8 Vermietet der Vermieter die Wohnung im Interesse des Mieters weiter zu einer **etwas geringeren Miete,** so kann er die Differenz bis zum nächsten zulässigen Kündigungstermin vom Mieter verlangen, sofern er sich um eine möglichst schnelle und marktgerechte Vermietung bemüht hat. Es ist rechtsmissbräuchlich, wenn sich der Mieter hier auf § 537 beruft. Etwas anderes gilt nur, wenn der Mieter mit nachvollziehbaren Gründen annehmen durfte, der Mietvertrag sei zB durch Kündigung wirksam beendet (BGH NJW 1993, 1645). Der Vermieter sollte jedoch, sofern möglich, den Mieter ausdrücklich darauf hinweisen, dass er wieder vermieten wird.

§ 538 Abnutzung der Mietsache durch vertragsgemäßen Gebrauch

Veränderungen oder Verschlechterungen der Mietsache, die durch den vertragsgemäßen Gebrauch herbeigeführt werden, hat der Mieter nicht zu vertreten.

1. Erhaltungspflicht

1 Die nach dem Gesetz grundsätzlich dem Vermieter obliegende Erhaltungspflicht wird üblicherweise im Mietvertrag in erheblichem Umfang auf den Mieter übertragen (Schönheitsreparaturen, kleine Instandhaltungsreparaturen, Vereinbarungen über den Zustand der Wohnung bei Rückgabe; → § 535 Rn. 47 ff., 68 ff.). Soweit aber nicht ausdrücklich und konkret im Mietvertrag Abweichendes zur Übertragung der Erhaltungspflicht auf den Mieter bestimmt ist, ist der Mieter für normale Abnutzungsspuren nicht ersatzpflichtig. Das Auslegen eines Teppichbodens überschreitet den vertragsgemäßen Gebrauch nicht. Einen angebrachten Fußbodenbelag hat der Mieter aber, soweit nichts anders vereinbart ist, zu entfernen, einschließlich der Klebereste, ggf. sind gekürzte Türblätter wieder zu verlängern. Dübellöcher sind in der Regel zu verschließen. Etwas anderes gilt nur, sofern die erforderlichen und üblichen Haltevorrichtungen vor allem in Bad und Toilette oder für Lampen beim Bezug gefehlt haben (BGH NJW 1993, 1061).

2 Für **Beschädigungen** in der Wohnung, die nicht durch vertragsgemäße Abnutzung entstanden sind, hat der Mieter Schadensersatz zu leisten (Pflichtverletzung, §§ 280, 241). Dabei ist vom konkreten Wert der überlassenen Einrichtung auszugehen ohne Berücksichtigung einer linearen Abschreibung entsprechend der durchschnittlichen Lebensdauer der Ausstattung. Eine fristgebundene Aufforderung des Mieters, den Schaden selbst zu beseitigen, ist nicht erforderlich (BGH Urt. v. 28.2.2018 – VIII ZR 157/17, BeckRS 2018, 4060). Nikotinrückstände sind im Rahmen der Schönheitsreparaturen zu beseitigen und gelten regelmäßig nicht als Beschädigung (BGH NJW 2008,

1439). Foggingschäden hat der Mieter ebenfalls in der Regel nicht zu vertreten. Beseitigt sie der Vermieter auf Verlangen des Mieters nicht, so kann der Mieter dies selbst auf Kosten des Vermieters veranlassen (BGH NJW 2008, 2432).

Gebäudeschäden, die der Mieter durch einfach fahrlässiges Verhalten ver- 3 ursacht, zB Brand- oder Wasserschäden, sind vom Mieter nicht zu ersetzen, wenn hierfür eine Gebäudeversicherung aufzukommen hat. Der Vermieter muss seinen Anspruch gegen die Versicherung auch gerichtlich geltend machen (BGH NJW-RR 2005, 381). Die Versicherung kann dann auch nicht bei dem Mieter Rückgriff gemäß § 86 VVG nehmen, selbst dann nicht, wenn der Mieter haftpflichtversichert ist (BGH WuM 2006, 624, 627 zu § 67 VVG aF). Soweit Haushaltsgegenstände des Vermieters betroffen sind, gilt dies aber nicht. Verschulden eines Dritten kann dem Mieter nur dann zugerechnet werden, wenn dieser sein Repräsentant ist. Im Regelfall erfolgt danach keine Haftung des Mieters für Verschulden von Familienangehörigen oder Besuchern; möglicherweise haften diese aber persönlich.

2. Beweislast

Der Vermieter hat die Beweislast für die Mangelfreiheit bei der Übergabe. 4 Verlangt er vom Mieter Schadensersatz, muss er auch beweisen, dass die Schadensursache nicht in seinem Verantwortungsbereich liegt, dh dass kein Baumangel ernsthaft in Betracht kommt und auch keine Anhaltspunkte dafür vorliegen, dass ein Dritter verantwortlich ist (BGH NJW-RR 2005, 381). Behauptet der Mieter, ein Dritter sei verantwortlich, muss dies der Vermieter widerlegen.

Ist dieser Beweis geführt, muss der Mieter beweisen, dass der Schaden nur 5 auf vertragsgemäßem Gebrauch beruht und nicht von ihm schuldhaft verursacht wurde. Der Entlastungsbeweis ist geführt, wenn der Mieter alle Anhaltspunkte widerlegt, die für sein Verschulden sprechen (BGH NJW 1998, 594). Gelingt dem Mieter diese Entlastung nicht, haftet er. Entsteht der Schaden im Bereich der für mehrere Wohnungen gemeinsamen Abflussleitung (Verstopfung), muss der Vermieter eine ursächliche Pflichtverletzung des in Anspruch genommenen Mieters nachweisen. Eine abweichende Regelung in Formularmietverträgen, wonach bestimmt ist, dass im Falle der Unaufklärbarkeit der Schadensursache alle Mieter anteilig für die Kosten der Schadensbehebung haften, ist unwirksam gemäß §§ 307, 309 Nr. 12.

§ 539 Ersatz sonstiger Aufwendungen und Wegnahmerecht des Mieters

(1) Der Mieter kann vom Vermieter Aufwendungen auf die Mietsache, die der Vermieter ihm nicht nach § 536a Abs. 2 zu ersetzen hat, nach den Vorschriften über die Geschäftsführung ohne Auftrag ersetzt verlangen.

(2) Der Mieter ist berechtigt, eine Einrichtung wegzunehmen, mit der er die Mietsache versehen hat.

1. Aufwendungsersatz

1 Der Mieter kann Ersatz für Aufwendungen, die er gemacht hat, um die gemietete Wohnung im Bestand zu erhalten, so zB bei Ersatz beschädigter Fensterscheiben, Reparatur des Daches oder anderen unaufschiebbaren Reparaturen verlangen (§§ 547, 547a aF). Es muss sich um Maßnahmen handeln, die zur Erhaltung der Bewohnbarkeit oder Abwendung drohender Gefahren sofort durchgeführt werden müssen. Aufwendungen, die er gemacht hat, um Mängel der Wohnung zu beseitigen, sind nur nach § 536a Abs. 2 zu beurteilen. Der Umfang des Aufwendungserstattungsanspruchs ergibt sich aus §§ 256, 257. Der Mieter kann Ersatz der im Einzelfall konkret notwendigen Aufwendungen in vollem Umfang verlangen, selbst dann, wenn die Wohnung wegen der Reparaturbedürftigkeit verbilligt vermietet worden ist.

2. Sonstige Verwendungen

2 Sonstige Verwendungen sind Aufwendungen, die der Verbesserung der Wohnung dienen, ohne ihren Bestand zu verändern. Sie sind zu ersetzen (§§ 683–685), wenn sie dem mutmaßlichen oder tatsächlichen Willen des Vermieters entsprochen haben. Die Aufwendungen müssen im Interesse des Vermieters erfolgt sein.

3. Abweichende Vereinbarungen

3 Abweichende vertragliche Vereinbarungen zB über Mietvorauszahlungen (§ 547) haben Vorrang. Bei größeren Investitionen des Mieters (Mietermodernisierung) ist dringend der Abschluss eines speziellen Vertrages zu empfehlen. Es gibt hierfür ein vom Bundesjustizministerium entwickeltes und von dort zu beziehendes Vertragsmuster (abgedruckt in ZMR 1984, 5).

4 Bei völligem Ausschluss von Verwendungsersatz bei vorzeitiger Vertragsbeendigung (Verfallklausel) handelt es sich um eine unzulässige Vertragsstrafenklausel nach § 555. Wenn ein Mieter aber zur Umgestaltung der Räume oder des Gartens nach eigenem Geschmack berechtigt ist, liegt hierin in der Regel auch ein Verzicht auf Ersatz des hierfür erforderlichen Aufwandes (BGH NJW-RR 2007, 1309).

4. Einbau von Einrichtungen

5 Die Berechtigung des Mieters zum Einbau von Einrichtungen muss sich aus dem Mietvertrag – ggf. auch durch Auslegung – und dem dort vereinbarten vertragsgemäßen Gebrauch ergeben.

6 Einrichtungen sind alle beweglichen Sachen, die mit der Wohnung verbunden werden, um den Gebrauchswert zu erhöhen. Dabei ist es unerheblich, wie fest sie eingefügt werden oder ob sie wesentliche Bestandteile (§§ 93 ff.) werden (zB Wandschrank, Waschbecken, Teppichboden, auch Pflanzen und sogar Bäume im Garten; OLG Köln ZMR 1994, 509).

7 Der Mieter ist grundsätzlich berechtigt und verpflichtet, nach Ablauf der Mietzeit die Sachen auf seine Kosten wegzunehmen. Er ist verpflichtet, den ursprünglichen Zustand der Wohnung wiederherzustellen (§ 258). Der Anspruch des Vermieters hierauf verjährt nach § 548 in sechs Monaten. Die weiteren Einzelheiten können im Mietvertrag geregelt werden.

§ 540 Gebrauchsüberlassung an Dritte

(1) [1]Der Mieter ist ohne die Erlaubnis des Vermieters nicht berechtigt, den Gebrauch der Mietsache einem Dritten zu überlassen, insbesondere sie weiter zu vermieten. [2]Verweigert der Vermieter die Erlaubnis, so kann der Mieter das Mietverhältnis außerordentlich mit der gesetzlichen Frist kündigen, sofern nicht in der Person des Dritten ein wichtiger Grund vorliegt.

(2) Überlässt der Mieter den Gebrauch einem Dritten, so hat er ein dem Dritten bei dem Gebrauch zur Last fallendes Verschulden zu vertreten, auch wenn der Vermieter die Erlaubnis zur Überlassung erteilt hat.

Die Vorschrift regelt die Grundsätze für die Untermiete. Die Sonderregelungen über Wohnraum finden sich in § 553. Dort wird die Untermiete umfassend erläutert. Zur Kündigungsfrist vgl. § 542. Das Sonderkündigungsrecht besteht nicht, wenn der Mieter nicht auf eine bestimmte Person bezogen angefragt hatte (OLG Celle NJW-RR 2003, 728). **1**

§ 541 Unterlassungsklage bei vertragswidrigem Gebrauch

Setzt der Mieter einen vertragswidrigen Gebrauch der Mietsache trotz einer Abmahnung des Vermieters fort, so kann dieser auf Unterlassung klagen.

Der Unterlassungsanspruch tritt neben das Kündigungsrecht nach § 543 und **1** neben den Schadensersatzanspruch wegen Vertragsverletzung oder Eigentumsverletzung. Der vertragsgemäße Gebrauch ist dem Mietvertrag, ggf. durch Auslegung unter Berücksichtigung der Verkehrssitte zu entnehmen (→ § 535 Rn. 23 ff.). Auch wenn sich der Vermieter gegen Störungen durch Dritte wendet, ist die Abmahnung an den Mieter zu richten. Sie ist an keine Form gebunden. Sie muss die vertragswidrige Handlung konkret bezeichnen und ihre zukünftige Unterlassung eindeutig verlangen. Die Abmahnung ist entbehrlich, wenn der Mieter von vorneherein eine Änderung seines Verhaltens entschieden und endgültig ablehnt.

Erst nach der Abmahnung kann der Vermieter bei Fortsetzung des vertrags- **2** widrigen Gebrauchs Klage erheben und eine einstweilige Verfügung beantragen. Die Notwendigkeit der Abmahnung kann vertraglich, jedoch nicht im Formularmietvertrag (§ 309 Nr. 4), ausgeschlossen werden.

§ 542 Ende des Mietverhältnisses

(1) Ist die Mietzeit nicht bestimmt, so kann jede Vertragspartei das Mietverhältnis nach den gesetzlichen Vorschriften kündigen.

(2) Ein Mietverhältnis, das auf bestimmte Zeit eingegangen ist, endet mit dem Ablauf dieser Zeit, sofern es nicht
1. in den gesetzlich zugelassenen Fällen außerordentlich gekündigt oder
2. verlängert wird.

1   § 542 regelt die Grundsätze der Kündigung für alle Mietverträge. Für Wohnraummietverhältnisse gelten besondere Kündigungsgründe (§§ 549, 568 ff., 573 ff.). Die ordentliche Kündigung ist das Mittel zur Beendigung des Mietvertrages im Normalfall. Hier gelten die normalen Kündigungsfristen (§§ 573 ff.). Die außerordentliche Kündigung ist im Gesetz in einzelnen Vorschriften zugelassen, meist vor dem Hintergrund geänderter tatsächlicher Verhältnisse. Sie kann entweder fristlos oder fristgebunden ausgesprochen werden (vgl. zB § 573d), nicht aber unter einer echten Bedingung oder Befristung (→ § 568 Rn. 4).

2   Auch eine **Anfechtung** des Mietvertrags wegen arglistiger Täuschung ist möglich unter den Voraussetzungen der §§ 123, 124. Der Mietvertrag muss dann nach Bereicherungsrecht rückabgewickelt werden, wobei sich der Mieter einen Mietwert bis zur ortsüblichen Vergleichsmiete anrechnen lassen muss (BGH NJW 2009, 1266).

3   Eine Ausgleichsquittung am Ende des Mietverhältnisses kann ein Mieter nicht verlangen (BGH NJW 2010, 1135).

§ 543 Außerordentliche fristlose Kündigung aus wichtigem Grund

(1) ¹Jede Vertragspartei kann das Mietverhältnis aus wichtigem Grund außerordentlich fristlos kündigen. ²Ein wichtiger Grund liegt vor, wenn dem Kündigenden unter Berücksichtigung aller Umstände des Einzelfalls, insbesondere eines Verschuldens der Vertragsparteien, und unter Abwägung der beiderseitigen Interessen die Fortsetzung des Mietverhältnisses bis zum Ablauf der Kündigungsfrist oder bis zur sonstigen Beendigung des Mietverhältnisses nicht zugemutet werden kann.

(2) ¹Ein wichtiger Grund liegt insbesondere vor, wenn
1. dem Mieter der vertragsgemäße Gebrauch der Mietsache ganz oder zum Teil nicht rechtzeitig gewährt oder wieder entzogen wird,
2. der Mieter die Rechte des Vermieters dadurch in erheblichem Maße verletzt, dass er die Mietsache durch Vernachlässigung der ihm obliegenden Sorgfalt erheblich gefährdet oder sie unbefugt einem Dritten überlässt oder
3. der Mieter
a) für zwei aufeinander folgende Termine mit der Entrichtung der Miete oder eines nicht unerheblichen Teils der Miete in Verzug ist oder
b) in einem Zeitraum, der sich über mehr als zwei Termine erstreckt, mit der Entrichtung der Miete in Höhe eines Betrages in Verzug ist, der die Miete für zwei Monate erreicht.
²Im Falle des Satzes 1 Nr. 3 ist die Kündigung ausgeschlossen, wenn der Vermieter vorher befriedigt wird. ³Sie wird unwirksam, wenn sich der Mieter von

seiner Schuld durch Aufrechnung befreien konnte und unverzüglich nach der Kündigung die Aufrechnung erklärt.

(3) [1]Besteht der wichtige Grund in der Verletzung einer Pflicht aus dem Mietvertrag, so ist die Kündigung erst nach erfolglosem Ablauf einer zur Abhilfe bestimmten angemessenen Frist oder nach erfolgloser Abmahnung zulässig. [2]Dies gilt nicht, wenn

1. eine Frist oder Abmahnung offensichtlich keinen Erfolg verspricht,
2. die sofortige Kündigung aus besonderen Gründen unter Abwägung der beiderseitigen Interessen gerechtfertigt ist oder
3. der Mieter mit der Entrichtung der Miete im Sinne des Absatzes 2 Nr. 3 in Verzug ist.

(4) [1]Auf das dem Mieter nach Absatz 2 Nr. 1 zustehende Kündigungsrecht sind die §§ 536b und 536d entsprechend anzuwenden. [2]Ist streitig, ob der Vermieter den Gebrauch der Mietsache rechtzeitig gewährt oder die Abhilfe vor Ablauf der hierzu bestimmten Frist bewirkt hat, so trifft ihn die Beweislast.

Übersicht

I. Allgemeines

Ergänzt wird diese Vorschrift durch § 569, die Sondervorschrift für das **1** Wohnraummietrecht. Das Gesetz unterscheidet zwischen folgenden Fällen eines wichtigen Grundes:

II. Störung des vertragsgemäßen Gebrauchs (Abs. 2 Nr. 1)

1. Anwendungsbereich

Das Kündigungsrecht nach dieser Vorschrift schließt weder eine fristlose **2** Kündigung nach anderen Vorschriften noch die Geltendmachung der Rechte nach §§ 536, 536a aus. Der Mieter hat insoweit die Wahl. Kündigt der Mieter gemäß § 543, so kann er daneben auch Schadensersatz verlangen, zB die Mehrkosten für eine Ersatzwohnung und Umzugskosten (→ § 573 Rn. 49 ff.). Der Mieter kann auch von der Kündigung absehen und Erfüllung des Mietvertrages verlangen. Das Kündigungsrecht steht dem Mieter auch bereits vor dem vereinbarten Übergabezeitpunkt zu, wenn der Vermieter die Erfüllung endgültig verweigert, wenn mit Sicherheit vorhersehbar ist, dass ein nicht zu beseitigender Mangel vorliegt. Zu beachten ist stets, dass eine Kündigung nur in angemessener Frist nach Kenntnis des Kündigungsgrundes erfolgen kann (§ 314 Abs. 3).

3   In allen Fällen ist nicht entscheidend auf das Verschulden bei einer Vertragsverletzung des anderen Vertragspartners abzustellen sondern darauf, ob dem Kündigenden nach einer umfassenden Abwägung aller Umstände des Einzelfalls in der eingetretenen Situation die Fortsetzung des Mietverhältnisses bis zum Ende einer gesetzlichen Kündigungsfrist zumutbar ist (BGH NJW 2016, 2805).

2. Verschulden des Vermieters

4   Es ist unerheblich, ob den Vermieter ein Verschulden daran trifft, dass der vertragsgemäße Gebrauch nicht gewährt wird, oder ob die vertragsgemäße Leistung überhaupt möglich ist. Im Grundsatz kann jede Störung des vertragsgemäßen Gebrauchs vom Mieter zum Anlass einer Kündigung nach § 543 genommen werden, zB Lärm, Feuchtigkeit, unzureichende Heizung, Behinderung des Zugangs, Unterlassen von dem Vermieter obliegenden Erhaltungsmaßnahmen. Der Mieter muss die Verantwortlichkeit des Vermieters für die Störung des vertragsgemäßen Gebrauchs beweisen. Ist die Schadensursache streitig, trägt der Vermieter die Beweislast dafür, dass sie aus dem Verantwortungsbereich des Mieters stammt. Dieser Beweis kann dadurch geführt werden, dass der Vermieter alle denkbaren, aus seinem Bereich stammenden Ursachen ausräumt (BGH NJW-RR 2005, 235).

3. Unerheblichkeit der Störung

5   Unerheblich ist eine Störung aber dann, wenn eine relativ kurze zeitliche Verzögerung vorliegt oder die Störung nach den Umständen des Einzelfalls und dem Umfang der vertragsgemäß ermöglichten Nutzung objektiv von untergeordneter Bedeutung ist. Hier ist keine Kündigung möglich.

4. Kündigung des Mieters

6   Der Mieter kann beim Vorliegen aller Voraussetzungen **fristlos** oder **mit einer Frist** kündigen. Die Kündigung kann unmittelbar nach Ablauf der gesetzten Frist oder in angemessener Zeit danach (ca. zwei bis drei Monate) erfolgen. Die Kündigung bedarf der Schriftform nach § 568. In der Kündigung muss zum Ausdruck gebracht werden, dass sie auf die Gebrauchsvereitelung gestützt ist (§ 569 Abs. 4).

Das Recht zur fristlosen Kündigung kann nach § 536c Abs. 2 ausgeschlos- 7
sen sein. Das Recht zur Kündigung kann durch vertragliche Vereinbarung für
Wohnraummietverhältnisse nicht ausgeschlossen oder eingeschränkt werden
(Abs. 4, § 536d).

Ohne Frist ist eine Kündigung nur möglich, wenn die Einhaltung der 8
Kündigungsfrist unzumutbar wäre. In den im Abs. 2 genannten Fällen wird
die Unzumutbarkeit allerdings gesetzlich typisiert und muss deshalb nicht
mehr gesondert festgestellt werden (BGH NJW 2009, 2195).

III. Pflichtverletzung des Mieters (Abs. 2 Nr. 2)

1. Anwendungsbereich

Das Kündigungsrecht des Vermieters steht auch hier **neben** dem Recht zur 9
fristlosen Kündigung nach anderen Vorschriften oder dem Recht zur ordentlichen Kündigung.

Der **vertragswidrige Gebrauch** (zum Begriff → § 535 Rn. 23 ff.) muss 10
trotz einer hierauf bezogenen Abmahnung (Abs. 3) durch den Mieter fortgesetzt worden sein. Die Kündigung ist auch gegenüber einem schuldlos
handelnden Mieter möglich. Hierbei ist jedoch eine Abwägung der beiderseitigen, grundrechtlich geschützten Interessen geboten. Somit wird eine Räumungsklage in diesen Fällen häufig erfolglos bleiben (BGH NZM 2005, 300).
Sind auf der Seite des Mieters mehrere Personen am Mietvertrag beteiligt, so
rechtfertigt der vertragswidrige Gebrauch eines Mieters die Kündigung gegenüber allen Mietern. Der Vermieter kann jedoch verpflichtet sein, den
Mietern, die sich am vertragswidrigen Gebrauch nicht beteiligt haben, einen
neu abzuschließenden Mietvertrag anzubieten (vgl. LG Darmstadt NJW
1983, 52).

2. Erheblichkeit der Pflichtverletzung

Ob die Rechte des Vermieters in erheblichem Maße verletzt sind, ist nach 11
Schwere und Häufigkeit der Vertragsverletzung zu beurteilen. Ein Indiz kann
hierbei sein, wie sich der Vermieter in vergleichbaren Situationen früher
verhalten hat. Bei der Auslegung dieses Rechtsbegriffes ist zu berücksichtigen,
dass eine „schuldhaft nicht unerhebliche" Pflichtverletzung Grund bereits für
eine ordentliche Kündigung nach § 573 ist. Dies zeigt, dass die hier gemeinte
Pflichtverletzung besonders schwer sein muss. Ein Verstoß gegen die Hausordnung reicht in aller Regel nicht aus. Auch eine schwere Vertragsverletzung, die aber bereits abgeschlossen ist, reicht nicht aus, wenn keine Wiederholung zu befürchten ist. Eine Gefährdung der Wohnung darf nicht nur in
einer bloß entfernten Möglichkeit des Schadenseintritts bestehen, sondern
muss auf Grund konkreter Umstände objektiv vorliegen, auch im Fall der
Überbelegung (BVerfG ZMR 1994, 11; RE BGH NJW 1993, 2528).

Beispielsfälle für erhebliche Überschreitungen des vertragsgemäßen Ge- 12
brauchs können sein zB die unerlaubte gewerbliche Nutzung von Wohnräumen, die unerlaubte Untervermietung, auf deren Genehmigung der Mieter keinen Anspruch hat (RE BayObLG ZMR 1991, 64) oder die unerlaubte

Überlassung an einen Dritten (OLG Hamm NJW-RR 1997, 1370), **Über-belegung** der Wohnung (RE BayObLG NJW 1984, 60: zum Fall der Auf-nahme von Ehefrau und neugeborenes Kind in Einzimmerwohnung, 25m² und RE OLG Karlsruhe NJW 1987, 1952: Eltern und sechs Kinder in 54m²) – ob eine Überbelegung vorliegt, ist nach den polizeirechtlichen Vorschriften zu beurteilen. Nur sie begrenzen die freie Entscheidung des Mieters, nur einen geringen Wohnbedarf in Anspruch zu nehmen (BVerfG NJW 1992, 1220), – übermäßige **Belästigungen** aller Art gegenüber dem Vermieter oder anderen Mietern, die Lagerung gefährlicher Stoffe im Wohnraum oder un-fachmännische Eingriffe in die Installation.

13   Die Fortsetzung der **Untervermietung** oder sonstiger Gebrauchsüberlas-sung trotz Abmahnung rechtfertigt die fristlose Kündigung, ohne dass es einer weiteren Prüfung der Interessen des Vermieters bedarf (BGH NJW 1985, 2527).

3. Kündigung

14   Die Kündigung muss nicht zwingend innerhalb angemessener Zeit nach der Abmahnung (Abs. 3 S. 1) erfolgen. § 314 ist im Mietrecht nicht anzuwenden (BGH NJW 2016, 3720). Bei allzu langem abwarten kann das Kündigungsrecht jedoch verwirkt sein. Stellt der Mieter das vertragswidrige Verhalten vor dem Zugang der Kündigung ein, besteht kein Kündigungsrecht mehr. Lässt er erst später hiervon ab, berührt dies die Wirksamkeit der Kündigung nicht mehr. Der Vermieter kann die Kündigung auch mit einer Frist aussprechen. Nach § 568 muss die Kündigung schriftlich erfolgen und begründet werden. Auch wenn der Vermieter wegen eines ähnlichen Verhaltens bereits – erfolglos – gekündigt hatte, kann er bei Fortsetzung des Verhaltens erneut kündigen. Er kann eine neue Kündigung auch auf Umstände stützen, die bereits vor dem früheren Urteil vorgelegen haben, aber erst nachträglich bekannt geworden sind (BGH NJW 1998, 374). Wegen abweichender vertraglicher Regelungen wird auf § 569 Abs. 5 hingewiesen sowie auf die Verweisung in Abs. 4 auf § 536d.

4. Schadensersatzanspruch des Vermieters

15   Hat der Mieter den vertragswidrigen Gebrauch zu vertreten, was praktisch bis auf die Fälle der Geisteskrankheit immer der Fall sein wird, so kann der Vermieter auch Schadensersatz verlangen, soweit ihm durch das vertragswid-rige Verhalten oder die Kündigung ein Schaden entstanden ist (zB Mietausfall, Inseratskosten, Kosten einer vorzeitigen Renovierung). Der Mietausfall ist jedoch höchstens bis zu dem Zeitpunkt zu zahlen, zu dem der Mieter frühestens selbst hätte ordentlich kündigen (§ 573c) können (→ Rn. 22).

IV. Zahlungsverzug (Abs. 2 Nr. 3)

1. Miete

16   Zur Miete gehören auch die vertraglich vereinbarten, laufend zu entrichten-den Nebenkostenvorauszahlungen oder Nebenkostenpauschalen, auch im Fall einer einseitigen Erhöhung gemäß § 560 Abs. 4 (BGH NJW 2012, 3084). Ist der Mieter mit einmaligen Zahlungen, wie zB vereinbarten Mietvorauszahlungen oder Mietkaution (§ 551 – auch bei Teilleistung) oder mit Schadensersatzansprüchen des Vermieters im Verzug, rechtfertigt dies die Kündigung nach § 543 nicht (BGH NJW 2010, 3020). Für eine Nachzahlung auf Grund einer Betriebskostenabrechnung gilt dasselbe.

2. Verzug

Der Verzug ist nach § 286 festzustellen. Er liegt auch vor, wenn der Mieter **17** auf Sozialleistungen angewiesen ist und diese ohne sein Verschulden nicht rechtzeitig gewährt werden (BGH NZM 2015, 196 = MDR 2015, 327). Zur Frage der Rechtzeitigkeit der Zahlung → § 556b Rn. 1. Zur Höhe des erforderlichen Rückstandes ist auf die im Mietvertrag vereinbarte Miete zzgl. vereinbarter Vorauszahlungen auf die Nebenkosten, nicht etwa auf eine geminderte, geringere Höhe abzustellen (BGH ZMR 2018, 17). Eine Mahnung ist nicht erforderlich, da die Fälligkeit nach dem Kalender bestimmt ist. Verzug ist **ausgeschlossen,** soweit dem Mieter ein **Zurückbehaltungsrecht** (→ § 536 Rn. 11) oder **Minderungsrecht** (§ 536) zusteht. Ist der Mieter aus Gründen, die er nicht zu vertreten hat, im Unklaren über die Person des Vermieters (zB bei Eigentumswechsel oder Erbfall) oder über die Höhe der Miete, so kommt er ebenfalls nicht in Verzug (zB bei Mietminderung – zulässige Verschätzungsquote ca. 15 % – LG Hannover WuM 1994, 463; → § 536 Rn. 11). Bei Schimmelbildung muss der Mieter stets an die Möglichkeit denken, durch eigenes Fehlverhalten (Heizen, Lüften) die Ursache gesetzt zu haben. Ist die Fehleinschätzung auch nur leicht fahrlässig, kommt er in Verzug und riskiert die fristlose Kündigung (BGH NJW 2012, 2882). Wenn der Mieter geltend macht, er sei irrig davon ausgegangen, dass er zur Zurückbehaltung von Miete (oder Nebenkostenvorauszahlungen) berechtigt gewesen sei, so muss dies auf einem unvermeidbaren Rechtsirrtum beruhen (BGH NJW 2013, 159), sonst ist er nicht entschuldigt. Wird in einem Formularvertrag ein Kündigungsrecht unabhängig von einem Verschulden des Mieters (§ 286 Abs. 4), dh eine Rückstandsklausel vereinbart, so ist dies unwirksam (BGH WuM 1989, 293). Unberechtigt ist die Kündigung auch dann, wenn der Verzug allein auf einem Bankversehen beruht. Eine Kündigung nach Eröffnung der Verbraucherinsolvenz ist nur möglich wegen Rückständen aus der Zeit danach (§ 112 InsO). Sie ist dem Insolvenzverwalter mitzuteilen. Eine **Abmahnung** fordert das Gesetz nicht (Abs. 3 Nr. 3). Sie ist allenfalls geboten, wenn sich aufdrängt, dass die Nichtzahlung auf einem Versehen beruht (OLG Hamm ZMR 1998, 493).

Der Verzug muss sich auf Zahlungen für zwei aufeinander folgende Termi- **18** ne beziehen und insgesamt spätestens nach dem zweiten Termin den Betrag für eine Monatsmiete übersteigen (BGH ZMR 1987, 289). Wird diese Summe für diesen Zeitraum nicht erreicht, so ist eine Kündigung nach §§ 543, 569 Abs. 3 auch bei lang andauerndem Verzug nicht gerechtfertigt. Zahlt der Mieter zB jeden zweiten Monat pünktlich oder jeden Monat 50 % oder mehr, so liegt ein die Kündigung rechtfertigender Verzug vor, sobald ein rückständiger Gesamtbetrag in Höhe von zwei Monatsmieten erreicht ist. Wenn der Mieter über längere Zeit unpünktlich zahlt oder ständig Abzüge macht, rechtfertigt dies die Kündigung erst, wenn der rückständige Gesamtbetrag zwei Monatsmieten erreicht hat. Der Verzug muss über mindestens zwei Zahlungstermine ununterbrochen bestanden haben. Auch wenn die Anforderungen des § 543 nicht erfüllt sind, kann beim Vorliegen besonderer Umstände eine fristlose Kündigung nach § 569 Abs. 2 gerechtfertigt sein.

19   Wenn gegen den Mieter ein **Insolvenzantrag** gestellt ist, kann wegen eines Verzuges, der davor entstanden ist, nicht gekündigt werden (§ 112 InsO). Auch wenn rechtzeitig gekündigt wurde, wird die rückständige Miete zur Quotenforderung.

20   Sondervorschriften für die **Wohnraummiete** finden sich in § 569 Abs. 3.

21   Bei **fortlaufend unpünktlicher Mietzahlung** kann der Vermieter – nach Abmahnung – wegen Unzumutbarkeit der Fortsetzung des Mietverhältnisses ebenfalls fristlos kündigen, auch wenn die Voraussetzungen nach Abs. 2 Nr. 3 nicht erfüllt sind. Dabei sind das Verschulden des Mieters und die Interessen des Vermieters abzuwägen. Eine hartnäckige Unpünktlichkeit des Mieters, die dieser nicht leugnet oder nur mit seiner Liquidität begründet, muss der Vermieter nicht hinnehmen. In diesem Fall kann der Mieter auch durch nachträgliche Zahlung die Unwirksamkeit der Kündigung nicht mehr herbeiführen (BGH NJW 2006, 1585). Wird die Miete vom Sozialamt bezahlt, kann ein Verschulden insoweit dem Mieter nicht zugerechnet werden (BGH NJW 2009, 3781). Wegen nicht bezahlter Kaution besteht in der Regel kein Kündigungsrecht (BGH NJW-RR 2007, 884).

3. Kündigung

22   Die Kündigung kann auch befristet ausgesprochen werden oder – hilfsweise – als ordentliche Kündigung (§ 573 Abs. 2 Nr. 1). Eine Räumungsfrist von einer Woche wird in der Regel zu gewähren sein. Die Voraussetzungen des § 543 müssen bei Zugang der Kündigung vorgelegen haben, sonst ist und bleibt die Kündigung unwirksam. Die Kündigung muss gemäß § 568 schriftlich erfolgen. Eine Begründung ist gemäß § 569 Abs. 4, § 573 Abs. 3 erforderlich. Hat der Vermieter längere Zeit eine unpünktliche, die Kündigung rechtfertigende Zahlungsweise hingenommen, wird er in der Regel nach Treu und Glauben verpflichtet sein, die Kündigung nach § 543 dem Mieter zuerst anzukündigen. Der Vermieter ist grundsätzlich nicht verpflichtet, vor der Kündigung auf die ihm überlassenen Sicherheiten zurückzugreifen.

23   Nach **Mieterhöhungen** ist das Kündigungsrecht nach § 569 Abs. 3 Nr. 3 eingeschränkt.

24   **Schadensersatzansprüche** aus Verzug (§ 280 Abs. 2, § 286), zB Verzugszinsen, werden durch die Kündigung nicht ausgeschlossen. Ersatzfähig sind dabei aber auch Schäden, die durch die Kündigung selbst entstanden sind, wie zB Mietausfall oder die Kosten für die Suche eines neuen Mieters. Der Vermieter ist aber auch zur Schadensminderung verpflichtet. Er muss sich um eine Anschlussvermietung gehörig bemühen (LG Lüneburg WuM 2002, 267). Gegebenenfalls muss der Mieter bei einer Anschlussvermietung mit

reduzierter Miete den Differenzbetrag bis zum nächsten Kündigungstermin ersetzen (OLG Karlsruhe OLGR 2005, 96).

4. Befriedigung vor Kündigung

Bei der Vermietung von Wohnraum ist ergänzend § 573 Abs. 2 zu beachten. **25** Die Befriedigung des Vermieters vor Zugang der Kündigung beseitigt dessen Kündigungsrecht (Abs. 2 S. 2). Der Mieter muss jedoch die rückständige Miete vollständig bezahlt haben. Eine Teilleistung, die dazu führt, dass die rückständige Miete unter die in Abs. 1 Nr. 1 und 2, Abs. 2 Nr. 1 genannten Beträge sinkt, reicht nicht aus (BGH NJW 2016, 3437). Ob es zur vollständigen Tilgung erforderlich ist, dass auch der Verzugsschaden (Verzugszinsen) bezahlt wird, ist strittig. Nach überwiegender Auffassung reicht es aus, wenn der ausstehende Betrag vor der Kündigung abgesandt bzw. auf ein Bankkonto des Vermieters überwiesen wurde, nach anderer Auffassung ist erforderlich, dass der rückständige Betrag vor Zugang der Kündigung dem Konto des Vermieters gutgeschrieben wurde.

Der Mieter kann auch durch **Aufrechnung** das Kündigungsrecht des Ver- **26** mieters beseitigen. Diese muss unverzüglich (Abs. 2 S. 3) nach der Kündigung erfolgen. Entscheidend ist der Zugang der Aufrechnungserklärung beim Vermieter. Die Gegenforderung des Mieters kann dieser auch erst nachträglich erworben haben. Ein vertragliches Aufrechnungsverbot ist nach § 556b und § 309 Nr. 3 zu beurteilen.

Bei Zahlungsrückstand muss der Vermieter nicht sofort kündigen, sobald **27** der zur Kündigung berechtigende Rückstand entstanden ist. Entscheidend ist, ob der Mieter darauf vertrauen darf, dass der Vermieter den Rückstand nicht zum Anlass einer Kündigung machen wird (BGH WuM 2009, 231). Eine Abmahnung ist zwar nicht erforderlich, kann aber unter diesem Gesichtspunkt zweckmäßig sein.

V. Abmahnung (Abs. 3)

1. Fristsetzung

Die Fristsetzung (Abs. 3) muss nicht schriftlich erfolgen, was aus Gründen der **28** Beweissicherung jedoch zu empfehlen ist. Die Pflichtverletzungen sind dabei genau zu bezeichnen. Die fristlose Kündigung muss aber nicht ausdrücklich angedroht werden (BGH NJW 2007, 2474). Die Länge der Frist ist nach den Umständen des Einzelfalls zu bemessen. Auch eine zu kurze Fristsetzung ist nicht wirkungslos, vielmehr setzt sie eine angemessene Frist in Gang. Wenn der Vermieter die Abhilfe uneingeschränkt verweigert, kann der Mieter kündigen, ohne das Fristende abzuwarten.

Gegen eine Abmahnung kann sich ein Mieter nicht gerichtlich zur Wehr **29** setzen. Ihre Berechtigung ist erst zu prüfen, wenn der Vermieter hieraus Rechte ableitet, also die Kündigung ausspricht. Dann muss der Vermieter beweisen, dass die Abmahnung berechtigt war (BGH NJW 2008, 1303).

2. Interessenabwägung

30 An die Abwägung der Interessen (Abs. 3 Nr. 2) dürfen wegen der einschneidenden Rechtsfolgen keine zu geringen Anforderungen gestellt werden. Das Interesse des Mieters ist objektiv zu beurteilen. Es liegt vor, wenn der Mieter die Wohnung nicht mehr in der vorgesehenen Weise benützen kann oder wenn die Abhilfe unzumutbar lange Zeit in Anspruch nimmt, aber auch, wenn der Vermieter die Abhilfe endgültig verweigert. Die Interessen des Vermieters sind nach den jeweils im Einzelfall vorliegenden Umständen zu bewerten.

§ 544 Vertrag über mehr als 30 Jahre

[1] Wird ein Mietvertrag für eine längere Zeit als 30 Jahre geschlossen, so kann jede Vertragspartei nach Ablauf von 30 Jahren nach Überlassung der Mietsache das Mietverhältnis außerordentlich mit der gesetzlichen Frist kündigen. [2] Die Kündigung ist unzulässig, wenn der Vertrag für die Lebenszeit des Vermieters oder des Mieters geschlossen worden ist.

1 Ein auf Lebenszeit des Mieters geschlossener Mietvertrag endet mit dem Tod des Mieters (§ 544 S. 2). Familienangehörigen oder Haushaltsangehörigen steht auch in diesen Fällen ein Eintrittsrecht nach § 563 zu (RE BayObLG NJW-RR 1993, 1164).

§ 545 Stillschweigende Verlängerung des Mietverhältnisses

[1] Setzt der Mieter nach Ablauf der Mietzeit den Gebrauch der Mietsache fort, so verlängert sich das Mietverhältnis auf unbestimmte Zeit, sofern nicht eine Vertragspartei ihren entgegenstehenden Willen innerhalb von zwei Wochen dem anderen Teil erklärt. [2] Die Frist beginnt
1. für den Mieter mit der Fortsetzung des Gebrauchs,
2. für den Vermieter mit dem Zeitpunkt, in dem er von der Fortsetzung Kenntnis erhält.

1. Anwendbarkeit

1 Nach **Ablauf der Mietzeit** verlängert die Vorschrift im Interesse der Rechtsklarheit die Fortsetzung des Mietverhältnisses, wenn der Vermieter seinen Beendigungswillen nicht in besonders klarer Form zum Ausdruck gebracht hat. Die Rechtsprechung trägt in zunehmendem Maße dem Umstand Rechnung, dass der Vermieter bereits durch die Kündigung seinen Beendigungswillen zum Ausdruck gebracht hat, so dass an eine Widerspruchserklärung des Vermieters keine zu hohen Anforderungen zu stellen sind (BGH Urt. v. 24.1.2018 – XII ZR 120/16, BeckRS 2018, 2061).

2 Die Vorschrift ist sowohl bei befristeter wie fristloser Kündigung anzuwenden, nicht aber, wenn das Mietverhältnis durch Aufhebungsvertrag oder gerichtlichen Räumungsvergleich beendet wird (noch sehr umstritten). Zu keiner Fortsetzung kommt es auch dann, wenn dem Mieter vom Gericht (§§ 721, 794a ZPO) oder vom Vermieter eine Räumungsfrist gewährt wird. Mit der Gewährung einer Räumungsfrist bringt der Vermieter zum Ausdruck, dass er eine Nutzung über die Räumungsfrist hinaus nicht dulden will, was dem Widerspruch nach § 545 entspricht (RE OLG Schleswig NJW 1982, 449). Auch wenn der Mieter nach Ablauf der Räumungsfrist nicht auszieht, ist ein (erneuter) Widerspruch nicht erforderlich. Setzt der Vermieter die Räumung längere Zeit nicht durch, kann im Einzelfall ein neuer, formlos geschlossener Mietvertrag zustande gekommen sein.

2. Gebrauchsfortsetzung

Entscheidend ist die tatsächliche Gebrauchsfortsetzung des Mieters oder Untermieters. Auf den Willen und die Vorstellungen der Parteien hierbei kommt es nicht an (BGH ZMR 1986, 274). Der Mieter muss den vertragsgemäßen Gebrauch für einige Zeit (nicht nur wenige Tage) fortsetzen, zumindest von einer Räumung absehen. Keine Gebrauchsfortsetzung liegt vor, wenn der Mieter teilweise räumt und nur einige Stücke zurück lässt.   **3**

3. Entgegenstehender Wille

Der entgegenstehende Wille (Widerspruch) ist an keine besondere Form gebunden und kann auch durch schlüssiges Verhalten erfolgen. Der Erklärende muss eindeutig zum Ausdruck bringen, dass er mit der Fortsetzung des Mietverhältnisses unter keinen Umständen einverstanden ist. Die Aufforderung zur Rückgabe der Räume reicht aus. Der Widerspruch ist auch für den Mieter von Bedeutung, der zwar nach Beendigung des Mietvertrages die Wohnung räumen will, hieran jedoch vorübergehend gehindert ist, zB weil die Ersatzwohnung erst verzögert beziehbar wird. Widerspricht er nicht fristgerecht, ist er darauf angewiesen, später unter Einhaltung der Kündigungsfristen (§ 573c) zu kündigen. Als Widerspruch reicht es aus, wenn der Mieter um Räumungsaufschub bittet.   **4**

Wird der Widerspruch schriftlich erklärt, was aus Beweisgründen zweckmäßig ist, kommt es auf den Zugang beim Vertragspartner an. Er kann schon vor Ablauf der Kündigungsfrist erklärt werden. In einem Schreiben, das eine fristlose Kündigung enthält, wird häufig auch ein Widerspruch nach § 545 liegen. Dies ist der Fall, sofern im Kündigungsschreiben eindeutig zum Ausdruck gebracht wird, dass eine Fortsetzung des Mietverhältnisses endgültig und unter allen Umständen abgelehnt wird (RE OLG Hamburg NJW 1981, 2258). Dabei ist die Interessenlage des Kündigenden vernünftig zu werten (§ 133; BGH ZMR 1988, 18). Auch bei einer ordentlichen Kündigung kann ein Widerspruch nach § 545 gleichzeitig miterklärt werden (BGH NJW 2010, 2124). Hier ist eine weitere Erklärung im zeitlichen Zusammenhang mit dem Ablauf der Kündigungsfrist dann nicht mehr erforderlich. Nicht ausreichend ist ein Widerspruch, der sich aus einer fristgerecht bei Gericht   **5** eingereichten, aber erst nach Fristablauf zugestellten Klage ergibt (RE OLG Stuttgart ZMR 1987, 179).

6   Die für den Vermieter und Mieter unterschiedlich beginnende Frist ist nach §§ 187, 188, 193 zu berechnen. Für den Vermieter ist positive Kenntnis erforderlich. Fahrlässige Unkenntnis reicht nicht aus. Den Vermieter trifft somit keine Erkundigungspflicht. Der Widerspruch muss innerhalb der gesetzlich vorgeschriebenen Frist dem anderen Vertragsteil zugehen. Wird der Widerspruch nur in einer Räumungsklage zum Ausdruck gebracht, so ist es nach überwiegender Ansicht erforderlich, dass die Klage ebenfalls innerhalb der Widerspruchsfrist zugestellt wird. Bei mehreren Vermietern beginnt die Frist erst, wenn alle Kenntnis von der Gebrauchsfortsetzung haben. Die Kenntnis eines von ihnen reicht aber aus, sofern er bevollmächtigt ist (§ 166 Abs. 1).

4. Verlängerung des Vertrags

7   Der Vertrag gilt als auf unbestimmte Zeit verlängert, wenn die Voraussetzungen des § 545 erfüllt sind. Die bisherigen Vertragsvereinbarungen gelten weiter. Eine Beendigung setzt eine neue Kündigung unter Beachtung der sich aus § 573c ergebenden Kündigungsfristen oder eine einverständliche Vertragsaufhebung voraus. Für die Anwendung des Widerspruchsrechts (§ 574) besteht im Falle der Fortsetzung nach § 545 kein Raum mehr.

5. Abweichende Vereinbarung

8   Die Vorschrift kann durch abweichende Vereinbarung **geändert** oder ganz **ausgeschlossen** werden, auch in einem Formularmietvertrag (BGH NJW 1991, 1750); allerdings nur in einer auch juristischen Laien verständlichen Formulierung. Die bloße Benennung einer Vorschrift (zB § 545 ist ausgeschlossen) reicht nicht (RE OLG Schleswig ZMR 1996, 254; 1996, 431).

§ 546 Rückgabepflicht des Mieters

(1) Der Mieter ist verpflichtet, die Mietsache nach Beendigung des Mietverhältnisses zurückzugeben.

(2) Hat der Mieter den Gebrauch der Mietsache einem Dritten überlassen, so kann der Vermieter die Sache nach Beendigung des Mietverhältnisses auch von dem Dritten zurückfordern.

1. Rückgabe

1   Die Rückgabe der Mietsache kann der Vermieter auch dann verlangen, wenn er nicht Eigentümer ist. Der Anspruch entsteht mit Beendigung des Mietverhältnisses, dh bei fristloser Kündigung mit deren Zugang, sofern keine Räumungsfrist eingeräumt wurde, bei befristeter Kündigung mit Ablauf der Kündigungsfrist. Geräumt werden muss am letzten Tag der Kündigungsfrist. Der BGH verlangt, dass an diesem auch etwaige Renovierungspflichten erfüllt sind (BGH NJW 1989, 452). Zu diesem Zeitpunkt hat der Mieter dem Vermieter oder dessen Beauftragten sämtliche Haus- und Wohnungsschlüssel zu übergeben, auch diejenigen, die er selbst anfertigen ließ. Der Vermieter ist jedoch verpflichtet, die Aufwendungen des Mieters für diese Schlüssel zu ersetzen. Hat der Mieter Schlüssel verloren, so ist er schadensersatzpflichtig. Soweit erforderlich, muss er die Kosten für das Auswechseln der Schließanlage tragen.

Der Mieter muss alle Gegenstände, die er in die Wohnung gebracht hat, **2** entfernt haben. Bleiben einzelne Gegenstände zurück oder ist die Wohnung nicht im vertragsgemäßen Zustand (Schönheitsreparaturen), so darf der Vermieter die Rücknahme der Wohnung in seine Obhut nicht ablehnen. Er ist auf die Geltendmachung von entsprechenden Schadensersatzansprüchen beschränkt (vgl. BGH NJW 1983, 1049). Nimmt er die Wohnung nach Ablauf der Kündigungsfrist nicht zurück, so kommt er in **Annahmeverzug,** so dass der Mieter für nachfolgende Schäden nur noch eingeschränkt oder überhaupt nicht mehr haftet (§§ 300, 303) und auch kein Nutzungsentgelt mehr ab diesem Tag bezahlen muss (OLG Köln ZMR 1993, 77). Der Vermieter darf nicht nur zu bestimmten Terminen rücknahmebereit sein.

Soweit nichts anderes vereinbart ist, hat er die Wohnung besenrein zu **3** übergeben. Abreden über Schönheitsreparaturen (→ § 535 Rn. 47 ff.) müssen ausdrücklich getroffen worden sein. Abnutzungen durch vertragsgemäßen Gebrauch gehen nach dem Gesetz (§ 538) zu Lasten des Vermieters. Vom Vermieter überlassene Gegenstände müssen nicht gereinigt werden. Die Entfernung von Heizöl im Tank kann, sofern dies nicht nach den besonderen Umständen des Einzelfalles sachlich geboten ist, in der Regel nicht verlangt werden. Der Vermieter hat den Wert des zurückgelassenen Heizöls zu ersetzen. Grundsätzlich muss der Mieter alle **Einrichtungen** (vgl. § 539 Abs. 2) entfernen (OLG Düsseldorf DWW 1990, 119). Etwas anderes gilt, wenn der Vermieter zum Ausdruck gebracht hat, dass die Einrichtungen zurückgelassen werden dürfen. Fußbodenbeläge sind zu entfernen einschließlich etwaiger Klebereste. Im Streitfall muss der Vermieter beweisen, dass der Zustand bei Rückgabe schlechter war als bei Übergabe. Der Mieter muss beweisen, dass dies auf vertragsgemäßem Gebrauch beruht (→ § 538 Rn. 5).

2. Räumungsklage

Räumt der Mieter **nicht rechtzeitig,** so kann der Vermieter nicht selbst **4** Besitz von der Wohnung ergreifen, sondern muss Räumungsklage erheben. Die Klage kann er bereits vor Beendigung des Mietverhältnisses und vor Ablauf der Kündigungsfrist erheben, wenn er nach den Umständen des Einzelfalls befürchten muss, dass der Mieter nicht rechtzeitig auszieht (§ 259 ZPO). Dies gilt auch bei unbekanntem Aufenthaltsort des Mieters. Somit ist der Vermieter in diesen Fällen bei eigenhändiger Räumung verschuldensunabhängig zum Schadensersatz verpflichtet (§§ 229, 231; BGH NZM 2010, 701).

Dem Mieter kann im Räumungsrechtsstreit vom Gericht eine in der Regel **5** befristete Fortsetzung des Mietverhältnisses nach § 574 gewährt werden. Wird das Mietverhältnis nicht fortgesetzt, so kann nach seiner Beendigung dem Mieter Räumungsschutz für die Dauer bis zu einem Jahr gewährt werden (§§ 721, 794a ZPO). Bei besonderer Härte kann die Zwangsvollstreckung auch ohne feste zeitliche Begrenzung eingestellt werden, wenn dies insbesondere eine Gesundheitsgefahr für den Mieter darstellt (§ 765a ZPO). Dies ist insbesondere bei hochbetagten Mietern auf Dauer oder bei Schwangerschaft auf absehbare Zeit der Fall (BGH NJW 2009, 3440).

6   Die Räumung erfolgt danach durch den **Gerichtsvollzieher** nach §§ 885, 886 ZPO. Erforderlich ist ein **Titel (Urteil) gegen alle Mieter** (→ § 568 Rn. 7) bzw. alle Untermieter (§ 546 Abs. 2; → Rn. 13 f.). Zum Teil fordert die Rechtsprechung, dass ein Titel gegen alle erwachsenen Mitbewohner vorliegen muss, wenn diese in Kenntnis des Vermieters die Wohnung mitbesitzen. Auch gegen den nachträglich eingezogenen Lebensgefährten ist ein Räumungstitel erforderlich, wenn dieser dauerhaft die Wohnung mitbenutzt. Eine Anzeige des Einzugs beim Vermieter oder eine polizeiliche Meldung, aber auch andere Umstände, die auf eigenen Besitz hindeuten, sind zu berücksichtigen. Erwachsene Kinder, die schon vor der Volljährigkeit bei ihren Eltern gewohnt haben, müssen im Räumungstitel in der Regel jedoch nicht genannt werden. Dies gilt sogar dann, wenn die Kinder mit eigenem Ehepartner in der Wohnung mitwohnen (BGH NJW 2008, 1959).

7   Ob jemand Untermieter ist oder sein Recht vom Mieter ableiten kann, ist in → § 553 Rn. 1 ff. dargelegt. Einem vorsichtigen Vermieter ist zu empfehlen, gegen alle erwachsenen Bewohner Klage zu erheben (vgl. RE OLG Schleswig ZMR 1993, 69). Zumindest gegen den Ehegatten muss stets ein Titel vorliegen (BGH NJW 2004, 3041). Wenn ein früherer Mitmieter ausgezogen ist, so ist eine Räumungsklage gegen diesen nicht erforderlich, aber möglich (BGH NJW 1996, 515). Wenn bei der Räumung weitere Personen angetroffen werden, die sich als ständige Bewohner ausgeben, kann die Räumung zwar nicht durchgeführt werden (Art. 13 GG). Insoweit kann aber nach § 940a ZPO (→ ZPO § 940a Rn. 1) die alsbaldige Fortsetzung der Räumungsvollstreckung im einstweiligen Rechtsschutz erreicht werden.

8   Der Vermieter ist zur Vorschusszahlung wegen der Räumungskosten verpflichtet. Zur Kostenersparnis kann der Vermieter den Vollstreckungsauftrag an den Gerichtsvollzieher auch auf die Herausgabe der Wohnung beschränken und wegen des Mobiliars ein Vermieterpfandrecht wegen rückständiger Miete geltend machen (§ 885a ZPO; → ZPO § 885a Rn. 1). Zahlt der Mieter, nachdem ein Räumungsurteil in den Fällen des § 543 Abs. 2 Nr. 3 vorliegt, kann der Vermieter den Antrag auf Zwangsräumung beim Gerichtsvollzieher – auch mehrfach – wieder zurücknehmen. Nach mehreren Jahren kann dann aber die Vollstreckung – je nach den Umständen des Einzelfalls – unzulässig werden, weil vom Abschluss eines neuen Mietvertrages zwischen den Parteien ausgegangen werden muss.

9   Räumt der Mieter nicht rechtzeitig, kann der Vermieter **Nutzungsentschädigung** (§ 546a) und **Ersatz des Verzugsschadens** (§ 286) verlangen. Lässt der Mieter einzelne Gegenstände zurück, so ist der Vermieter grundsätzlich zu ihrer sorgfältigen Aufbewahrung verpflichtet. Handelt es sich um geringwertige Sachen, so kann der Vermieter zumindest nach einiger Zeit in der Regel davon ausgehen, dass der Mieter sein Eigentum daran aufgegeben hat (§ 959). Der Vermieter kann sie dann sich aneignen oder vernichten. Daneben kann er Schadensersatz wegen Nichterfüllung der Räumungspflicht geltend machen, sowie Herausgabe eines etwa vom Mieter durch und Untervermietung erzielten Mehrerlöses (BGH NJW-RR 2009, 1522).

Der Vermieter ist nicht verpflichtet, die Wohnung vor Ablauf der Mietzeit **10** zurückzunehmen. Nimmt er sie vorzeitig zurück, bleibt der Mietzahlungsanspruch grundsätzlich bis zum Ablauf der Kündigungsfrist bestehen (→ § 537 Rn. 3 ff., 7 ff.).

3. Kein Zurückbehaltungsrecht

Ein Zurückbehaltungsrecht ist nach §§ 570, 578 ausgeschlossen. Der Mieter **11** kann auf Grund von Schadensersatz- oder Aufwendungsersatzansprüchen oder sonstigen Ansprüchen gegen den Vermieter die Rückgabe der Wohnung nicht verweigern. Eine abweichende Regelung im Mietvertrag ist zulässig.

4. Dritte

Auch von einem Dritten (Abs. 2), nicht nur vom Mieter, kann der Vermieter **12** Herausgabe verlangen, also auch vom Untermieter (§ 540). Voraussetzung ist ein wirksamer, beendeter Hauptmietvertrag zwischen Vermieter und Hauptmieter. Da der Untermieter nur vertragliche Beziehungen zum Hauptmieter hat, kann der Vermieter den Untermietvertrag nicht kündigen. Er hat deshalb einen gesetzlichen Herausgabeanspruch. Hat der Mieter das Untermietverhältnis nicht zuvor wirksam gekündigt, kann der Untermieter vom Mieter Schadensersatz verlangen. Der Untermieter muss die Wohnräume in derselben Weise herausgeben, wie dies oben zur Rückgabepflicht des Mieters erläutert ist. Die Aufnahme eines Ehegatten in die Wohnung begründet keine Untervermietung; im Fall der Scheidung kann der aufgenommene Ehegatte ein Eintrittsrecht nach § 1568a haben (BGH NJW 2013, 2507).

5. Kündigungsschutz des Untermieters

Der Kündigungsschutz des Untermieters nach § 573 (beachte aber auch **13** § 549 Abs. 2) und sein Widerspruchsrecht (§ 574) werden durch den Herausgabeanspruch des Vermieters praktisch weitgehend entwertet, da sie nur im Verhältnis zwischen Untermieter und Hauptmieter (Zwischenmieter) bestehen. Für die Fälle gewerblicher Weitervermietung trägt dem § 565 Rechnung. Der Herausgabeanspruch des Vermieters ist auch dann ausgeschlossen, wenn Vermieter und Hauptmieter rechtsmissbräuchlich zusammengewirkt haben, um dem Mieter den Kündigungsschutz zu entziehen.

Der Herausgabeanspruch ist in derselben Weise wie der Rückgabeanspruch **14** nach Abs. 1 gerichtlich durchzusetzen. Hauptmieter und Untermieter können gleichzeitig auf Rückgabe bzw. Herausgabe verklagt werden.

§ 546a Entschädigung des Vermieters bei verspäteter Rückgabe

(1) Gibt der Mieter die Mietsache nach Beendigung des Mietverhältnisses nicht zurück, so kann der Vermieter für die Dauer der Vorenthaltung als Entschädigung die vereinbarte Miete oder die Miete verlangen, die für vergleichbare Sachen ortsüblich ist.

(2) Die Geltendmachung eines weiteren Schadens ist nicht ausgeschlossen.

1. Mietverhältnis

1 Zwischen den Parteien muss ein wirksames Mietverhältnis bestanden haben und zwischenzeitlich durch Kündigung und Ablauf der Kündigungsfrist oder durch Ablauf der Befristung beendet sein. Sonst kann keine Entschädigung nach dieser Vorschrift verlangt werden. Der Hauptvermieter kann deshalb vom Untermieter regelmäßig keine Entschädigung verlangen, da zwischen beiden kein Mietvertrag besteht (§ 540). Zu Ausnahmen nach Kündigung des Hauptmietverhältnisses → § 546 Rn. 13 f. Räumt nur der Mieter, nicht aber der Untermieter die Wohnung, so bleibt der Mieter zur Zahlung der Nutzungsentschädigung an den Vermieter verpflichtet, soweit dieser keine entsprechende Nutzungsvergütung vom Untermieter erhält. Wird die Beendigung des Mietverhältnisses aufgehoben durch stillschweigende Verlängerung nach § 545, durch vertragliche Einigung der Parteien oder durch richterliche Fortsetzung gemäß § 574, so ist § 546a nicht anwendbar. Für die Zeit, in der dem Mieter Räumungsschutz (§§ 721, 794a ZPO) oder Vollstreckungsschutz (§ 765a ZPO) gewährt wird, ist § 571 anwendbar.

2. Rückgabepflicht

2 Die Rückgabepflicht und ihr Inhalt im Einzelfall sind nach § 546 Abs. 1 zu bestimmen. Entscheidend ist nicht, ob der Mieter die Wohnung selbst weiter nutzt, sondern ob es dem Vermieter ermöglicht wird, die Wohnung selbst oder durch Weitervermietung zu nutzen. Die Rückgabepflicht ist nicht erfüllt, wenn der Mieter die Schlüssel nicht zurückgibt oder Möbel in wesentlichem Umfang zurück lässt. Behält der Mieter nur noch einen Schlüssel, um vom Vermieter verlangte Schönheitsreparaturen durchführen zu lassen, ist dies eine ausreichende Rückgabe (KG NJW-RR 2001, 1452). Wenn der Mieter vertraglich vereinbarte Schönheitsreparaturen nicht durchführen hat lassen oder Einrichtungen nicht entfernt hat, ist nicht § 546a anzuwenden (OLG Hamburg DWW 1990, 50). Vielmehr kann der Vermieter den dadurch entstandenen Schaden als Verzugsschaden geltend machen, ohne dass er durch die Regelungen in Abs. 2 eingeschränkt ist. Wird der Mieter von der Gemeinde (Ortspolizeibehörde) zur Vermeidung seiner Obdachlosigkeit eingewiesen, so kann der Vermieter nur von der Gemeinde eine Entschädigung auf Grund des Polizeirechts verlangen. Der Mieter haftet nur auf Miete und Nebenkosten für den Zeitraum bis zur Einweisung.

3 Seine Rückgabepflicht hat der Mieter auch dann nicht verletzt, wenn der Vermieter die Wohnung nicht zurücknimmt, weil er die Kündigung des

Mieters zu Unrecht für nicht wirksam gehalten hat (BGH NJW 2017, 2997). Nutzt der Mieter die Wohnung weiter, bleibt er zur Zahlung der bisherigen Miete verpflichtet (§ 545 bzw. § 812).

3. Nutzungsentschädigung

Vorenthalten wird die Wohnung gegenüber dem Vermieter nur, wenn dieser **4** zur Rücknahme bereit ist und auch von der Beendigung des Mietverhältnisses ausgeht (BGH NJW 2017, 2997). Die Nutzungsentschädigung kann nur für die tatsächliche Dauer der Vorenthaltung verlangt werden. Sie muss taggenau abgerechnet werden (BGH NZM 2006, 52). Sie beträgt mindestens so viel wie die vereinbarte Miete zur Zeit der Beendigung des Mietverhältnisses. Eine Minderung (§ 536) nach diesem Zeitpunkt ist nicht mehr möglich (BGH NJW 2015, 2795). Die Nutzungsentschädigung ist ein gesetzlicher Erfüllungsanspruch, der nicht wegen eines Mitverschuldens gekürzt werden kann, etwa deshalb, weil der Vermieter davon abgesehen hat, zurückgelassene Sachen des Mieters zu entfernen (OLG Hamm ZMR 1996, 373). Der Vermieter muss sich jedoch um die Rückgabe bemühen, also zB die Schlüssel zurückverlangen (OLG Düsseldorf ZMR 2004, 750). Auch Nebenkosten sind in derselben Weise wie während der Laufzeit des Mietverhältnisses zu bezahlen. Statt der vereinbarten Miete kann der Vermieter auch die ortsübliche Vergleichsmiete wählen, ohne dass er die Fristen und Formen für Mieterhöhungen im laufenden Vertragsverhältnis beachten muss. Ausreichend ist eine einseitige Erklärung des Vermieters, die auch wirksam wird durch Erhebung einer Zahlungsklage (BGH NJW 1999, 2808) und zwar rückwirkend. Die Höhe der ortsüblichen Vergleichsmiete richtet sich nach § 558. Die formalen Verfahrensvorschriften des § 558a müssen jedoch nicht eingehalten werden. Der Vermieter muss die Höhe der ortsüblichen Vergleichsmiete ggf. im Rahmen einer Zahlungsklage gegen den Mieter beweisen. Bei öffentlich gefördertem, preisgebundenem Wohnungsbau müssen die Bestimmungen für die Kostenmiete (§§ 8, 10 WoBindG) beachtet sein. Darüber hinaus kann der Vermieter aber auch die bei einer Neuvermietung erzielbare Miete verlangen, also mehr als die nach § 558 berechnete Miete (BGH NJW 2017, 1022). Allerdings wird hier im Rahmen ihres Anwendungsbereichs die Mietpreisbremse (§ 556d) zu beachten sein. Eine weitere Vermietung oder sonstige Nutzung muss der Vermieter nicht beabsichtigt haben (OLG München ZMR 1993, 466).

Die Nutzungsentschädigung unterliegt der Umsatzsteuer, wenn dies für die **5** Miete auch zutraf.

Der Anspruch auf Nutzungsentschädigung **verjährt** wie die Miete nach **6** § 195 in drei Jahren, wobei die Verjährungsfrist jeweils zum Jahresende zu laufen beginnt. Dies gilt auch, wenn der Anspruch auf eine andere Rechtsgrundlage als § 546a gestützt wird, zB § 812 oder § 280 (BGH NJW 1977, 1336).

4. Schadensersatz

Schadensersatz kann der Vermieter neben der Nutzungsentschädigung nur **7** nach Maßgabe des § 571 verlangen.

5. Räumungsschutz

8 Ist dem Mieter Räumungsschutz (§§ 721, 794a ZPO) durch gerichtlichen Beschluss gewährt worden, so gilt § 571 Abs. 2.

§ 547 Erstattung von im Voraus entrichteter Miete

(1) [1] Ist die Miete für die Zeit nach Beendigung des Mietverhältnisses im Voraus entrichtet worden, so hat der Vermieter sie zurückzuerstatten und ab Empfang zu verzinsen. [2] Hat der Vermieter die Beendigung des Mietverhältnisses nicht zu vertreten, so hat er das Erlangte nach den Vorschriften über die Herausgabe einer ungerechtfertigten Bereicherung zurückzuerstatten.

(2) Bei einem Mietverhältnis über Wohnraum ist eine zum Nachteil des Mieters abweichende Vereinbarung unwirksam.

1. Mietvorauszahlung

1 Eine Mietvorauszahlung liegt vor, wenn die Miete und die Nebenkosten im Voraus bezahlt und auf mehrere Monate in der Zukunft verrechnet werden sollen. Sie liegt aber auch bereits dann vor, wenn, wie allgemein üblich, die Miete und Nebenkosten nur für den jeweiligen Monat im Voraus zu zahlen sind.

2 Die Beendigung des Mietverhältnisses tritt mit Ablauf der Kündigungsfrist (§ 573c) oder mit Erreichen der vertraglichen Befristung (§ 575) ein.

3 Ähnlich ist die Situation, wenn der Mieter in Erwartung eines längeren Mietverhältnisses auf eigene Kosten sich am Ausbau der gemieteten Räume beteiligt (Baukostenzuschuss). Im Fall einer vorzeitigen Beendigung des Mietvertrages steht dem Mieter dann ein Anspruch gegen den Vermieter im Zeitpunkt der Räumung zu, der sich nach der Steigerung des erzielbaren höheren Mietwertes richtet (BGH NJW 2009, 2374). Im Fall der Zwangsvollstreckung gilt das Verbot der Vorausverfügung (§ 1124) bei Vorliegen eines echten Baukostenzuschusses nach Treu und Glauben nicht (BGH NJW-RR 2012, 525).

2. Kein Vertretenmüssen

4 Hat der Vermieter die Beendigung des Mietverhältnisses nicht zu vertreten, ist seine **Rückzahlungspflicht eingeschränkt.** Zu vertreten hat sie der Vermieter, wenn der Mieter wegen Vertragsverletzungen des Vermieters gekündigt hat, wobei es nicht darauf ankommt, dass der Mieter fristlos gekündigt hat. Nicht zu vertreten hat der Vermieter die Beendigung durch Zeitablauf oder wenn die Beendigung auf einem Verhalten des Mieters beruht. Entscheidend ist, dass der Vermieter den Kündigungsgrund nicht zu vertreten hat.

5 Hat der Vermieter die Beendigung nicht zu vertreten, so richtet sich seine Rückgabepflicht nach **Bereicherungsrecht** (§§ 812 ff.). Der Vermieter muss nach Beendigung des Mietverhältnisses die Vorauszahlung zurückerstatten, soweit diese wirtschaftlich betrachtet noch im Vermögen des Vermieters vorhanden ist (§ 818 Abs. 3). Inwieweit der Vermieter durch den vorzeitigen Auszug als bereichert anzusehen ist, ist in Rechtsprechung und Literatur im Einzelnen stark umstritten. Im Einzelfall wird eine Feststellung nach der konkreten Vermögenslage des Vermieters erfolgen müssen.

3. Vertretenmüssen

Hat der Vermieter den Beendigungsgrund zu vertreten, so richtet sich die **6** Rückgabepflicht faktisch nach Rücktrittsrecht (§ 347). Der Vermieter muss sofort bei Beendigung des Mietverhältnisses den gesamten noch nicht abgewohnten Teil der Vorauszahlung zurückerstatten. Die überlassene Vorauszahlung muss von Anfang an verzinst werden (4 % gemäß § 246).

§ 548 Verjährung der Ersatzansprüche und des Wegnahmerechts

(1) [1]Die Ersatzansprüche des Vermieters wegen Veränderungen oder Verschlechterungen der Mietsache verjähren in sechs Monaten. [2]Die Verjährung beginnt mit dem Zeitpunkt, in dem er die Mietsache zurückerhält. [3]Mit der Verjährung des Anspruchs des Vermieters auf Rückgabe der Mietsache verjähren auch seine Ersatzansprüche.

(2) Ansprüche des Mieters auf Ersatz von Aufwendungen oder auf Gestattung der Wegnahme einer Einrichtung verjähren in sechs Monaten nach der Beendigung des Mietverhältnisses.

1. Ersatzansprüche des Vermieters

Die Ersatzansprüche des Vermieters können sich auch auf die Verletzung **1** vertraglich übernommener Verpflichtungen zur Durchführung von Schönheitsreparaturen oder anderer Reparaturen oder die unterlassene Entfernung von Einrichtungen (§§ 546, 539; OLG Köln ZMR 1998, 699) beziehen. Die kurze Verjährungsfrist soll eine möglichst rasche Auseinandersetzung der Vertragsparteien ermöglichen. Sie umfasst deshalb alle Schadensersatzansprüche des Vermieters im Zusammenhang mit der Vermietung (zB auch Mietausfall), auch wenn sie nicht auf mietrechtlichen Vorschriften beruhen (zB unerlaubte Handlung gemäß § 823, vgl. BGH ZMR 1988, 419 – oder bei Ölverschmutzungen gemäß § 89 WHG, BGH WuM 1987, 22 zu § 22 WHG aF). Erfasst werden auch nach Vertragsbeendigung, aber vor Rückgabe der Mietsache begründete Ansprüche zB wegen Beschädigung der Wohnung, Wiederherstellung des früheren Zustandes nach Wegnahme einer Einrichtung (§ 539 Abs. 2, § 258).

Die Schäden müssen nicht in der vermieteten Wohnung, sondern nur im **2** Zusammenhang mit der Nutzung der gemieteten Wohnung entstanden sein (BGH NJW 2006, 2399). An entfernten Grundstücken auftretende Folgeschäden zB durch ausgelaufenes Heizöl unterliegen der kurzen Verjährung nicht. Dies gilt auch im Rahmen eines Gesamtschuldnerausgleichs gemäß § 426 (BGH NJW 1994, 251). Bei völliger Zerstörung der Wohnung (zB Brand) gilt die dreijährige Verjährungsfrist.

3   Wegen der Verrechnung verjährter Ansprüche mit geleisteter Kaution → § 551 Rn. 10 f.

4   Auch Ansprüche gegen Personen, die in den Schutzbereich des Mietvertrages einbezogen sind (zB Angehörige des Mieters), werden von § 548 erfasst.

5   Von der kurzen Verjährung nicht erfasst wird der Anspruch auf Erfüllung des Vertrages, also zB Mietzahlung einschließlich Nebenkosten (§ 195 – drei Jahre, beginnend mit Ablauf des jeweiligen Kalenderjahres). Für die Nutzungsentschädigung (§ 546a) gilt Entsprechendes.

2. Ansprüche des Mieters

6   Die Ansprüche des Mieters (Abs. 2) aus dem Mietvertrag auf Verwendungen bzw. Wegnahme der Einrichtungen ergeben sich aus §§ 536a, 539. Diese Ansprüche unterliegen auch dann der kurzen Verjährung, wenn sie nicht auf mietrechtlichen Vorschriften beruhen (zB Geschäftsführung ohne Auftrag gemäß §§ 677 ff. oder Bereicherung gemäß §§ 812 ff.). Erfasst werden auch Ansprüche eines Mieters, der aufgrund einer unwirksamen Klausel zu den Schönheitsreparaturen diese durchgeführt hat und danach Wertersatz bzw. nach Zahlung eines Abfindungsbetrages dessen Rückzahlung verlangt (BGH NJW 2012, 3031). Die Verjährungsfrist beginnt bei Verkauf der Wohnung mit der Kenntnis des Mieters von der Eintragung des Käufers im Grundbuch (BGH NJW 2008, 2256). Nicht von der kurzen Verjährungsfrist **erfasst** werden die Ansprüche des Mieters auf Schadensersatz nach § 536a oder wegen verweigerter Untermietgenehmigung (positive Vertragsverletzung; OLG Frankfurt a. M. NZM 2001, 586) und Ansprüche auf Rückzahlung von Mietvorauszahlungen (§ 547), auf Rückzahlung des Mietanteils, der unter Verstoß gegen § 5 WiStG das Maß der ortsüblichen Vergleichsmiete überschritten hat (→ WiStG § 5 Rn. 1) oder der Anspruch auf Rückzahlung der Kaution. In diesen Fällen gilt jeweils die dreijährige Verjährungsfrist nach § 195.

3. Kostenmiete

7   Im Bereich der Kostenmiete gilt für die Rückzahlung des die Kostenmiete übersteigenden Betrages eine einjährige Verjährungszeit ab Beendigung des Mietverhältnisses für die letzten vier Jahre (§ 8 Abs. 2 WoBindG; – gilt für öffentlich geförderte Modernisierungen im preisgebundenen und nicht preisgebundenen Wohnungsbau.

4. Aufrechnungsmöglichkeit

8   Bei der Geltendmachung nicht verjährter Ansprüche einer Partei ist zu beachten, dass die Gegenpartei unter Umständen mit bereits verjährten Ansprüchen aufrechnen kann (§ 390).

5. Fristbeginn

Der Beginn der Verjährungsfrist ist für die Ansprüche des Vermieters und **9**
Mieters in Abs. 1 bzw. 2 unterschiedlich geregelt. Für die **Ansprüche des
Vermieters** beginnt sie erst, wenn dieser in der Lage ist, nach Rückgabe der
Wohnung diese auf eventuelle Schäden zu untersuchen. Es muss eine dauer-
hafte Änderung des Besitzes zu Gunsten des Vermieters erfolgt sein, eine
zeitweise Zugangsmöglichkeiten reicht nicht (BGH NJW 2004, 774; 2006,
2399). Wenn das Mietverhältnis nicht fortgesetzt wird, kommt es nicht darauf
an, ob die Rückgabe vor, bei oder nach der Beendigung des Vertrages erfolgt.
Vor Ablauf der Kündigungsfrist ist der Vermieter zur Rücknahme der Wohnung nicht verpflichtet, zumindest nicht sofort nach Auszug des Mieters auf
dessen Verlangen (BGH NJW 2012, 144).

Regelmäßig beginnt die Verjährungsfrist mit der Rückgabe der Schlüssel, **10**
weil der Vermieter dann die erforderliche Untersuchungsmöglichkeit hat.
Eine Rückgabe aller Schlüssel ist nicht erforderlich (OLG Düsseldorf NJW-
RR 2009, 1461). Die Schlüssel müssen dem Vermieter oder seinem Bevollmächtigten übergeben werden, weil der Vermieter sonst von der Rückgabe
keine Kenntnis hat und keine Möglichkeit, Feststellungen zu treffen (BGH
NJW 2014, 684). Auch bei fortbestehendem Mietvertrag verjähren Schadensersatzansprüche des Vermieters, wenn die Wohnung zB nach einem
Brand zur Renovierung zurückgegeben wird (BGH NJW 1986, 2103). In
den Fällen, in denen der Vermieter zunächst Herstellung des ursprünglichen
Zustands oder die Durchführung von Schönheitsreparaturen verlangen kann,
beginnt die Verjährungsfrist ebenfalls mit der Rückgabe der Wohnung. Bei
Untervermietung (§ 540) beginnt nach dem Wechsel des Zwischenmieters
die Verjährung auch dann, wenn der Eigentümer die Wohnung nicht zurückerhält.

Für den Beginn der Verjährung ist es ohne Bedeutung, wenn der Schadens- **11**
ersatz des Vermieters erst nach Rückgabe der Wohnung fällig wird, zB am
Ende der Vertragszeit, oder noch gar nicht entstanden ist, zB weil der Vermieter noch eine Frist setzen muss (BGH NJW 2006, 1588). Hier kann der
Vermieter den Eintritt der Verjährung durch Erhebung einer Klage hemmen
oder eine eindeutige Vereinbarung mit dem Mieter treffen, dass keine Verjährung eintreten soll.

Die Verjährungsfrist für **Ansprüche des Mieters** beginnt mit dem recht- **12**
lichen Ende des Mietvertrags, also mit Ablauf der Kündigungsfrist (§ 573c)
oder mit Eintritt der vertraglich vereinbarten Befristung (§ 575). Bei Fortsetzung des Mietverhältnisses durch stillschweigenden Gebrauch (§ 545) oder
nach Widerspruch (§ 574a) beginnt die Verjährungsfrist nicht.

Die Berechnung der Verjährungsfrist erfolgt nach §§ 187, 188, 193. **13**

Die Verjährung der Ersatzansprüche (vertragliche und deliktsrechtliche) ist **14**
gehemmt, solange Vermieter und Mieter über den Schadensfall verhandeln
(§ 203), wobei an das Verhandeln keine hohen Anforderungen zu stellen sind.
Es reicht aus, wenn eine Seite den Eindruck haben darf, die andere lasse sich
auf eine Diskussion des Anspruchs ein. Ein **selbständiges Beweisverfahren**
(§ 485 ZPO) **hemmt** die Verjährung, anders als dies früher geregelt war

(§ 204 Abs. 1 Nr. 7). Die neuen Regelungen gelten für Beweisverfahren, die ab 1.9.2001 beantragt worden sind.

6. Abweichende Vereinbarungen

15 Die Verjährungsfristen können durch vertragliche Vereinbarungen im Voraus abweichend geregelt werden, also auch verlängert werden (§ 202). Dies gilt aber nicht für Formularklauseln (§ 307 Abs. 2 Nr. 1; BGH NJW 2017, 3707).

Untertitel 2. Mietverhältnisse über Wohnraum

Kapitel 1. Allgemeine Vorschriften

§ 549 Auf Wohnraummietverhältnisse anwendbare Vorschriften

(1) Für Mietverhältnisse über Wohnraum gelten die §§ 535 bis 548, soweit sich nicht aus den §§ 549 bis 577a etwas anderes ergibt.

(2) Die Vorschriften über die Miethöhe bei Mietbeginn in Gebieten mit angespannten Wohnungsmärkten (§§ 556d bis 556g), über die Mieterhöhung (§§ 557 bis 561) und über den Mieterschutz bei Beendigung des Mietverhältnisses sowie bei der Begründung von Wohnungseigentum (§ 568 Abs. 2, §§ 573, 573a, 573d Abs. 1, §§ 574 bis 575, 575a Abs. 1 und §§ 577, 577a) gelten nicht für Mietverhältnisse über

1. Wohnraum, der nur zum vorübergehenden Gebrauch vermietet ist,
2. Wohnraum, der Teil der vom Vermieter selbst bewohnten Wohnung ist und den der Vermieter überwiegend mit Einrichtungsgegenständen auszustatten hat, sofern der Wohnraum dem Mieter nicht zum dauernden Gebrauch mit seiner Familie oder mit Personen überlassen ist, mit denen er einen auf Dauer angelegten gemeinsamen Haushalt führt,
3. Wohnraum, den eine juristische Person des öffentlichen Rechts oder ein anerkannter privater Träger der Wohlfahrtspflege angemietet hat, um ihn Personen mit dringendem Wohnungsbedarf zu überlassen, wenn sie den Mieter bei Vertragsschluss auf die Zweckbestimmung des Wohnraums und die Ausnahme von den genannten Vorschriften hingewiesen hat.

(3) Für Wohnraum in einem Studenten- oder Jugendwohnheim gelten die §§ 556d bis 561 sowie die §§ 573, 573a, 573d Abs. 1 und §§ 575, 575a Abs. 1, §§ 577, 577a nicht.

1. Anwendungsbereich

1 Der Anwendungsbereich der Sondervorschriften für die Wohnraummiete wird in den Regelungen der Abs. 2 und 3 näher definiert, ähnlich wie dies früher in § 564b Abs. 7, 10 MHG und § 10 Abs. 3 MHG geregelt war. In den nachstehend genannten Bereichen gelten somit nicht: die Regelungen über die Miethöhe, die Voraussetzungen der ordentlichen Kündigung, die Einschränkungen des Zeitmietvertrages und das Vorkaufsrecht des Mieters.

2. Vorübergehender Gebrauch

Vorübergehender Gebrauch (Abs. 2 Nr. 1) liegt vor, wenn nach dem Ver- **2** tragszweck nur ein zeitlich befristetes Wohnbedürfnis des Mieters befriedigt werden soll. Es kommt hierbei ausschließlich auf die Interessen des Mieters an. Dies ist der Fall, wenn sich aus dem Vertragszweck eindeutig eine zeitliche Beschränkung ergibt. Die vereinbarte Vertragszeit wird in der Regel relativ kurz sein. Beispiele: Miete für die Dauer der Ferien (OLG Hamburg MDR 1993, 43), für die Dauer einer Ausstellung, für die Dauer eines befristeten Arbeitseinsatzes (zB Monteur, Gastprofessur), Miete eines Zimmers für einen beruflich versetzten Mieter, bis eine Familienunterkunft gefunden oder fertiggestellt ist. Eine kalendermäßige Befristung des Mietverhältnisses ist nicht erforderlich. Es reicht, wenn die Parteien bei Vertragsschluss von einer annähernd bestimmbaren, kürzeren Vertragszeit ausgegangen sind, für die Beendigung des Mietverhältnisses aber eine Kündigung vorgesehen ist. Keine Vermietung zu vorübergehendem Zweck liegt bei Überlassung von Wohnraum an einen Studenten für die Dauer des Studiums vor (RE OLG Hamm NJW 1981, 290; ZMR 1986, 234).

3. Möblierter Wohnraum

Möblierter Wohnraum (Abs. 2 Nr. 2) ist nur dann ausgenommen, wenn er **3** Teil der vom Vermieter bewohnten Wohnung ist. Der Vermieter muss nach der Vertragsvereinbarung zur dauerhaften Möblierung verpflichtet sein. Unterlässt er diese später im Einverständnis mit dem Mieter, handelt es sich weiter um möblierten Mietraum. Ist die Vertragsabrede jedoch nur zum Schein getroffen, ist sie unwirksam. Ob überwiegend vom Vermieter zu möblieren ist, ist nach Anzahl und Bedeutung der zur Benutzung zu überlassenden Gegenstände festzustellen. Gebrauch durch eine Familie liegt vor, wenn zumindest zwei durch Ehe oder Verwandtschaft verbundene Personen in dem überlassenen Wohnungsteil wohnen sollen. Nichteheliche Lebensgemeinschaften sind jetzt gleichgestellt. Dauernder Gebrauch ist alles, was nicht vorübergehender Gebrauch ist.

4. Juristische Personen des öffentlichen Rechts

Juristische Personen des öffentlichen Rechts (Abs. 2 Nr. 3) treten häufig als **4** Zwischenmieter auf. Durch die Regelung soll die Bereitschaft erhöht werden, Wohnraum zB an Gemeinden oder Kirchen zu vermieten. Um Schwierigkeiten bei der Beendigung des Mietvertrages mit dem Untermieter zu vermeiden, soll für diese Fälle jeder Mieterschutz des Untermieters entfallen (→ § 553 Rn. 7 f.). Bei diesen Mietverträgen ist ein Hinweis bei Vertragsschluss erforderlich. Vergleichbare Einrichtungen privater Träger sind gleichgestellt.

5. Studenten- oder Jugendwohnheime

5 Bei Studenten- oder Jugendwohnheimen (Abs. 3) wird nicht auf die Träger-schaft abgestellt, so dass auch private Heime erfasst werden können. Sie müssen nur zur Aufnahme von Studenten oder anderen jungen Leuten (Lehr-linge, Schüler) bestimmt und geeignet sein. Der Wohnraum muss wegen eines Ausbildungsverhältnisses zur Verfügung gestellt werden. Die Hausmeister-wohnung in einem entsprechenden Heim ist somit nicht erfasst. Die Vor-schrift soll eine aus sozialen Gründen erwünschte Fluktuation (möglichst großer Kreis der Begünstigten) ermöglichen. Deshalb ist von entscheidender Bedeutung, dass die Mietzeit verbindlich begrenzt ist, dh ein Rotationsprinzip praktiziert wird, das möglichst vielen Studenten ein befristetes Wohnen er-möglicht (BGH NJW 2012, 2881).

6 Die Ausnahmevorschrift nach Abs. 3 gilt nicht für das Widerspruchsrecht des Mieters (§ 574).

§ 550 Form des Mietvertrags

[1] Wird der Mietvertrag für längere Zeit als ein Jahr nicht in schriftlicher Form geschlossen, so gilt er für unbestimmte Zeit. [2] Die Kündigung ist jedoch frühes-tens zum Ablauf eines Jahres nach Überlassung des Wohnraums zulässig.

1. Inhalt

1 Die Regelung war früher in § 566 enthalten. Zu beachten ist, dass das Form-vorschriftengesetz die **Textform** eingeführt hat (§ 126b), was automatisch gefertigte, nicht unterschriebene Mietverträge aber nur zulässt, wenn diese nicht für längere Zeit als ein Jahr abgeschlossen sind. Zum Anwendungs-bereich der Textform → § 568 Rn. 13. Ein Vorvertrag muss die Schriftform nicht einhalten.

2 Die **vereinbarte Mietzeit** ist ab Beginn des Mietverhältnisses, nicht ab Abschluss des Mietvertrages zu berechnen. Sie übersteigt ein Jahr nicht nur dann, wenn der Vertrag ausdrücklich auf zB zwei Jahre abgeschlossen wird, sondern immer auch dann, wenn eine Kündigung mit Wirkung innerhalb des ersten Jahres nicht möglich ist (BGH NJW 2007, 1742), oder wenn eine Verlängerungsklausel (§ 572 Abs. 2) vereinbart wurde, nach der sich der Ver-trag nach einem Jahr verlängert, sofern er nicht zuvor gekündigt wurde. In solchen Verträgen bedarf auch jede Änderung des Vertrages der Schriftform. Wird sie nicht beachtet, ist der Vertrag nach der Änderung kündbar. Die Mindestlaufzeit von einem Jahr läuft ab der Vertragsänderung.

3 Bei langfristigen Mietverträgen in förmlich festgelegten Sanierungsgebie-ten (§ 144 Abs. 2 Nr. 3 BauGB) ist zu beachten, dass diese einer Geneh-migung durch die Gemeinde bedürfen. Sonst sind die Mietverträge schwe-bend unwirksam, nicht etwa nur die Befristungen (BGH NJW-RR 1993, 14).

2. Schriftform

Die Schriftform erfordert nach § 126, dass beide Parteien dieselbe Urkunde **4** unterzeichnen, wobei darauf zu achten ist, dass die Unterschriften den gesamten Text decken. Zusätze unter der Unterschrift können im Zweifel unwirksam sein. Die in der Praxis häufige Handhabung, dass jede Partei auf gleich lautenden Vertragsurkunden (Durchschläge, Kopien) die für die andere Partei bestimmte Urkunde unterschreibt, genügt den gesetzlichen Anforderungen ebenfalls, nicht aber ein Briefwechsel (BGH NJW 2004, 2962). Der Vertrag wird nicht bereits dann wirksam, wenn die Unterschrift der zweiten Vertragspartei auf der Urkunde in Abwesenheit der anderen erfolgt, sondern erst mit Zugang eines entsprechenden Vertragsexemplars. Wird ein in Briefform gefasstes Angebot aber in Anwesenheit des Absenders vom Empfänger unterschrieben, ist die Schriftform gewahrt (BGH NJW 2004, 2962). Übermittlung per Telefax genügt nicht (OLG Köln NZM 2006, 464). Die Schriftform ist auch dann nicht gewahrt, wenn ein **Vertreter** ohne Vertretungszusatz unterzeichnet, es sei denn, seine Vertreterstellung ergibt sich eindeutig auf andere Weise aus der Vertragsurkunde, zB durch die Bezeichnung im Formular (BGH NJW 2007, 3346) oder Beifügen eines Firmenstempels (BGH NJW 2013, 1082). Auf die Nichteinhaltung der Schriftform kann sich der Mieter auch nach jahrelanger anstandsloser Erfüllung des Vertrages noch berufen (BGH NZM 2004, 97). Sind mehrere Personen vertretungsberechtigt (zB der Vorstand einer AG), muss ebenfalls ein Vertretungszusatz erfolgen (BGH NJW 2010, 1453). Wird der Vertrag zunächst formlos abgeschlossen, so besteht ein Anspruch auf Nachholung der Schriftform, sofern ihre Einhaltung zuvor durch formlose Absprache vereinbart worden war oder wegen der Laufzeit des Vertrages nach § 550 gesetzlich vorgeschrieben ist.

Alle getroffenen, wichtigen Vereinbarungen müssen im Mietvertrag enthal- **5** ten sein. Die Schriftform ist eingehalten, wenn der wesentliche Inhalt des Vertrages bestimmbar ist. So reicht es bei neu zu errichtenden Wohnungen aus, wenn die Fertigstellung oder die Übergabe als Zeitpunkt des Mietbeginns festgelegt wird (BGH NJW 2007, 1817; NZM 2007, 443). Unschädlich ist es, wenn im Mietvertrag eine mehrjährige Vertragsbindung vereinbart wird, deren Beginn jedoch erst von einer Übergabe nach Fertigstellung der Räume abhängt (BGH NZM 2007, 443).

Häufig werden **Anlagen** zum Mietvertrag genommen. Die Anforderun- **6** gen an die Art der Verbindung des Mietvertrages mit den Anlagen ist der sog. Auflockerungsrechtsprechung zu entnehmen (BGH NJW 2003, 1248). Erforderlich ist weder eine feste Verbindung zwischen Mietvertrag und Anlage noch eine Rückverweisung in der Anlage auf den Mietvertrag. Ausreichend ist vielmehr, dass im Mietvertrag erkannt werden kann, welche weitere, genau bezeichnete Vertragsurkunde Inhalt der Vereinbarung geworden ist. Es reicht aus, wenn die Seiten des Vertrages und die einzelnen Bestimmungen nummeriert sind und mit Paraphen beider Parteien jeweils gezeichnet sind. Wenn nur ergänzende Ausführungen in anderen nicht formgerechten Unterlagen enthalten sind, so ist dies unschädlich. Diese können dann zur Auslegung des Vertrages herangezogen werden (BGH NJW 1999, 2591). Widersprechen sich die Angaben in den verschiedenen Vertragsexemplaren, so gilt nur der übereinstimmende Teil der Vertragsurkunde, wenn sich nicht feststellen lässt, was die Parteien bei Vertragsschluss tatsächlich gewollt haben.

7   Auch **nachträgliche Änderungen** der von § 550 erfassten Verträge bedürfen der Schriftform (zB einverständliche Mieterhöhung), nicht aber die Zustimmung des Mieters oder Vermieters zu einem im Vertrag bereits vorgesehenen Wechsel eines Vertragspartners (BGH NJW 2006, 1588). Geringfügige Änderungen des Mietvertrags führen jedoch nicht zum Wegfall der Schriftform. Eine Änderung der Miethöhe ist wegen ihrer langjährigen Wirkung stets als wesentlich anzusehen (BGH NJW 2016, 311). Nach einer Änderung zu Gunsten eines Vertragspartners kann es jedoch gegen Treu und Glauben verstoßen, wenn sich dieser wegen eines Formfehlers auf die vorzeitige Kündigungsmöglichkeit beruft. Eine Klausel, die den Verstoß gegen das Schriftformerfordernis bei einer Vertragsänderung heilen will, ist immer unwirksam BGH NJW 2017, 3772).

8   Wird die **Schriftform nicht beachtet,** ist zwar die Änderung wirksam, der Vertrag insgesamt gilt dann jedoch als für unbestimmte Zeit geschlossen und ist zum Ablauf eines Jahres nach der Änderung kündbar (BGH NJW 1994, 1649). Hierbei ist die Kündigungsfrist nach § 573c zu beachten. Bezieht sich die Vertragsänderung aber nur auf eine Verlängerung der Laufzeit, bleibt der Vertrag im Übrigen unverändert wirksam. Für die formunwirksame Verlängerungsabrede gilt dann die Regelung des § 550.

3. Kündigung

9 Wird die Schriftform bei Vertragsschluss oder späteren Änderungen nicht eingehalten, ist eine ordentliche Kündigung nach den allgemeinen Bestimmungen (§§ 568, 573, 573c) möglich. Der früheste Zeitpunkt, auf den gekündigt werden kann, ist jedoch ein Jahr nach Vertragsschluss bzw. Vertragsänderung (→ Rn. 2). Auf den Zeitpunkt der Überlassung der Wohnung kommt es nicht an (BGH NJW 1987, 948). Die nicht schriftlich getroffenen Vertragsvereinbarungen im Übrigen sind jedoch wirksam. Die Möglichkeit der außerordentlichen Kündigung wird durch § 550 nicht berührt.

10   Die Rechtsprechung sieht es nur in seltenen Ausnahmefällen als treuwidrig und somit als unzulässige Rechtsausübung an, wenn eine Partei sich auf die Formnichtigkeit beruft. Hat aber zB der Vermieter den Mieter arglistig von der Einhaltung der Form abgehalten, so wird sein späteres Berufen auf die Formnichtigkeit als rechtsmissbräuchlich angesehen. In der Regel bleibt es aber auch im Interesse eines möglichen Erwerbers (§ 566), dem die Möglichkeit einer umfassenden Information über langfristige Vereinbarungen gegeben werden soll, streng beim Schriftformerfordernis. Ein Erwerber kann sich stets auf die gesetzlichen Folgen der Formnichtigkeit berufen, auch wenn der Rechtsvorgänger arglistig gehandelt hat.

4. Vereinbartes Formerfordernis

Wird die Schriftform auch bei anderen als den in § 550 genannten Verträgen **11** vereinbart, so wird der Mietvertrag **erst wirksam,** wenn die Form eingehalten ist (§ 125 S. 2, § 127, § 154 Abs. 2). Nur wenn festgestellt werden kann, dass die Parteien die schriftliche Beurkundung ausschließlich zu Beweiszwecken wollten, zB wenn die Schriftform erst nachträglich vereinbart wurde, gilt der Vertrag auch, wenn die Schriftform nicht eingehalten wird. Wird nach einer mündlichen Einigung später die Wohnung überlassen, ohne dass ein schriftlicher Mietvertrag wie zuvor vereinbart abgeschlossen wurde, wird man in der Regel ebenfalls davon ausgehen können, dass die Parteien die Schriftform nur zu Beweiszwecken, nicht aber als Wirksamkeitsvoraussetzung wollten. Wird im Mietvertrag vereinbart, dass **jede Änderung schriftlich** erfolgen muss, so kann diese Abrede auch mündlich wieder aufgehoben werden. Das ist der Fall, wenn die Parteien bewusst von der Beurkundung absehen. Die Anforderungen, die die Rechtsprechung an den Nachweis des Willens beider Parteien, die Schriftformklausel mündlich aufzuheben, stellt, sind nicht hoch. Es reicht aus, wenn beide Parteien die Maßgeblichkeit der formlosen Abrede übereinstimmend wollen. Das gilt selbst dann, wenn sie an das Schriftformerfordernis nicht gedacht haben (RE OLG Karlsruhe NJW 1983, 1499). Ist die Schriftformklausel in einem Formularmietvertrag enthalten, ist jede mündliche Vereinbarung als Individualabrede ohne weiteres wirksam. Klauseln, die die Vertretungsmacht für mündliche Nebenabreden begrenzen, sind gemäß § 307 unwirksam (BGH NJW 1986, 1809).

5. Vollständigkeitsvermutung

Wird ein Mietvertrag schriftlich geschlossen, so hat die Vertragsurkunde die **12** Vermutung der Vollständigkeit für sich. Wer daneben bestehende zusätzliche Vereinbarungen für sich in Anspruch nimmt, muss beweisen, dass das Behauptete tatsächlich vereinbart wurde und darlegen, warum es nicht beurkundet wurde.

6. Keine abweichenden Vereinbarungen

§ 550 ist zwingend, auch wenn das Gesetz abweichende Vereinbarungen nicht **13** ausdrücklich für unwirksam erklärt. Das Berufen auf die fehlende Schriftform kann aber treuwidrig sein, wenn eine Partei die andere davon abgehalten hat, die Schriftform einzuhalten, oder wenn der Kündigende auf eine nicht formgerechte Abänderung Bezug nimmt, die bei der Abänderung lediglich ihm vorteilhaft war (BGH NJW 2017, 3772).

§ 551 Begrenzung und Anlage von Mietsicherheiten

(1) Hat der Mieter dem Vermieter für die Erfüllung seiner Pflichten Sicherheit zu leisten, so darf diese vorbehaltlich des Absatzes 3 Satz 4 höchstens das Dreifache der auf einen Monat entfallenden Miete ohne die als Pauschale oder als Vorauszahlung ausgewiesenen Betriebskosten betragen.

(2) [1] Ist als Sicherheit eine Geldsumme bereitzustellen, so ist der Mieter zu drei gleichen monatlichen Teilzahlungen berechtigt. [2] Die erste Teilzahlung ist zu Beginn des Mietverhältnisses fällig. [3] Die weiteren Teilzahlungen werden zusammen mit den unmittelbar folgenden Mietzahlungen fällig.

(3) [1] Der Vermieter hat eine ihm als Sicherheit überlassene Geldsumme bei einem Kreditinstitut zu dem für Spareinlagen mit dreimonatiger Kündigungsfrist üblichen Zinssatz anzulegen. [2] Die Vertragsparteien können eine andere Anlageform vereinbaren. [3] In beiden Fällen muss die Anlage vom Vermögen des Vermieters getrennt erfolgen und stehen die Erträge dem Mieter zu. [4] Sie erhöhen die Sicherheit. [5] Bei Wohnraum in einem Studenten- oder Jugendwohnheim besteht für den Vermieter keine Pflicht, die Sicherheitsleistung zu verzinsen.

(4) Eine zum Nachteil des Mieters abweichende Vereinbarung ist unwirksam.

1. Anwendbarkeit

1   Die Vorschrift wurde durch das Gesetz zur Erhöhung des Angebots an Mietwohnungen (BGBl. 1982 I 1912) als § 550b aF in das BGB eingefügt und ist nach Art. 4 Nr. 2 Gesetz zur Erhöhung des Angebots an Mietwohnungen nur auf Mietverträge, die **ab dem** 1.1.1983 **vereinbart** worden sind, in vollem Umfang anwendbar. Bei vorher abgeschlossenen Vereinbarungen besteht eine Verzinsungspflicht in Übereinstimmung mit der früheren Rechtsprechung (für die Zeit ab 1972 RE BGH NJW 1982, 2186) immer dann, wenn sie im Mietvertrag nicht ausdrücklich ausgeschlossen ist. Im Gegensatz zu der Regelung des § 551 Abs. 4 sind in diesen Altverträgen Bestimmungen, die eine Verzinsung ausdrücklich ausschließen, mit Wirkung für die Vergangenheit und die Zukunft wirksam. Eine gesetzliche Anlagepflicht besteht bei Altverträgen nicht. Die Neuregelung gilt sowohl im freifinanzierten, nicht preisgebundenen Wohnungsbau als auch für den öffentlich geförderten, preisgebundenen Wohnungsbau (§ 9 Abs. 5 WoBindG).

2. Kaution

2   Die Kaution ist der **Höhe** nach begrenzt. Eine Ausnahme billigt der BGH bei der nachträglichen Bestellung einer Sicherheit zur Abwendung einer Kündigung wegen Zahlungsverzug (BGH NJW 2013, 1876) oder bei Sicherheitsleistung durch die Eltern bei Abschluss des Mietvertrages durch ein Kind (BGHZ 111, 361 = NJW 1990, 2380). Ist die Miete wegen eines Mangels gemindert, hat dies auf diese Grenze grundsätzlich keinen Einfluss (BGH NJW 2005, 2773), anders allerdings bei unbehebbaren, anfänglichen Mängeln, zB Flächendifferenzen. Wird die im Gesetz genannte Grenze dadurch überschritten, dass neben der Barkaution noch eine Bürgschaft zu stellen ist, muss nur der letzte Teil dieser Vereinbarung als unwirksam angesehen werden (BGH NJW 2004, 3045). Der die gesetzlich zulässige Kaution von drei Monatsmieten übersteigende Betrag kann vom Mieter sofort zurückgefordert werden. Dieser Anspruch verjährt binnen drei Jahren (§§ 195, 199) ab Zahlung der Kaution, unabhängig davon, ob dem Mieter die Begrenzung nach § 551 bekannt ist (BGH NJW 2011, 2570). Der Vermieter kann eine Kaution

jedoch nur dann verlangen, wenn dies im Mietvertrag ausdrücklich vereinbart worden ist. Eine gesetzliche Verpflichtung des Mieters zur Sicherheitsleistung besteht nicht. Im Mietvertrag muss deshalb auch bestimmt werden, in welcher Höhe Sicherheit zu leisten ist und welche Ansprüche des Vermieters hierdurch gesichert werden sollen (Sicherungsabrede). Die Auslegungsregel, dass grundsätzlich alle Ansprüche des Vermieters aus dem Mietvertrag gesichert werden, ist nicht allgemein anerkannt. Bestreitet der Mieter seine Verpflichtung, kann die Sicherheit vom Vermieter erst nach einer gerichtlichen Klärung verwendet werden (BGH NJW 2014, 2496). Die Sicherheitsleistung kann nicht nur in der Überlassung eines Geldbetrages (Barkaution), sondern auch auf jede andere Weise, zB durch Bürgschaft oder Einräumen eines Pfandrechts (Verpfändung eines Sparbuchs des Mieters) vereinbart werden. Lässt der Vermieter sich jedoch ein Sparbuch des Mieters verpfänden, muss er damit rechnen, dass bereits ein Pfandrecht der Bank daran besteht und seinem Recht vorgeht. In allen Fällen der Sicherheitsleistung gilt die Begrenzung auf das Dreifache der Monatsmiete zur Zeit der Kautionsvereinbarung (OLG Düsseldorf NJW-RR 1998, 81). Gesondert ausgewiesene Nebenkostenvorschüsse bleiben außer Ansatz. Hat der Mieter die Nebenkosten pauschaliert zu zahlen (ohne jährliche Abrechnung), so ist diese Pauschale ebenfalls nicht zu berücksichtigen.

Der Vermieter ist berechtigt, sämtliche Forderungen gegen den Mieter **3** während des laufenden Mietverhältnisses aus der Kaution auszugleichen. Näheres hierzu sollte im Mietvertrag geregelt sein. Der Mieter ist verpflichtet, die Kaution dann wieder aufzufüllen.

Die Nichtzahlung der Kaution ist ein Grund zur fristlosen Kündigung **4** (§ 569 Abs. 2a).

3. Teilzahlung

In allen Fällen, in denen der Mieter eine Geldsumme zur Verfügung zu stellen **5** hat, ist er zur Zahlung in drei Raten berechtigt. Die erste Rate wird zu Beginn des Mietverhältnisses – nach überwiegender Meinung nicht im Zeitpunkt des Abschlusses des Mietvertrags, sondern erst bei Beginn des vereinbarten Gebrauchsrechts – fällig, in der Regel somit zusammen mit der ersten Mietzahlung. Ist im Mietvertrag eine Vorauszahlung der Kaution vereinbart, ist nur die Vorauszahlungspflicht nicht wirksam, nicht etwa die Kautionsabrede insgesamt (BGH NJW 2004, 3045). Ist der Vermieter nach der Sicherungsabrede berechtigt, auch wegen Schadensersatzansprüchen während der Mietzeit auf die Kaution zuzugreifen, so ist der Mieter ggf. verpflichtet, die Kaution bis zum ursprünglichen Betrag wieder aufzufüllen (§ 240). Etwaige Mietmängel rechtfertigen ein Zurückbehaltungsrecht wegen der Kaution nicht (OLG Celle ZMR 1998, 272).

4. Anlage auf einem Sonderkonto

Für den Fall der Barkaution ist der Vermieter verpflichtet, diese auf einem **6** Sonderkonto anzulegen (offenes Treuhandkonto, Anderkonto – BGH NJW-

RR 2015, 1289). Auf Verlangen des Mieters muss der Vermieter ein entsprechendes Sonderkonto benennen, auf das der Mieter dann die Kaution einzuzahlen hat (BGH NJW 2011, 59). Zulässig ist die Anlage bei jedem Kreditinstitut, auch bei einem ausländischen, oder bei der Postbank. Der Vermieter kann über das Konto nur treuhänderisch verfügen. Denkbar ist auch, dass das Konto in der Art eingerichtet wird, dass nur Mieter und Vermieter zusammen verfügen können. Im Streitfall muss dann der Vermieter gegen den Mieter auf Zustimmung zur Auszahlung klagen, während es bei alleiniger Verfügungsbefugnis des Vermieters am Mieter liegt, ggf. auf Rückzahlung der Kaution zu klagen.

7 Nur die Anlage auf einem Sonderkonto bewirkt, dass der Mieter bei Insolvenz des Vermieters oder bei Einzelzwangsvollstreckung gegen diesen gesichert ist (RE OLG Hamburg ZMR 1990, 103). Im Insolvenzverfahren hat der Mieter ein Aussonderungsrecht (§ 47 InsO; RE BayObLG ZMR 1988, 253). Die Einzelzwangsvollstreckung kann der Mieter im Weg der Drittwiderspruchsklage (§ 771 ZPO) verhindern. Außerdem unterliegt das Sonderkonto auch nicht dem Pfandrecht nach Nr. 19 der Allgemeinen Geschäftsbedingungen der Banken (BGH WuM 1973, 894). Für den Fall der Veräußerung der Wohnung vgl. § 566a. Legt der Vermieter die Kaution nicht gesichert an, kann dies der Mieter mit zurückbehaltener Miete tun (LG Kiel WuM 1989, 19). Er kann die Miete aber nur solange zurückbehalten, bis der Vermieter die Anlage der Kaution nachweist (LG Mannheim WuM 1990, 293). Verliert der Mieter die Kaution, weil sie nicht angelegt war, haftet bei einer GmbH als Vermieter auch deren Geschäftsführer persönlich (OLG Frankfurt a. M. WuM 1989, 138).

8 **Erfüllt** der Vermieter seine Verpflichtung zur Anlage nicht, so kann der Mieter nach Beendigung der Vertragszeit die üblichen Zinsen als Schadensersatzanspruch geltend machen. Er kann aber auch während der Vertragszeit auf Erfüllung der Anlagepflicht klagen, da er nur so die ihm nach dem Gesetz zustehende gesicherte Stellung im Insolvenzverfahren – vgl. auch § 566a – und bei Einzelzwangsvollstreckung erlangen kann. Die Nichtanlage der Kaution ist in der Regel als strafbare Untreue anzusehen, wenn dem Mieter hieraus ein Schaden entsteht (BGH NJW 2008, 1827). Im Fall der Insolvenz des Vermieters wird der Anspruch auf Rückzahlung der Kaution, wenn keine getrennte Anlage erfolgt war, zur Insolvenzforderung und damit in der Praxis wertlos (BGH NJW 2008, 1152). In der Insolvenz bzw. Zwangsverwaltung kann der Mieter seinen Anspruch auf getrennte Anlage bei noch bestehendem Mietvertrag aber im Wege eines Zurückbehaltungsrechts durchsetzen, wenn er die bereits geleistete Kautionssumme von der laufenden Miete abzieht (BGH NJW 2009, 3505).

9 Der Vermieter erfüllt seine Pflicht zur **verzinslichen** Anlage auch dann in vollem Umfang, wenn bei anderen Kreditinstituten ein höherer Zins gezahlt wird. Legt der Vermieter die Kaution höher verzinslich (längerfristig) an, so stehen auch diese Zinsen in voller Höhe dem Mieter zu. Dieser kann jedoch vor Beendigung des Mietverhältnisses keine Auszahlung der Zinsen verlangen. Vielmehr dienen diese ebenso wie die Hauptsumme dem vereinbarten Sicherungszweck.

5. Rückzahlungspflicht

Nach Beendigung des Mietverhältnisses ist die Sicherheit einschließlich Zin- **10** sen zurückzuzahlen, sofern keine Ansprüche der in der Sicherungsabrede genannten Art (zB rückständige Miete, Schadensersatzanspruch wegen unterlassener Schönheitsreparaturen) bestehen. Bei einer Mehrheit von Mietern ist an alle gemeinsam zurückzuzahlen (Mitgläubiger gemäß § 432). Dem Vermieter steht der für eine Abrechnung erforderliche Zeitraum zur Verfügung (§ 556 Abs. 3). Gegebenenfalls muss er aber einen vorhersehbar nicht mehr benötigten Teilbetrag ausbezahlen (BGH NJW 2006, 1422). Vor diesem Zeitpunkt ist der Mieter nicht berechtigt, gegen Ansprüche des Vermieters mit dem Kautionsrückzahlungsanspruch aufzurechnen, insbesondere darf er nicht vor Ende der Mietzeit unter Verweisung auf die Kaution seine Mietzahlungen einstellen. Nach Ablauf der Überlegungsfrist wird der Rückzahlungsanspruch fällig. Die Länge der Überlegungsfrist hängt von den Umständen des Einzelfalles ab und kann im Ausnahmefall auch mehr als sechs Monate betragen, insbesondere wenn noch eine Betriebskostenabrechnung aussteht oder ein daraus resultierender Anspruch auf Nachzahlung (BGH NJW 2016, 3231). Selbst nach Ablauf der Verjährungsfrist des § 548 kann der Vermieter mit Ansprüchen gegen den Mieter noch gemäß § 390 aufrechnen (BGH NJW 1987, 2372).

In der Insolvenz des Mieters steht der Rückzahlungsanspruch dem Insol- **11** venzverwalter nur dann zu, wenn er von einer Freigabeerklärung (§ 109 InsO) zuvor abgesehen hatte (BGH NJW 2017, 1747).

6. Abweichende Vereinbarungen

Abweichende Vereinbarungen, die den Mieter nicht schlechter stellen, sind **12** zulässig. So kann zB vereinbart werden, dass der Vermieter die Sicherheit nicht anzulegen hat, wenn er wegen seiner Rückzahlungspflicht dem Mieter eine Bürgschaft eines Kreditinstituts verschafft. Fraglich erscheint aber, ob auch eine spekulative Anlage vereinbart werden kann. Hier besteht in der Regel ein hohes Verlustrisiko. Wird eine höhere Sicherheit als nach Abs. 1 zulässig vereinbart, so ist die Vereinbarung in Höhe von drei Monatsmieten wirksam. Dies entspricht dem Grundsatz, dass Verstöße gegen Preisvorschriften dazu führen, dass das Geschäft zum zulässigen Preis wirksam ist. Der Mieter kann den die dreifache Monatsmiete übersteigenden Betrag jederzeit zurückfordern, ohne dass der Vermieter gegen diese Rückforderung mit irgendwelchen Ansprüchen aufrechnen kann (LG Bremen NJW-RR 1993, 19; → Rn. 5). Der Anspruch auf die Rückzahlung des drei Monatsmieten übersteigenden Betrages verjährt jedoch in drei Jahren, beginnend mit dem Ablauf des Jahres, in dem dieser Betrag bezahlt wurde, unabhängig von der Kenntnis des Mieters von der Rechtslage (BGH NJW 2011, 2570). Wenn die Verzinsung vor dem 1.1.1983 ausgeschlossen worden ist, so bleibt dies wirksam.

Die Unterwerfung des Mieters unter die sofortige Zwangsvollstreckung **13** (§ 794 Abs. 1 Nr. 5 ZPO) sieht der BGH nicht als Sicherheitsleistung an. Sie ist als Individualvereinbarung zulässig (BGH NJW 2018, 551).

7. Ausnahme

14 Die Ausnahmevorschriften für **Studentenwohnheime** (zum Begriff → § 549 Rn. 5) wurde aus Gründen der Praktikabilität (Abrechnungsaufwand) geschaffen. Sie ist als Ausnahmevorschrift eng auszulegen und auf Heime anderer Art nicht entsprechend anzuwenden.

§ 552 Abwendung des Wegnahmerechts des Mieters

(1) Der Vermieter kann die Ausübung des Wegnahmerechts (§ 539 Abs. 2) durch Zahlung einer angemessenen Entschädigung abwenden, wenn nicht der Mieter ein berechtigtes Interesse an der Wegnahme hat.

(2) Eine Vereinbarung, durch die das Wegnahmerecht ausgeschlossen wird, ist nur wirksam, wenn ein angemessener Ausgleich vorgesehen ist.

1. Inhalt

1 Der Mieter **verliert** das **Wegnahmerecht** erst, wenn der Vermieter eine Entschädigung gezahlt hat (§ 547a Abs. 2, 3 aF). Ein Angebot reicht nur aus, wenn es angemessen und vorbehaltlos ist und es allein am Mieter liegt, die Zahlung anzunehmen. Die Entschädigung muss dem Verkehrswert entsprechen, wobei es aber zu berücksichtigen ist, wenn durch den Ausbau Kosten oder ein Wertverlust entstehen. Ebenso sind die Kosten zu berücksichtigen, die der Mieter für die Wiederherstellung des ursprünglichen Zustandes (§ 258) aufzubringen hätte. Sobald die Einrichtungen von der Wohnung getrennt sind, hat der Vermieter keine Abwendungsbefugnis mehr.

2. Abweichende Vereinbarungen

2 Abweichende Vereinbarungen müssen einen angemessenen Ausgleich vorsehen, der nicht nur in einer Entschädigung in Geld, sondern in jedem anderen Ausgleich bestehen kann, zB Ausschluss des Kündigungsrechts, Einschränkung künftiger Mieterhöhungen, kostenfreie Überlassung anderer Einrichtungsgegenstände an den Mieter und Ähnliches mehr. Insbesondere bei umfangreichen Investitionen des Mieters (Mietermodernisierung) stellt die gesetzliche Regelung zumeist keinen befriedigenden Interessenausgleich dar. Als Orientierung für einen angemessenen Ausgleich in diesen Fällen wurde vom Bundesministerium der Justiz die 1982 erschienene Mustervereinbarung für Modernisierung durch Mieter (ZMR 1984, 5) vorgelegt, die Vorschläge für Vereinbarungen zwischen Vermieter und Mieter vor Durchführung der Modernisierung durch den Mieter enthält. Die Anbringung von Einrichtungen durch den Mieter kann auch als Form der Mietvorauszahlung vereinbart werden. Dann ist § 547 maßgebend.

§ 553 Gestattung der Gebrauchsüberlassung an Dritte

(1) [1] Entsteht für den Mieter nach Abschluss des Mietvertrags ein berechtigtes Interesse, einen Teil des Wohnraums einem Dritten zum Gebrauch zu überlassen, so kann er von dem Vermieter die Erlaubnis hierzu verlangen. [2] Dies gilt nicht, wenn in der Person des Dritten ein wichtiger Grund vorliegt, der Wohnraum übermäßig belegt würde oder dem Vermieter die Überlassung aus sonstigen Gründen nicht zugemutet werden kann.

(2) Ist dem Vermieter die Überlassung nur bei einer angemessenen Erhöhung der Miete zuzumuten, so kann er die Erlaubnis davon abhängig machen, dass der Mieter sich mit einer solchen Erhöhung einverstanden erklärt.

(3) Eine zum Nachteil des Mieters abweichende Vereinbarung ist unwirksam.

1. Allgemeines

Die Vorschrift ergänzt § 540 und entspricht der früheren Regelung in § 549. **1** Die teilweise **Überlassung** der Wohnung an weitere Personen (Dritte) auf Dauer ist ohne Einverständnis des Vermieters grundsätzlich nicht zulässig. Dies gilt nicht nur, wenn diese Personen einen eigenen Haushalt in der Wohnung führen wollen, sondern auch dann, wenn sie in den Haushalt des Mieters aufgenommen werden sollen (RE BayObLG ZMR 1984, 37; OLG Hamm NJW 1982, 2876). Dieses grundsätzliche Verbot wird jedoch in zweifacher Hinsicht eingeschränkt. Zum einen richtet es sich nicht gegen dem Mieter besonders nahestehende Personen, zum anderen kann der Mieter gemäß Abs. 1 einen Anspruch auf eine Erlaubnis des Vermieters haben.

Die vorübergehende Aufnahme von **Gästen** (mehrere Wochen lang) fällt **2** nicht unter § 553 und ist generell zulässig. Maßstab in all diesen Fällen ist allein der sich aus dem Mietvertrag ergebende, ggf. durch Auslegung zu ermittelnde, vertragsgemäße Gebrauch (→ § 535 Rn. 23 ff.).

Nur die Aufnahme **Dritter** ohne Erlaubnis ist unzulässig. Es ist eine Frage **3** der Auslegung des einzelnen Mietvertrages, wer zur Benutzung der Wohnung berechtigt sein soll. Diese Personen sind nicht Dritte. Wenn im Mietvertrag nichts ausdrücklich vereinbart ist, wird im Regelfall für die Aufnahme von Ehegatten, Kindern, Hausangestellten, Lebenspartnern (Verlobten), Eltern oder Geschwistern eine Erlaubnis erforderlich sein, auf die der Mieter dann aber auch einen Anspruch hat (→ Rn. 10 ff.). Etwas anderes kann sich ergeben, wenn der Aufnahme besondere Gründe entgegenstehen (zB krasse Überbelegung; → § 543 Rn. 16).

Überlässt der Mieter die gesamte Wohnung einem oder mehreren Dritten **4** zur selbständigen Haushaltsführung, ist nur § 540 anwendbar (BGH NJW-RR 2010, 306). Der Mieter hat keinen Anspruch auf Erteilung der Erlaubnis nach § 553, der nur bei Überlassung von Wohnungsteilen anwendbar ist.

Der Anspruch auf Genehmigung der Untervermietung besteht aber auch **5** dann, wenn der Mieter nur noch eines von mehreren Zimmern als Möbellager bzw. für gelegentliche Übernachtungen nutzt, im Übrigen aber seinen Lebensmittelpunkt im Ausland hat (BGH NJW 2014, 2717).

6   Überlässt der Mieter den überwiegenden Teil der gemieteten Wohnräume an Untermieter, untersteht der Mietvertrag mit dem Vermieter unter Umständen nicht mehr dem Schutz des Wohnraummietrechts (→ § 535 Rn. 20 f.). Eine Ausnahme gilt bei Wohnraum, der an juristische Personen des öffentlichen Rechts als Zwischenmieter vermietet ist (§ 549 Abs. 2; → § 549 Rn. 4).

2. Untermietverhältnis

7   Zwischen dem Mieter und dem Untermieter kommt ein Untermietverhältnis zustande, auf das die allgemeinen mietvertraglichen Bestimmungen anzuwenden sind, insbesondere gelten hier auch die Kündigungsschutz-vorschriften (§ 573) und das Widerspruchsrecht (§§ 574 ff.). Mieterhöhungen sind auch in Untermietverhältnissen nur bis zur örtlichen Vergleichsmiete für entsprechende Untermietverhältnisse nach § 558 zulässig.

8   Für den öffentlich geförderten, preisgebundenen Wohnungsbau gilt § 21 WoBindG. Unmittelbare vertragliche Beziehungen zwischen (Haupt-)Vermieter und Untermieter bestehen nicht. Der Vermieter kann somit weder Mietzahlungen vom Untermieter verlangen noch hat er einen vertraglichen Schadensersatzanspruch gegen den Untermieter und auch kein Vermieterpfandrecht (§ 562). Kündigt der Vermieter das Mietverhältnis gegenüber dem Mieter, so gilt § 565.

3. Erlaubnis des Vermieters

9   Die Erlaubnis des Vermieters kann allgemein oder eingeschränkt für eine Person, bereits bei Vertragsschluss oder später erteilt werden. Einen Anspruch auf eine allgemeine Erlaubnis hat der Mieter in der Regel nicht (KG ZMR 1992, 382; OLG Koblenz NJW 2001, 1948). Duldet der Vermieter längere Zeit die Untervermietung, ist die Erlaubnis stillschweigend erteilt. Dies ist wirksam, selbst wenn im Mietvertrag für Änderungen und Ergänzungen allgemein die Schriftform vorgesehen ist (BGH NJW 1991, 1750; BVerfG WuM 1992, 46).

10   Der Anspruch auf Erlaubnis (Abs. 2) kann sich aus den verschiedensten Interessen des Mieters ergeben, zB aus wirtschaftlichen, persönlichen oder familiären Veränderungen (BGH NJW 2006, 1200). Ein berechtigtes Interesse des Mieters liegt grundsätzlich vor, wenn der Mieter aus persönlichen oder wirtschaftlichen Gründen mit einem oder mehreren Dritten eine **Wohngemeinschaft** auf Dauer gründen will. Auf das Geschlecht der Beteiligten kommt es hierbei nicht an. Das Zusammenleben unverheirateter Paare wird heute nicht mehr von der Allgemeinheit missbilligt (RE BGH NJW 1985, 130) und wird vom Gesetzgeber jetzt zugelassen. Der Mieter ist grundsätzlich frei, wie er sein persönliches Leben in der Mietwohnung gestalten will. Er kann deshalb auch pauschal geltend machen, er wolle eine nicht eheliche Lebensgemeinschaft beginnen (BGH NJW 2004, 56). Grenzen bestehen aber auch hier im Umfang des vereinbarten vertraglichen Gebrauchs (zB Überbelegung).

Wird an eine Wohngemeinschaft vermietet, bedeutet dies auch eine Zu- **11** stimmung für den hiermit typischerweise verbundenen häufigen Mieterwechsel. Wird der Mietvertrag mit einer Wohngemeinschaft (und nicht mit einem einzelnen Mieter mit der Erlaubnis zur Untervermietung) abgeschlossen, so können die Mitglieder der Wohngemeinschaft nicht untereinander die Wohnung kündigen, vielmehr gelten unter diesen §§ 749 ff.

Voraussetzung für den Anspruch auf Erlaubnis ist, dass sich dieses Interesse **12** zur Untervermietung erst nach Abschluss des Mietvertrages ergeben hat und der Mieter selbst weiterhin auf die Wohnung angewiesen ist. Der Wunsch, eine Wohngemeinschaft zu bilden, ist nicht berechtigt, wenn der Mieter bei Abschluss des Mietvertrages diesen Wunsch verschwiegen hat, etwa weil er befürchtet hat, die Wohnung in diesem Fall nicht zu erhalten. Der Mieter muss Tatsachen vortragen, die sein nachträglich entstandenes Interesse begründen. Allein die Behauptung eines entsprechenden Wunsches reicht nicht (LG Berlin ZMR 1985, 341).

Eine Untervermietung ohne Erlaubnis des Vermieters ist zwar eine Pflicht- **13** verletzung. Sie berechtigt den Vermieter zur Kündigung aber nur, wenn triftige Gründe gegen die Untervermietung bestanden (BGH NJW 2011, 1065). Der Vermieter kann die Beendigung des Untermietvertrages verlangen, nicht aber die Herausgabe der Mietzahlungen des Untermieters (BGH NJW-RR 2009, 1522).

4. Zuschlag

Der Vermieter kann seine Erlaubnis unter Umständen von der Zahlung eines **14** Untermietzuschlages abhängig machen. Ob und in welcher Höhe ein Zuschlag angemessen ist, wird sich vor allem nach der zu erwartenden zusätzlichen Abnutzung richten. Der überwiegende Teil der Mietzahlungen des Untermieters sollte dem Mieter verbleiben, zumindest wenn zum ortsüblichen Untermietpreis vermietet wurde. Für den öffentlich geförderten, preisgebundenen Wohnungsbau gilt § 26 Abs. 3 NMV 1970. Erteilt der Vermieter eine zeitlich unbefristete Erlaubnis, ist die Zahlung des Zuschlages nicht auf die Zeit tatsächlicher Untervermietung beschränkt. Hat der Vermieter die Erlaubnis erteilt, so kann er sie später nicht widerrufen. In Betracht kommt nur eine Anfechtung wegen Irrtum, Täuschung oder Drohung (§§ 119, 123). Will der Vermieter sich nicht auf Dauer binden, kann er die Erlaubnis befristet erteilen und ggf. dann jeweils verlängern.

5. Verweigerung der Erlaubnis

Verweigert der Vermieter die Erlaubnis **ohne wichtigen Grund** in der **15** Person des Untermieters, zB auch pauschal ohne namentliche Benennung (KG NJW-RR 1997, 333), hat der Mieter die Wahl, ob er auf Erteilung der Erlaubnis klagen oder kündigen will unter Einhaltung der verkürzten Fristen gemäß § 573d. Der Mieter kann sich, nachdem er von der Ablehnung erfahren hat, Zeit zur Überlegung lassen, ob er von seinem Kündigungsrecht Gebrauch machen will. Überlanges Warten kann jedoch zur Verwirkung des

Kündigungsrechts führen. Das Kündigungsrecht kann nicht durch Formular-vertrag ausgeschlossen werden (BGH BB 1995, 2129). Keine Verweigerung der Erlaubnis ist es, wenn der Vermieter zunächst Angaben zur Person des Untermieters verlangt (BGH NJW 2007, 142).

6. Untervermietung bei fehlender Erlaubnis

16 Wenn der Mieter die Wohnung ohne Erlaubnis des Vermieters untervermie-tet, ist dies eine Überschreitung des vertragsgemäßen Gebrauchs. Der Ver-mieter kann dann gemäß § 541 Unterlassung verlangen. Zuvor muss er jedoch den Mieter auffordern, das Untermietverhältnis zu beenden (Abmah-nung). Dabei muss er ihm ausreichend Zeit zur Kündigung des Untermiets-verhältnisses geben. Wenn der Mieter nichts unternimmt, kann der Vermieter fristlos kündigen (vgl. § 543 Abs. 2 Nr. 2; → § 543 Rn. 13) und soweit ihm ein Schaden entstanden ist, Schadensersatz verlangen. Die Herausgabe der vom Untermieter gezahlten Miete kann der Vermieter nicht fordern (BGH NJW 1996, 838). Hat der Mieter einen Anspruch auf Erteilung der Unter-mieterlaubnis, kann die Geltendmachung der genannten Rechte des Vermie-ters rechtsmissbräuchlich und damit wirkungslos sein (RE BayObLG NJW-RR 1995, 969; ZMR 1991, 64).

7. Kündigung des Hauptmietverhältnisses

17 Im Falle der Kündigung des Hauptmietverhältnisses – gleich aus welchem Grund – hat der Untermieter einen Schadensersatzanspruch gegen den Mieter (§ 536). Es ist strittig, ob die Kenntnis des Untermieters von der fehlenden Untermieterlaubnis bei Vertragsschluss die Rechte des Untermieters aus-schließt, wofür allerdings viel spricht (§ 536b).

8. Haftung

18 Die Haftung des Mieters für den Untermieter (§ 540 Abs. 2) beschränkt sich auf Vorgänge, die mit dem Mietverhältnis in engerem Zusammenhang stehen. Sie erstreckt sich nicht auf Handlungen des Untermieters, die in keinem Zusammenhang mit dessen Stellung als Untermieter stehen.

§ 554 (aufgehoben)

§ 554a Barrierefreiheit

(1) [1] Der Mieter kann vom Vermieter die Zustimmung zu baulichen Veränderun-gen oder sonstigen Einrichtungen verlangen, die für eine behindertengerechte Nutzung der Mietsache oder den Zugang zu ihr erforderlich sind, wenn er ein berechtigtes Interesse daran hat. [2] Der Vermieter kann seine Zustimmung ver-weigern, wenn sein Interesse an der unveränderten Erhaltung der Mietsache oder des Gebäudes das Interesse des Mieters an einer behindertengerechten Nutzung der Mietsache überwiegt. [3] Dabei sind auch die berechtigten Interessen anderer Mieter in dem Gebäude zu berücksichtigen.

(2) [1] Der Vermieter kann seine Zustimmung von der Leistung einer angemessenen zusätzlichen Sicherheit für die Wiederherstellung des ursprünglichen Zustandes abhängig machen. [2] § 551 Abs. 3 und 4 gilt entsprechend.

(3) Eine zum Nachteil des Mieters von Absatz 1 abweichende Vereinbarung ist unwirksam.

Die Vorschrift soll Behinderten einen klaren Rechtsanspruch auf Ausbau der **1** Wohnung für ihre Zwecke gegeben. Der Gesetzgeber wollte sich eng an die Treppenliftentscheidung des BVerfG anlehnen (BVerfG NJW 2000, 2658). In die erforderliche Abwägung sind alle Umstände des Falles einzubeziehen (Art, Dauer, Schwere der Behinderung, Umfang und Erforderlichkeit der Baumaßnahme, Möglichkeit des Rückbaus, Haftungsrisiken des Vermieters). Die Behinderung muss nicht formal anerkannt sein. Gemeint ist jede Bewegungseinschränkung, auch eine nachträglich entstandene.

Der Ausbau muss vom Mieter auf eigene Kosten durchgeführt werden. Der **2** Vermieter kann eine Sicherheitsleistung (Sonderkaution) verlangen, deren Höhe sich an den Kosten für einen Rückbau zu orientieren hat.

Wird eine Eigentumswohnung vermietet ist allerdings zu beachten, dass für **3** bauliche Veränderungen (zB Einbau eines Aufzugs) die Zustimmung der Wohnungseigentümer erforderlich ist, die hierzu aber nicht verpflichtet sind (BGH ZMR 2017, 319). Nur bei geringfügigen Eingriffen kann der Mieter eine entsprechende Maßnahme verlangen (zB Handlauf, eventuell auch Rollstuhlrampe oder Treppenlift).

§ 555 Unwirksamkeit einer Vertragsstrafe

Eine Vereinbarung, durch die sich der Vermieter eine Vertragsstrafe vom Mieter versprechen lässt, ist unwirksam.

Die Vorschrift ist nicht nur auf Vertragsstrafen gemäß §§ 339 ff. anzuwenden, **1** sondern auf alle Vereinbarungen, die ähnliche Wirkungen haben. Unzulässig sind alle Abreden, die für den Fall der Vertragsverletzung ein zusätzliches Druckmittel, über die Sicherung von Ersatzansprüchen hinaus, vorsehen. Unzulässig sind zB Verfallklauseln (vgl. § 547), die Vereinbarung einer Abstandszahlung oder Bearbeitungsgebühr bei vorzeitiger Entlassung aus dem Mietvertrag bereits bei Vertragsschluss, die Vereinbarung, für unterlassene Schönheitsreparaturen eine bestimmte Anzahl von Monatsmieten zu bezahlen und Ähnliches. Schwierig wird die Beurteilung, wenn die Abrede dazu dient, einen bestehenden Schadensersatzanspruch des Vermieters der Höhe nach zu pauschalieren. Solche Abreden sind unwirksam, wenn sie der Umgehung des § 555 dienen sollen. Dies wird regelmäßig dann der Fall sein, wenn überhöhte Beträge vereinbart sind. Zulässig hingegen ist es, bei der Vertragsaufhebung eine Pauschale in Höhe von einer Monatsmiete als Aufwendungsersatz zu vereinbaren (RE OLG Hamburg ZMR 1990, 270). Nicht zu beanstanden ist die Regelung in einem Vergleich, dass im Falle einer nicht pünktlichen Erfüllung einer Verpflichtung (zumeist Ratenzahlung) eine bestimmte Rechtsfolge (zB Räumungsanspruch) eintreten soll (BGH NJW 2010, 859).

2   Ist eine Vertragsklausel gemäß § 555 nichtig, so bleibt der Mietvertrag im Übrigen bestehen.

Kapitel 1a. Erhaltungs- und Modernisierungsmaßnahmen

§ 555a Erhaltungsmaßnahmen

(1) Der Mieter hat Maßnahmen zu dulden, die zur Instandhaltung oder Instandsetzung der Mietsache erforderlich sind (Erhaltungsmaßnahmen).

(2) Erhaltungsmaßnahmen sind dem Mieter rechtzeitig anzukündigen, es sei denn, sie sind nur mit einer unerheblichen Einwirkung auf die Mietsache verbunden oder ihre sofortige Durchführung ist zwingend erforderlich.

(3) [1] Aufwendungen, die der Mieter infolge einer Erhaltungsmaßnahme machen muss, hat der Vermieter in angemessenem Umfang zu ersetzen. [2] Auf Verlangen hat er Vorschuss zu leisten.

(4) Eine zum Nachteil des Mieters von Absatz 2 oder 3 abweichende Vereinbarung ist unwirksam.

1. Erhaltung

1   Zur Erhaltung der Wohnung (Instandsetzung) erforderliche Arbeiten sind nur Schönheitsreparaturen und Maßnahmen, die den vertragsgemäßen Zustand der Wohnung erhalten, aber ihren Gebrauchswert nicht verbessern (zB Erneuerung oder Reparatur schadhafter Teile).

2   Der Mieter hat die mit den Arbeiten typischerweise verbundenen Belästigungen und Einschränkungen zu **dulden,** sofern im Mietvertrag nichts Abweichendes vereinbart ist. Zu aktivem Mitwirken ist er regelmäßig nicht verpflichtet. Er hat den für die Arbeiten erforderlichen Zugang zu gewähren und ggf. auch das Umstellen seiner Möbel hinzunehmen. Soweit erforderlich, muss er auch vorübergehend – auf Kosten des Vermieters – ausziehen.

3   Der Mieter darf nicht in schikanöser Weise in Anspruch genommen werden. Eine Durchführung der Arbeiten zur Unzeit (zB Sonntags oder zur Nachtzeit) ist unzulässig. Kurz vor Beendigung des Mietverhältnisses (Auszug) sind aufschiebbare Arbeiten ebenfalls unzulässig. Formale Voraussetzungen muss der Vermieter insoweit aber nicht in ähnlicher Weise wie bei Modernisierungsarbeiten (§ 555b) beachten (BGH NJW 2009, 1736).

4   Nach Beendigung der baulichen Maßnahmen muss der Vermieter den vertragsgemäßen Zustand (§ 535) wieder herstellen. Auch wenn der Mieter zur Duldung verpflichtet ist, berührt dies sein Recht zur Minderung (§ 536) wegen der aufgetretenen Beeinträchtigung nicht. § 536 Abs. 1a gilt hier nicht. Wegen entstandener Mehrkosten oder Beschädigungen kann er Schadensersatz (§ 536a) verlangen.

Dem Wunsch eines Mieters, die Wohnung – auf eigene Kosten – zu **5** modernisieren, muss ein Vermieter bis zur Grenze des Rechtsmissbrauchs nicht zustimmen (BGH NJW-RR 2012, 262).

2. Ankündigung

Der Vermieter ist verpflichtet, eine Erhaltungsmaßnahme rechtzeitig an- **6** zukündigen, es sei denn, sie ist nur mit einer unerheblichen Einwirkung auf die Mietwohnung verbunden. Anders als bei der Modernisierung bedarf es hier keiner besonderen Form oder Frist. Notmaßnahmen, deren sofortige Durchführung zwingend erforderlich ist, etwa dringende Reparaturen nachzuprüfen, können wie bisher auch ohne vorhergehende Ankündigung durchgeführt werden.

3. Aufwendungsersatz (Abs. 3)

Beim Aufwendungsersatzanspruch des Mieters (§ 256) ist auf die Umstände **7** des Einzelfalls abzustellen. Sie müssen im konkreten Fall angemessen sein. Verlangt der Mieter einen Vorschuss, so wird er die zu erwartenden Aufwendungen erläutern und aufschlüsseln müssen.

§ 555b Modernisierungsmaßnahmen

Modernisierungsmaßnahmen sind bauliche Veränderungen,
1. **durch die in Bezug auf die Mietsache Endenergie nachhaltig eingespart wird (energetische Modernisierung),**
2. **durch die nicht erneuerbare Primärenergie nachhaltig eingespart oder das Klima nachhaltig geschützt wird, sofern nicht bereits eine energetische Modernisierung nach Nummer 1 vorliegt,**
3. **durch die der Wasserverbrauch nachhaltig reduziert wird,**
4. **durch die der Gebrauchswert der Mietsache nachhaltig erhöht wird,**
5. **durch die die allgemeinen Wohnverhältnisse auf Dauer verbessert werden,**
6. **die auf Grund von Umständen durchgeführt werden, die der Vermieter nicht zu vertreten hat, und die keine Erhaltungsmaßnahmen nach § 555a sind, oder**
7. **durch die neuer Wohnraum geschaffen wird.**

Die Vorschrift definiert die zulässigen Modernisierungsmaßnahmen. Erfasst **1** werden Veränderungen am Gebäude und an den technischen Anlagen. Anzuwenden sind die neu gefassten Vorschriften zur Modernisierung auch in Mietverträgen, die vor der Gesetzesänderung 2013 abgeschlossen wurden. Maßgebender Stichtag ist der Zugang der Modernisierungsmitteilung bzw., sofern eine solche Mitteilung nicht erforderlich war, der Beginn der Baumaßnahmen (Art. 229 § 29 EGBGB).

Endenergie im Sinne der Regelung (Nr. 1) ist die Menge an Energie, die **2** der Anlagetechnik eines Gebäudes zur Verfügung stehen muss, um die für den Mieter erforderliche Nutzenergie zu decken.

3 Endenergie wird zum einen typischerweise dann gespart, wenn zur Erbringung derselben Energiedienstleistungen am Ort des Verbrauchs weniger Energie als vor der Modernisierung erforderlich ist. Die dafür erforderlichen Modernisierungsmaßnahmen sind beispielsweise Wärmedämmung der Gebäudehülle, Fensteraustausch oder Installation von Lüftungsanlagen mit Wärmerückgewinnung. Endenergie wird zum anderen auch dann gespart, wenn die Nutzenergie mit größerer Effizienz zur Verfügung gestellt wird. Die dafür erforderlichen Maßnahmen sind typischer-weise die Erneuerung des Heizkessels oder die Verringerung der Wärmeverluste zwischen Heizkessel und Heizkörpern. Auswirkungen auf den Energiebedarf können aber auch am Gebäude befindliche Anlage zur Umsetzung von Sonnen- oder Windenergie haben.

4 Der Begriff der **Primärenergie** berücksichtigt im Unterschied zur Endenergie nicht nur die an der Gebäudegrenze übergebene Energiemenge, sondern zusätzlich auch diejenige Energiemenge, die durch vorgelagerte Prozesse außerhalb des Gebäudes zur Gewinnung, Umwandlung oder Verteilung benötigt wird (zB Bohrung zur Gewinnung von Erdöl, Raffinerie zu Heizöl und Transport zum Abnehmer).

5 Nach Nr. 2 sind auch Maßnahmen zu dulden, die zwar der Einsparung nicht erneuerbarer Primärenergie dienen, bei denen die Einsparung jedoch nicht in Bezug auf die Wohnung erfolgt. Dies ist zB der Fall bei einer Fotovoltaikanlage, die auf das Dach eines Mietshauses montiert wird und bei der der erzeugte Strom nicht der Versorgung der Wohnungen im Haus dient sondern ins allgemeine Netz eingespeist wird. Zum anderen werden in Nr. 2 Maßnahmen erfasst, die das Klima auf sonstige Weise nachhaltig schützen. Anders als die von Nr. 1 erfassten Maßnahmen berechtigen die in Nr. 2 genannten Maßnahmen jedoch nicht zur Mieterhöhung nach § 559. Sie führen auch nicht zum Minderungsausschluss nach § 536 Abs. 1a.

6 **Gebrauchswerterhöhende Maßnahmen (Nr. 4)** sind alle Maßnahmen, die die Nutzbarkeit der Wohnung für den Mieter verbessern, weil sie das Wohnen bequemer, sicherer, gesünder oder angenehmer machen. Die Verbesserung muss dauerhaft und von nicht nur geringer Bedeutung sein, sonst kann sie nicht als nachhaltig bezeichnet werden. Keine duldungspflichtige Modernisierung liegt vor, wenn die vermietete Wohnung grundlegend umgestaltet wird (zB Grundrissänderung, erweitertes Raumangebot – BGH MDR 2018, 80).

7 Der Anschluss an das **Breitbandkabelnetz** wird heute als Wohnwert-verbesserung angesehen (BGH NJW 1991, 1754). Den Anschluss kann der Mieter beantragen, der Vermieter wird ihm zustimmen müssen, sofern die erforderlichen Baumaßnahmen nicht über das Maß hinausgehen, das beim Telefonanschluss üblich ist. In der Regel wird der Anschluss vom Vermieter beantragt. Die notwendigen Baumaßnahmen muss der Mieter in der Regel dulden (RE KG NJW 1985, 2031). Er ist jedoch – sofern sich aus dem Mietvertrag nichts anderes ergibt – nicht verpflichtet, ein Nutzungsverhältnis mit dem Betreiber des Kabelnetzes einzugehen und die monatlichen Gebühren zu bezahlen. Auch die einmalige Gebühr für den Anschluss an das Kabelnetz kann der Vermieter auf die Mieter gemäß § 559 umlegen, da eine wesentliche Wohnwertverbesserung erreicht wird. Im preisgebundenen Wohnungsbau ist eine Umlage (§ 6 NMV 1970 in Verbindung mit § 11 Abs. 4–7 II. BV) ebenfalls möglich (VGH München NJW-RR 1992, 1292). Von den laufenden Betriebskosten muss der Mieter die Kosten für den Betriebsstrom der hausinternen Verteilungsanlage und die Wartungskosten für sie gemäß § 2 Nr. 15 BetrKV anteilig tragen, sofern er nach dem Mietvertrag zur Übernahme dieser Nebenkostenart verpflichtet ist (→ § 560 Rn. 3, 5). Die monatlichen Gebühren für den Kabelanschluss muss er nur zahlen, soweit er sich hierzu vertraglich verpflichtet hat, zB durch Zustimmung zum Anschluss.

Im Prinzip gilt, dass der Mieter den Anschluss zwar dulden, die monatliche **8** Benutzungsgebühr aber nur tragen muss, wenn er den Anschluss wünscht. Das gilt im preisgebundenen und nicht preisgebundenen Wohnungsbau.

Die **Verbesserung der Wohnverhältnisse (Nr. 5)** bezieht sich auf Maß- **9** nahmen außerhalb der Wohnung (Gemeinschaftsanlagen), die der Wohnung zugutekommen. Darüber hinaus fallen hierunter zB Einbau eines Fahrstuhls, Anbringung einer Gemeinschaftsantenne, Anschluss an verbesserte Versorgungsleitungen aller Art und Einrichtung einer Haustür- oder Treppenhausbeleuchtung oder Einbau von Rauchwarnmeldern (BGH NJW 2015, 2488). Sind entsprechende Anlagen bereits vorhanden, sind nur die Kosten einer wesentlichen Erweiterung umlegbar.

Vom Vermieter **nicht zu vertretende bauliche Maßnahmen (Nr. 6)** **10** sind zB die Umstellung von Stadtgas auf Erdgas, der Ersatz einer elektrischen Freileitung durch eine Erdleitung, der nachträgliche Einbau von Grenzwertgebern für Öltanks. Erfasst werden alle Maßnahmen, auf die der Vermieter keinen Einfluss hat und deren Kosten er nicht vermeiden kann. Dies ist zB auch bei behördlichen Anordnungen im Rahmen eines Modernisierungsgebotes der Fall. Werden die Arbeiten jedoch nicht vom Vermieter als Bauherrn durchgeführt, ist § 555b nicht anwendbar.

§ 555c Ankündigung von Modernisierungsmaßnahmen

(1) Der Vermieter hat dem Mieter eine Modernisierungsmaßnahme spätestens drei Monate vor ihrem Beginn in Textform anzukündigen (Modernisierungsankündigung). Die Modernisierungsankündigung muss Angaben enthalten über:
1. die Art und den voraussichtlichen Umfang der Modernisierungsmaßnahme in wesentlichen Zügen,
2. den voraussichtlichen Beginn und die voraussichtliche Dauer der Modernisierungsmaßnahme,
3. den Betrag der zu erwartenden Mieterhöhung, sofern eine Erhöhung nach § 559 verlangt werden soll, sowie die voraussichtlichen künftigen Betriebskosten.
(2) Der Vermieter soll den Mieter in der Modernisierungsankündigung auf die Form und die Frist des Härteeinwands nach § 555d Absatz 3 Satz 1 hinweisen.
(3) In der Modernisierungsankündigung für eine Modernisierungsmaßnahme nach § 555b Nummer 1 und 2 kann der Vermieter insbesondere hinsichtlich der

energetischen Qualität von Bauteilen auf allgemein anerkannte Pauschalwerte Bezug nehmen.

(4) Die Absätze 1 bis 3 gelten nicht für Modernisierungsmaßnahmen, die nur mit einer unerheblichen Einwirkung auf die Mietsache verbunden sind und nur zu einer unerheblichen Mieterhöhung führen.

(5) Eine zum Nachteil des Mieters abweichende Vereinbarung ist unwirksam.

1 Vor Beginn der Arbeiten **ist der Mieter zu unterrichten,** damit er sich entscheiden kann, ob er die Modernisierung dulden will oder kündigen soll (§ 555e). Dabei muss dem Mieter aber nicht jede einzelne der Baumaßnahmen dargestellt werden. Eine Mitteilung der wesentlichen Umrisse reicht aus (BGH NJW 2012, 63). Der Vermieter kann einen Erwerber ermächtigen, auch bereits vor der Umschreibung im Grundbuch die Modernisierung anzukündigen und durchzuführen (→ § 566 Rn. 4). Der Vermieter muss die sich ergebende Mieterhöhung mitteilen (Abs. 1 Nr. 3), nicht aber auf die Möglichkeit einer Mieterhöhung nach § 558 hinweisen (BGH NJW 2008, 3630).

2 Der Vermieter muss Art und Umfang der Modernisierung dem Mieter darlegen. Hierbei soll jedoch kein übertriebener Aufwand gefordert werden. Zur Erleichterung dieser Pflicht wird deshalb vorgesehen, dass der Vermieter auf allgemein anerkannte Pauschalwerte Bezug nehmen kann, um die Details der Maßnahme darzulegen. Hierzu gehört beispielsweise die „Bekanntmachung der Regeln zur Datenaufnahme und Datenverwendung im Wohngebäudebestand" des Bundesbauministeriums (Stand: 30.7.2009). Der Vermieter soll auf pauschalierte Werte Bezug nehmen können und nicht zur Begründung und Darlegung der Baumaßnahmen ein Gutachten einholen müssen. Erfüllt der Vermieter seine Mitteilungspflicht nicht vollständig, ist der Mieter zur Duldung nicht verpflichtet. Die Frage der Mieterhöhung nach durchgeführter Modernisierung ist in § 559 abschließend geregelt, und wenn die Voraussetzungen der Duldungspflicht, also die Mitteilungspflichten nicht erfüllt waren, nach § 559b.

§ 555d Duldung von Modernisierungsmaßnahmen, Ausschlussfrist

(1) Der Mieter hat eine Modernisierungsmaßnahme zu dulden.

(2) [1] Eine Duldungspflicht nach Absatz 1 besteht nicht, wenn die Modernisierungsmaßnahme für den Mieter, seine Familie oder einen Angehörigen seines Haushalts eine Härte bedeuten würde, die auch unter Würdigung der berechtigten Interessen sowohl des Vermieters als auch anderer Mieter in dem Gebäude sowie von Belangen der Energieeinsparung und des Klimaschutzes nicht zu rechtfertigen ist. [2] Die zu erwartende Mieterhöhung sowie die voraussichtlichen künftigen Betriebskosten bleiben bei der Abwägung im Rahmen der Duldungspflicht außer Betracht; sie sind nur nach § 559 Absatz 4 und 5 bei einer Mieterhöhung zu berücksichtigen.

(3) [1] Der Mieter hat dem Vermieter Umstände, die eine Härte im Hinblick auf die Duldung oder die Mieterhöhung begründen, bis zum Ablauf des Monats, der auf den Zugang der Modernisierungsankündigung folgt, in Textform mitzuteilen. [2] Der Lauf der Frist beginnt nur, wenn die Modernisierungsankündigung den Vorschriften des § 555c entspricht.

(4) ¹Nach Ablauf der Frist sind Umstände, die eine Härte im Hinblick auf die Duldung oder die Mieterhöhung begründen, noch zu berücksichtigen, wenn der Mieter ohne Verschulden an der Einhaltung der Frist gehindert war und er dem Vermieter die Umstände sowie die Gründe der Verzögerung unverzüglich in Textform mitteilt. ²Umstände, die eine Härte im Hinblick auf die Mieterhöhung begründen, sind nur zu berücksichtigen, wenn sie spätestens bis zum Beginn der Modernisierungsmaßnahme mitgeteilt werden.

(5) ¹Hat der Vermieter in der Modernisierungsankündigung nicht auf die Form und die Frist des Härteeinwands hingewiesen (§ 555c Absatz 2), so bedarf die Mitteilung des Mieters nach Absatz 3 Satz 1 nicht der dort bestimmten Form und Frist. ²Absatz 4 Satz 2 gilt entsprechend.

(6) § 555a Absatz 3 gilt entsprechend.

(7) Eine zum Nachteil des Mieters abweichende Vereinbarung ist unwirksam.

Das Gesetz geht von dem Grundsatz aus, dass Modernisierungsmaßnahmen **1** zu dulden sind. Der Vermieter kann jedoch wie schon in der Vergangenheit (§ 554 Abs. 2 aF) Härtegründe geltend machen und darlegen, dass ihm persönlich die Duldung der Modernisierungsarbeiten nicht zumutbar ist.

Die Zumutbarkeit ist aufgrund einer umfassenden Würdigung aller Um- **2** stände des Einzelfalles zu ermitteln. Dabei ist ggf. jede Baumaßnahme auch dann für sich allein zu prüfen, wenn der Vermieter gleichzeitig mehrere Maßnahmen, die technisch selbstständig sind, durchführen lässt. Erforderlich ist eine **Abwägung der Interessen** des Vermieters und des Mieters einschließlich seiner Familie und anderer in seinem Haushalt lebender Personen ohne die prinzipielle Bevorzugung der einen oder anderen Partei.

Im Rechtsstreit ist es nicht mehr Sache des Vermieters, die Zumutbarkeit **3** der Maßnahme darzulegen, vielmehr hat der Mieter darzulegen, dass die Beeinträchtigungen eine nicht zu rechtfertigende **Härte** für ihn darstellen. Er kennt die hierfür maßgebenden Gesichtspunkte wesentlich besser als der Vermieter. Der Mieter muss die Härtegründe nach Abs. 3 fristgerecht mitteilen. Wenn der Vermieter an der Modernisierungsabsicht festhält, obwohl die Arbeiten eine unzumutbare Härte darstellen (Abs. 2), ist der Mieter zur Kündigung berechtigt (§ 543 Abs. 2 Nr. 1) und kann auch Schadensersatz (§ 536c) verlangen (BGH NJW 2013, 223).

Der Vermieter kann die geplante Mieterhöhung aufgrund der Darlegungen **4** des Mieters auch noch **im Prozess** auf das dem Mieter konkret noch zumutbare Maß reduzieren. Der Mieter ist dann zur Vermeidung von Kostennachteilen verpflichtet, den Klagantrag sofort anzuerkennen, sofern diesem nicht noch weitere Einwendungen entgegenstehen.

Die **Art der durchzuführenden Arbeiten** kann für die Unzumutbarkeit **5** sprechen, wenn diese zB mit besonderem Lärm oder großen Schmutzentwicklung verbunden sind oder wenn zB die Heizung vorübergehend unterbrochen werden muss oder der Zugang zur Wohnung erheblich erschwert wird. Erhöhtes Gewicht kommt diesen Gesichtspunkten zu, wenn der Mieter krank ist oder aus anderen Gründen in besonderer Weise auf seine Wohnung im bisherigen Zustand angewiesen ist (zB hohes Lebensalter, Körperbehinderung).

6   Bauliche Folgen sind ebenfalls zu berücksichtigen. Bei den baulichen Folgen ist zB an eine Grundrissveränderung oder an eine Änderung der Zahl der Räume, etwa an den Verlust eines Wohnraumes durch Einbau eines Bades, zu denken. Die Wohnung muss auch in der modernisierten Form den Bedürfnissen des Mieters noch entsprechen.

7   Vorausgegangene Verwendungen des Mieters sind ein weiteres Kriterium. Vorausgegangene Verwendungen (Um- oder Einbauten) des Mieters, die durch die Modernisierung wertlos werden, sind von besonderem Gewicht, wenn sie mit Zustimmung des Vermieters erfolgt sind und noch nicht allzu lange zurückliegen. Auch umfangreiche Schönheitsreparaturen, die nach den Bestimmungen des Mietvertrages kurz zuvor erfolgt sind, müssen in die Abwägung einbezogen werden.

8   Die nach der Modernisierung sich ergebende Mieterhöhung berührt die Duldungspflicht nicht. In die Abwägung einzubeziehen sind aber eine zu erwartende Senkung der Betriebskosten und auch Belange des Klimaschutzes und der Energieeinsparung.

9   Das **Interesse des Vermieters** zB an der Pflege und Werterhöhung seines Eigentums, an der Verbesserung der Wirtschaftlichkeit sind auf der anderen Seite der Abwägung zu berücksichtigen. Auch die Möglichkeit, die Arbeiten besonders preiswert oder schnell zu einem bestimmten Zeitpunkt durchführen zu können, sind zu berücksichtigen. Das Interesse anderer Mieter an der Modernisierung kann das Interesse des Vermieters an ihrer Durchführung unterstützen. Dies gilt vor allem dann, wenn die Modernisierung zu einem erhöhten Wohnkomfort führt und wirtschaftlich sinnvoll nur im ganzen Haus durchgeführt werden kann.

10   Umstände, die eine Härte begründen, hat der Mieter dem Vermieter form- und fristgerecht mitzuteilen. Hierfür gilt die gleiche Fristdauer wie für die Erklärung der außerordentlichen Kündigung nach § 555e. Dies erscheint angemessen, weil die Frist mindestens einen, im günstigsten Fall sogar zwei Monate beträgt. Für die Wahrung der Frist ist der Zugang der Mitteilung beim Vermieter maßgeblich (§ 130).

11   Der Vermieter muss die Modernisierungsmaßnahmen ordnungsgemäß angekündigt haben, um die neu geschaffene Ausschlussfrist in Gang zu setzen. Unterlässt der Vermieter die Ankündigung oder entspricht diese nicht den gesetzlichen Anforderungen, entfällt bereits die Duldungspflicht des Mieters. Dann beginnt auch die Ausschlussfrist nicht zu laufen (Abs. 5).

12   Abs. 4 ordnet die Rechtsfolge eines Fristversäumnisses an.

13   Abs. 6 regelt, dass die Bestimmungen für den Aufwendungsersatz in gleicher Weise wie bei Erhaltungsmaßnahmen (§ 555a Abs. 3) gelten.

§ 555e Sonderkündigungsrecht des Mieters bei Modernisierungsmaßnahmen

(1) [1]Nach Zugang der Modernisierungsankündigung kann der Mieter das Mietverhältnis außerordentlich zum Ablauf des übernächsten Monats kündigen. [2]Die Kündigung muss bis zum Ablauf des Monats erfolgen, der auf den Zugang der Modernisierungsankündigung folgt.

(2) § 555c Absatz 4 gilt entsprechend.
(3) Eine zum Nachteil des Mieters abweichende Vereinbarung ist unwirksam.

Das Sonderkündigungsrecht des Mieters bestand bereits vor der Gesetzes- **1**
änderung 2013 in gleicher Weise (§ 554 Abs. 3 aF).
Unerhebliche Einwirkungen berechtigen nicht zur Kündigung (Abs. 2). **2**
Als unerhebliche Einwirkung wurde zB der Einbau einer Gegensprechanlage
oder eines Rauchanmelders angesehen oder auch das Auswechseln einer
Haustüre.

§ 555f Vereinbarungen über Erhaltungs- oder Modernisierungsmaßnahmen

Die Vertragsparteien können nach Abschluss des Mietvertrags aus Anlass von
Erhaltungs- oder Modernisierungsmaßnahmen Vereinbarungen treffen, insbesondere über die
1. zeitliche und technische Durchführung der Maßnahmen,
2. Gewährleistungsrechte und Aufwendungsersatzansprüche des Mieters,
3. künftige Höhe der Miete.

Der Vorschrift kommt kein eigener Regelungsgehalt zu. Sie soll unerfahrene **1**
Vermieter darauf aufmerksam machen, dass vertragliche Vereinbarungen im
Zusammenhang mit der Durchführung von Erhaltungs- oder Modernisierungsmaßnahmen sinnvoll sind. Die genannten Regelungspunkte haben keinen abschließenden Charakter.

Kapitel 2. Die Miete

Unterkapitel 1. Vereinbarungen über die Miete

§ 556 Vereinbarungen über Betriebskosten

(1) ¹Die Vertragsparteien können vereinbaren, dass der Mieter Betriebskosten
trägt. ²Betriebskosten sind die Kosten, die dem Eigentümer oder Erbbauberechtigten durch das Eigentum oder das Erbbaurecht am Grundstück oder durch den
bestimmungsmäßigen Gebrauch des Gebäudes, der Nebengebäude, Anlagen,
Einrichtungen und des Grundstücks laufend entstehen. ³Für die Aufstellung der
Betriebskosten gilt die Betriebskostenverordnung vom 25. November 2003
(BGBl. I S. 2346, 2347) fort. ⁴Die Bundesregierung wird ermächtigt, durch
Rechtsverordnung ohne Zustimmung des Bundesrates Vorschriften über die Aufstellung der Betriebskosten zu erlassen.
(2) ¹Die Vertragsparteien können vorbehaltlich anderweitiger Vorschriften vereinbaren, dass Betriebskosten als Pauschale oder als Vorauszahlung ausgewiesen
werden. ²Vorauszahlungen für Betriebskosten dürfen nur in angemessener Höhe
vereinbart werden.

(3) ¹Über die Vorauszahlungen für Betriebskosten ist jährlich abzurechnen; dabei ist der Grundsatz der Wirtschaftlichkeit zu beachten. ²Die Abrechnung ist dem Mieter spätestens bis zum Ablauf des zwölften Monats nach Ende des Abrechnungszeitraums mitzuteilen. ³Nach Ablauf dieser Frist ist die Geltendmachung einer Nachforderung durch den Vermieter ausgeschlossen, es sei denn, der Vermieter hat die verspätete Geltendmachung nicht zu vertreten. ⁴Der Vermieter ist zu Teilabrechnungen nicht verpflichtet. ⁵Einwendungen gegen die Abrechnung hat der Mieter dem Vermieter spätestens bis zum Ablauf des zwölften Monats nach Zugang der Abrechnung mitzuteilen. ⁶Nach Ablauf dieser Frist kann der Mieter Einwendungen nicht mehr geltend machen, es sei denn, der Mieter hat die verspätete Geltendmachung nicht zu vertreten.

(4) Eine zum Nachteil des Mieters von Absatz 1, Absatz 2 Satz 2 oder Absatz 3 abweichende Vereinbarung ist unwirksam.

Übersicht

1. Überblick

1 Der Mieter ist zur Zahlung der **Betriebskosten** neben der Miete nur verpflichtet, wenn und soweit dies im Mietvertrag ausdrücklich vereinbart worden ist, oder wenn durch jahrelange stillschweigende Übung eine entsprechende Vereinbarung zustande gekommen ist (für fünfjährige Praxis BGH NJW-RR 2000, 1463). Eine Zustimmung kann nur in wiederholten Zahlungen gesehen werden; das Unterlassen der Beanstandung einer Abrechnung, aus der sich ein Guthaben des Mieters ergibt, reicht nicht (BGH NJW 2008, 283). Die Art möglicherweise auch erst in Zukunft umlegbarer Betriebskosten muss eindeutig feststellbar sein (BGH NJW-RR 2007, 84). Eine umfassende Einbeziehung der in § 2 BetrKV (abgedruckt im Anschluss an diese Erläuterungen) genannten Kostenarten ist nicht nur durch eine ausdrückliche Bezugnahme auf diese Bestimmungen im Mietvertrag möglich. Nicht erforderlich ist, dass die einzelnen Betriebskostenarten ausdrücklich genannt werden. Ausreichend ist ferner sogar eine Regelung, auch im Formularmietvertrag, nach der der Mieter „ die Betriebskosten" zu tragen hat (BGH NJW 2016, 1308). Dies gilt auch bei Betriebskostenarten, die erst während des Mietvertrages neu entstehen. Unzulässig ist es aber zu vereinbaren, neue Betriebskosten würden „soweit zulässig" umgelegt (BGH NJW 2007, 3060). Ausreichend ist auch, wenn auf die Vorläuferbestimmungen (Anlage 3 zu § 27 II. BV) Bezug genommen worden ist. Allein die Vereinbarung von Vorauszahlungen ohne weitere Erläuterung reicht aber nicht aus (BGH NJW-RR 2012, 1034).

Wenn ein Mieter nicht vereinbarte Nebenkosten wiederholt unbeanstandet **2** bezahlt, ergibt sich daraus für die Zukunft keine Bindung (BGH NJW 2014, 3722). Nur wenn die Zahlung zur Beilegung einer Meinungsverschiedenheit über das Recht zur Umlage erfolgt ist, kann dies im Rahmen des gesetzlich Zulässigen als Änderung des Mietvertrages angesehen werden.

Die Nebenkostenzahlungen sind zweckgebundene Leistungen und deshalb **3** nicht pfändbar (§ 399 BGB, § 851 ZPO; OLG Celle ZMR 1999, 698). Eine Abwälzung der Abrechnungspflicht auf einen Mieter ist nicht möglich. Ein Mieter kann nicht verpflichtet werden, die Abrechnung gegenüber anderen Mietern durchzuführen, weil zwischen den Mietern Vertragsbeziehungen nicht bestehen.

Im Anwendungsbereich der **Heizkostenverordnung** (→ Rn. 14 ff.) wer- **4** den die vertraglichen Vereinbarungen jedoch modifiziert. Für bestimmte Kostenarten ist dort eine verbrauchsabhängige Abrechnung zwingend vorgeschrieben. Für die nicht von der Heizkostenverordnung erfassten Kostenarten, an denen sich der Mieter nach den Vereinbarungen im Mietvertrag zu beteiligen hat, ist zu unterscheiden, ob die Kosten nach (jährlicher) genauer Abrechnung umzulegen sind. Dann gilt (nur) Abs. 1. Ist im Mietvertrag jedoch eine pauschale Beteiligung an den dort genannten Kostenarten vereinbart, so gelten für die Erhöhung dieser Kosten die Regelungen nach → Rn. 7 ff.

2. Erleichterte Erhöhungsmöglichkeit

Im Bereich der Mietnebenkosten hat das Gesetz eine erleichterte Erhöhungs- **5** möglichkeit geschaffen. Für den Bereich der öffentlich geförderten, preisgebundenen Wohnungen (Sozialwohnungen) gelten die §§ 20 ff. NMV 1970 als auslaufendes Recht. Eine analoge Anwendung dieser Regelungen auf den freifinanzierten Wohnungsbau ist nicht möglich (BGH NJW 2006, 358). Nach dem Ende der Mietpreisbindung kann der Vermieter vom Mieter Zustimmung zu einer Vertragsänderung verlangen, nach der der Mieter zur Zahlung der üblichen Betriebskosten verpflichtet ist. Ob und wieweit der Mieter neben der Grundmiete überhaupt zur Zahlung für Nebenkosten verpflichtet ist, ist dem Mietvertrag zu entnehmen. Sofern der Mietvertrag keine klaren Bestimmungen trifft, sind die Nebenkosten mit der Miete abgegolten (Pauschalmiete). Zweifel gehen zu Lasten des Vermieters. Besonderheiten gelten im Anwendungsbereich der Heizkostenverordnung.

Steht fest, dass der Mieter zur Zahlung von Nebenkosten nach dem Miet- **6** vertrag verpflichtet ist, muss danach unterschieden werden, ob die Nebenkosten als **Pauschale** (ohne Abrechnungspflicht) zu zahlen sind oder im Wege der **Vorauszahlung** auf der Art nach genau spezifizierte Nebenkosten, die turnusmäßig (zumindest jährlich) abzurechnen sind. Oft sind die entsprechenden Vertragsbestimmungen nicht klar gefasst. Was im Einzelfall gelten soll, ist durch Auslegung nach dem wirklichen oder mutmaßlichen Willen der Parteien bei Vertragsschluss zu ermitteln. Dabei ist auch eine mehrjährige, einverständliche Praxis zwischen den Parteien bei einem späteren Streit zu berücksichtigen. Im Zweifel wird wohl nicht eine Pauschalierung der Nebenkosten, sondern eine Vorauszahlung anzunehmen sein.

3. Betriebskosten

7 Die Erhöhung der Mietnebenkosten wird für die Betriebskosten in § 560 erleichtert. Wenn die Nebenkosten pauschal umgelegt sind, ist dem Mietvertrag zu entnehmen, ob die Pauschale zu erhöhen ist. Einfacher für den Vermieter und klarer ist es, wenn er nach § 556a vorgeht. **Umlagefähig** ist, sofern eine Erhöhung nicht durch die Vertragsgestaltung ausgeschlossen ist, die Differenz zwischen den Kosten bei Abschluss des Mietvertrages und den Kosten im Zeitpunkt der geforderten Erhöhung. Die Betriebskosten müssen sich insgesamt erhöht haben. Die Erhöhung einer Kostenart wird durch Kostensenkungen bei einer anderen wieder ausgeglichen. Voraussetzung ist jedoch immer, dass der Mieter an dieser Kostenart nach den Bestimmungen des Mietvertrages mit einem Sockelbetrag beteiligt wurde. Dies ist der Fall, wenn der Mieter generell ausdrücklich an allen Betriebskosten pauschal beteiligt wurde oder bei Beteiligung an einzelnen, gesondert genannten Kostenarten, soweit sich diese erhöhen.

8 Was zu den Betriebskosten gehört, ergibt sich aus der (im Anschluss an diese Erläuterungen abgedruckten) Fassung von § 2 BetrKV. Zu zahlreichen Detailproblemen vgl. auch Wall WuM 2004, 10. Betriebskosten entstehen wiederkehrend in überschaubaren, aber nicht notwendigerweise gleichen Zeitabständen, zB Kosten der Reinigung des Öltanks (BGH NJW 2010, 226). Die nicht umlagefähigen Instandhaltungskosten, Reparaturen oder Wiederbeschaffungen entstehen hingegen einmalig oder völlig unregelmäßig. Ob der Mieter im Einzelfall die Gemeinschaftseinrichtung benutzt (zB Aufzug, Waschmaschine), ist nicht entscheidend.

9 Die Kosten der **Sach- und Haftpflichtversicherung** (§ 2 Nr. 13 BetrKV) sind auch dann umlagefähig, wenn sie erst infolge einer während des bestehenden Mietvertrages abgeschlossenen Versicherung entstehen (BGH NJW 2006, 3558). Der Vermieter darf neue Versicherungen abschließen, soweit dies mit dem Gebot der Wirtschaftlichkeit (§ 560 Abs. 5) zu vereinbaren ist.

10 Der **Hauswart** (§ 2 Nr. 14 BetrKV) ist vom Hausverwalter zu unterscheiden. Dem Hauswart (Hausmeister) müssen überwiegend praktische, technische Aufgaben übertragen sein (zB Reinigungs- und Streupflicht, Gartenpflege, Bedienung der Heizung). Umlagefähig ist seine Vergütung in der tatsächlich vereinbarten Höhe (im Rahmen des üblichen), ggf. unter Hinzurechnung der örtlichen Vergleichsmiete für eine kostenfrei überlassene Hausmeisterwohnung. Soweit dem Hauswart Aufgaben obliegen, die ihrer Art nach nicht als Betriebskosten umlagefähig sind (zB Instandhaltung, Instandsetzung), ist ein entsprechender Abzug geboten (BGH NJW 2010, 1198). Gleiches gilt, wenn der Hauswart auch Aufgaben der Hausverwaltung zu erfüllen hat. Soweit die Tätigkeit des Hauswarts durch seine umlagefähige Vergütung abgegolten ist, dürfen dem Mieter keine weiteren Kosten für die Tätigkeit des Hauswarts in Rechnung gestellt werden, sondern nur die Materialkosten. Ob der Vermieter einen Hauswart beschäftigt, steht in seinem

Ermessen, solange er die Grundsätze einer ordnungsgemäßen, sparsamen Bewirtschaftung nicht verletzt.

Sonstige Betriebskosten (§ 2 Nr. 17 BetrKV) sind nur Kosten, die in der **11** von § 1 BetrKV bezeichneten Weise entstehen, zB Kosten einer regelmäßigen Dachrinnenreinigung (BGH NJW-RR 2004, 875) oder sonstige regelmäßige Gebäudereinigungskosten, oder je nach den Umständen des Einzelfalls auch die Kosten einer regelmäßigen Sperrmüllbeseitigung oder der laufenden Beseitigung von Graffiti sowie die laufenden Kosten der Trinkwasseruntersuchung (§ 14 Abs. 3 TrinkwV); nicht aber Kosten der Verwaltung oder Instandhaltung. Eine Instandhaltung dient der Beseitigung bereits aufgetretener Mängel (Reparatur, Wiederbeschaffung). Wiederkehrende Kosten, die zur Prüfung der Betriebssicherheit einer technischen Anlage laufend entstehen (zB E-Check) und nicht zur Behebung aufgetretener Störungen (Wartungskosten), sind umlagefähig. Umlagefähig sind auch die laufenden Kosten der Überwachung des Grundstücks (zB zulässige Videoüberwachung, BGH WuM 2005, 33), ebenso die laufende Überwachung einer Schutzeinrichtung. Die Installation einer Schutzeinrichtung kann ggf. als Modernisierungsmaßnahme umgelegt werden. Ein jährliches Anfallen solcher Kosten ist nicht erforderlich (BGH NJW 2007, 1356). Die nach dieser Kostengruppe umzulegenden Aufwendungen müssen ihrer Art nach im Mietvertrag ausdrücklich genannt sein.

Wirtschaftlich vermeidbare Kosten sind nicht umlagefähig. Der Vermieter **12** ist zu einem wirtschaftlichen Betrieb zB der vorhandenen Heizung verpflichtet. Hieraus ergibt sich aber keine Verpflichtung zur Modernisierung einer vorhandenen, älteren noch zuverlässig funktionierenden Heizungsanlage (BGH NJW 2008, 142). Öffentlich-rechtliche Vorschriften zur Stilllegung veralteter Heizanlagen muss der Vermieter beachten; einen entsprechenden Mehrverbrauch kann er nicht mehr umlegen. Der Vermieter ist nicht verpflichtet, einen bestehenden Fernwärmevertrag vor Ablauf der Kündigungsfrist zu beenden, wenn es inzwischen günstigere Anbieter gibt. Investitionsentscheidungen des Vermieters, die vor Abschluss des Mietvertrags getroffen worden sind, können vom Mieter nicht mehr wegen Unwirtschaftlichkeit beanstandet werden. Der Vermieter ist grundsätzlich verpflichtet, bei allen Entscheidungen, die in den Mieter finanziell belasten, auf ein angemessenes Kosten-Nutzen-Verhältnis Rücksicht zu nehmen (BGH NJW 2008, 440). Kann unwirtschaftliches Verhalten des Vermieters vom Mieter im Einzelfall dargelegt und bewiesen werden, können die hierdurch verursachten Kosten nicht umgelegt werden (BGH ZMR 2011, 513; NJW 2015, 855).

Die in § 2 **BetrKV genannten Kosten** sind dort abschließend aufgezählt. **13** Eine Vereinbarung, nach der der Mieter auf andere Nebenkosten Vorauszahlungen zu leisten hat, ist unwirksam (Abs. 4). Danach können in die Vorauszahlungen nicht einbezogen werden die Kosten für **Verwaltung** (zB bei vermieteter Eigentumswohnung die Verwaltergebühr), für Instandhaltung, Bankkosten und ähnliche **Eigenleistungen** des Vermieters, die Kosten für sonst umlagefähige Maßnahmen ersparen, sind mit den marktüblichen Preisen ohne Mehrwertsteuer (§ 1 Abs. 1 S. 2 BetrKV) umlegbar. Für die Umlage ist nicht entscheidend, in welchem Umfang die Aufwendungen dem Mieter konkret zugutekommen. So können pauschaliert auch Aufzugskosten für Mieter im Erdgeschoss umgelegt werden (BGH NJW 2006, 3557).

4. Heizkosten

14 Bei der Übertragung der Heizkosten auf den Mieter empfiehlt sich eine besonders präzise Formulierung. Die Klausel, dass „der Mieter die Heizkosten zu tragen" hat, erlaubt nach der Auffassung verschiedener Gerichte im Wesentlichen nur die Umlage der Brennstoffkosten, nicht aber zB der Wartungskosten und der Kosten der Verbrauchserfassung. Um eine umfassende Umlage zu erreichen, sollte im Mietvertrag entweder auf die Betriebskosten gemäß § 2 BetrKV (abgedruckt im Anschluss an die Erläuterungen) verwiesen oder – besser – die einzelnen Kostenarten ausdrücklich genannt werden. Eine pauschale Verweisung auf die Kosten der genannten Vorschrift reicht aber auch aus. Die Beifügung des Verordnungstextes insoweit ist nach hM nicht erforderlich. Diese Auffassung könnte allerdings im Hinblick auf das Transparenzgebot bei allgemeinen Geschäftsbedingungen (§ 307 Abs. 1) auch in Frage gestellt werden.

15 Wenn die Heizkosten ganz oder zum Teil pauschal in die Miete einbezogen sind (Warmmiete) oder als Nebenkostenpauschale (ohne Abrechnung) vom Mieter gezahlt werden sollen, werden die entsprechenden vertraglichen Vereinbarungen durch die **Heizkostenverordnung** geändert, die mit verschiedenen Übergangsregelungen die Pauschalvereinbarungen unwirksam werden lässt (zur Umstellung → HeizkostenV § 7 Rn. 17 ff.). Die in § 7 Abs. 2 HeizkostenV, § 8 Abs. 2 HeizkostenV genannten Kostenarten sind, sobald die HeizkostenV angewandt werden muss (vgl. §§ 11, 12 HeizkostenV), auch bei entgegenstehender vertraglicher Vereinbarung verbrauchsabhängig entsprechend den Vorschriften der HeizkostenV abzurechnen. Für die nicht in § 7 Abs. 2 HeizkostenV, § 8 Abs. 2 HeizkostenV genannten Kostenarten, zB Haftpflichtversicherung für Öltank oder Müllabfuhr, verbleibt es bei der sich aus § 556 in Verbindung mit dem Mietvertrag ergebenden Regelung. Kostenerhöhungen auf diesen Gebieten können umgelegt werden, wenn der Mieter nach den Vereinbarungen im Mietvertrag zum Ersatz dieser Kostenart verpflichtet wurde (vgl. RE OLG Karlsruhe NJW 1981, 1051). Bei Einbeziehung dieser Kosten in die vereinbarte Miete (Inklusivmiete) wirken sich Betriebskostensteigerungen nur bei einer Mieterhöhung nach § 558 aus (→ § 558a Rn. 11).

16 Zu den einzelnen Kostenarten → HeizkostenV § 7 Rn. 3 ff.

5. Vorauszahlungspflicht

17 Die Vorauszahlungspflicht des Mieters folgt nicht aus dem Gesetz, sondern muss **vertraglich vereinbart** sein. Begrifflich setzt die Vorauszahlung eine Vereinbarung voraus, nach der turnusmäßig abzurechnen ist. Sollte sich die vereinbarte Vorauszahlung nachhaltig als zu gering herausstellen, so kann der Vermieter erhöhte Vorauszahlung in der Zukunft verlangen (§ 560 Abs. 4), oder der Mieter eine Herabsetzung, sofern sich eine Überzahlung ergab.

Wenn der Vermieter nicht innerhalb der Abrechnungsfrist (Abs. 3) abrechnet, erlischt die Pflicht, Vorauszahlungen zu leisten, bis diese Abrechnung nachgeholt wird (BGH NJW 2011, 2350).

Zahlt der Mieter nicht, ist der Vermieter **nicht berechtigt,** die Erfüllung **18** seiner Vertragspflichten zu verweigern, zB die Heizung abzustellen oder die Stromversorgung zu unterbrechen. Dies könnte sogar als Nötigung strafbar sein (OLG Hamm NJW 1983, 1505). Der Vermieter muss seinen Zahlungsanspruch gerichtlich geltend machen.

6. Angemessene Höhe

Die Höhe ist angemessen, wenn sie sich an der Summe der tatsächlich zu **19** erwartenden Betriebskosten ausrichtet, wobei in der Regel auf die Werte der Vorjahre unter Berücksichtigung zu erwartender Kostensteigerungen zurückzugreifen ist. Wird die zulässige angemessene Höhe überschritten, ist die Vereinbarung bezüglich des angemessenen Teils wirksam. Erweisen sich die Vorauszahlungen im Verlauf des Mietverhältnisses als zu hoch, kann der Mieter Herabsetzung verlangen, nicht aber eigenmächtig weniger bezahlen (RE BayObLG ZMR 1996, 20). Ist die Vorauszahlung zu gering, so hat dies im Regelfall keine Nachteile für den Vermieter. Eine Pflichtverletzung ist nur in Ausnahmefällen anzunehmen, etwa wenn er den Mieter so über die zu erwartende Höhe der gesamten Kosten bewusst getäuscht hat. Dies muss der Mieter beweisen (BGH NJW 2004, 347).

7. Abrechnung

Eine Abrechnung ist zum Schutz des Mieters zwingend vorgeschrieben **20** (Abs. 4). Nach Beendigung des Mietvertrages kann jedoch zB im Rückgabeprotokoll vereinbart werden, dass alle bezüglich der Nebenkosten bestehenden gegenseitigen Ansprüche entfallen. Dann muss der Vermieter auch nicht mehr abrechnen (LG Münster WuM 2008, 728). Nach Ablauf einer Abrechnungsperiode kann keine Vorauszahlung mehr für diesen Zeitraum verlangt werden.

Die Abrechnung muss allgemeinverständlich und **nachvollziehbar** sein **21** (§ 259). Die Kosten müssen spezifiziert dargestellt werden, der Abrechnungszeitraum muss klar zum Ausdruck kommen und der Mieter die ihm angelasteten Kosten klar erkennen können, sodass die Einsicht in Belege nur noch zur Kontrolle notwendig ist (BGH ZMR 2017, 875).

Eine **Zusammenfassung** ist zulässig, soweit die Verständlichkeit hierdurch **22** nicht beeinträchtigt wird (zB Wasser und Abwasser, BGH NJW-RR 2009, 1383, oder bei Versicherungen, BGH NJW 2009, 3575). Selbst vom Verbrauch unabhängige Kostenbestandteile (zB Zählermiete) dürfen den Wasserkosten zugeschlagen werden (BGH NJW 2010, 3645). Wichtig hierbei ist jedoch immer, dass Kosten derselben Betriebskostenart betroffen sind (BGH WM 2017, 205). Die Gesamtkosten einer berechneten Kostenart, die für mehrere Gebäude entstehen und vom Vermieter auf die einzelnen Abrechnungseinheiten (Gebäude) umgelegt werden, müssen nicht getrennt ausgewiesen und auch der Umlagemaßstab insoweit nicht genannt werden (BGH

NJW-RR 2016, 585). Seine frühere, entgegengesetzte Rechtsprechung hat der BGH aufgegeben. Der Vermieter ist auch berechtigt mehrere vergleichbare Häuser zu Abrechnungseinheiten zusammenzufassen, auch wenn dies technisch nicht erforderlich ist (BGH NJW 2011, 368).

23   Eine Abrechnung ist erst dann **formal unwirksam,** wenn sie für den die Mieter nicht mehr nachvollziehbar ist. Der Mieter muss eigene Unterlagen (Mietvertrag, Kontoauszüge) bei der Prüfung der Abrechnung verwenden. Inhaltliche Fehler machen die Abrechnung nicht unwirksam. Sie sind ggf. im gerichtlichen Verfahren zu korrigieren (BGH NJW 2011, 2786). Ist die Abrechnung nur bezüglich einer Kostenart nicht nachvollziehbar, so führt dies nicht zur Unwirksamkeit insgesamt (BGH NJW-RR 2012, 215).

24   Zumeist wird nach dem Leistungsprinzip (Verbrauchsprinzip) abgerechnet, dh alle Kosten des Verbrauchs in der Abrechnungsperiode werden in die Abrechnung eingestellt. Es ist aber auch nicht ausgeschlossen, dass der Vermieter nur die in der Abrechnungsperiode von ihm gezahlten Kosten (Abflussprinzip) in die Abrechnung einstellt, zumindest wenn kein Mieterwechsel in der Zeit des abzurechnenden Verbrauchs eintritt. Wie im Fall eines Mieterwechsels dann zu verfahren ist, sagt der BGH nicht.

25   Die Energiekosten müssen jedoch stets nach dem Verbrauchsprinzip, dh nach konkretem Verbrauch im Abrechnungszeitraum, berücksichtigt werden (BGH NJW 2012, 1141).

26   Eine Erläuterung ist nur insoweit geboten, wie sie zum rechnerischen Nachvollziehen erforderlich ist. Selbst bei einem Wechsel der in den einzelnen Jahren eingesetzten Flächen oder bei einem stark schwankenden Verbrauch ist eine Erläuterung zur Erfüllung der formalen Voraussetzungen der Abrechnung nicht geboten, ebenso wenig bei einer Verbrauchsschätzung. Der Mieter kann sich nicht darauf berufen, dass die Abrechnung ohne Kenntnis der Heizkostenverordnung nicht verständlich ist (BGH NJW 2012, 603). Ob die Werte sachlich richtig sind, ist allein eine Frage der materiellen Richtigkeit der Abrechnung, die im Rechtsstreit geprüft wird.

27   Die Abrechnung kann ggf. geändert werden (BGH NJW 2008, 2260; 2010, 1198 Rn. 21). Bei verbrauchsunabhängigen Kosten (zB Grundsteuer) genügt die Angabe der Gesamtkosten für den Abrechnungszeitraum. Dabei ist eine kleinliche Betrachtung nicht angebracht. Bei verbrauchsabhängigen Kosten sind die verbrauchte Menge und der Gesamtpreis anzugeben. Der Vermieter muss also zB durch Ablesen einer Öluhr oder mit der Messlatte den Heizölverbrauch in der Abrechnungsperiode ermitteln und kann nicht jeweils einfach die Nachfüllmenge in Rechnung stellen. Ferner muss aus der Abrechnung der Verteilungsschlüssel ersichtlich und verständlich sein (BGH NJW 2008, 2258). Die Abrechnungsvorschriften der Heizkostenverordnung muss der Vermieter nicht mitteilen oder gar erläutern (BGH NZM 2005, 737). Wird der Energieverbrauch geschätzt (§ 9a HeizkostenV), so muss in der Abrechnung die Schätzgrundlage noch nicht näher erläutert werden (BGH NJW 2016, 3437).

28   Bezahlt der Mieter die geforderte Nachzahlung oder verrechnet er sie, ohne dass eine ordnungsgemäße Abrechnung vorliegt, verliert er sein Recht, Ergänzung zu verlangen (OLG Hamburg DWW 1987, 296).

Auf Verlangen ist dem Mieter am Wohnsitz des Vermieters (§ 269) **Ein-** 29
sicht in die Belege zu gewähren. Die Aushändigung der Belege kann der
Mieter in der Regel nicht verlangen, allenfalls die Übersendung von Kopien,
soweit ihm die Einsicht örtlich nicht zumutbar ist. Verweigert der Vermieter
dies, so kann der Mieter die Vorauszahlungen für die Zukunft zurückbehalten
(BGH NZM 2010, 857). Bei einer vermieteten Eigentumswohnung kann der
Mieter nur Einsicht in die Verwalterabrechnung verlangen, nicht hingegen in
die Originalbelege des Verwalters (LG Mannheim ZMR 1996, 630; strittig).
Hat der Mieter ein Urteil auf Abrechnung erstritten, kann in der Vollstreckung ein Zwangsgeld gegen den Vermieter festgesetzt werden (BGH NJW
2006, 2706). Zieht der Mieter während der Abrechnungsperiode aus, muss
eine Zwischenermittlung der Verbrauchswerte erfolgen (vgl. § 9b HeizkostenV). Die Kosten hierfür trägt der Mieter nur bei entsprechender Vereinbarung im Mietvertrag (BGH NJW 2008, 575). Im Mietvertrag können die
Modalitäten der Abrechnung im Einzelnen näher festgelegt werden.

Bestehen begründete Zweifel an der Richtigkeit der Abrechnung, kann 30
grundsätzlich auch eine eidesstattliche Versicherung des Vermieters verlangt
werden. Bei geringer Höhe der fraglichen Kosten ist dies nicht möglich (§ 259
Abs. 3) und ebenso wenig, wenn der Mieter seine Interessen durch Zurück-
haltung der Nachzahlung oder weiterer Vorauszahlungen verfolgen kann.

Eine unvollständige Abrechnung kann noch nachgebessert werden, auch 31
noch im Prozess (OLG Dresden NJW-RR 2002, 801).

Das Gesetz bestimmt eine **Frist** für die Abrechnung des Vermieters von 32
einem Jahr (Abs. 3). Die Frist kann einvernehmlich aus wichtigem Grund (zB
Umstellung auf den Jahreswechsel) verlängert werden (BGH NJW 2011,
2878). Die Frist ist nur gewahrt, wenn die Abrechnung dem Mieter in dieser
Zeit auch zugeht. Einen Verlust beim Postversand hat der Vermieter zu vertreten (BGH NJW 2009, 2197). Eine Abkürzung der Frist kann auch im
Formularvertrag wirksam erfolgen, da sie nur zugunsten des Mieters wirkt
(§ 556 Abs. 4 – BGH NJW-RR 2016, 526).

Die Abrechnungsperiode ist dem Mietvertrag zu entnehmen. Der Vermie- 33
ter muss jährlich nur einmal abrechnen. Auch wenn dem Vermieter gegenüber Betriebskosten mit einer anderen Abrechnungsperiode abgerechnet werden, beginnt die Abrechnungsfrist gegenüber dem Mieter insgesamt erst in
dem im Mietvertrag im genannten Zeitraum (BGH NJW 2008, 2328). Danach sind in der Regel weitere Ansprüche des Vermieters ausgeschlossen. Dies
gilt auch, wenn sich ein Abrechnungsguthaben für den Mieter ergeben hat
(BGH NJW 2008, 1150). Die Frist wird auch mit einer inhaltlich falschen
Abrechnung gewahrt. Eine Korrektur kann innerhalb der Abrechnungsfrist
jederzeit nachgeholt werden, sowohl was die erforderliche Erläuterung betrifft, als auch bezüglich der rechnerischen Richtigkeit. In diesem Zeitraum
muss der Mieter jede Korrektur gegen sich gelten lassen (BGH NJW 2009,
283). Dies gilt auch dann, wenn der Saldo der Abrechnung durch Zahlung
ausgeglichen wurde (BGH NJW 2011, 843). Eine Verlängerung der Abrechnungsfrist in entsprechender Anwendung der Verjährungsvorschriften, zB bei
Klageerhebung, lehnt der BGH ab. Eine Korrektur der Fehler zu Lasten des
Mieters nach Ablauf der Frist ist ausgeschlossen. Zu Gunsten des Mieters muss

die Abrechnung jedoch auch nach Ablauf der Frist korrigiert werden (BGH NZM 2005, 13). Zahlt der Mieter auf eine verspätete Abrechnung in Unkenntnis der Abrechnungspflicht des Vermieters, kann er die Zahlung wieder zurückfordern (BGH NJW 2006, 903). Nur wenn dem Vermieter Abrechnungsunterlagen erst verspätet zugehen (zB Grundsteuerbescheide), darf der Vermieter auch noch später die Abrechnung insoweit ergänzen und die umzulegenden Beträge nachfordern. Er muss dies jedoch binnen drei Monaten veranlassen (BGH NJW 2006, 3350). Der Vermieter ist in diesen Fällen nicht gehalten zur Vermeidung der Verjährung die Abrechnung insgesamt zurückzustellen. Er ist zur Teilabrechnung berechtigt, aber nicht verpflichtet (BGH NJW 2013, 456). Auch wenn die Abrechnung zunächst unterblieb, weil der Vermieter die Abrechnung des Wohnungsverwalters (§ 28 WEG) abwartete, ist er nach Ablauf der gesetzlichen Frist mit einer Nachforderung ausgeschlossen (BGH NJW 2017, 2608).

34   Auch der Mieter ist mit Einwendungen gegen die Abrechnung ausgeschlossen, wenn er diese nicht binnen eines Jahres nach Zugang der Abrechnung geltend macht. So muss er zB rügen, die Umlage einer Kostenart sei im Mietvertrag nicht vereinbart (BGH NJW 2008, 283) oder bereits in die Miete einbezogen (Teilinklusivmiete; BGH NJW 2008, 1521). Die Rügepflicht gilt auch für eindeutig nicht umlegbare Positionen (zB Instandhaltungsrücklagen nach dem WEG), wobei es aber nach Treu und Glauben dem Vermieter im Einzelfall verwehrt sein soll, sich auf die Frist zu berufen, etwa wenn der Mieter die Verspätung nicht zu vertreten hat (BGH NJW 2016, 2254).

35   **Unterlässt** der Vermieter eine fristgerechte Abrechnung, kann der Mieter beim beendeten Mietvertrag Rückzahlung aller geleisteten Vorauszahlungen verlangen soweit der Mieter zuvor kein Zurückbehaltungsrecht geltend machen konnte (BGH NJW 2012, 3508). Der Vermieter kann noch im Prozess eine Abrechnung erteilen. Sein Anspruch ist dann aber auf die Summe der geleisteten und zurück geforderten Vorauszahlungen begrenzt (BGH NJW 2005, 1499). Ist der Mietvertrag noch nicht beendet, kann der Mieter nur die laufenden Vorauszahlungen bis zu einer ordnungsgemäßen Abrechnung zurückbehalten (BGH NJW 2016, 3437). Nach erfolgter Abrechnung muss der Mieter die Vorauszahlung jedoch nachholen, sofern sich ein entsprechender Anspruch des Vermieters aus der Abrechnung ergibt. Etwaige weitere Nachzahlungen können nicht verlangt werden (BGH NJW 2008, 142). Die früheren Vorauszahlungen muss der Vermieter nur zurückzahlen, wenn der Mieter beweisen kann, dass sie die entstandenen umlagefähigen Kosten übersteigen (BGH NJW 2006, 2552). Der Vermieter kann den Rückzahlungsanspruch abwehren, indem er die tatsächlich entstandenen Aufwendungen darlegt. Ergibt sich bei verspäteter Abrechnung ein Guthaben des Mieters, so besteht aber kein Anspruch auf Verzugszinsen (BGH NJW 2013, 859).

36   Nach Ablauf von drei Jahren, beginnend mit Ablauf des Kalenderjahres, in dem die Abrechnung dem Mieter zugeht (RE BGH NJW 1991, 836), ist der Nachzahlungsanspruch **verjährt.** Auch wenn der Vermieter innerhalb der Verjährungsfrist seine Nebenkostenabrechnung berichtigt, kann dies keine neue Verjährungsfrist in Gang setzen. Für etwaige **Rückzahlungsansprüche** des Mieters wegen überzahlter Vorauszahlungen gilt ebenfalls die mit dem

Zugang der Abrechnung beginnende dreijährige Verjährungsfrist (vgl. BGH ZMR 1989, 295); bei rechtsgrundlos geleisteten Vorauszahlungen läuft die Verjährungsfrist unabhängig von einer Abrechnung (vgl. OLG Hamm NJW-RR 1996, 523).

Fällig wird der Nachzahlungsanspruch des Vermieters oder Rückzahlungs- **37** anspruch des Mieters mit Vorlage einer ordnungsgemäßen Abrechnung (BGH ZMR 1986, 275).

Schreib- oder **Rechenfehler** oder andere Fehler machen die Abrechnung **38** nicht unwirksam, solange die Abrechnung nachvollziehbar bleibt.

Einfache Rückfragen sind dem Mieter zuzumuten. In diesen Fällen redu- **39** ziert sich die Forderung des Vermieters auf den richtigen Betrag, ohne dass die Fälligkeit beeinträchtigt wird.

Die Zahlung des Mieters auf Grund einer erteilten Abrechnung ist in der **40** Regel kein deklaratorisches Anerkenntnis der Schuld. Etwas anderes gilt nur, wenn der Abrechnung bereits ein Streit über die Höhe der abzurechnenden Kosten vorausging (BGH NJW 2013, 2885).

8. Abdruck der BetrKV

Die Betriebskostenverordnung (BetrKV) vom 25.11.2003 (BGBl. 2003 I **41** 2346) wurde geändert durch Gesetz vom 3.5.2012 (BGBl. 2012 I 958). Der Text lautet:

§ 1 BetrKV Betriebskosten

(1) [1] Betriebskosten sind die Kosten, die dem Eigentümer oder Erbbauberechtigten durch das Eigentum oder Erbbaurecht am Grundstück oder durch den bestimmungsmäßigen Gebrauch des Gebäudes, der Nebengebäude, Anlagen, Einrichtungen und des Grundstücks laufend entstehen. [2] Sach- und Arbeitsleistungen des Eigentümers oder Erbbauberechtigten dürfen mit dem Betrag angesetzt werden, der für eine gleichwertige Leistung eines Dritten, insbesondere eines Unternehmers, angesetzt werden könnte; die Umsatzsteuer des Dritten darf nicht angesetzt werden.

(2) Zu den Betriebskosten gehören nicht:

1. die Kosten der zur Verwaltung des Gebäudes erforderlichen Arbeitskräfte und Einrichtungen, die Kosten der Aufsicht, der Wert der vom Vermieter persönlich geleisteten Verwaltungsarbeit, die Kosten für die gesetzlichen oder freiwilligen Prüfungen des Jahresabschlusses und die Kosten für die Geschäftsführung (Verwaltungskosten),
2. die Kosten, die während der Nutzungsdauer zur Erhaltung des bestimmungsmäßigen Gebrauchs aufgewendet werden müssen, um die durch Abnutzung, Alterung und Witterungseinwirkung entstehenden baulichen oder sonstigen Mängel ordnungsgemäß zu beseitigen (Instandhaltungs-und Instandsetzungskosten).

§ 2 BetrKV Aufstellung der Betriebskosten

Betriebskosten im Sinne von § 1 sind:

1. die laufenden öffentlichen Lasten des Grundstücks,
   hierzu gehört namentlich die Grundsteuer;
2. die Kosten der Wasserversorgung,
   hierzu gehören die Kosten des Wasserverbrauchs, die Grundgebühren, die Kosten der Anmietung oder anderer Arten der Gebrauchsüberlassung von Wasserzählern sowie die Kosten ihrer Verwendung einschließlich der Kosten der Eichung sowie der Kosten der Berechnung und Aufteilung, die Kosten der Wartung von Wassermengenreglern, die Kosten des Betriebs einer hauseigenen Wasserversorgungsanlage und einer Wasseraufbereitungsanlage einschließlich der Aufbereitungsstoffe;

3. die Kosten der Entwässerung,
   hierzu gehören die Gebühren für die Haus- und Grundstücksentwässerung, die Kosten des Betriebs einer entsprechenden nicht öffentlichen Anlage und die Kosten des Betriebs einer Entwässerungspumpe;
4. die Kosten
   a) des Betriebs der zentralen Heizungsanlage einschließlich der Abgasanlage,
      hierzu gehören die Kosten der verbrauchten Brennstoffe und ihrer Lieferung, die Kosten des Betriebsstroms, die Kosten der Bedienung, Überwachung und Pflege der Anlage, der regelmäßigen Prüfung ihrer Betriebsbereitschaft und Betriebssicherheit einschließlich der Einstellung durch eine Fachkraft, der Reinigung der Anlage und des Betriebsraums, die Kosten der Messungen nach dem Bundes-Immissionsschutzgesetz, die Kosten der Anmietung oder anderer Arten der Gebrauchsüberlassung einer Ausstattung zur Verbrauchserfassung sowie die Kosten der Verwendung einer Ausstattung zur Verbrauchserfassung einschließlich der Kosten der Eichung sowie der Kosten der Berechnung und Aufteilung
      oder
   b) des Betriebs der zentralen Brennstoffversorgungsanlage,
      hierzu gehören die Kosten der verbrauchten Brennstoffe und ihrer Lieferung, die Kosten des Betriebsstroms und die Kosten der Überwachung sowie die Kosten der Reinigung der Anlage und des Betriebsraums
      oder
   c) der eigenständig gewerblichen Lieferung von Wärme, auch aus Anlagen im Sinne des Buchstabens a,
      hierzu gehören das Entgelt für die Wärmelieferung und die Kosten des Betriebs der zugehörigen Hausanlagen entsprechend Buchstabe a
      oder
   d) der Reinigung und Wartung von Etagenheizungen und Gaseinzel-feuerstätten,
      hierzu gehören die Kosten der Beseitigung von Wasserablagerungen und Verbrennungsrückständen in der Anlage, die Kosten der regelmäßigen Prüfung der Betriebsbereitschaft und Betriebssicherheit und der damit zusammenhängenden Einstellung durch eine Fachkraft sowie die Kosten der Messungen nach dem Bundes-Immissionsschutzgesetz;
5. die Kosten
   a) des Betriebs der zentralen Warmwasserversorgungsanlage,
      hierzu gehören die Kosten der Wasserversorgung entsprechend Nummer 2, soweit sie nicht dort bereits berücksichtigt sind, und die Kosten der Wassererwärmung entsprechend Nummer 4 Buchstabe a
      oder
   b) der eigenständig gewerblichen Lieferung von Warmwasser, auch aus Anlagen im Sinne des Buchstabens a,
      hierzu gehören das Entgelt für die Lieferung des Warmwassers und die Kosten des Betriebs der zugehörigen Hausanlagen entsprechend Nummer 4 Buchstabe a
      oder
   c) der Reinigung und Wartung von Warmwassergeräten,
      hierzu gehören die Kosten der Beseitigung von Wasserablagerungen und Verbrennungsrückständen im Innern der Geräte sowie die Kosten der regelmäßigen Prüfung der Betriebsbereitschaft und Betriebssicherheit und der damit zusammenhängenden Einstellung durch eine Fachkraft;
6. die Kosten verbundener Heizungs- und Warmwasserversorgungsanlagen
   a) bei zentralen Heizungsanlagen entsprechend Nummer 4 Buchstabe a und entsprechend Nummer 2, soweit sie nicht dort bereits berücksichtigt sind,
      oder
   b) bei der eigenständig gewerblichen Lieferung von Wärme entsprechend Nummer 4 Buchstabe c und entsprechend Nummer 2, soweit sie nicht dort bereits berücksichtigt sind,
      oder
   c) bei verbundenen Etagenheizungen und Warmwasserversorgungsanlagen entsprechend Nummer 4 Buchstabe d und entsprechend Nummer 2, soweit sie nicht dort bereits berücksichtigt sind;

7. die Kosten des Betriebs des Personen- oder Lastenaufzugs,
   hierzu gehören die Kosten des Betriebsstroms, die Kosten der Beaufsichtigung, der Bedienung, Überwachung und Pflege der Anlage, der regelmäßigen Prüfung ihrer Betriebsbereitschaft und Betriebssicherheit einschließlich der Einstellung durch eine Fachkraft sowie die Kosten der Reinigung der Anlage;

8. die Kosten der Straßenreinigung und Müllbeseitigung,
   zu den Kosten der Straßenreinigung gehören die für die öffentliche Straßenreinigung zu entrichtenden Gebühren und die Kosten entsprechender nicht öffentlicher Maßnahmen; zu den Kosten der Müllbeseitigung gehören namentlich die für die Müllabfuhr zu entrichtenden Gebühren, die Kosten entsprechender nicht öffentlicher Maßnahmen, die Kosten des Betriebs von Müllkompressoren, Müllschluckern, Müllabsauganlagen sowie des Betriebs von Müllmengenerfassungsanlagen einschließlich der Kosten der Berechnung und Aufteilung;

9. die Kosten der Gebäudereinigung und Ungezieferbekämpfung,
   zu den Kosten der Gebäudereinigung gehören die Kosten für die Säuberung der von den Bewohnern gemeinsam genutzten Gebäudeteile, wie Zugänge, Flure, Treppen, Keller, Bodenräume, Waschküchen, Fahrkorb des Aufzugs;

10. die Kosten der Gartenpflege,
    hierzu gehören die Kosten der Pflege gärtnerisch angelegter Flächen einschließlich der Erneuerung von Pflanzen und Gehölzen, der Pflege von Spielplätzen einschließlich der Erneuerung von Sand und der Pflege von Plätzen, Zugängen und Zufahrten, die dem nicht öffentlichen Verkehr dienen;

11. die Kosten der Beleuchtung,
    hierzu gehören die Kosten des Stroms für die Außenbeleuchtung und die Beleuchtung der von den Bewohnern gemeinsam genutzten Gebäudeteile, wie Zugänge, Flure, Treppen, Keller, Bodenräume, Waschküchen;

12. die Kosten der Schornsteinreinigung,
    hierzu gehören die Kehrgebühren nach der maßgebenden Gebührenordnung, soweit sie nicht bereits als Kosten nach Nummer 4 Buchstabe a berücksichtigt sind;

13. die Kosten der Sach- und Haftpflichtversicherung,
    hierzu gehören namentlich die Kosten der Versicherung des Gebäudes gegen Feuer-, Sturm-, Wasser- sowie sonstige Elementarschäden, der Glasversicherung, der Haftpflichtversicherung für das Gebäude, den Öltank und den Aufzug;

14. die Kosten für den Hauswart,
    hierzu gehören die Vergütung, die Sozialbeiträge und alle geldwerten Leistungen, die der Eigentümer oder Erbbauberechtigte dem Hauswart für seine Arbeit gewährt, soweit diese nicht die Instandhaltung, Instandsetzung, Erneuerung, Schönheitsreparaturen oder die Hausverwaltung betrifft; soweit Arbeiten vom Hauswart ausgeführt werden, dürfen Kosten für Arbeitsleistungen nach den Nummern 2 bis 10 und 16 nicht angesetzt werden;

15. die Kosten
    a) des Betriebs der Gemeinschafts-Antennenanlage,
       hierzu gehören die Kosten des Betriebsstroms und die Kosten der regelmäßigen Prüfung ihrer Betriebsbereitschaft einschließlich der Einstellung durch eine Fachkraft oder das Nutzungsentgelt für eine nicht zu dem Gebäude gehörende Antennenanlage sowie die Gebühren, die nach dem Urheberrechtsgesetz für die Kabelweitersendung entstehen, oder
    b) des Betriebs der mit einem Breitbandnetz verbundenen privaten Verteilanlage,
       hierzu gehören die Kosten entsprechend Buchstabe a, ferner die laufenden monatlichen Grundgebühren für Breitbandanschlüsse;

16. die Kosten des Betriebs der Einrichtungen für die Wäschepflege,
    hierzu gehören die Kosten des Betriebsstroms, die Kosten der Überwachung, Pflege und Reinigung der Einrichtungen, der regelmäßigen Prüfung ihrer Betriebsbereitschaft und Betriebssicherheit sowie die Kosten der Wasserversorgung entsprechend Nummer 2, soweit sie nicht dort bereits berücksichtigt sind;

17. sonstige Betriebskosten,
    hierzu gehören Betriebskosten im Sinne des § 1, die von den Nummern 1 bis 16 nicht erfasst sind.

§ 556a Abrechnungsmaßstab für Betriebskosten

(1) [1] Haben die Vertragsparteien nichts anderes vereinbart, sind die Betriebskosten vorbehaltlich anderweitiger Vorschriften nach dem Anteil der Wohnfläche umzulegen. [2] Betriebskosten, die von einem erfassten Verbrauch oder einer erfassten Verursachung durch die Mieter abhängen, sind nach einem Maßstab umzulegen, der dem unterschiedlichen Verbrauch oder der unterschiedlichen Verursachung Rechnung trägt.

(2) [1] Haben die Vertragsparteien etwas anderes vereinbart, kann der Vermieter durch Erklärung in Textform bestimmen, dass die Betriebskosten zukünftig abweichend von der getroffenen Vereinbarung ganz oder teilweise nach einem Maßstab umgelegt werden dürfen, der dem erfassten unterschiedlichen Verbrauch oder der erfassten unterschiedlichen Verursachung Rechnung trägt. [2] Die Erklärung ist nur vor Beginn eines Abrechnungszeitraums zulässig. [3] Sind die Kosten bislang in der Miete enthalten, so ist diese entsprechend herabzusetzen.

(3) Eine zum Nachteil des Mieters von Absatz 2 abweichende Vereinbarung ist unwirksam.

1   Der **Umlagemaßstab** wird im Gesetz genannt. Wegen der Heizkosten enthält die Heizkostenverordnung genauere Bestimmungen (§ 5 HeizkostenV). Diese sind jedoch nicht entsprechend auf andere Betriebskosten zu übertragen (BGH NJW-RR 2010, 515). Eine Umlage verbrauchsabhängiger Kosten ist, soweit der Verbrauch nicht getrennt erfasst wird, auch nach der Zahl der Bewohner möglich. In diesem Fall muss diese Anzahl aber konkret festgestellt werden. Auf das Melderegister kann hierzu nicht abgestellt werden (BGH NJW-RR 2008, 606). Im Vertrag kann auch bestimmt werden, dass der Vermieter den Umlagemaßstab nach der ersten Abrechnungsperiode nach eigenem, billigem Ermessen festlegt (BGH WM 2015, 33). Wenn im Vertrag nicht anders bestimmt, ist nach der Wohnfläche umzulegen. Ob alle Wohnungen vermietet sind, ist hierbei nicht erheblich (BGH NJW 2006, 2771). Die Umlage nach Fläche gilt nicht bei verbrauchsabhängig abzurechnenden Nebenkosten. Im Übrigen muss ein Vermieter aber nicht auf den konkreten Nutzen einer Einrichtung oder Anlage für die jeweiligen Wohnungen abstellen. Die Kosten zB für den Aufzug, die Gartenpflege oder die Treppenhausbeleuchtung können auf alle Wohnungen gleichermaßen umgelegt werden (BGH NJW 2006, 3557). Eine Grenze ist aber erreicht, wenn der Mieter von der Nutzung ausgeschlossen ist, so zB wenn seine Wohnung in einem Aufzug in einem anderen Gebäudeteil gar nicht erreichbar ist (BGH NJW 2009, 2058).

2   Bei verbrauchsabhängigen Kosten darf ein pauschalierender Umlageschlüssel gewählt werden, wenn eine Erfassung des Verbrauchs nicht praktikabel ist (zB Müllgebühren). Der Vermieter kann zwischen mehreren sachlich begründbaren Verteilungsschlüsseln frei wählen (RE OLG Hamm ZMR 1984, 14, zB nach Wohnungsgröße oder Zahl der Bewohner). Vergleichbare Wohnungen nahe beieinander liegender Häuser unter einheitlicher Verwaltung dürfen zu einer Abrechnungseinheit zusammengefasst werden (RE OLG Koblenz ZMR 1990, 297). Eine getrennte Abrechnung bei gemischt genutzten Immobilien ist vorbehaltlich einer vertraglichen Regelung nur dann geboten, wenn in den Gewerberäumen erheblich höhere Nebenkosten verursacht werden (BGH NJW 2006, 1419). Dass dies der Fall ist, muss der Mieter beweisen (BGH NJW 2007, 211).

Wird der Verbrauch erfasst, so ist diese Kostenart nach Verbrauch abzurechnen. Der Mieter hat jedoch keinen Anspruch auf den Einbau von Geräten zur Verbrauchserfassung. **3**

Abs. 2 ermöglicht den nachträglichen **Wechsel** zu einer verbrauchsabhängigen Umlage, auch wenn eine Inklusivmiete vereinbart ist (RE OLG Hamm ZMR 1997, 594). Eine Pflicht des Vermieters zum Wechsel besteht nicht (BGH NJW 2008, 1876). Die Änderung des Kostenverteilungsschlüssels muss bereits nach dem Gesetzeswortlaut vor der jeweiligen Abrechnungsperiode erklärt werden, selbst wenn dies beim Wohnungseigentum und hiermit nicht harmonisierenden Eigentümerbeschlüssen Schwierigkeiten machen kann (OLG Frankfurt a. M. ZMR 2004, 182). Gegebenenfalls müssen die Wohnungseigentümer auf die Interessen des Vermieters Rücksicht nehmen. Eine allgemeine Mieterhöhung wegen gestiegener Nebenkosten ist hiernach jedoch nicht möglich. Eine Pflicht zur Änderung der Umlage besteht nicht. Die Änderungserklärung muss zumindest die Textform (§ 126b) einhalten. Eine Inklusivmiete ist vor dem Wechsel unter Berücksichtigung kalkulierter Betriebskosten herabzusetzen. Das Umstellungsrecht des Vermieters besteht auch bei Mietverträgen, die vor der Mietrechtsreform (2001) abgeschlossen worden sind (BGH NJW 2012, 226). **4**

§ 556b Fälligkeit der Miete, Aufrechnungs- und Zurückbehaltungsrecht

(1) Die Miete ist zu Beginn, spätestens bis zum dritten Werktag der einzelnen Zeitabschnitte zu entrichten, nach denen sie bemessen ist.

(2) ¹Der Mieter kann entgegen einer vertraglichen Bestimmung gegen eine Mietforderung mit einer Forderung auf Grund der §§ 536a, 539 oder aus ungerechtfertigter Bereicherung wegen zu viel gezahlter Miete aufrechnen oder wegen einer solchen Forderung ein Zurückbehaltungsrecht ausüben, wenn er seine Absicht dem Vermieter mindestens einen Monat vor der Fälligkeit der Miete in Textform angezeigt hat. ²Eine zum Nachteil des Mieters abweichende Vereinbarung ist unwirksam.

1. Fälligkeit

Fällig ist die Monatsmiete nach der gesetzlichen Regelung am Anfang des jeweiligen Monats, genauer gesagt am dritten Werktag, wie es der ganz überwiegenden Vertragspraxis schon in der Vergangenheit entsprach (§ 551 aF). Ist im Formularmietvertrag vereinbart, dass die Miete spätestens am dritten Werktag eines Monats zu zahlen ist und es für die Rechtzeitigkeit der Zahlung nicht auf die Absendung, sondern den Eingang der Miete beim Vermieter ankommt, so ist dies unwirksam (BGH NJW 2017, 1596). Ein Sonnabend zählt nicht als Werktag (vgl. § 193; BGH NJW 2010, 2879). Das Risiko für **1** verzögerte oder fehlgeleitete Überweisungen trägt der Mieter. Fehlt eine ausdrückliche Regelung, so reicht es aus, wenn die Bank mit der Überweisung so rechtzeitig beauftragt wird, dass mit einer Gutschrift auf dem Konto des Vermieters zum Fälligkeitstag gerechnet werden kann. Für unvorhersehbare Verzögerungen haftet der Mieter dann nicht.

2 Bringt der Mieter bei der Überweisung zum Ausdruck, für welchen Zeitraum die Miete bezahlt werden soll (Tilgungsbestimmung, vgl. §§ 366, 367), kann sie der Vermieter nicht anders verrechnen (also nicht zB auf bereits länger ausstehende Raten oder Nebenkosten). Dies ist insbesondere für die Verjährung (§§ 195, 199: drei Jahre; → § 548 Rn. 1 ff.) von Bedeutung, aber auch für eine Kündigung gemäß § 543. Bei Tilgung durch Dauerauftrag kann angenommen werden, dass die jeweils gerade fällig gewordene Rate getilgt werden soll. Die Vereinbarung, dass für die Miete eine Einziehungsermächtigung (Lastschriftverfahren) erteilt werden muss, ist wirksam – auch im Formularmietvertrag (BGH ZMR 1996, 248). Den jeweiligen Abbuchungen kann der Mieter dann sechs Wochen lang widersprechen. Die Zustimmung zum Abbuchungsverfahren hingegen dürfte im Formularvertrag unzulässig sein, da sie den Mieter hindert, der Abbuchung in gleicher Weise zu widersprechen. Bei diesem Verfahren wird das Minderungsrecht oder Zurückbehaltungsrecht des Mieters beeinträchtigt.

2. Verzug

3 Zahlt der Mieter nicht rechtzeitig, so kommt er ohne Mahnung in Verzug und muss Verzugszinsen bezahlen (§§ 286, 288). Für Mahnungen muss er dem Vermieter Kostenersatz leisten. Pauschalierte Regelungen in Formularverträgen müssen jedoch auf angemessene Beträge begrenzt sein (§ 309 Nr. 5). Der Mieter muss eine Überweisung so rechtzeitig veranlassen, dass mit einer Gutschrift zum Fälligkeitsdatum gerechnet werden kann. Will der Mieter sich noch überlegen, ob er zB wegen Mängeln Minderungs- oder Schadensersatzansprüche (§§ 536, 536a) geltend machen will, kann er unter Vorbehalt bezahlen. Damit wird dem sonst möglichen Eindruck entgegengewirkt, er habe auf die Geltendmachung entsprechender Rechte verzichtet.

3. Ausschluss von Aufrechnung und Zurückbehaltungsrecht

4 In Mietverträgen, insbesondere in solchen, die unter Verwendung eines Formulars abgeschlossen werden, ist oft vereinbart, dass der Mieter mit etwaigen Ansprüchen gegen den Vermieter nicht aufrechnen oder ein Zurückbehaltungsrecht geltend machen kann. Der Mieter bliebe hiernach verpflichtet, laufend die Miete zu zahlen. Etwaige Gegenansprüche gegen den Vermieter müsste er gerichtlich geltend machen. In begrenztem Umfang lässt § 556b entsprechende Vertragsklauseln **nicht zu** und erhält dem Mieter insoweit das Aufrechnungsrecht gegenüber dem Vermieter. Sind die Vertragsklauseln entgegen § 556b weiter gefasst, ist der Ausschluss des Aufrechnungsrechtes und des Zurückbehaltungsrechtes unwirksam, der Mietvertrag im Übrigen jedoch wirksam.

4. Mietforderung

Nur gegenüber der Mietforderung bleibt die Aufrechnung und das Zurück- **5** behaltungsrecht zulässig. Der Ausschluss der Aufrechnung gegenüber Schadensersatzansprüchen des Vermieters kann wirksam vereinbart werden. Zur Miete gehören auch die vom Mieter geschuldeten Nebenkosten. Geschützt wird der Mieter, soweit er Schadensersatzforderungen oder Aufwendungsersatz (§ 536a) geltend machen will oder überzahlte Miete zurück fordert, etwa weil sich im Lauf eines Monats ein Mangel gezeigt hat.

5. Anzeige

Die erforderliche Anzeige muss dem Vermieter zumindest einen Monat vor **6** Fälligkeit der Mietforderung zugehen. Sonst wirkt sie erst für den nächsten Fälligkeitszeitpunkt.

6. Formularmietverträge

Bei Formularmietverträgen ist es darüber hinaus unwirksam, wenn das **7** Zurückbehaltungsrecht – auch nur zeitlich – eingeschränkt (§ 309 Nr. 2) oder die Aufrechnung mit einer unbestrittenen oder rechtskräftig festgestellten Forderung ausgeschlossen (§ 309 Nr. 3) wird (OLG Celle WuM 1990, 111).

Soweit ein Aufrechnungsausschluss zulässigerweise vereinbart ist, gilt er aber nach Räumung der Wohnung nicht mehr (BGH ZMR 1988, 135), ebenso bei Vermögensverfall des Vertragspartners (LG Kiel WuM 1989, 18).

7. Übergangsrecht

Für die am 1.9.2001 bereits bestehenden Mietverhältnisse bleibt es bei der **8** Fälligkeit zum Monatsende, soweit vertraglich nichts anderes vereinbart ist (Art. 229 § 2 Abs. 1 Nr. 7 EGBGB).

§ 556c Kosten der Wärmelieferung als Betriebskosten, Verordnungsermächtigung

(1) [1] **Hat der Mieter die Betriebskosten für Wärme oder Warmwasser zu tragen und stellt der Vermieter die Versorgung von der Eigenversorgung auf die eigenständig gewerbliche Lieferung durch einen Wärmelieferanten (Wärmelieferung) um, so hat der Mieter die Kosten der Wärmelieferung als Betriebskosten zu tragen, wenn**

1. die Wärme mit verbesserter Effizienz entweder aus einer vom Wärmelieferanten errichteten neuen Anlage oder aus einem Wärmenetz geliefert wird und

2. die Kosten der Wärmelieferung die Betriebskosten für die bisherige Eigenversorgung mit Wärme oder Warmwasser nicht übersteigen.

[2] **Beträgt der Jahresnutzungsgrad der bestehenden Anlage vor der Umstellung mindestens 80 Prozent, kann sich der Wärmelieferant anstelle der Maßnahmen**

nach Nummer 1 auf die Verbesserung der Betriebsführung der Anlage beschränken.

(2) Der Vermieter hat die Umstellung spätestens drei Monate zuvor in Textform anzukündigen (Umstellungsankündigung).

(3) [1]Die Bundesregierung wird ermächtigt, durch Rechtsverordnung ohne Zustimmung des Bundesrates Vorschriften für Wärmelieferverträge, die bei einer Umstellung nach Absatz 1 geschlossen werden, sowie für die Anforderungen nach den Absätzen 1 und 2 zu erlassen. [2]Hierbei sind die Belange von Vermietern, Mietern und Wärmelieferanten angemessen zu berücksichtigen.

(4) Eine zum Nachteil des Mieters abweichende Vereinbarung ist unwirksam.

1. Anwendungsbereich

1 Die in dieser seit 1.7.2013 geltenden Vorschrift geregelte Wärmelieferung (Contracting) betrifft nur die Fälle, in denen ein Vermieter einem Unternehmen (Wärmeversorger) vertraglich die Versorgung der vermieteten Wohnung mit Wärme und Warmwasser überträgt. In welcher Weise der Wärmeversorger die Wärme erzeugt (im Haus, Nahwärme oder Fernwärme) ist unerheblich. Diese Vertragsgestaltung weicht vom Grundtyp der im Gesetz geregelten Wohnungsmiete ab, da der Vermieter nach den allgemeinen mietrechtlichen Vorschriften zur Beheizung der Wohnung und zur Warmwasserversorgung verpflichtet ist. Sie ist ohne weiteres möglich, wenn dies bereits bei Abschluss des Mietvertrags mit dem Mieter so vereinbart wurde. Im laufenden Mietvertrag ist eine Umstellung auf eine externe Wärmeversorgung nur nach Maßgabe dieser Vorschrift möglich.

2 Das Problem einer solchen Vertragsgestaltung liegt darin, dass der Vermieter die Instandhaltungskosten für die Heizungsanlage nicht mehr selbst trägt. Diese sind im Preis der Wärmelieferungen einkalkuliert und vom Mieter dann zu tragen. Weiter ist im Wärmelieferungspreis ein Gewinn des Wärmeversorgers ebenfalls einkalkuliert.

2. Umstellung

3 Im laufenden Mietverhältnis, in dem der Mieter die Betriebskosten für Heizung und Warmwasser zu tragen hat, kann der Vermieter nur dann auf Kosten des Mieters einen Wärmelieferungsvertrag abschließen, wenn die Wärmelieferung zu einer Steigerung der Energieeffizienz führt und die Verbrauchspreise des Unternehmens die bisherigen Heizkosten im Zeitpunkt der Umstellung nicht übersteigen. Der Vermieter hat die Umstellung der Miete mit einer Frist von mindestens drei Monaten anzuzeigen. Zum Verstoß vgl. → Rn. 9.

3. Fehlende Zustimmung des Mieters

4 Wenn der Mieter der Umstellung nicht zustimmt und hierzu auch nicht verpflichtet ist, weil die gesetzlichen Voraussetzungen nach Abs. 1 nicht vorliegen, kann der Vermieter nur die nach der Betriebskostenverordnung (§ 2 Nr. 4, 5, 6 BetrKV) umlegbaren Heizkosten unter Beachtung der weiteren Modalitäten der Heizkostenverordnung auf den Mieter umlegen. Hierzu benötigt er eine entsprechend aufgeschlüsselte Berechnung des Versorgungspreises, die die dem Vermieter sonst noch in Rechnung gestellten Kosten (Instandhaltung, Verwaltungskosten, kalkulierter Gewinn) getrennt ausweist.

4. Auswirkung auf die Miethöhe

Nicht geregelt im Gesetz ist die Auswirkung des Contracting auf die Miethö- 5
he. Bei einer Umlage im laufenden Mietvertrag wird der Vermieter nicht zur Reduzierung der Miete verpflichtet sein, zumal die Umstellung für den Mieter günstig oder zumindest Kosten neutral ist. Nach den Erwartungen des Gesetzgebers soll die erhöhte Energie Effizienz zu einer Kostensenkung führen.

Im Mieterhöhungsverfahren stellt sich die bisher noch nicht obergerichtlich 6
geklärte Frage, ob ein Abschlag von den sonst anwendbaren Mietspiegelwerten bzw. eine reduzierte Einordnung in die relevante Mietspiegelspanne geboten ist (ca. 0,20–0,30 EUR pro Quadratmeter). Hierfür spricht, dass die Ausstattung der Wohnung als wirtschaftlich nachteilig angesehen werden kann, wenn der Mieter Kosten tragen muss, die bei üblichen Mietverhältnissen nicht von ihm sondern vom Vermieter getragen werden.

5. Contracting als Modernisierung

Nicht in § 556c geregelt ist das Verhältnis zu den Vorschriften über Erhal- 7
tungsmaßnahmen (§ 555a), oder Modernisierungsmaßnahmen (§ 555b). Insoweit sind nur die genannten Vorschriften direkt anwendbar. Für den Mieter wird in der Regel kein Recht zur Verweigerung der Duldung bestehen. Mieterhöhungen scheiden schon deshalb aus, weil die Modernisierungsmaßnahme nicht vom Vermieter sondern vom Unternehmen durchgeführt wird (§ 559 Abs. 3).

6. Rechtsverordnung

Die Ermächtigungsgrundlage wurde durch eine Rechtsverordnung der Bun- 8
desregierung vom 7.6.2013 (BGBl. 2013 I 1509) in Anspruch genommen. Sie regelt näheres zur Zulässigkeit einer Umstellung. Auch die Ermittlung der Betriebskosten wird in der Verordnung spezifiziert und ein Rechenverfahren insoweit vorgeschrieben.

Für den Fall einer Unterlassung oder unvollständigen Anzeige zur Unter- 9
richtung des Mieters vor der Umstellung wird bestimmt, dass der Beginn der Rügepflicht für den Mieter (§ 556 Abs. 3 S. 5) aufgeschoben wird, bis dieser die erforderliche Mitteilung erhalten hat. Der formal erforderliche Inhalt dieser Mitteilung ist ebenfalls in der Verordnung geregelt.

Unterkapitel 1a. Vereinbarungen über die Miethöhe bei Mietbeginn in Gebieten mit angespannten Wohnungsmärkten

§ 556d Zulässige Miethöhe bei Mietbeginn; Verordnungsermächtigung

(1) Wird ein Mietvertrag über Wohnraum abgeschlossen, der in einem durch Rechtsverordnung nach Absatz 2 bestimmten Gebiet mit einem angespannten Wohnungsmarkt liegt, so darf die Miete zu Beginn des Mietverhältnisses die ortsübliche Vergleichsmiete (§ 558 Absatz 2) höchstens um 10 Prozent übersteigen.

(2) [1] Die Landesregierungen werden ermächtigt, Gebiete mit angespannten Wohnungsmärkten durch Rechtsverordnung für die Dauer von höchstens fünf Jahren zu bestimmen. [2] Gebiete mit angespannten Wohnungsmärkten liegen vor, wenn die ausreichende Versorgung der Bevölkerung mit Mietwohnungen in einer Gemeinde oder einem Teil der Gemeinde zu angemessenen Bedingungen besonders gefährdet ist. [3] Dies kann insbesondere dann der Fall sein, wenn

1. die Mieten deutlich stärker steigen als im bundesweiten Durchschnitt,
2. die durchschnittliche Mietbelastung der Haushalte den bundesweiten Durchschnitt deutlich übersteigt,
3. die Wohnbevölkerung wächst, ohne dass durch Neubautätigkeit insoweit erforderlicher Wohnraum geschaffen wird, oder
4. geringer Leerstand bei großer Nachfrage besteht.

[4] Eine Rechtsverordnung nach Satz 1 muss spätestens am 31. Dezember 2020 in Kraft treten. [5] Sie muss begründet werden. [6] Aus der Begründung muss sich ergeben, auf Grund welcher Tatsachen ein Gebiet mit einem angespannten Wohnungsmarkt im Einzelfall vorliegt. [7] Ferner muss sich aus der Begründung ergeben, welche Maßnahmen die Landesregierung in dem nach Satz 1 durch die Rechtsverordnung jeweils bestimmten Gebiet und Zeitraum ergreifen wird, um Abhilfe zu schaffen.

1   Eine Rechtsverordnung nach Abs. 1 S. 1 muss spätestens am 31.12.2020 in Kraft treten. Sie muss begründet werden. Aus der Begründung muss sich ergeben, auf Grund welcher Tatsachen ein Gebiet mit einem angespannten Wohnungsmarkt im Einzelfall vorliegt. Ferner muss sich aus der Begründung ergeben, welche Maßnahmen die Landesregierung in dem nach S. 1 durch die Rechtsverordnung jeweils bestimmten Gebiet und Zeitraum ergreifen wird, um Abhilfe zu schaffen.

2   Die mit Wirkung vom 1.6.2015 durch das Mietrechtsnovellierungsgesetz vom 21.4.2015 eingefügte Möglichkeit der Begrenzung des Mietanstiegs im Zusammenhang mit einer Neuvermietung (**Mietpreisbremse**) setzt voraus, dass bei Abschluss des Mietvertrages durch eine Landesverordnung ein angespannter Wohnungsmarkt für eine Gemeinde festgestellt ist. Die Voraussetzungen für diese Feststellungen sind in Abs. 2 genannt. Ob diese Voraussetzungen erfüllt sind, kann im Rechtsstreit über die Rückforderungsansprüche des Mieters (§ 556g Abs. 2) geprüft werden auf der Grundlage eines einzuholenden Sachverständigengutachtens (vgl. BGH NJW 2004, 941 Rn. 67). Voraussetzung dürfte aber sein, dass der Mieter die vom

Verordnungsgeber in der Begründung der Verordnung genannten Umstände substantiiert bestreitet (Abs. 2 S. 5–7). Ob die Verordnung rechtmäßig erlassen worden ist, muss nur auf Rüge im Rechtsstreit über die Miethöhe vom Gericht überprüft werden (BGH NJW 2016, 476). Da dem Mieter das verwendete statistische Material nicht bekannt ist, wird man an seinen Prozessvortrag jedoch keine besonders hohen Anforderungen stellen dürfen.

Die Voraussetzungen, die an die örtlichen Verhältnisse am Wohnungsmarkt **3** zu stellen sind, wurden nicht gleichlautend wie bei den bestehenden Regelungen zur Reduzierung der Kappungsgrenze (§ 558 Abs. 3 S. 2) oder zur Verlängerung der Wartefrist für Eigenbedarfskündigungen in Umwandlungsfällen (§ 577a Abs. 2 S. 1) formuliert. Diesen Vorschriften wird man aber zumindest entnehmen können, dass die Verordnung zur Mietpreisbremse auch auf Teile einer Gemeinde beschränkt bleiben kann. In der Gesetzesbegründung (BT-Drs. 18/3121) geht der Gesetzgeber davon aus, dass in den aufgenommenen Gebieten auch ein Mietspiegel besteht, weil in der Praxis sonst die Regelungen der Mietpreisbremse nur sehr schwer umzusetzen sind. Das Fehlen eines örtlichen Mietspiegels wird dort als Indiz dafür gesehen, dass kein Bedürfnis besteht, einen angespannten Wohnungsmarkt festzustellen (§ 558c Abs. 4 S. 1).

Die Aufnahme einer Gemeinde in die Landesverordnung zur Mietpreis- **4** bremse bewirkt, dass eine dort neu vereinbarte Miete 10 % der ortsüblichen Vergleichsmiete (§ 558 Abs. 2) nicht übersteigen darf. Näher vgl. § 556e und § 556g).

Die Verordnungsermächtigung ist bis 31.12.2020 begrenzt. Eine Verord- **5** nung kann längstens für die Dauer von fünf Jahren erlassen werden, so dass die Regelungen zur Mietpreisbremse derzeit bis maximal 31.12.2025 begrenzt bleiben.

§ 556e Berücksichtigung der Vormiete oder einer durchgeführten Modernisierung

(1) [1]Ist die Miete, die der vorherige Mieter zuletzt schuldete (Vormiete), höher als die nach § 556d Absatz 1 zulässige Miete, so darf eine Miete bis zur Höhe der Vormiete vereinbart werden. [2]Bei der Ermittlung der Vormiete unberücksichtigt bleiben Mietminderungen sowie solche Mieterhöhungen, die mit dem vorherigen Mieter innerhalb des letzten Jahres vor Beendigung des Mietverhältnisses vereinbart worden sind.

(2) [1]Hat der Vermieter in den letzten drei Jahren vor Beginn des Mietverhältnisses Modernisierungsmaßnahmen im Sinne des § 555b durchgeführt, so darf die nach § 556d Absatz 1 zulässige Miete um den Betrag überschritten werden, der sich bei einer Mieterhöhung nach § 559 Absatz 1 bis 3 und § 559a Absatz 1 bis 4 ergäbe. [2]Bei der Berechnung nach Satz 1 ist von der ortsüblichen Vergleichsmiete (§ 558 Absatz 2) auszugehen, die bei Beginn des Mietverhältnisses ohne Berücksichtigung der Modernisierung anzusetzen wäre.

1 Ausnahmen von der Mietpreisbremse bestehen in mehreren Bereichen gemäß § 556e und § 556f.

2 Wenn die Vormiete, also die mit dem vorherigen Mieter vereinbarte Miete, höher war als die nach der Mietpreisbremse zulässige Miete, darf diese Miethöhe erneut vereinbart werden. Insoweit hat der Vermieter Bestandsschutz. Dies gilt unabhängig vom Zeitpunkt der Fertigstellung der Wohnung (§ 556f). Voraussetzung ist jedoch, dass die Vormiete wirksam vereinbart war, dh nicht gegen die bei Vertragsschluss oder im Mieterhöhungszeitpunkt geltenden preisrechtlichen Grenzen verstoßen hatte zB gegen § 5 WiStG oder auch, soweit bereits anwendbar (§ 556d).

3 Mietminderungen bleiben unberücksichtigt (Abs. 1 S. 2) ebenso wie dem Mieter etwa zustehende Gegenrechte (Zurückbehaltungsrecht, Aufrechnungsrecht). Unberücksichtigt bleiben auch Mieterhöhungen innerhalb des letzten Jahres vor Beendigung des Mietvertrages, unabhängig davon, ob zu diesem Zeitpunkt die Beendigung des Mietvertrages bereits vorhersehbar war. Der Gesetzgeber will hierdurch eine Umgehung der Mietpreisbremse verhindern.

4 Auch nach **Modernisierung** ist der Vermieter nicht strikt an die Mietpreisbremse gebunden. Dabei ist nicht entscheidend, ob sich durch die Modernisierung die Einstufung im Mietspiegel geändert und damit die ortsübliche Vergleichsmiete für diese Wohnung sich erhöht hat. Ebenso wenig ist entscheidend, ob der Vermieter von seinem Erhöhungsrecht gemäß §§ 559 ff. Gebrauch gemacht hat. Der Gesetzgeber will den Vermieter so stellen, als habe er die Modernisierung im laufenden Mietverhältnis durchgeführt. Die nach § 556d Abs. 1 zulässige Obergrenze (Mietspiegel plus 10 %) erhöht sich deshalb um den Betrag, der sich aus §§ 559 ff. ergibt. Allerdings ist bei dieser Berechnung von einer Vergleichsmiete für den Wohnungszustand auszugehen, der vor der Modernisierung bestand. Die Regelung ist auf Modernisierungen begrenzt, die während der letzten drei Jahre vor Beginn des neuen Mietvertrages (Überlassung der Wohnung, nicht Datum des Vertragsschlusses) durchgeführt, dh abgeschlossen worden sind. Liegen gleichzeitig die Voraussetzungen des § 556f vor, kann der Vermieter die für ihn günstigere Berechnung wählen.

§ 556f Ausnahmen

[1] § 556d ist nicht anzuwenden auf eine Wohnung, die nach dem 1. Oktober 2014 erstmals genutzt und vermietet wird. [2] Die §§ 556d und 556e sind nicht anzuwenden auf die erste Vermietung nach umfassender Modernisierung.

1 Vom Anwendungsbereich der Mietpreisbremse ausgenommen werden alle Wohnungen, die nach dem 1.10.2014 erstmals bezogen werden. Hat der Vermieter die Wohnung zuvor selbst genutzt oder wurde die Wohnung gewerblich genutzt und wird sie erstmals nach dem 1.10.2014 vermietet, so muss der Vermieter die Mietpreisbremse beachten; selbstverständlich aber nur, wenn im Zeitpunkt der Vermietung eine entsprechende Landesverordnung bereits in Kraft getreten ist. Die Vorschrift nimmt somit nur die nach dem 1.10.2014 fertiggestellten Wohnungen für den Fall der Erstvermietung vom Anwendungsbereich der Mietpreisbremse aus.

Eine weitere Ausnahme gilt für die erste Vermietung nach **umfassender** **2** **Modernisierung** (S. 2) Der Vermieter ist also in diesen Fällen nicht gezwungen, die zulässige Mieterhöhung nach der Modernisierung nach § 556e Abs. 2 oder nach § 556g Abs. 2 zu berechnen. Eine Instandsetzung (Wiederherstellung eines früheren Zustandes, Beseitigung von Mängeln) reicht nicht aus.

Umfassend ist eine Modernisierung, wenn sie so umfangreich war, dass ein **3** dem Neubau vergleichbarer Zustand geschaffen wurde. Dabei kann man sich an § 16 Abs. 1 Nr. 4 WoFG orientieren, der einen wesentlichen Aufwand verlangt. Die hierzu ergangene Rechtsprechung (BVerwGE 38, 286 (289)) nimmt dies an, wenn etwa ein Drittel der Kosten eines Neubaus aufgewandt worden sind. Es kommt aber nicht nur auf die Modernisierungskosten an sondern auch auf das erreichte Ausbauniveau (Sanitär, Heizung, Fenster, Fußboden, Elektroinstallation, Schall- und Wärmedämmung).

§ 556g Rechtsfolgen; Auskunft über die Miete

(1) [1] Eine zum Nachteil des Mieters von den Vorschriften dieses Unterkapitels abweichende Vereinbarung ist unwirksam. [2] Für Vereinbarungen über die Miethöhe bei Mietbeginn gilt dies nur, soweit die zulässige Miete überschritten wird. [3] Der Vermieter hat dem Mieter zu viel gezahlte Miete nach den Vorschriften über die Herausgabe einer ungerechtfertigten Bereicherung herauszugeben. [4] Die §§ 814 und 817 Satz 2 sind nicht anzuwenden.

(2) [1] Der Mieter kann von dem Vermieter eine nach den §§ 556d und 556e nicht geschuldete Miete nur zurückverlangen, wenn er einen Verstoß gegen die Vorschriften dieses Unterkapitels gerügt hat und die zurückverlangte Miete nach Zugang der Rüge fällig geworden ist. [2] Die Rüge muss die Tatsachen enthalten, auf denen die Beanstandung der vereinbarten Miete beruht.

(3) [1] Der Vermieter ist auf Verlangen des Mieters verpflichtet, Auskunft über diejenigen Tatsachen zu erteilen, die für die Zulässigkeit der vereinbarten Miete nach den Vorschriften dieses Unterkapitels maßgeblich sind, soweit diese Tatsachen nicht allgemein zugänglich sind und der Vermieter hierüber unschwer Auskunft geben kann. [2] Für die Auskunft über Modernisierungsmaßnahmen (§ 556e Absatz 2) gilt § 559b Absatz 1 Satz 2 und 3 entsprechend.

(4) Sämtliche Erklärungen nach den Absätzen 2 und 3 bedürfen der Textform.

Die Mietpreisbremse genau zu beachten ist für den Vermieter nicht einfach, **1** weil auch bei Vorliegen eines Mietspiegels in der Regel eine Spanne ausgewiesen wird. Bereits die Einordnung in die zutreffende Mietspiegelkategorie und die Bestimmung des zutreffenden Wertes innerhalb der Spanne wirft nicht selten Bewertungsfragen auf, die nicht zwingend eindeutig zu beantworten sind.

Es wird zunächst klargestellt, dass die Anwendung der Mietpreisbremse **2** nicht bei Abschluss des Mietvertrages abbedungen werden kann (S. 1). Möglich hingegen ist es, nach Vertragsschluss eine Vereinbarung über die Miethöhe zu treffen, diese also einvernehmlich ausdrücklich zu bestätigen oder auch die Miete zu erhöhen, bis zur Grenze des § 5 WiStG oder gar des Mietwuchers (§ 291 StGB).

3 Überschreitet die vereinbarte Miete die Mietpreisbremse, so ist nur die nach § 556d zulässige Miete geschuldet. Bereits erfolgte Überzahlungen muss der Vermieter – nach Maßgabe von Abs. 2 – zurückerstatten. Das gilt auch dann, wenn der Mieter bereits bei Abschluss des Vertrages um die Überschreitung der Mietpreisbremse gewusst hat. Auf die Kenntnis des Vermieters kommt es ebenfalls nicht an.

4 Da der Mieter sich auf eine bestimmte Miethöhe bei Vertragsschluss eingelassen hat, soll er die Rückforderung erst ab dem Zeitpunkt geltend machen können, in dem er die Miethöhe in qualifizierter Weise ausdrücklich beanstandet hat. Der Mieter ist also gezwungen, sich möglichst schnell über die ortsübliche Vergleichsmiete zu informieren. Er muss jedoch nicht zuvor Auskünfte beim Vermieter einholen bzw. dessen Antwort abwarten. Es genügt, wenn er die Rüge in konkreter Weise auf die Umstände stützt, die ihm bekannt sind, etwa auf den örtlichen Mietspiegel. Ob die Rüge sachlich zutreffend ist, bleibt für den Zeitpunkt der Rückforderung ohne Bedeutung. Der Mieter muss allerdings den Zugang dieser Rüge beim Vermieter ggf. beweisen können. Nach der Rüge ist im Rechtsstreit zu prüfen, ob die vereinbarte Miete gemäß § 556d wirksam ist.

5 Der Vermieter ist zur **Auskunft** verpflichtet. Ob die Mietpreisbremse überschritten ist, hängt von der Höhe der ortsüblichen Vergleichsmieten und damit auch von Eigenschaften der Wohnung ab, die dem Mieter eventuell nicht bekannt sind. Insoweit hat der Vermieter die in seiner Sphäre liegenden Umständen mitzuteilen, soweit er sie unschwer feststellen kann und sie für die Bemessung der Mietpreisbremse relevant sind (zB Baualtersklasse, genaue Wohnflächenberechnung, Wärmedämmung) oder auch die vom Vormieter zuletzt geschuldete Miete. Hierzu kann ein schriftlicher Mietvertrag nach teilweiser Schwärzung entsprechend den Vorschriften des § 28 Abs. 1 BDSG verlangt werden. Auch soweit bei der Mietpreisbremse die Kosten einer vorausgegangenen Modernisierung (§ 556e) zu berücksichtigen sind, ist der Vermieter zur Auskunft verpflichtet.

6 Sowohl die Rüge des Mieters (Abs. 2) als auch sein Auskunftsverlangen (Abs. 3) müssen zumindest in Textform (§ 126b – zB E-Mail) erfolgen.

Unterkapitel 2. Regelungen über die Miethöhe

§ 557 Mieterhöhungen nach Vereinbarung oder Gesetz

(1) Während des Mietverhältnisses können die Parteien eine Erhöhung der Miete vereinbaren.

(2) Künftige Änderungen der Miethöhe können die Vertragsparteien als Staffelmiete nach § 557a oder als Indexmiete nach § 557b vereinbaren.

(3) Im Übrigen kann der Vermieter Mieterhöhungen nur nach Maßgabe der §§ 558 bis 560 verlangen, soweit nicht eine Erhöhung durch Vereinbarung ausgeschlossen ist oder sich der Ausschluss aus den Umständen ergibt.
(4) Eine zum Nachteil des Mieters abweichende Vereinbarung ist unwirksam.

1. Regelungszweck

Zweck der gesetzlichen Regelungen über die Mieterhöhung ist es, einerseits 1 die Mieter von Wohnräumen vor überhöhten, ungerechtfertigten Mieterhöhungen zu schützen, andererseits aber auch die Wirtschaftlichkeit des Mietwohnungseigentums zu ermöglichen und nach den Gegebenheiten des Wohnungsmarkts die verfassungsrechtlich geschützten Eigentumsrechte des Eigentümers zu gewährleisten. Das Gesetz versucht zwischen diesen gegenläufigen Zielsetzungen einen politisch als angemessen angesehenen Interessenausgleich zu finden. Dieser Interessenausgleich muss bei der Auslegung der Einzelvorschriften immer mit berücksichtigt werden (BVerfGE 37, 132; 49, 244). Ein ergänzender Schutz des Mieters ergibt sich in manchen Fällen bei Verbraucherverträgen (→ § 535 Rn. 7).

2. Anwendungsbereich

Zum Anwendungsbereich der gesetzlichen Vorschriften über die Mieterhö- 2 hung gehören grundsätzlich alle Mietverhältnisse im nicht preisgebundenen Wohnungsbau. Ausnahmefälle sind in § 549 Abs. 2 genannt. Der Wohnraum muss zu Wohnzwecken, nicht zur gewerblichen Nutzung vermietet worden sein (→ § 535 Rn. 17 ff.). Das gesetzliche Mieterhöhungsrecht gilt einheitlich für das gesamte Vertragsverhältnis, zB auch einschließlich mitvermieteter Garagen. Für die typischen Altersheime gilt ein Erhöhungsrecht entsprechend der Kostensteigerung im Heim (§§ 8, 9 WBVG, § 535 Rn. 22). Nicht dem Mieterhöhungsrecht unterliegen Mietzuschläge bei Wohnraummietverträgen für (teilweise) gewerbliche Nutzung (RE BayObLG ZMR 1986, 193) und Untermietzuschläge.

Öffentlich geförderte Wohnungen (zu **Sozialwohnungen** vgl. ergänzend 3 auch die Hinweise im Vorwort) sind preisgebunden. Die in diesem Bereich maßgebenden Bestimmungen über die Kostenmiete ergeben sich aus dem Wohnungsbindungsgesetz, sofern diese nicht bereits durch Landesrecht ersetzt sind. Die Mieterhöhung muss dann nach § 10 Abs. 1 WoBindG begründet werden. Ist dies nicht geschehen, kann eine entsprechende Mehrzahlung grundsätzlich als ungerechtfertigte Bereicherung zurückgefordert werden (RE OLG Karlsruhe ZMR 1986, 239). Nach Ablauf der Preisbindung (§§ 15, 16, 16a WoBindG) gilt auch für diesen Wohnraum das gesetzliche Mieterhöhungsrecht des. Die Geltung des Kostenmietrechts kann nicht vertraglich vereinbart werden (BGH NJW-RR 2007, 667). Das BGB ist auch auf die Wohnungen gemeinnütziger Wohnungsbaugesellschaften anwendbar.

Die Vorschriften gelten für die Erhöhung der vertraglich vereinbarten 4 Miete. Bei **Abschluss des Mietvertrages** kann die Miete grundsätzlich der Höhe nach frei vereinbart werden. Zu beachten sind jedoch die durch § 5

WiStG (Mietpreisüberhöhung; → WiStG § 5 Rn. 1 ff.) und § 291 StGB (Mietwucher) gezogenen Grenzen.

3. Allgemeines

5 Die Vertragsfreiheit wird zum Schutz des Mieters vor ungerechtfertigten Mieterhöhungen weitgehend eingeschränkt. Mit Ausnahme der in § 549 Abs. 2 genannten Mietverhältnisse und der in Abs. 2 genannten Erhöhungssysteme sind Mieterhöhungen nur nach dem Prinzip der ortsüblichen Vergleichsmiete (§§ 558–560) möglich.

6 **Unwirksam** sind alle hiervon zum Nachteil des Mieters abweichenden Vertragsklauseln. So kann weder das Verbot der Änderungskündigung zum Zweck der Mieterhöhung noch das Sonderkündigungsrecht des Mieters gemäß § 561 im Mietvertrag ausgeschlossen oder beschränkt werden. Es kann aber auch nicht vereinbart werden, dass Mieterhöhungen möglich sind, ohne dass das in § 558a genannte Verfahren einzuhalten ist oder dass die in § 558 genannten Obergrenzen auch überschritten werden dürften. **Wirksam** sind jedoch Mietanpassungsklauseln (Wertsicherungsklauseln), wenn sie als Staffelmiete den Anforderungen des § 557a oder als Indexmiete des § 557b entsprechen.

7 Für den Bereich der Betriebskosten (§ 556 Abs. 1) sind Vereinbarungen unwirksam, nach denen zB ein Abrechnungszeitraum von mehr als einem Jahr vorgesehen wird oder der Mieter verpflichtet werden soll, nach Auszug die Betriebskosten mit dem Nachmieter zu verrechnen. Es kann auch nicht vereinbart werden, dass Kosten, die nicht Betriebskosten sind, erhöht werden können.

8 Zahlt der Mieter aufgrund einer unwirksamen Vertragsbestimmung mehrmals die erhöhte Miete, so kann er den Erhöhungsbetrag regelmäßig nur dann zurückfordern, wenn er die Zahlung unter Vorbehalt geleistet hat. Andernfalls kann in der Zahlung eine nach § 557 wirksame Zustimmung gesehen werden.

4. Zustimmung

9 Eine Zustimmung **nach Abschluss des Mietvertrages** lässt das Gesetz zu, da der Mieter hier in seiner Entscheidung völlig frei ist. Sind sich Mieter und Vermieter über eine Mieterhöhung im laufenden Mietvertrag einig geworden, so ist diese Vertragsänderung wirksam, auch wenn die Voraussetzungen der §§ 558 ff. nicht erfüllt sind. In der Praxis erfolgen die Mieterhöhungen zum ganz überwiegenden Teil auf diese Weise. Voraussetzung für die Wirksamkeit einer solchen Änderungsvereinbarung ist nur, dass der Erhöhungsbetrag bestimmt oder konkret bestimmbar ist, so dass der Mieter dessen wirtschaftliche Auswirkung bei seiner Zustimmung übersehen kann. Die Zustimmung ist formlos wirksam und kann insbesondere durch mehrmalige vorbehaltlose Zahlung zum Ausdruck gebracht werden (LG Leipzig ZMR 1999, 767). Aber auch in diesen Fällen erfolgt eine Begrenzung der Miethöhe durch § 5 WiStG (vgl. Erläuterungen dort) und durch § 291 StGB (Mietwucher).

5. Ausschluss durch Vereinbarung

Eine Erhöhung ist durch Vereinbarung ausgeschlossen, wenn sich ein ent- **10** sprechender Wille dem Mietvertrag ausdrücklich oder durch Auslegung entnehmen lässt. Allein aus dem Umstand, dass ein befristeter Mietvertrag einen bestimmten Mietbetrag ohne jeden weiteren Zusatz nennt, kann keine Vereinbarung einer festen Miete und kein Ausschluss des Erhöhungsrechts abgeleitet werden (RE OLG Stuttgart WuM 1994, 420). Auch nachträglich kann ein Mieterhöhungsverzicht vereinbart werden, zB im Zusammenhang mit Modernisierungsarbeiten des Mieters. Eine entsprechende Vereinbarung kann zu Gunsten des Mieters auch in einem Vertrag mit einem Dritten vereinbart sein (zB mit dem Arbeitgeber innerhalb eines Werkförderungsvertrages, mit einer Behörde im Zusammenhang mit einer besonderen Form der Subventionierung. Der Ausschluss kann für bestimmte Zeit oder dauerhaft gewollt sein oder auch auf Erhöhungen nach bestimmten Vorschriften beschränkt werden. Während der Dauer einer Staffelmietvereinbarung (§ 557a) ist eine Erhöhung nach § 558 immer ausgeschlossen. Bei befristeten Mietverträgen mit Verlängerungsklausel wird der Ausschluss sich im Zweifel nur auf die Zeit der zunächst vorgesehenen Befristung erstrecken (RE OLG Karlsruhe ZMR 1996, 80). Eine Mieterhöhung ist auch dann ausgeschlossen, wenn die Wohnung im Mietvertrag unzutreffenderweise als öffentlich gefördert oder als preisgebunden bezeichnet wird (BGH NJW-RR 2004, 1017).

Aus der Vereinbarung einer besonders niedrigen Miete kann grundsätzlich **11** nicht ohne weiteres geschlossen werden, dass der Abstand zur ortsüblichen Vergleichsmiete auf Dauer beibehalten werden soll (BGH NJW 2007, 2546). Das Recht des Vermieters, bis zur ortsüblichen Vergleichsmiete zu erhöhen, ist nur dann eingeschränkt, wenn aus den gesamten Umständen des Einzelfalls zu entnehmen ist, dass der Vermieter sich aus persönlichen oder wirtschaftlichen Gründen verpflichten wollte, auf Dauer weniger als die ortsübliche Vergleichsmiete zu verlangen. Bei Werkmietwohnungen ist in der Regel anzunehmen, dass der ursprüngliche Abstand zur ortsüblichen Vergleichsmiete nominal dem Betrag nach – nicht etwa prozentual – erhalten bleibt (RE BayObLG NJW-RR 2001, 873).

§ 557a Staffelmiete

(1) Die Miete kann für bestimmte Zeiträume in unterschiedlicher Höhe schriftlich vereinbart werden; in der Vereinbarung ist die jeweilige Miete oder die jeweilige Erhöhung in einem Geldbetrag auszuweisen (Staffelmiete).

(2) [1] Die Miete muss jeweils mindestens ein Jahr unverändert bleiben. [2] Während der Laufzeit einer Staffelmiete ist eine Erhöhung nach den §§ 558 bis 559b ausgeschlossen.

(3) [1] Das Kündigungsrecht des Mieters kann für höchstens vier Jahre seit Abschluss der Staffelmietvereinbarung ausgeschlossen werden. [2] Die Kündigung ist frühestens zum Ablauf dieses Zeitraums zulässig.

(4) [1] Die §§ 556d bis 556g sind auf jede Mietstaffel anzuwenden. [2] Maßgeblich für die Berechnung der nach § 556d Absatz 1 zulässigen Höhe der zweiten und aller weiteren Mietstaffeln ist statt des Beginns des Mietverhältnisses der Zeitpunkt, zu dem die erste Miete der jeweiligen Mietstaffel fällig wird. [3] Die in einer vorangegangenen Mietstaffel wirksam begründete Miethöhe bleibt erhalten.

(5) Eine zum Nachteil des Mieters abweichende Vereinbarung ist unwirksam.

1 **Staffelmietvereinbarungen** sind seit 1.1.1983 als vertraglich vereinbarte Ausnahme vom gesetzlichen Mieterhöhungsverfahren nach dem Prinzip der ortsüblichen Vergleichsmiete für alle nicht preisgebundenen Wohnungen zugelassen. Bei preisgebundenen Wohnungen können diese bereits während der Preisbindung für den Zeitraum danach vereinbart werden (BGH NJW 2004, 511).

2 Die in gestaffelter Form vereinbarte Miete muss im Interesse der Klarheit schriftlich und **betragsmäßig** – nicht in Prozent – **festgelegt** werden. Der Erhöhungsbetrag oder die nach der Erhöhung geltende neue Miete müssen betragsmäßig genannt werden. Dies gilt auch für Erhöhungen aus früher abgeschlossenen Verträgen. Die jeweils geltende Miete muss mindestens ein Jahr unverändert bleiben. Die Erhöhungszeitpunkte müssen festgelegt sein und dürfen nicht zB von einer Preis- oder Kostenentwicklung abhängig gemacht werden. Wird gegen diese Anforderungen verstoßen, so sind die Staffelmieterhöhungen nicht wirksam vereinbart. Die Staffelmietvereinbarung darf insgesamt einen beliebig langen Zeitraum umfassen.

3 Über die **Höhe** der zulässigen Staffelsprünge besagt der Gesetzeswortlaut nichts. Eine nur zu Gunsten des Mieters wirkende Bindung an die ortsübliche Vergleichsmiete ist möglich (BGH NJW-RR 2009, 657). Die Vertragspartner sind somit in der Wahl der Miethöhestaffeln in weiten Grenzen frei. Sie können über die ortsüblichen Vergleichsmiete liegen und brauchen sich nicht an den zu erwartenden allgemeinen Mietsteigerungen orientieren, die im Übrigen auch nicht mit hinreichender Wahrscheinlichkeit vorhersehbar sind. Die in den jeweils erreichten Staffeln geschuldete Miete ist durch § 5 WiStG (→ WiStG § 5 Rn. 1 ff.) und § 291 StGB (Mietwucher) begrenzt. Damit darf die jeweils zu zahlende Miete maximal 20 %, sofern die laufenden Aufwendungen des Vermieters dies erfordern, auch bis zu 50 %, über der ortsüblichen Vergleichsmiete für den jeweiligen Zeitraum liegen. Eine Prüfung, ob vereinbarte Staffeln sich innerhalb dieser Grenzen halten, ist somit im Voraus nicht möglich. Maßgebend ist immer die ortsübliche Vergleichsmiete, die zu der Zeit erreicht ist, für die eine zukünftige Staffel gelten wird. Übersteigen die vereinbarten Sätze dieses Maß, sind sie teilweise unwirksam. Bei überhöhten Mietstaffeln gilt jeweils nur die ortsübliche Vergleichsmiete zuzüglich 20 % als vereinbart (so LG Berlin ZMR 1995, 77). Darüber hinausgehende, bereits geleistete Zahlungen kann der Mieter zurückfordern.

4 Die Kappungsgrenze nach § 558 Abs. 3 gilt nicht für Staffelmiet-absprachen.

5 Die Staffelmiete ist als **umfassende Alternative** zu den Mieterhöhungsvorschriften des § 558 vorgesehen. Mieterhöhungen aus anderen Gründen sind deshalb neben der Staffelmiete nicht zulässig. Nur Betriebskostenerhöhungen sind wie bei anderen Mietverträgen gemäß §§ 556, 560 umlegbar. Unwirksam sind auch Abreden, die dem Vermieter die Wahl freistellen, eine vereinbarte Staffelmiete zu verlangen oder die Miete nach dem Vergleichsmietenprinzip zu erhöhen.

Eine Staffelmietvereinbarung erfordert keine besondere Regelung über die **6** **Kündigung** (Abs. 3). Wird jedoch das Kündigungsrecht des Mieters im Mietvertrag ausgeschlossen, so ist die Bindung des Mieters auf höchstens vier Jahre begrenzt. Der Kündigungsverzicht des Mieters kann auch im Formularvertrag erfolgen (BGH NJW 2006, 1056). Er ist nicht nur im echten Zeitmietvertrag gemäß § 575 möglich. Es ist auch nicht erforderlich, dass der Vermieter ebenfalls auf sein Recht zur ordentlichen Kündigung verzichtet (BGH NJW 2009, 353). Die Vierjahresfrist beginnt mit dem Abschluss der Staffelmietvereinbarung. Wird eine Staffelmiete in einem bereits bestehenden Mietvertrag im Wege der Vertragsänderung im Einverständnis zwischen Vermieter und Mieter vereinbart, ist somit nicht der Abschluss des ursprünglichen Mietvertrags, sondern der Zeitpunkt der Änderungsvereinbarung für die Berechnung der Vierjahresfrist maßgebend. Durch die Vierjahresfrist wird gewährleistet, dass der Mieter sich spätestens nach vier Jahren aus einem Staffelmietvertrag lösen kann. Der Mieter kann unter Einhaltung der Kündigungsfristen nach § 573c (drei Monate) kündigen, spätestens auf einen Zeitpunkt, der vier Jahre nach Abschluss der Staffelmietvereinbarung liegt. Wird die Kündigung für mehr als vier Jahre ausgeschlossen, so ist die Regelung insgesamt unwirksam (BGH NJW 2006, 1059). Für Kündigungen des Mieters ist die Angabe von Gründen nicht erforderlich. Es kann jedoch nur der Mietvertrag insgesamt, nicht etwa nur die Staffelmietvereinbarung gekündigt werden. Für den Vermieter gelten, soweit im Vertrag keine weiteren Einschränkungen enthalten sind, die allgemeinen Kündigungsvorschriften, insbesondere § 573. Eine Beschränkung des Kündigungsrechts des Vermieters im Mietvertrag ist ohne weiteres und zeitliche Begrenzung möglich.

Nach Ablauf der Staffelmietzeit gilt die vereinbarte Endmiete weiter. Die **7** Mieterhöhungen sind danach nur nach einem Mieterhöhungsverfahren gemäß § 558 zulässig, sofern Mieter und Vermieter nicht erneut eine Staffelmiete oder Indexmiete vereinbaren.

Die **Mietpreisbremse** ist auch bei der Staffelmiete zu beachten (Abs. 4), **8** sofern der Mietvertrag nach Inkrafttreten einer für die Wohnung örtlich geltenden Landesverordnung abgeschlossen worden ist. Diese Obergrenze gilt sowohl bei der ersten Mietpreisstaffel, die nach Abschluss des Mietvertrages gilt, als auch bei jeder weiteren Staffel. Die ortsübliche Vergleichsmiete muss jeweils für den Zeitpunkt ermittelt werden, an dem die jeweilige Staffel wirksam wird. Die Ausnahmeregelung nach § 556e und § 556f gilt allerdings auch im Bereich der Staffelmiete. Ein etwaiges Absinken der ortsüblichen Vergleichsmiete soll nach S. 3 nicht dazu führen, dass in weiteren Staffeln die bereits erhöhte Miete gesenkt werden müsste. Dies entspricht dem allgemeinen Grundsatz, dass eine wirksam vereinbarte Miethöhe beim Absinken des ortsüblichen Preisniveaus nicht abgesenkt werden muss. Hiervon macht nur die Indexmiete – theoretisch – eine Ausnahme. Diese Ausnahme gilt aber nicht bezüglich der Staffelmiete.

§ 557b Indexmiete

(1) Die Vertragsparteien können schriftlich vereinbaren, dass die Miete durch den vom Statistischen Bundesamt ermittelten Preisindex für die Lebenshaltung aller privaten Haushalte in Deutschland bestimmt wird (Indexmiete).

(2) [1]Während der Geltung einer Indexmiete muss die Miete, von Erhöhungen nach den §§ 559 bis 560 abgesehen, jeweils mindestens ein Jahr unverändert bleiben. [2]Eine Erhöhung nach § 559 kann nur verlangt werden, soweit der Vermieter bauliche Maßnahmen auf Grund von Umständen durchgeführt hat, die er nicht zu vertreten hat. [3]Eine Erhöhung nach § 558 ist ausgeschlossen.

(3) [1]Eine Änderung der Miete nach Absatz 1 muss durch Erklärung in Textform geltend gemacht werden. [2]Dabei sind die eingetretene Änderung des Preisindexes sowie die jeweilige Miete oder die Erhöhung in einem Geldbetrag anzugeben. [3]Die geänderte Miete ist mit Beginn des übernächsten Monats nach dem Zugang der Erklärung zu entrichten.

(4) Die §§ 556d bis 556g sind nur auf die Ausgangsmiete einer Indexmietvereinbarung anzuwenden.

(5) Eine zum Nachteil des Mieters abweichende Vereinbarung ist unwirksam.

1   Der Gesetzgeber hat die Indexmiete durch das Mietrechtsreformgesetz 2001 neu geregelt (früher § 10a MHG).

2   Seit 1.9.1993 können wieder Preisgleitklauseln vereinbart werden. Zuvor unwirksam vereinbarte Bestimmungen werden aber nicht geheilt. Sie können aber jederzeit auch in bestehenden Mietverhältnissen neu vereinbart werden. Der maßgebende Index ist eindeutig bezeichnet. Der Lauf einer entsprechenden Vereinbarung ist nicht mehr befristet. Auch eine währungsrechtliche Genehmigung ist nicht erforderlich.

3   **Sonstige Mieterhöhungen** sind während der Geltung der Preisgleit-klausel ausgeschlossen. Möglich ist eine Modernisierungsumlage in Folge von Baumaßnahmen, die der Vermieter nicht verhindern konnte (zB Umstellung des Gasanschlusses, Abs. 2 S. 2). Die Betriebskostenumlage wird durch eine Preisgleitklausel nicht berührt.

4   Die **Mieterhöhung** erfolgt **nicht automatisch.** Sie muss vom Vermieter in der bezeichneten Weise ausdrücklich schriftlich oder in Textform (§ 126b) verlangt werden (Abs. 3). Der Vermieter muss sein Erhöhungsrecht jedoch nicht sofort und im vollem Umfang ausschöpfen. Er kann auch noch später, dann in einem Schritt, eine entsprechende größere Erhöhung verlangen, allerdings nicht rückwirkend. Bei der Erhöhung ist die Indexänderung zu bezeichnen und die geänderte Miete oder der Erhöhungsbetrag zu nennen. Mehr ist nicht erforderlich, insbesondere nicht die Angabe der Erhöhung in Prozent bzw. Prozentpunkten (BGH NJW 2018, 700).

5   Mieterhöhungen auf Grund einer Indexänderung sind der Schranke des § 5 WiStG nicht entzogen.

6   Klauseln, die den Voraussetzungen des § 557b nicht entsprechen, sind unwirksam.

Auch bei Vereinbarung einer Indexmiete muss die **Mietpreisbremse** be- 7
achtet werden (Abs. 4). Die Beschränkung betrifft aber nur die Ausgangsmiete, weil sich hier im Unterschied zur Staffelmiete nur marktgerechte
Erhöhungen ergeben werden.

§ 558 Mieterhöhung bis zur ortsüblichen Vergleichsmiete

(1) [1] Der Vermieter kann die Zustimmung zu einer Erhöhung der Miete bis zur
ortsüblichen Vergleichsmiete verlangen, wenn die Miete in dem Zeitpunkt, zu
dem die Erhöhung eintreten soll, seit 15 Monaten unverändert ist. [2] Das Mieterhöhungsverlangen kann frühestens ein Jahr nach der letzten Mieterhöhung
geltend gemacht werden. [3] Erhöhungen nach den §§ 559 bis 560 werden nicht
berücksichtigt.

(2) [1] Die ortsübliche Vergleichsmiete wird gebildet aus den üblichen Entgelten,
die in der Gemeinde oder einer vergleichbaren Gemeinde für Wohnraum vergleichbarer Art, Größe, Ausstattung, Beschaffenheit und Lage einschließlich der
energetischen Ausstattung und Beschaffenheit in den letzten vier Jahren vereinbart oder, von Erhöhungen nach § 560 abgesehen, geändert worden sind. [2] Ausgenommen ist Wohnraum, bei dem die Miethöhe durch Gesetz oder im Zusammenhang mit einer Förderzusage festgelegt worden ist.

(3) [1] Bei Erhöhungen nach Absatz 1 darf sich die Miete innerhalb von drei
Jahren, von Erhöhungen nach den §§ 559 bis 560 abgesehen, nicht um mehr als
20 vom Hundert erhöhen (Kappungsgrenze). [2] Der Prozentsatz nach Satz 1 beträgt
15 vom Hundert, wenn die ausreichende Versorgung der Bevölkerung mit Mietwohnungen zu angemessenen Bedingungen in einer Gemeinde oder einem Teil
einer Gemeinde besonders gefährdet ist und diese Gebiete nach Satz 3 bestimmt
sind. [3] Die Landesregierungen werden ermächtigt, diese Gebiete durch Rechtsverordnung für die Dauer von jeweils höchstens fünf Jahren zu bestimmen.

(4) [1] Die Kappungsgrenze gilt nicht,
1. wenn eine Verpflichtung des Mieters zur Ausgleichszahlung nach den Vorschriften über den Abbau der Fehlsubventionierung im Wohnungswesen wegen des Wegfalls der öffentlichen Bindung erloschen ist und
2. soweit die Erhöhung den Betrag der zuletzt zu entrichtenden Ausgleichszahlung nicht übersteigt.
[2] Der Vermieter kann vom Mieter frühestens vier Monate vor dem Wegfall der
öffentlichen Bindung verlangen, ihm innerhalb eines Monats über die Verpflichtung zur Ausgleichszahlung und über deren Höhe Auskunft zu erteilen. [3] Satz 1
gilt entsprechend, wenn die Verpflichtung des Mieters zur Leistung einer Ausgleichszahlung nach den §§ 34 bis 37 des Wohnraumförderungsgesetzes und den
hierzu ergangenen landesrechtlichen Vorschriften wegen Wegfalls der Mietbin-
dung erloschen ist.

(5) Von dem Jahresbetrag, der sich bei einer Erhöhung auf die ortsübliche
Vergleichsmiete ergäbe, sind Drittmittel im Sinne des § 559a abzuziehen, im Falle
des § 559a Abs. 1 mit 11 vom Hundert des Zuschusses.

(6) Eine zum Nachteil des Mieters abweichende Vereinbarung ist unwirksam.

I. Überblick über das Mieterhöhungsverfahren

1. Anwendungsbereich

1 § 558 hat die **Aufgabe,** ein Verfahren zur Verfügung zu stellen, nach dem die **Anpassung der Mieten** an die allgemeine wirtschaftliche Entwicklung erfolgen kann. Das allgemeine gesetzliche Erhöhungsverfahren zur Anpassung an die ortsübliche Vergleichsmiete war früher in § 2 MHG geregelt. Das Recht zur Mieterhöhung im öffentlich geförderten Wohnungsbau ist seit 2009 in den Bundesländern eigenständig geregelt (vgl. Vorwort).

2 Der Vermieter hat einen Anspruch darauf, dass der Mieter einer Mieterhöhung bis zum Niveau der ortsüblichen Vergleichsmiete zustimmt.

3 Dieses Niveau ist am örtlichen Wohnungsmarkt zu ermitteln, wobei die Mietpreise zugrunde zu legen sind, die unter gewöhnlichen Umständen tatsächlich und üblicherweise gezahlt werden. Damit wird dem Vermieter ein angemessener, marktorientierter Ertrag ermöglicht und der Mieter wird vor überhöhten Forderungen im Einzelfall geschützt. Der Mietspiegel gibt eine Spanne der statistisch festgelegten Werte der ortsüblichen Miete für vergleichbare Wohnungen wieder. Die konkrete ortsübliche Miete ist ebenfalls kein genau zu ermittelnder Betrag, sondern weist eine gewisse Bandbreite (Mietwertspanne) auf. Sie ist für jede Wohnung konkret festzustellen. Für die Auslegung der Mieterhöhungsvorschriften ergibt sich aus diesem doppelten Ziel, dass keine überstrengen formalen Anforderungen an das Mieterhöhungsverfahren gestellt werden dürfen. Die Verfahrensregeln dürfen nicht so gehandhabt werden, dass dies praktisch zu einem Mietpreisstopp führt (BVerfG NJW 1994, 717).

4 Der Vermieter hat einen Anspruch auf eine höhere Miete maximal bis zur Obergrenze der für seine Wohnung festgestellten Mietwertspanne. Er darf die Miete auch erhöhen, wenn die Ausgangsmiete noch innerhalb der Mietpreisspanne liegt (BGH NZM 2005, 660) oder noch darunter und auch wenn sich die Mietspiegelwerte seit Abschluss des Mietvertrages noch nicht erhöht haben (BGH NJW 2007, 2546). Wie die Wohnung innerhalb der Spanne einzuordnen ist, muss ggf. durch ein Gutachten oder durch richterliche Schätzung bei einem qualifizierten Mietspiegel (§ 558d) festgestellt werden (BGH NJW 2005, 2074). Das Gericht ist an kein bestimmtes Beweismittel gebunden. Es kann auch einen pauschalen Zuschlag unter Berücksichtigung des Erhebungsstichtags eines Mietspiegels berücksichtigen (BGH NJW 2017, 2679).

Im preisgebundenen Wohnungsbau reicht es bei einer Mieterhöhung nach **5** § 10 WoBindG, wenn die einzelnen Positionen mit ihrem Endbetrag aufgeführt sind bzw. nur die Positionen angegeben sind, die sich erhöht haben (RE OLG Hamm NJW 1984, 2835). Nach Ablauf der Preisbindung gilt im laufenden Mietverhältnis die zuletzt gezahlte Miete als vereinbarte Miete weiter. Sie kann im Rahmen des § 558 an die ortsübliche Vergleichsmiete herangeführt werden (BGH NJW 2011, 145).

Verfassungsrechtliche Zweifel gegen die gesetzlichen Regelungen hat das **6** Bundesverfassungsgericht im Rahmen einer Gesamtbetrachtung ausgeräumt, insbesondere für die Kappungsgrenze (→ Rn. 20 ff.) und ihre Geltung nach Ablauf der Mietpreisbindung (BVerfG NJW 1986, 1669; ständige Rechtsprechung).

2. Überblick

Als Überblick lassen sich die Erhöhungsvorschriften zusammenfassen: In **7** Abs. 1 werden die sachlichen Voraussetzungen für ein Mieterhöhungsverlangen genannt. Aus diesen Bestimmungen ist zu entnehmen, ob der Anspruch der Höhe nach zur Zeit berechtigt ist. § 558a schreibt vor, in welcher Form der Vermieter sein Erhöhungsverlangen geltend zu machen hat. Hält er diese Form nicht ein, kann dies dazu führen, dass er auch einen tatsächlich bestehenden Erhöhungsanspruch gerichtlich nicht durchsetzen kann, bevor er das Erhöhungsverlangen in der vorgeschriebenen Form nachgeholt hat. Stimmt der Mieter dem Erhöhungsverlangen nicht uneingeschränkt zu, so enthält § 558b Bestimmungen für das danach mögliche gerichtliche Verfahren. Die Regelungen zur Aufstellung und Verwendung von Mietspiegeln, an denen man sich im Erhöhungsverfahren orientieren kann, finden sich in § 558 Abs. 2, § 558a Abs. 4.

II. Materielle Voraussetzungen der Mieterhöhung

1. Wartefrist

Die Wartefrist (Abs. 1) beginnt mit dem Vertragsschluss oder dem Zeitpunkt, **8** in dem die letzte Mieterhöhung wirksam geworden ist. Wurde die letzte Mieterhöhung rückwirkend vereinbart, so ist auch die Zeit der Rückwirkung in die Jahresfrist einzurechnen. Zu beachten ist, dass auch die Aufnahme eines weiteren Mieters in den Mietvertrag die Wartefrist wieder neu beginnen lässt, auch wenn hierbei die Miete nicht erhöht wurde. Ein Mieterhöhungsverlangen, das schon vor Ablauf der Jahresfrist abgesandt wird, ist gänzlich unwirksam (BGH NJW 1993, 2109). Entsprechendes gilt für ein Erhöhungsverlangen, das vor Ablauf der gesetzlichen Preisbindung (§§ 15, 16 WoBindG) zugeht und nach Ablauf der Preisbindung wirksam werden soll (vgl. RE OLG Hamm ZMR 1995, 247) oder für ein Erhöhungsverlangen, das während der Mietzeit, für die eine feste Miete vereinbart ist, zugeht und für die Zeit

unmittelbar nach der vertraglichen Mietpreisfestschreibung wirksam werden
soll (aA OLG Hamm WuM 1994, 455).

9   In die Wartefrist nicht eingerechnet werden Mieterhöhungen nach Modernisierungen (§ 559), auch wenn sie einvernehmlich und ohne Beachtung der
formellen Voraussetzungen (§ 559) erfolgt sind, sofern ihre Höhe (11 %)
angemessen war (BGH NJW 2007, 3122).

2. Übliche Entgelte

10   Die üblichen Entgelte nach Abs. 2 beinhalten die Definition der ortsüblichen
Vergleichsmiete. Die wichtigsten wohn- und mietwertbildenden Merkmale,
die die Voraussetzung der Vergleichbarkeit sind, werden im Gesetz genannt.
Heranzuziehen sind in erster Linie die Wohnungen in derselben Gemeinde,
wobei das Preisniveau in der gesamten politischen Gemeinde zu berücksichtigen ist, nicht etwa nur ein relativ homogenes Teilgebiet (BGH NJW 2013,
2963). Dies gilt sowohl bei der Aufstellung von Mietspiegeln als auch bei der
Erstattung eines Gutachtens im Einzelfall. Sofern in diesem Bereich keine
vergleichbaren Wohnungen zu finden sind, kann auch auf die in Nachbar-
gemeinden gezahlten Mieten zurückgegriffen werden, sofern dort vergleichbare Wohnverhältnisse bestehen. Ist auch dies nicht möglich, verbleibt letztlich nur die Möglichkeit, die Höhe einer angemessenen Miete zu schätzen
(§ 287 ZPO).

11   Die ortsübliche Vergleichsmiete, die als Obergrenze für Mieterhöhungen
bestimmt ist, besteht nicht aus einem punktgenauen Wert sondern vielmehr
aus einer Bandbreite. Da auch noch der obere Wert zur ortsüblichen Vergleichsmiete gehört, lässt der BGH Erhöhungen bis zu diesem Höchstwert zu.
Dies gilt sowohl bei der Heranziehung qualifizierter Mietspiegel als auch bei
der Feststellung durch einen Gutachter (BGH NJW 2010, 149). Soweit ein
Mietspiegel pauschale Zuschläge vorsieht, zB für Einfamilienhäuser, kann die
sonst anzuwendende Mietspiegelspanne auch überschritten werden (BGH
NJW 2013, 2963).

3. Wohnraum gleicher Art

12   Gleicher Art ist Wohnraum, der sich nach Zuschnitt des Hauses (Mehrfami-
enhaus, Appartementhaus) vergleichen lässt. Das Baujahr des Hauses ist nur
insoweit von Bedeutung, als es für den Wohnwert bestimmend ist, dh also
keine grundlegende Renovierung stattgefunden hat.

13   Die **Größe** der Wohnung ist ohne Berücksichtigung der Nebenräume (zB
Keller, Garage) zu ermitteln. Die im Vertrag genannte Wohnfläche ist im
Rahmen der Mieterhöhung nicht verbindlich (BGH NJW 2016, 239). Der
Schutz des Mieters bei nachträglicher Berücksichtigung einer Mehrfläche
wird durch die Kappungsgrenze (§ 558 Abs. 3) erreicht. Wichtig ist, dass der
Mieter im Rechtsstreit um eine Mieterhöhung die vom Vermieter genannte
Fläche nicht pauschal bestreiten kann sondern selbst eine zumindest laienhaft
erstellte Berechnung der Wohnfläche vorlegen muss (BGH NJW-RR 2017,
842). Eine Wohnflächenabweichung im Mietvertrag wird im Ergebnis mit der

ersten Mieterhöhung korrigiert. Seine frühere Rspr. zur 10%-Grenze hat der BGH aufgegeben.

Die **Wohnflächenermittlung** hat in der Regel nach der Wohnflächenver- **14** ordnung (WoFlV) zu erfolgen (BGH NJW 2010, 293; zum Text → Rn. 28). Es können aber auch andere Maßstäbe im Mietvertrag vereinbart sein, zB die Grundfläche oder ein Abzug bei einer Maisonette-Wohnung (BGH NJW 2004, 2230). Vorrangig zu berücksichtigen ist jeweils eine im Vertrag vereinbarte Berechnungsweise, die dann auch maßgebend bleibt, wenn sie nicht passend erscheint (BGH NJW 2009, 2880). Auch die vollständige Berücksichtigung einer Dachterrassenfläche kann vereinbart werden (BGH NJW-RR 2006, 801; NJW 2009, 2880 für Terrasse, die unmittelbar ans Haus anschließt). Vorrang hat immer der Parteiwille, wie er bei Vertragsschluss zum Ausdruck kam, wenigstens im Ansatz. Wird die Wohnfläche teilweise im Vertrag erläutert, zB durch Flächenangaben zu einzelnen Räumen, etwa in Grundrissplänen, so sind diese Angaben, wenn nicht offensichtlich unzutreffend, maßgebend. Die praktisch wichtigste Abweichung von der reinen Grundfläche ist bei der WoFlV die nur teilweise Anrechnung von Raumschrägen nach der jeweils vorhandenen lichten Höhe (über 2,00m voll, zwischen 1,00m und 2,00m zur Hälfte, darunter keine Anrechnung). Flächen, die nach dem Bauordnungsrecht nicht als Wohnung genutzt werden dürfen, bleiben bei der Wohnflächenberechnung im Grundsatz unberücksichtigt. Öffentlich-rechtliche Beschränkungen, die die Wohnung faktisch nicht beeinträchtigen, bleiben jedoch unberücksichtigt (zB Galeriegeschoss, BGH NJW 2010, 1064) oder bei Verstößen gegen Brandschutzvorschriften (BGH NJW 2009, 3421). Die Flächen von Loggien, Balkonen und gedeckten Freisitzen sollen nicht nach ihrem konkreten Wohnwert im Einzelfall bis zur Hälfte (RE BayObLG ZMR 1983, 387) angerechnet werden, sondern ebenfalls wie vereinbart (Auslegung des Mietvertrages) bzw. nach der Ortsüblichkeit (BGH WuM 2009, 344). Hat die Terrasse einen Sichtschutz, ist sie in der Regel zu 50 % zu berücksichtigen (BGH NJW 2010, 292).

Bei der **Ausstattung** sind alle den Wohnkomfort beeinflussenden Einrich- **15** tungen zu berücksichtigen (zB Art der Heizung, Bodenbeläge, Sanitäreinrichtungen, Fahrstuhl usw). Einrichtungen des Mieters, die den Wohnwert erhöht haben, sind nur dann zu berücksichtigen, wenn dies zwischen Vermieter und Mieter ausdrücklich so vereinbart worden ist oder wenn der Vermieter dem Mieter die Kosten hierfür voll erstattet hat (BGH WuM 2010, 569). Andernfalls ist die Wohnung mit anderen Wohnungen ohne diese Ausstattungsmerkmale zu vergleichen.

Die gleiche **Beschaffenheit** bezieht sich auf die architektonische Gestal- **16** tung der Wohnung (Raumaufteilung) und den baulichen Zustand (nach Umfang und Zeitpunkt der durchgeführten Renovierungen). Der Energieverbrauch, wie er zB im Energieausweis bescheinigt ist, ist ebenfalls zu berücksichtigen. Behebbare Mängel in der Wohnung bleiben grundsätzlich außer Betracht; der Mieter kann ggf. Minderung und Schadensersatz nach §§ 536, 536a verlangen (RE OLG Stuttgart NJW 1981, 2365). Ein Zurückbehaltungsrecht gegen das Mieterhöhungsverlangen steht ihm hingegen nicht zu (RE OLG Frankfurt a. M. NJW 2000, 2115).

17   Die **Lage** der Wohnung ist unter Berücksichtigung aller Einflüsse der Umwelt und Umgebung auf den Wohnwert zu bestimmen. Zu berücksichtigen ist zB der städtebauliche Charakter (Stadtrand, reines Wohngebiet) und die Infrastruktur (Verbindungen zum Zentrum oder Verkehrslärm).

18   Kein Vergleichsgesichtspunkt ist die Finanzierungs- und Kostensituation für die zu vergleichenden Wohnungen. Die Wohnungen gemeinnütziger Wohnungsunternehmen, soweit sie keiner gesetzlichen Preisbindung unterliegen (→ § 557 Rn. 3), haben keine Sonderstellung, sondern sind in vollem Umfang nach den allgemeinen Kriterien zu vergleichen (RE OLG Karlsruhe NJW 1982, 890; OLG Frankfurt a. M. NJW 1982, 1822). Nicht abzustellen ist auch auf Merkmale in der Person der Mieter. Ein Teilmarkt für Wohnungen für Wohngemeinschaften (RE OLG Hamm NJW 1983, 1622) oder Ausländer (RE OLG Stuttgart ZMR 1982, 176) oder Angehörige ausländischer Stationierungsstreitkräfte (RE OLG Hamm ZMR 1983, 207) wird von der Rechtsprechung nicht anerkannt.

4. Unveränderte Mieten

19   Länger als vier Jahre unverändert gebliebene Mieten (Abs. 2) sind seit dem 1.9.1993 (zuvor drei Jahre) zur Feststellung der ortsüblichen Vergleichsmiete nicht mehr heranzuziehen. Zu berücksichtigen sind nur noch die aktuellen Mieten, die in den letzten vier Jahren vereinbart bzw. nach § 558 geändert worden sind. Ob dabei das gesetzliche Erhöhungsverfahren eingehalten worden ist oder ob sich Vermieter und Mieter über die Änderung auf andere Weise geeinigt haben, ist hierbei unerheblich. Die Erhöhung der Betriebskosten (§ 560) bleibt außer Betracht. Zeitlicher Bezugspunkt für die zu ermittelnde örtliche Vergleichsmiete ist der Zeitpunkt des Zugangs des Erhöhungsverlangens (RE BayObLG WuM 1992, 678). Alle im Zeitraum von vier Jahren zuvor vereinbarten Preise sind für das Mietniveau relevant. Selbstverständlich kann in der Praxis das Vergleichsmietenniveau nicht in jedem Einzelfall genau für jedes beliebige Datum individuell festgestellt werden. Mietspiegel zB werden nur zu bestimmten Stichtagen aufgestellt. Zumindest solange das Mietniveau allgemein ansteigt, reicht es deshalb aus, wenn der bereits vor Zugang des Mieterhöhungsverlangens erstellte Mietspiegel zur Zeit seiner Erstellung die in den letzten vier Jahren zuvor vereinbarten oder geänderten Mietwerte ausweist. Wird die Angemessenheit der verlangten Mieterhöhung bereits durch Vergleichswerte, die teilweise länger als vier Jahre unverändert geblieben sind, nachgewiesen, wird dies ebenfalls ausreichen. Es ist in der Regel davon auszugehen, dass neuere Werte keinen niedereren Wert ergeben würden. Wenn der Vermieter einen über dem Mietspiegel liegenden Wert verlangt oder wenn kein Mietspiegel besteht, wird das Gericht gezwungen sein, durch Sachverständigengutachten den genauen Stand der Vergleichsmiete im Zeitpunkt des Mieterhöhungsverlangens festzustellen. Dabei kann der Sachverständige, sofern er ortsbezogenes statistisches Material hat, auch prozentuale Zuschläge zu den Mietspiegelwerten machen, anders als bei der vorprozessualen Bezugnahme auf den Mietspiegel, die in § 558a geregelt ist (RE OLG Stuttgart ZMR 1994, 109).

5. Kappungsgrenze

Die Kappungsgrenze (Abs. 3) ist bei allen allgemeinen Mieterhöhungsverlan- **20** gen zu berücksichtigen. Sie tritt als zusätzliche Obergrenze neben die in jedem Fall ebenfalls als Obergrenze zu beachtende ortsübliche Vergleichsmiete. Liegt die Miete weit unter dem Niveau der ortsüblichen Vergleichsmiete, begrenzt die Kappungsgrenze jede Mieterhöhung, auch wenn die so erhöhte Miete dann immer noch unter der ortsüblichen Vergleichsmiete liegt. Ob die Verordnung zur Begrenzung auf 15 % wirksam erlassen wurde, ist nur auf Rüge im Rechtsstreit über die Miethöhe vom Gericht zu überprüfen (BGH NJW 2016, 476). Das BVerfG hat gegen die Kappungsgrenze (damals noch 30 %) keine Bedenken erhoben (BVerfGE 71, 230 = NJW 1986, 1669). Die Kappungsgrenze bewirkt nicht, dass Mieterhöhungen von 20 % in drei Jahren regelmäßig zulässig sind. Sie bildet nur eine Obergrenze. Zwingende Voraussetzung bleibt nach wie vor, dass die erhöhte Miete die ortsübliche Vergleichsmiete (Abs. 2) nicht übersteigt. Bei einer (Teil-)Inklusivmiete ist die Kappungsgrenze auf diese Miete zu berechnen, nicht auf die Miete ohne kalkulierte Betriebskosten (BGH NZM 2004, 218).

Eine zeitlich begrenzte Herabsetzung der Kappungsgrenze ist in Gebieten **21** ähnlich wie nach § 577a möglich. Beide Maßnahmen müssen durch die Landesregierung jedoch nicht parallel erfolgen.

Nach Ablauf der Preisbindung ist auf jede Mieterhöhung § 558 an- **22** zuwenden (BGH NJW-RR 2004, 945). Deshalb gilt auch in diesen Fällen im Grundsatz auch die Kappungsgrenze, was dazu führen kann, dass die Miete erst nach mehreren Jahren das Niveau der ortsüblichen Vergleichsmiete erreichen kann. Eine Ausnahme von der Anwendbarkeit der Kappungsgrenze gilt für alle ab 1.9.1993 zugehenden Mieterhöhungsverlangen, in denen die Miete nach dem Wegfall der öffentlichen Bindung an die Kostenmiete erhöht werden soll und der Mieter bis zum Wegfall dieser Bindung zu einer Ausgleichszahlung (sog. Fehlbelegungsabgabe) nach den Vorschriften über die Fehlsubventionierung im Wohnungswesen verpflichtet war (Abs. 4; früher § 2 Abs. 1a MHG). In diesen Fällen ist es dem Vermieter gestattet, die Miete nach dem Wegfall der öffentlichen Bindung ohne Kappungsgrenze bis zu der Höhe anzuheben, die der Mieter bisher einschließlich Fehlbelegungsabgabe gezahlt hat. Der Vermieter muss eine entsprechende Mieterhöhung nicht in zeitlichem Zusammenhang mit dem Ende der Preisbindung verlangen.

Die Kappungsgrenze gilt nicht bei Mieterhöhungen wegen Modernisierung **23** (§ 559) und wegen gestiegener Betriebskosten (§ 560). Dabei kommt es nicht darauf an, ob die vorausgegangene Mieterhöhung vom Vermieter einseitig, wie im Gesetz vorgesehen, festgelegt wurde, oder auf Grund einer Vereinbarung (BGH NJW 2004, 2088). Auf eine vereinbarte Staffelmiete (§ 557a) oder eine Indexmiete (§ 557b) ist sie ebenfalls nicht anzuwenden. Bei der Berechnung der Kappungsgrenze sind auch Mieterhöhungen wegen gestiegener Kapitalkosten einzurechnen, selbst wenn diese Mieterhöhungen zu einer Zeit erfolgt sind, als die Wohnung noch preisgebunden war (BGH NJW-RR 2004, 945).

24   Die **Dreijahresfrist** ist von dem Zeitpunkt aus zurückzurechnen, an dem das Mieterhöhungsverlangen wirksam werden soll (Abs. 3), nicht vom Zeitpunkt des Zugangs des Erhöhungsverlangens an. Ausgangsbasis ist die zu Beginn dieser Frist geltende Miete. Erhöhungen nach §§ 559, 560 sind nicht zu berücksichtigen. Die so errechnete Differenz darf 20 % der Ausgangsbasis nicht übersteigen. Unbeachtlich bleibt, ob die Miete vor Beginn der Dreijahresfrist lange Zeit unverändert geblieben oder mehrfach erhöht worden ist. Übersteigt die verlangte Miete die Kappungsgrenze, so kann das Mieterhöhungsverlangen nicht insgesamt als unwirksam behandelt werden. Wirksam wird dann nur der von der Kappungsgrenze nicht erfasste Teil (RE OLG Celle NJW-RR 1996, 331).

25   **Beispiel** (für Kappungsgrenze 20 %): Zugang des Mieterhöhungsverlangens am 12.9.2006, Erhöhung der Miete von 600 auf 700 EUR, eigentlich wirksam gemäß § 558b zum 1.12.2006, ortsübliche Vergleichsmiete 700 EUR, Miete am 1.12.2003 war 450 EUR (Ausgangsbasis), Mieterhöhung wegen Modernisierung zum 1.6.2004 um 50 EUR auf 500 EUR, allgemeine Mieterhöhung wirksam zum 1.12.2004 auf 600 EUR. Mieterhöhung innerhalb der letzten drei Jahre somit 200 EUR (700 EUR./. 450 EUR = 250 Euro; da die Mieterhöhung wegen Modernisierung nicht zu berücksichtigen ist, ergeben sich 200 EUR). Die Kappungsgrenze lässt eine Mieterhöhung nur um 90 EUR (20 % von 450 EUR) zu. Die geforderte Mieterhöhung wird somit nicht wirksam. Auch ab 1.12.2006 sind weiter 600 EUR zu bezahlen (Ausgangsbasis 450 EUR plus 20 %, also 90 EUR plus Modernisierungszuschlag 50 EUR).

26   Diese zeitliche Fixierung der Vergleichsrechnung ist zwingend vorgeschrieben. Eine Berechnung in anderen Fristen (zB jährlich 6,6 % oder in sechs Jahren 40 %) ist durch den Gesetzeswortlaut ausgeschlossen.

6. Kürzungsbeträge

27   Die Kürzungsbeträge (Abs. 5) nach § 559a sind von der nach Abs. 1 Nr. 2 maßgebenden Vergleichsmiete abzuziehen. Wenn die Kürzungsbeträge nicht der Höhe nach genannt werden, ist die Mieterhöhung unwirksam, selbst dann, wenn sich der Vermieter geirrt hat und gar keine Förderung bezahlt war (BGH NJW-RR 2004, 1159). Die Kappungsgrenze bleibt unbeachtlich, wenn der Vermieter nach einer Modernisierung die Modernisierungskosten nicht die Modernisierung erreichten Verbesserungen eine Mieterhöhung nach § 558 verlangt. So wird sichergestellt, dass der Mieter auch bei diesem Vorgehen des Vermieters in den Genuss der zur Wohnungsmodernisierung verwendeten öffentlichen Mittel kommt. Die Anrechnung ist auf die ersten zwölf Jahre nach der Förderung begrenzt. Spätere Mieterhöhungen werden nicht mehr hierdurch eingeschränkt (BGH NJW-RR 2004, 947).

7. Abdruck der WoFlV

28   Der Text der Wohnflächenverordnung (WoFlV) vom 25.11.2003 (BGBl. 2003 I 2346) lautet:

§ 1 WoFlV Anwendungsbereich, Berechnung der Wohnfläche

(1) Wird nach dem Wohnraumförderungsgesetz die Wohnfläche berechnet, sind die Vorschriften dieser Verordnung anzuwenden.

(2) Zur Berechnung der Wohnfläche sind die nach § 2 zur Wohnfläche gehörenden Grundflächen nach § 3 zu ermitteln und nach § 4 auf die Wohnfläche anzurechnen.

§ 2 WoFlV Zur Wohnfläche gehörende Grundflächen

(1) [1] Die Wohnfläche einer Wohnung umfasst die Grundflächen der Räume, die ausschließlich zu dieser Wohnung gehören. [2] Die Wohnfläche eines Wohnheims umfasst die Grundflächen der Räume, die zur alleinigen und gemeinschaftlichen Nutzung durch die Bewohner bestimmt sind.

(2) Zur Wohnfläche gehören auch die Grundflächen von
1. Wintergärten, Schwimmbädern und ähnlichen nach allen Seiten geschlossenen Räumen sowie
2. Balkonen, Loggien, Dachgärten und Terrassen,
3. wenn sie ausschließlich zu der Wohnung oder dem Wohnheim gehören.

(3) Zur Wohnfläche gehören nicht die Grundflächen folgender Räume:
1. Zubehörräume, insbesondere:
   a) Kellerräume,
   b) Abstellräume und Kellerersatzräume außerhalb der Wohnung,
   c) Waschküchen,
   d) Bodenräume,
   e) Trockenräume,
   f) Heizungsräume und
   g) Garagen,
2. Räume, die nicht den an ihre Nutzung zu stellenden Anforderungen des Bauordnungsrechts der Länder genügen, sowie
3. Geschäftsräume.

§ 3 WoFlV Ermittlung der Grundfläche

(1) [1] Die Grundfläche ist nach den lichten Maßen zwischen den Bauteilen zu ermitteln; dabei ist von der Vorderkante der Bekleidung der Bauteile auszugehen. [2] Bei fehlenden begrenzenden Bauteilen ist der bauliche Abschluss zu Grunde zu legen.

(2) Bei der Ermittlung der Grundfläche sind namentlich einzubeziehen die Grundflächen von
1. Tür- und Fensterbekleidungen sowie Tür- und Fensterumrahmungen,
2. Fuß-, Sockel- und Schrammleisten,
3. fest eingebauten Gegenständen, wie z. B. Öfen, Heiz- und Klimageräten, Herden, Bade- oder Duschwannen,
4. freiliegenden Installationen,
5. Einbaumöbeln und
6. nicht ortsgebundenen, versetzbaren Raumteilern.

(3) Bei der Ermittlung der Grundflächen bleiben außer Betracht die Grundflächen von
1. Schornsteinen, Vormauerungen, Bekleidungen, freistehenden Pfeilern und Säulen, wenn sie eine Höhe von mehr als 1,50 Meter aufweisen und ihre Grundfläche mehr als 0,1 Quadratmeter beträgt,
2. Treppen mit über drei Steigungen und deren Treppenabsätze,
3. Türnischen und
4. Fenster- und offenen Wandnischen, die nicht bis zum Fußboden herunterreichen oder bis zum Fußboden herunterreichen und 0,13 Meter oder weniger tief sind.

(4) [1] Die Grundfläche ist durch Ausmessung im fertig gestellten Wohnraum oder auf Grund einer Bauzeichnung zu ermitteln. [2] Wird die Grundfläche auf Grund einer Bauzeichnung ermittelt, muss diese
1. für ein Genehmigungs-, Anzeige-, Genehmigungsfreistellungs- oder ähnliches Verfahren nach dem Bauordnungsrecht der Länder gefertigt oder, wenn ein bauordnungsrechtliches Verfahren nicht erforderlich ist, für ein solches geeignet sein und

2. die Ermittlung der lichten Maße zwischen den Bauteilen im Sinne des Absatzes 1 ermöglichen.
[3] Ist die Grundfläche nach einer Bauzeichnung ermittelt worden und ist abweichend von dieser Bauzeichnung gebaut worden, ist die Grundfläche durch Ausmessung im fertig gestellten Wohnraum oder auf Grund einer berichtigten Bauzeichnung neu zu ermitteln.

§ 4 WoFlV Anrechnung der Grundflächen

Die Grundflächen
1. von Räumen und Raumteilen mit einer lichten Höhe von mindestens zwei Metern sind vollständig,
2. von Räumen und Raumteilen mit einer lichten Höhe von mindestens einem Meter und weniger als zwei Metern sind zur Hälfte,
3. von unbeheizbaren Wintergärten, Schwimmbädern und ähnlichen nach allen Seiten geschlossenen Räumen sind zur Hälfte,
4. von Balkonen, Loggien, Dachgärten und Terrassen sind in der Regel zu einem Viertel, höchstens jedoch zur Hälfte
5. anzurechnen.

§ 5 WoFlV Überleitungsvorschrift

[1] Ist die Wohnfläche bis zum 31. Dezember 2003 nach der Zweiten Berechnungsverordnung in der Fassung der Bekanntmachung vom 12. Oktober 1990 (BGBl. I S. 2178), zuletzt geändert durch Artikel 3 der Verordnung vom 25. November 2003 (BGBl. I S. 2346), in der jeweils geltenden Fassung berechnet worden, bleibt es bei dieser Berechnung. [2] Soweit in den in Satz 1 genannten Fällen nach dem 31. Dezember 2003 bauliche Änderungen an dem Wohnraum vorgenommen werden, die eine Neuberechnung der Wohnfläche erforderlich machen, sind die Vorschriften dieser Verordnung anzuwenden.

§ 558a Form und Begründung der Mieterhöhung

(1) Das Mieterhöhungsverlangen nach § 558 ist dem Mieter in Textform zu erklären und zu begründen.

(2) Zur Begründung kann insbesondere Bezug genommen werden auf

1. einen Mietspiegel (§§ 558c, 558d),

2. eine Auskunft aus einer Mietdatenbank (§ 558e),

3. ein mit Gründen versehenes Gutachten eines öffentlich bestellten und vereidigten Sachverständigen,

4. entsprechende Entgelte für einzelne vergleichbare Wohnungen; hierbei genügt die Benennung von drei Wohnungen.

(3) Enthält ein qualifizierter Mietspiegel (§ 558d Abs. 1), bei dem die Vorschrift des § 558d Abs. 2 eingehalten ist, Angaben für die Wohnung, so hat der Vermieter in seinem Mieterhöhungsverlangen diese Angaben auch dann mitzuteilen, wenn er die Mieterhöhung auf ein anderes Begründungsmittel nach Absatz 2 stützt.

(4) [1] **Bei der Bezugnahme auf einen Mietspiegel, der Spannen enthält, reicht es aus, wenn die verlangte Miete innerhalb der Spanne liegt.** [2] **Ist in dem Zeitpunkt, in dem der Vermieter seine Erklärung abgibt, kein Mietspiegel vorhanden, bei dem § 558c Abs. 3 oder § 558d Abs. 2 eingehalten ist, so kann auch ein anderer, insbesondere ein veralteter Mietspiegel oder ein Mietspiegel einer vergleichbaren Gemeinde verwendet werden.**

(5) Eine zum Nachteil des Mieters abweichende Vereinbarung ist unwirksam.

1. Anwendungsbereich

§ 558a regelt die formellen Voraussetzungen der Mieterhöhung. Unterläuft **1**
dem Vermieter hier ein Fehler, ist das Mieterhöhungsverlangen unwirksam.

2. Schriftliche Begründung

Der Vermieter muss gegenüber dem Mieter schriftlich begründen, dass die **2**
verlangte Mieterhöhung nach § 558 gerechtfertigt ist. Abs. 2 schreibt die bei
Mieterhöhungen zu beachtenden Formalien vor. Die Verwendung der im
Gesetz genannten Begründungsmittel bewirkt also nur, dass das Mieterhöhungsverlangen formal in Ordnung ist. Ob die Mieterhöhung materiell
berechtigt ist, ist allein nach § 558 Abs. 2 zu beurteilen. Die Anforderungen
an die Begründung des Mieterhöhungsverlangens gegenüber dem Mieter
dürfen nicht zu hoch angesetzt werden. Diese Begründung soll dem Mieter
zwar fundierte Anhaltspunkte geben, ob das Verlangen gerechtfertigt ist.
Tatsachen, die dem Mieter aber bereits bekannt sind, müssen nicht erneut
genannt werden. Wenn die Miete in mehrere Bestandteile im Mietvertrag
aufgespaltet ist, ist die als Summe zu zahlende Miete mit der ortsüblichen
Miete zu vergleichen (RE OLG Frankfurt a. M. NJW-RR 2001, 945). Der
volle Nachweis, dass das Verlangen gerechtfertigt ist, muss vom Vermieter im
Streitfall aber erst im gerichtlichen Verfahren erbracht werden (vgl. BVerfG
NJW 1980, 1617; BGH NJW 2004, 1379). Aufzunehmen in die Begründung
sind auch fortwirkende, an den Mieter weiterzugebende Fördermittel (§ 558
Abs. 5). Dies gilt während des gesamten Förderzeitraums und auch dann,
wenn die Förderung dem Mieter bereits zuvor zB bei einer Mieterhöhung
nach Modernisierungen (§ 559a) mitgeteilt worden war (BGH NJW 2009,
1737). Dies gilt jedoch nur, wenn die Förderung nach dem Förderungsvertrag
für Modernisierung und nicht für Instandsetzung gewährt wurde (BGH
NJW-RR 2011, 446).

Die Schriftform ist gewahrt (§ 126), wenn das Mieterhöhungsverlangen **3**
unterschrieben oder gemäß § 126b gezeichnet ist. Es muss bei Personenmehr-
heit von allen Vermietern ausgehen und allen Mietern zugehen. Die in
Formularmietverträgen häufig enthaltene gegenseitige **Bevollmächtigung**
mehrerer Mieter, nach der es ausreicht, wenn das Erhöhungsverlangen einem
von mehreren Mietern zugeht, ist wirksam (RE BGH NJW 1997, 3437).
Grundsätzlich muss das Mieterhöhungsverlangen allen Mietern zugehen. Alle
Mieter sind namentlich als Adressaten aufzuführen. Nur wenn im Mietvertrag
vereinbart ist, dass die Erklärung gegenüber einem Mieter ausreicht, muss nur
ein Mieter als Adressat genannt werden. Aber auch in diesem Fall wird die
Mieterhöhung nur wirksam, wenn alle Mieter zustimmen, oder ein Mieter als
Vertreter für alle (KG NJW-RR 1986, 173). Etwas anderes gilt aber, wenn der
Ausgezogene den Mietvertrag im Einverständnis mit dem Vermieter und dem
(den) zurückbleibenden Mieter(n) aufgelöst hat (RE BayObLG ZMR 1983,
247).

Die Hinweise zur Schriftform und zum Zugang der Kündigung (§ 568) **4**
sind auf Mieterhöhungsverlangen entsprechend übertragbar. Eine Verein-

barung im Mietvertrag, dass Änderungen der Schriftform bedürfen, ist auf ein Mieterhöhungsverlangen aber nicht anzuwenden (BGHR NJW 2011, 295). Bei Eigentumswechsel ist der Erwerber gemäß § 566 zur Mieterhöhung im eigenen Namen erst berechtigt, sobald er im Grundbuch eingetragen ist (→ § 566 Rn. 3). Das Erhöhungsverlangen muss den Erhöhungsbetrag beziffert angeben. Etwaige Kürzungsbeträge (§ 558 Abs. 5) sind nachvollziehbar darzulegen (BGH NJW-RR 2004, 947). Die Erhöhung wird zu dem sich nach § 558b ergebenden Zeitpunkt wirksam, auch wenn der Vermieter keinen oder einen früheren Termin angibt. Gibt er einen späteren Termin an, ist dieser verbindlich (RE OLG Koblenz NJW 1983, 1861). Das Gesetz zählt die möglichen Begründungsarten nicht abschließend auf, nennt aber beispielhaft die drei in der Praxis allein bedeutsamen Begründungsmöglichkeiten.

5   Nach allgemeiner Meinung braucht der Vermieter den Ablauf der Wartefrist (§ 558 Abs. 1) nicht begründen, da dieser Umstand dem Mieter selbst bekannt und ohne weitere Information nachprüfbar ist. Dasselbe gilt für die Kappungsgrenze. Somit muss sich die Begründung inhaltlich nur auf die ortsübliche Vergleichsmiete beziehen.

3. Mietspiegel

6 Die Bezugnahme auf einen Mietspiegel ist für den Vermieter die einfachste Begründungsart. Die Angabe des nach Auffassung des Vermieters einschlägigen Mietspiegelfeldes im Erhöhungsschreiben ist erforderlich, aber auch ausreichend (BGH WuM 2009, 239). Sind die Mietspiegelkriterien nach mehreren wertenden Gesichtspunkten differenziert, so muss der Vermieter auch angeben welche der genannten Punkte er als erfüllt ansieht (LG Stuttgart ZMR 2015, 450). Ein Mietspiegelexemplar muss dem Erhöhungsverlangen nicht beigefügt werden, wenn der Mietspiegel öffentlich zugänglich ist oder beim Vermieter eingesehen werden kann (BGH NJW 2010, 1667). Allgemein zugänglich ist der Mietspiegel auch dann, wenn er gegen Zahlung eines geringen Betrages (drei EUR) abgegeben wird oder im Internet vollständig veröffentlicht ist (BGH NJW-RR 2009, 1021).

7 Liegt die verlangte Miete oberhalb der Mietspiegelspanne, so ist das Mieterhöhungsverlangen nur insoweit unwirksam (BGH NJW 2004, 1379). Die Miete für ein Einfamilienhaus kann auch unter Bezugnahme auf die im Mietspiegel ausgewiesenen Werte für Wohnungen in Mehrfamilienhäusern begründet werden, soweit diese Werte nicht überschritten werden sollen, selbst wenn im Mietspiegel zum Ausdruck kommt, dass er nicht für Einfamilienhäuser Anwendung finden soll (BGH NJW 2016, 2565). Der Mietspiegel für eine benachbarte Gemeinde ist nur heranzuziehen, wenn die Gemeinde selbst kein Mietspiegel besteht. Für die formalen Anforderungen reicht es aus, wenn die Vergleichbarkeit der Gemeinden nicht offensichtlich fehlt (RE OLG Stuttgart NJW 1982, 945). Liegt ein **qualifizierter Mietspiegel** (§ 558d) vor, müssen dessen Werte stets angegeben werden, auch wenn der Vermieter die Mieterhöhung anders begründet (Abs. 3). Unterlässt der Vermieter dies, ist das Erhöhungsverlangen unwirksam. Gleiches gilt, wenn die Begründung lückenhaft oder widersprüchlich ist.

Ob die in Mietspiegeln ausgewiesenen Werte tatsächlich die ortsübliche **8** Vergleichsmiete zutreffend wiedergeben, muss im Streitfall vom Gericht unter Heranziehung aller Beweismittel (insbesondere Sachverständigengutachten) festgestellt werden. Für das vorgerichtliche Verfahren reicht die Bezugnahme auf den Mietspiegel aus, auch wenn dieser den gesetzlichen Anforderungen nicht ganz genügt (vgl. Abs. 4). Werden Mietspiegel von Verbänden aufgestellt, so müssen nicht alle örtlichen Interessenverbände beteiligt sein. Selbst wenn solche Mietspiegel nicht ganz fehlerfrei sind, können sie zur vorprozessualen Begründung herangezogen werden. Zur Bezugnahme ist erforderlich, dass der Vermieter die von ihm zugrunde gelegten Bewertungsmerkmale des Mietspiegels (zB Lage, Baujahr, Ausstattung) nennt, so dass die Einstufung nachvollziehbar ist. Der Vermieter muss die Einordnung innerhalb der im Mietspiegel ausgewiesenen Spannen bis zum Oberwert zwar gegenüber dem Mieter nicht ausdrücklich begründen. Im gerichtlichen Verfahren muss er jedoch vortragen und nachweisen, dass der Wohnwert der Wohnung eine Einordnung zB im oberen Drittel rechtfertigt. Die Wirksamkeit des vorgerichtlichen Erhöhungsverlangens besagt noch nichts über die materielle Berechtigung des Erhöhungsverlangens. Der Vermieter trägt die Beweislast für alle sein Erhöhungsverlangen begründenden Tatsachen.

Ob die verlangte Erhöhung begründet ist, muss das Gericht nach Fest- **9** stellung der Höhe der ortsüblichen Vergleichsmiete im Zeitpunkt des **Zugangs des Erhöhungsverlangens** feststellen. Dabei ist es an keine bestimmten Beweismittel gebunden und hat einen weiten Ermessensspielraum. Es kann sich auch an einem einfachen Mietspiegel orientieren und auch Steigerungen der Preise seit dem letzten Erhebungsstichtag des Mietspiegels durch einen pauschalen Zuschlag (linear interpoliert) berücksichtigen (BGH NJW 2017, 2679).

Weist der Mietspiegel für eine Wohnkategorie keine Werte aus, so kann für **10** die hierunter fallenden Wohnungen der Mietspiegel nicht etwa durch Heranziehung und Annäherung anderer Werte ausgefüllt werden. In diesen Fällen muss der Vermieter eine andere Begründungsart wählen. Entsprechendes gilt, wenn der vorliegende Mietspiegel veraltet ist und der Vermieter einen höheren als den im Mietspiegel ausgewiesenen Betrag verlangt. Ein pauschaler Zuschlag auf **veraltete Mietspiegel** ist nicht zulässig (OLG Hamm ZMR 1996, 601), ebenso wenig wie ein pauschaler Abschlag von später erschienenen Mietspiegeln im Rechtsstreit (BVerfG NJW 1992, 1377). Das Erhöhungsverlangen ist dann aus formalem Grund unwirksam und zwar insoweit, wie der pauschale Zuschlag geht (RE OLG Hamburg NJW 1983, 1805) bzw. beim Abschlag in vollem Umfang. Die sog. Stichtagsdifferenz (Mietsteigerungen seit der Erhebung der Mietspiegelwerte) kann jedoch ggf. (→ § 558b Rn. 3) durch einen Sachverständigen einzelfallbezogen im Rechtsstreit nachgewiesen werden. Im Übrigen können veraltete Mietspiegel bis zur Höhe der dort ausgewiesenen Werte gemäß Abs. 4 herangezogen werden (BGH NJW-RR 2011, 1307).

Liegt ein Mietvertrag vor, der die Nebenkosten pauschal in die vereinbarte **11** Miete mit einbezieht (**Inklusivmiete,** Bruttomiete), so bestehen oft praktische Schwierigkeiten, die ortsübliche Vergleichsmiete darzulegen, weil die

Mietspiegel in aller Regel Nettomieten ausweisen. In diesen Fällen muss die in diesen Verträgen geschuldete Miete (Inklusivmiete) dadurch ermittelt werden, dass zu der im Mietspiegel ausgewiesenen Nettomiete ein aktueller Zuschlag in Höhe der tatsächlich auf die Wohnung entfallenden Betriebskosten (→ § 556 Rn. 7 ff.) hinzugerechnet wird (BGH NJW-RR 2006, 227). Dieser Betriebskostenanteil kann notfalls noch im Prozess eingeführt werden (BGH NJW-RR 2010, 735). Er kann dargelegt werden, zB durch Aufteilung der gesamten gegenwärtigen Betriebskosten auf die gesamte Wohnfläche des Hauses. Sind die Heizkosten im Widerspruch zur Heizkostenverordnung in die Inklusivmiete einbezogen, so sind diese in ihrer kalkulierten Höhe aus der Gesamtmiete herauszurechnen. Der bisher insoweit gezahlte Betrag ist als Vorauszahlung auf eine Nebenkostenabrechnung zu bewerten (BGH NJW-RR 2006, 1305; → § 556 Rn. 35). Ist die Inklusivmiete aber bereits als Nettomiete (ohne Einbeziehung von Nebenkosten) nach dem Mietspiegel berechtigt, so muss der Vermieter zur Höhe der Nebenkosten im Erhöhungsverlangen nichts ausführen (BGH NJW 2008, 848).

12   Berücksichtigt der Mietspiegel Werte, die eine **Renovierungspflicht** des Mieters vorsehen, während im konkreten Mietverhältnis der Vermieter die Schönheitsreparaturen durchführen muss (ohne ausdrückliche Vereinbarung entspricht dies der gesetzlichen Regelung gemäß § 538), so kann in entsprechender Weise ein angemessener Zuschlag zum Mietspiegelwert verlangt werden (RE OLG Koblenz NJW 1985, 333).

4. Sachverständigengutachten

13   Die Bezugnahme auf ein Sachverständigengutachten kann vom Vermieter auch gewählt werden, wenn ein Mietspiegel vorliegt. Der Sachverständige muss nicht für das Gebiet der Mietpreisermittlung bestellt sein. Eine Bestellung auf einem verwandten Gebiet, etwa für die Ermittlung von Grundstücks- und Gebäudewerten reicht aus (RE BGH NJW 1982, 1701). Er kann auch von einer anderen örtlichen Kammer bestellt sein (RE BayObLG ZMR 1987, 426). Ebenso reicht es aus, wenn der Sachverständige von der Handelskammer nur für den Einzelfall benannt ist (RE OLG Hamburg ZMR 1984, 91). Das Gutachten muss nach den Gesichtspunkten der ortsüblichen Vergleichsmiete begründet sein. Wenn es unter Rentabilitäts- oder Kostengesichtspunkten oder Heranziehung eines Preisindexes begründet wird, ist es unbrauchbar. Ein hierauf gestütztes Mieterhöhungsverlangen ist unwirksam. Konkrete Vergleichswohnungen müssen im Gutachten nicht angegeben sein (RE OLG Frankfurt a. M. NJW 1981, 2820). Dies wird vom BVerfG erst für ein im Rechtsstreit vom Gericht eingeholtes Gutachten gefordert, wenn das Gutachten im Prozess fundiert kritisiert wurde (BVerfG NJW 1997, 311; 1997, 1909 betreffend Gewerberäume). Auch wenn der Sachverständige nur Wohnungen aus dem Bestand des Vermieters zu Grunde gelegt, führt dies nicht zur formalen Unwirksamkeit des Mieterhöhungsverlangens (BGH NJW-RR 2010, 1162). Das Gutachten muss neueren Datums sein (LG Berlin ZMR 1998, 430).

Das Gutachten muss dem Erhöhungsverlangen beigefügt werden (RE OLG **14** Braunschweig WuM 1982, 272). Das Angebot der Einsichtnahme reicht nicht aus. Im Rechtsstreit ist das Gutachten als Parteigutachten im Rahmen des Parteivortrags zu beachten und unterliegt der freien Beweiswürdigung durch das Gericht. In der Regel wird die Einholung eines gerichtlichen Gutachtens erforderlich sein.

Die **Kosten** des vorprozessualen Gutachtens sind nach ganz überwiegender **15** Auffassung keine Kosten der Rechtsverfolgung und deshalb vom Vermieter allein zu tragen, also auch dann, wenn er im Prozess obsiegt.

5. Vergleichswohnungen

Die Benennung von Vergleichswohnungen ist eine für den Vermieter kosten- **16** günstigere Begründungsmöglichkeit, vor allem in Gebieten, für die kein Mietspiegel besteht. Bei dieser Begründungsart kommt besonders deutlich zum Ausdruck, dass die vorgerichtliche Begründung gegenüber dem Mieter keinen Nachweis der ortsüblichen Vergleichsmiete darstellen muss. Der Vermieter erfüllt seine formale Begründungspflicht auch dann, wenn er drei Wohnungen mitteilt, deren Miete deutlich über der örtlichen Vergleichsmiete liegt. Die Berechtigung der geforderten Mieterhöhung hat der Vermieter erst im Rechtsstreit nachzuweisen. Nur bis zur Höhe der festgestellten ortsüblichen Vergleichsmiete hat dann seine Mieterhöhungsklage Erfolg. Der Vermieter kann, um formale Einwände gegen einzelne Wohnungen möglichst auszuschließen, beliebig viele Wohnungen benennen (zB 80 Wohnungen; RE BayObLG ZMR 1992, 144).

Die benannten Vergleichswohnungen müssen so konkret bezeichnet wer- **17** den, dass sie für den Mieter **ohne weiteres identifizierbar** sind (BGH NZM 2003, 229). Am zweckmäßigsten geschieht dies durch Angabe von Name und Anschrift des Mieters. Aber auch jede andere eindeutige Bezeichnung ist möglich. Der Vermieter muss bezüglich der benannten Vergleichswohnung die Kaltmiete (ohne Nebenkosten) und die Größe der Wohnung angeben oder die Quadratmetermiete (RE BayObLG ZMR 1982, 372). Sind in den genannten Vergleichsmieten auch Nebenkosten enthalten (Inklusiv- oder Pauschalmiete), so muss der Vermieter den Nebenkostenanteil im Erhöhungsverlangen nicht herausrechnen (BVerfG NJW-RR 1993, 1485). Die benannten Vergleichswohnungen müssen mit der Wohnung des Mieters ungefähr vergleichbar sein, wobei kein kleinlicher Maßstab angelegt werden darf. Bei der Wohnungsgröße dürften Abweichungen bis zu 50 % hinzunehmen sein (sehr großzügig BayObLG ZMR 1982, 372). Nach einem Rechtsentscheid des OLG Schleswig (WuM 1987, 140) ist es überhaupt nicht erforderlich, dass die genannte Wohnung eine vergleichbare Fläche hat. Auch bei den anderen in § 558 Abs. 2 genannten Wohnwertmerkmalen werden Unterschiede hinzunehmen sein, sofern die Wohnungen insgesamt gesehen noch vergleichbar erscheinen. Weist eine der genannten oder die vermietete Wohnung eine evidente Besonderheit auf, die für die Miethöhe von Bedeutung ist, muss der Vermieter auf diesen Punkt in seinem Erhöhungsverlangen eingehen (BVerfG NJW 1989, 969). Zu vergleichen ist jeweils der Quadratmeterpreis. Jede der genannten drei Vergleichswohnungen muss die geforderte Miete zumindest erreichen. Ist dies nicht der Fall, so ist das Erhöhungsverlangen nicht völlig unwirksam aus formalen Gründen, sondern nur insoweit unwirksam als die verlangte Miete den geringsten der drei mitgeteilten Vergleichswerte übersteigt (RE OLG Karlsruhe WuM 1984, 21). Die Mieter der benannten Wohnungen müssen nicht die Besichtigung der Wohnungen gestatten oder auskunftsbereit sein (RE OLG Schleswig NJW 1984, 245).

6. Mietdatenbank

18   Als Begründungsmöglichkeit kommt auch die Bezugnahme auf eine Mietdatenbank in Betracht (§ 558c). Da es solche Dateien aber bisher praktisch noch kaum gibt, kommt dieser Regelung vorerst nur Versuchsstatus zu.

7. Sonstige Begründungsmöglichkeiten

19   Als sonstige Begründungsmöglichkeiten können zB Gutachten oder Urteile zu vergleichbaren Wohnungen in Betracht kommen, die amtliche Wohngeldstatistik sowie Gutachten oder Auskünfte der Gemeinde. Diese Unterlagen sind dem Erhöhungsverlangen beizufügen. Diese Erhöhungsmöglichkeiten sind in der Praxis jedoch sehr selten und im Einzelfall mit erheblicher Rechtsunsicherheit belastet. Sie dürften nur dann zu empfehlen sein, wenn im Einzelfall besondere Schwierigkeiten bei der Begründung nach einer der drei vom Gesetz genannten Arten entstehen.

20   Ungeeignet ist jede Form der Begründung, die sich auf die Entwicklung der Preis- und Kostensituation oder Rentabilitätsgesichtspunkte stützt oder sich auf Äußerungen privater Stellen oder Verbände bezieht. Wird eine unwirksame **Begründung nachträglich** in der vom Gesetz geforderten Form ergänzt, so setzt erst diese Ergänzung die Fristen des § 558b in Gang.

§ 558b Zustimmung zur Mieterhöhung

(1) Soweit der Mieter der Mieterhöhung zustimmt, schuldet er die erhöhte Miete mit Beginn des dritten Kalendermonats nach dem Zugang des Erhöhungsverlangens.

(2) [1]**Soweit der Mieter der Mieterhöhung nicht bis zum Ablauf des zweiten Kalendermonats nach dem Zugang des Verlangens zustimmt, kann der Vermieter auf Erteilung der Zustimmung klagen.** [2]**Die Klage muss innerhalb von drei weiteren Monaten erhoben werden.**

(3) [1]**Ist der Klage ein Erhöhungsverlangen vorausgegangen, das den Anforderungen des § 558a nicht entspricht, so kann es der Vermieter im Rechtsstreit nachholen oder die Mängel des Erhöhungsverlangens beheben.** [2]**Dem Mieter steht auch in diesem Fall die Zustimmungsfrist nach Absatz 2 Satz 1 zu.**

(4) Eine zum Nachteil des Mieters abweichende Vereinbarung ist unwirksam.

1. Anwendungsbereich

§ 558b regelt das Wirksamwerden der Mieterhöhung.   **1**

2. Zustimmung

Die Zustimmung des Mieters ist an keine Form gebunden. Sie kann aus- **2** drücklich oder auch durch schlüssiges Verhalten (zB vorbehaltlose, mehrmalige Zahlung der erhöhten Miete) erfolgen (BGH NZM 2005, 736). Bei langfristig befristeten Mietverträgen (→ § 550 Rn. 4 ff.) ist für die Änderung der Miethöhe ausnahmsweise Schriftform erforderlich. Stimmt der Mieter der Erhöhung nicht in vollem Umfang zu, so wird die Erhöhung zunächst nur teilweise wirksam. Der Mieter hat je nach Zugang des Erhöhungsverlangens eine Überlegungsfrist von zwei bis zu fast drei Monaten. Die Frist zur Überlegung bis zum Ende des zweiten Monats (Abs. 2) endet erst am ersten Werktag des Folgemonats, wenn der letzte Tag des zweiten Monats ein Sonnabend oder Sonntag oder Feiertag ist (§ 193). Dann verlängert sich auch die Klagefrist für den Vermieter entsprechend. Ist der maßgebende Termin für das Ende der Überlegungsfrist des Mieters zB der 3. Januar, dann muss der Vermieter spätestens am 3. April Klage erheben. Auch eine später erklärte Zustimmung ist wirksam. Der Schutz bei Verbraucherverträgen (→ § 535 Rn. 7) schützt den Mieter vor einer Überrumpelung durch den Vermieter.

3. Keine Zustimmung

Stimmt der Mieter innerhalb der Überlegungsfrist nicht oder nicht uneinge- **3** schränkt zu, kann der Vermieter innerhalb der sich dann anschließenden Klagefrist (drei Monate) **Klage erheben.** Ob die verlangte Erhöhung begründet ist, muss das Gericht nach Feststellung der Höhe der ortsüblichen Vergleichsmiete im Zeitpunkt des Zugangs des Erhöhungsverlangens feststellen. Dabei ist er an keine bestimmten Beweismittel gebunden und hat einen weiten Ermessensspielraum. Es kann sich auch an einfachen Mietspiegeln orientieren und ggf. auch Steigerungen seit dem letzten Erhebungsstichtag durch einen pauschalen, linear interpolierten Zuschlag berücksichtigen (BGH NJW 2017, 2679).

Erhebt er Klage, kann er einen Mangel des Erhöhungsverlangens im Prozess **4** durch Nachholen heilen (vgl. unten), ohne an die Wartefrist gebunden zu sein (RE BayObLG WuM 1989, 484). Unterlässt der Vermieter die Klageerhebung, so verliert das Mieterhöhungsverlangen nach Ablauf dieser Klagefrist in jedem Fall seine Wirkung. Stimmt der Mieter einer Mieterhöhung teilweise zu und erhebt der Vermieter nicht fristgerecht Klage, so muss er vor einem neuen Mieterhöhungsverlangen die Einjahresfrist gemäß § 558 erneut abwarten. Eine vor Ablauf der Überlegungsfrist erhobene Klage ist nicht grundsätzlich unzulässig. Die Überlegungsfrist muss nur im Zeitpunkt der letzten mündlichen Verhandlung abgelaufen sein (RE KG ZMR 1981, 158). Erhebt der Vermieter vor Ablauf der Überlegungsfrist die Klage, so hat er die Kosten des Rechtsstreits, wozu auch die außergerichtlichen Kosten des Mieters gehören (zB Anwaltskosten), allein zu tragen (§§ 93, 91a Abs. 1 ZPO), wenn der Mieter innerhalb der Frist noch zustimmt. Da das Gesetz eine Klagefrist vorsieht, ist bei Mieterhöhungsklagen kein außergerichtliches Schlichtungsverfahren durchzuführen (§ 15a Abs. 2 Nr. 1 EGZPO).

5   Der Vermieter muss ein neues Mieterhöhungsverlangen stellen, wenn er seinen Erhöhungsanspruch erst nach Ablauf der Klagefrist weiterverfolgen will. Der Vermieter kann auch schon vor Ablauf der Klagefrist – ohne jede zeitliche Einschränkung – ein neues Erhöhungsverlangen stellen, das dann den Lauf der Fristen nach 558b neu auslöst.

6   Hat der Vermieter rechtzeitig Klage erhoben, so müssen Fehler bei der Begründung des Erhöhungsverlangens nicht immer zur Abweisung der Klage führen. Das Gesetz lässt es zu, dass ein neues wirksames **Erhöhungsverlangen** auch noch während des Rechtsstreits gestellt wird. Etwaige Erklärungen hierzu können wirksam auch noch dem anwaltlichen Vertreter des Mieters zugehen (§ 81 ZPO; BGH NJW 2003, 963). Damit kann vermieden werden, dass auch bei materieller Berechtigung des Erhöhungsverlangens die Klage aus formalen Gründen abgewiesen werden muss. Wird ein wirksames Erhöhungsverlangen erst im Rechtsstreit gestellt, so führt dies nicht zur rückwirkenden Heilung, sondern löst den Lauf der Zustimmungsfrist (§ 558b) und Wirksamkeitsfrist (Abs. 1) neu aus. Stimmt der Mieter innerhalb der Zustimmungsfrist oder in der ersten mündlichen Verhandlung danach der Mieterhöhung zu, so wird er mit den Kosten des Rechtsstreits nicht belastet (§§ 93, 91a Abs. 1 ZPO). Bei völlig unzureichenden Mieterhöhungsverlangen wird das Gericht in der Regel jedoch keine Gelegenheit zur nachträglichen Heilung geben, sondern die Erhöhungsklage sofort als unzulässig abweisen. Auch die Versäumung der Klagefrist kann nicht durch Nachholung geheilt werden.

7   Im gerichtlichen Verfahren muss der Vermieter auf Zustimmung zur Mieterhöhung klagen. Aus diesem Urteil kann er die erhöhte Miete jedoch noch nicht vollstrecken. Das Urteil im Mieterhöhungsverfahren ersetzt lediglich die Zustimmung des Mieters zur Erhöhung der Miete. Eine Klage auf Zahlung kann der Vermieter in der Regel (§ 259 ZPO) erst erheben, wenn der Mieter nach Rechtskraft des Urteils, in dem er zur Zustimmung verurteilt wurde, nicht bezahlt.

4. Fälligkeit

8   Die Fälligkeit der erhöhten Miete (Abs. 1) ist unabhängig davon, ob der Mieter freiwillig zustimmt oder hierzu verurteilt worden ist. Sie tritt unmittelbar nach Ablauf der Überlegungsfrist nach Abs. 2, 3 ein (zB Zugang des Erhöhungsverlangens: 18.3., Wirksamkeit ab 1.6.). Wegen abweichender Angaben im Mieterhöhungsverlangen → § 558a Rn. 1. Der Mieter kommt mit dem Erhöhungsanteil nur nach rechtskräftigem Abschluss des gerichtlichen Verfahrens in Verzug (BGH NJW 2005, 2310). Zum Schutz des Mieters in diesen Fällen wurde das Kündigungsrecht nach § 543 Abs. 2 Nr. 3 in §§ 561, 569 Abs. 3 Nr. 3 beschränkt.

§ 558c Mietspiegel

(1) Ein Mietspiegel ist eine Übersicht über die ortsübliche Vergleichsmiete, soweit die Übersicht von der Gemeinde oder von Interessenvertretern der Vermieter und der Mieter gemeinsam erstellt oder anerkannt worden ist.

(2) Mietspiegel können für das Gebiet einer Gemeinde oder mehrerer Gemeinden oder für Teile von Gemeinden erstellt werden.

(3) Mietspiegel sollen im Abstand von zwei Jahren der Marktentwicklung angepasst werden.

(4) [1] Gemeinden sollen Mietspiegel erstellen, wenn hierfür ein Bedürfnis besteht und dies mit einem vertretbaren Aufwand möglich ist. [2] Die Mietspiegel und ihre Änderungen sollen veröffentlicht werden.

(5) Die Bundesregierung wird ermächtigt, durch Rechtsverordnung mit Zustimmung des Bundesrates Vorschriften über den näheren Inhalt und das Verfahren zur Aufstellung und Anpassung von Mietspiegeln zu erlassen.

Die in den hier aufgestellten Regelungen enthaltenen Verpflichtungen zur **1** Aufstellung und Fortschreibung von **Mietspiegeln** sind öffentlich-rechtlicher Natur und richten sich an die Gemeinden. Unmittelbare Rechte für Mieter oder Vermieter lassen sich hieraus nicht ableiten. Die vorgesehene Verordnung der Bundesregierung ist bisher noch nicht erlassen worden. Hinweise für die Aufstellung von Mietspiegeln sind 1997 vom Bundesbauministerium veröffentlicht worden. Für die hier angesprochenen allgemeinen Mietspiegel sind die Vorschriften für qualifizierte Mietspiegel (§ 558d) nicht anwendbar.

Auch ein einfacher Mietspiegel ist ein Indiz dafür, dass die ortsübliche **2** Vergleichsmiete darin zutreffend wiedergegeben ist. Das Gericht ist nicht verpflichtet, in jedem Fall ein Gutachten einzuholen (BGH NJW 2010, 2946; 2017, 2679).

§ 558d Qualifizierter Mietspiegel

(1) Ein qualifizierter Mietspiegel ist ein Mietspiegel, der nach anerkannten wissenschaftlichen Grundsätzen erstellt und von der Gemeinde oder von Interessenvertretern der Vermieter und der Mieter anerkannt worden ist.

(2) [1] Der qualifizierte Mietspiegel ist im Abstand von zwei Jahren der Marktentwicklung anzupassen. [2] Dabei kann eine Stichprobe oder die Entwicklung des vom Statistischen Bundesamt ermittelten Preisindexes für die Lebenshaltung aller privaten Haushalte in Deutschland zugrunde gelegt werden. [3] Nach vier Jahren ist der qualifizierte Mietspiegel neu zu erstellen.

(3) Ist die Vorschrift des Absatzes 2 eingehalten, so wird vermutet, dass die im qualifizierten Mietspiegel bezeichneten Entgelte die ortsübliche Vergleichsmiete wiedergeben.

Die Vorschrift über einen qualifizierten Mietspiegel ist erst mit der Miet- **1** rechtsreform 2001 geschaffen worden. Bei solchen Mietspiegeln wird die ortsübliche Vergleichsmiete in der ausgewiesenen Höhe vermutet. Die Widerlegung dieser Vermutung ist im Prozess sowohl für den Vermieter als auch für den Mieter möglich (§ 292 ZPO). Die in ihm ausgewiesene Miethöhe muss stets im Mieterhöhungsverlangen angegeben werden, selbst wenn sich der Vermieter hierauf nicht stützen will (§ 558a Abs. 3). Sonst ist die Mieterhöhung schon aus formalen Gründen unwirksam. Die Daten in einem qualifizierten Mietspiegel können ein Gutachten entbehrlich machen; sie lassen auch eine gerichtliche Schätzungen zu (BGH NJW 2005, 2074).

2　　Die einmalige Fortschreibung dieses Mietspiegels kann auf der Grundlage von Stichproben oder unter Verwendung der Erhebungen des Statistischen Bundesamtes für den Preisindex erfolgen. Wird der qualifizierte Mietspiegel nicht mehr in der gesetzlich geforderten Weise fortgeschrieben, steht er einem normalen Mietspiegel gleich.

3　　Wenn eine Partei im Mieterhöhungsprozess substantiiert bestreitet, dass der Mietspiegel wissenschaftlichen Kriterien widerspricht, muss dies das Gericht prüfen. Der Vermieter kann sich dann aber auch stets auf ein Gutachten zur ortsüblichen Vergleichsmiete berufen (BGH NJW 2013, 775).

§ 558e Mietdatenbank

Eine Mietdatenbank ist eine zur Ermittlung der ortsüblichen Vergleichsmiete fortlaufend geführte Sammlung von Mieten, die von der Gemeinde oder von Interessenvertretern der Vermieter und der Mieter gemeinsam geführt oder anerkannt wird und aus der Auskünfte gegeben werden, die für einzelne Wohnungen einen Schluss auf die ortsübliche Vergleichsmiete zulassen.

1　　Die Mietdatenbank ist eine vom Gesetzgeber neu zugelassene Begründungsmöglichkeit. Gedacht ist an eine Datensammlung über Mietpreise, die nach den Kriterien des § 558 Abs. 2 strukturiert ist. Die fortlaufende Sammlung der Daten kann eine hohe Aktualität gewährleisten.

§ 559 Mieterhöhung nach Modernisierungsmaßnahmen

(1) Hat der Vermieter Modernisierungsmaßnahmen im Sinne des § 555b Nummer 1, 3, 4, 5 oder 6 durchgeführt, so kann er die jährliche Miete um 11 Prozent der für die Wohnung aufgewendeten Kosten erhöhen.

(2) Kosten, die für Erhaltungsmaßnahmen erforderlich gewesen wären, gehören nicht zu den aufgewendeten Kosten nach Absatz 1; sie sind, soweit erforderlich, durch Schätzung zu ermitteln.

(3) Werden Modernisierungsmaßnahmen für mehrere Wohnungen durchgeführt, so sind die Kosten angemessen auf die einzelnen Wohnungen aufzuteilen.

(4) [1]Die Mieterhöhung ist ausgeschlossen, soweit sie auch unter Berücksichtigung der voraussichtlichen künftigen Betriebskosten für den Mieter eine Härte bedeuten würde, die auch unter Würdigung der berechtigten Interessen des Ver-

mieters nicht zu rechtfertigen ist. [2] Eine Abwägung nach Satz 1 findet nicht statt, wenn
1. die Mietsache lediglich in einen Zustand versetzt wurde, der allgemein üblich ist, oder
2. die Modernisierungsmaßnahme auf Grund von Umständen durchgeführt wurde, die der Vermieter nicht zu vertreten hatte.

(5) [1] Umstände, die eine Härte nach Absatz 4 Satz 1 begründen, sind nur zu berücksichtigen, wenn sie nach § 555d Absatz 3 bis 5 rechtzeitig mitgeteilt worden sind. [2] Die Bestimmungen über die Ausschlussfrist nach Satz 1 sind nicht anzuwenden, wenn die tatsächliche Mieterhöhung die angekündigte um mehr als 10 Prozent übersteigt.

(6) Eine zum Nachteil des Mieters abweichende Vereinbarung ist unwirksam.

1. Vereinfachte Möglichkeit der Mieterhöhung

Bei Modernisierung von Wohnräumen, für die die Mieterhöhungsvorschriften des BGB anwendbar sind (→ § 557 Rn. 2 ff.; für Sozialwohnungen gilt § 6 NMV 1970), gibt das Gesetz dem Vermieter eine vereinfachte Möglichkeit durch einseitige Erklärung, die keiner Zustimmung des Mieters bedarf, die Miete den aufgewendeten Kosten entsprechend zu erhöhen. Für Modernisierungsmaßnahmen aus umweltpolitischen Gründen (§ 555b Nr. 2) gilt das Erhöhungsrecht nicht. Die Frage, ob der Mieter die Modernisierung dulden muss, wird in § 555d geregelt. Der Vermieter kann die Erhöhung auch erst einige Zeit nach Abschluss der Modernisierungsarbeiten verlangen. Rückwirkung hat ein späteres Erhöhungsverlangen nicht. Die ortsübliche Vergleichsmiete begrenzt Mieterhöhungen nach dieser Vorschrift nicht unmittelbar. Nach überwiegender Auffassung wird die nach § 559 zulässige Erhöhung aber durch die von § 5 WiStG (vgl. Erläuterungen dort) gezogene Grenze erfasst. Danach ist eine Überschreitung der örtlichen Vergleichsmiete um mehr als 20 %, sofern die laufenden Aufwendungen nicht höher sind, unzulässig. Eine Überschreitung um mehr als 50 % ist in jedem Fall unangemessen und damit unwirksam (RE OLG Karlsruhe NJW 1982, 62). **1**

Voraussetzung der Mieterhöhung nach § 559 ist nicht, dass der Mieter der Modernisierung ausdrücklich zugestimmt hat. Auch eine Ankündigung gemäß § 555c ist nicht Voraussetzung des Erhöhungsrechtes. Fehler insoweit führen nur zu einer späteren Fälligkeit gemäß § 559b Abs. 2 (BGH NJW 2011, 1220). **2**

Der Vermieter hat die Wahl, ob er nach der Modernisierung unter Berücksichtigung der verbesserten Wohnwertkriterien (§ 558) die Miete in Anpassung an die örtliche Vergleichsmiete erhöht oder die Modernisierungskosten nach § 559 umlegt. Er kann auch gleichzeitig eine Mieterhöhung nach § 558 auf der Basis für vergleichbaren, nicht modernisierten Wohnraum fordern und zusätzlich die Modernisierungskosten nach § 559 umlegen (RE OLG Hamm NJW 1983, 289). In beiden Fällen ist der umgelegte oder umlegbare Modernisierungszuschlag nicht in die Kappungsgrenze nach § 558 Abs. 3 und auch nicht in die Wartefrist (§ 558 Abs. 1; BGH NJW 2008, 2031) einzurechnen. Bei öffentlich geförderten Modernisierungen muss der Vermieter sich ver- **3** pflichten, nicht mehr als den nach § 558 oder § 559 sich ergebenden Erhöhungsbetrag zu verlangen. Dies entspricht dem gesetzlich gegebenen Wahlrecht und schließt deshalb auch die Kombination beider Erhöhungen mit der aufgezeigten Einschränkung (OLG Hamm NJW 1983, 289) nicht aus. Neben der Erhöhung nach § 559 ist auch eine Erhöhung nach § 560 möglich, wenn zB die neuen Einrichtungen höhere Betriebskosten verursachen. Die Finanzierungskosten für die Modernisierungsarbeiten können nicht umgelegt werden. Der Mieter kann sich einer Mieterhöhung durch Kündigung gemäß § 561 entziehen.

2. Bauherr

4 Bauherr muss der Vermieter sein, so dass Maßnahmen, die von Dritten, zB der öffentlichen Hand, auf Kosten des Vermieters durchgeführt werden, keine Umlage rechtfertigen. Der gesamte Erschließungsaufwand im weiteren Sinn wird somit von § 559 nicht erfasst (RE OLG Hamm NJW 1983, 2331).

3. Instandsetzungsmaßnahmen

5 Instandsetzungsmaßnahmen, die nur der Erhaltung der Wohnung dienen und lediglich den vertragsgemäßen Zustand erhalten, können nicht nach § 559 umgelegt werden (Abs. 2). Dies gilt zB für die Reparatur oder den Austausch beschädigter Teile. Häufig dient eine Baumaßnahme sowohl der Instandsetzung als auch der Modernisierung (zB Ersetzung eines veralteten, reparaturbedürftigen Heizsystems durch ein energiesparendes neues System; Austausch alter einfacher Holzfenster gegen neue Verbundglasfenster). In diesen Fällen müssen von den Gesamtkosten die Kosten abgesetzt werden, die bei bloßer Instandhaltung angefallen wären, sofern die Instandsetzungsarbeiten zur Bauzeit fällig waren (BGH NJW 2015, 934). Dies kann auch nur durch Mitteilung einer plausibel geschätzten Kostenquote erfolgen. Wäre eine entsprechende Instandsetzung aber erst später notwendig geworden, sind die Baukosten ohne Abzug umlegbar. Ein Abzug der fiktiven Instandhaltungskosten, die der Vermieter bei Instandhaltung ohne Modernisierung im Verhältnis zum Mieter in der Zukunft allein hätte tragen müssen, ist nicht möglich (RE OLG Hamm NJW 1981, 1622). Bei der Ersetzung noch funktionsfähiger Einrichtungen kommt ein Abzug in Betracht, wenn diese auch nach dem Ausbau noch verwertbar sind und einen entsprechenden Restwert haben. Zur Abgrenzung genügt eine Schätzung (Abs. 2).

4. Jahresmiete

6 Die jährliche Miete, die Ausgangsbasis für die Mieterhöhung ist, ist das zwölffache der zuletzt gezahlten Monatsmiete, nicht der Gesamtbetrag der im letzten Jahr vor der Durchführung der baulichen Änderungen gezahlten Miete. Wurde die Miete im letzten Jahr vor der Modernisierung erhöht, kommt diesem Unterschied eine erhebliche praktische Bedeutung zu. Der Modernisierungszuschlag ist somit wie folgt zu berechnen: 11 % der berücksichtigungsfähigen Kosten (→ Rn. 5) sind in zwölf Monatsteile aufzuteilen. Um diesen Betrag erhöht sich die zuletzt gezahlte Miete.

5. Berücksichtigungsfähige Kosten

Berücksichtigungsfähig sind die tatsächlich entstandenen Baukosten ein- **7** schließlich Baunebenkosten (Genehmigungsgebühr, Architektenhonorar). Eigenleistungen sind zu den üblichen Handwerkerpreisen ohne Mehrwertsteuer anzusetzen. Nicht zu berücksichtigen sind Finanzierungskosten des Vermieters. Unnötigen Aufwand muss der Vermieter nach Treu und Glauben (§ 242) vermeiden (BGH ZMR 2009, 351). Auch die Entschädigung, die ein Vermieter an den Mieter zur Durchführung von notwendigen Dekorationsarbeiten nach Abschluss der Bauarbeiten bezahlt, kann umgelegt werden (BGH NJW 2011, 1499 = NZM 2011, 358).

6. Aufteilung der Kosten (Abs. 3)

Eine angemessene Aufteilung der Baukosten (einschließlich des Werts eventu- **8** eller Eigenarbeit) erfordert eine Verteilung auf alle betroffenen Wohnungen. Sind von einem Mieter keine Erhöhungsbeträge zu erlangen, zB weil er zahlungsunfähig ist oder eine höhere Miete nicht zumutbar war (vgl. § 559 Abs. 4), so darf dessen Anteil nicht auf die anderen Mieter umgelegt werden. Im Regelfall entspricht es billigem Ermessen (§ 315), wenn die Kosten nach der Wohnfläche verteilt werden.

7. Persönliche Härte

Gründe, die bei der Prüfung der Duldungspflicht (§ 555d Abs. 2) nicht **9** zugunsten des Mieters berücksichtigt wurden, können im Zusammenhang mit der Mieterhöhung von Bedeutung sein (Abs. 4). Erst nach Durchführung der Maßnahme wird geprüft, ob eine Mieterhöhung in wirtschaftlicher Hinsicht auch unter Einbeziehung der voraussichtlichen künftigen Betriebskosten eine Härte führen den Mieter bedeutet in diesem Fall ist der Vermieter zwar zur Modernisierung berechtigt, eine Mieterhöhung ist jedoch ausgeschlossen. Der Abwägungsmaßstab unterscheidet sich in einigen Punkten von dem des § 555d Abs. 2. Da es hier insbesondere um die Frage der wirtschaftlichen Leistungsfähigkeit des Mieters geht, sind die Interessen der anderen Mieter, Belange des Klimaschutzes und der Energieeinsparung und auch die Interessen seiner Familie und der Haushaltsangehörigen nicht gesondert zu berücksichtigen.

Insbesondere für Mieterhöhungen aufgrund energetischer Modernisierung **10** können sich Abweichungen in der Abwägung ergeben. Eine energetische Modernisierung (§ 555 Nr. 1) liegt bereits dann vor, wenn die Energieeinsparung nachhaltig ist. Ein bestimmter Einsparumfang ist nicht Voraussetzung. Erst im Rahmen der Härtefallabwägung ist, unabhängig von der wirtschaftlichen Leistungsfähigkeit des Mieters, auch das objektive Verhältnis zwischen der Mieterhöhung und denen durch die Maßnahme erzielten Vorteilen zu berücksichtigen. Hierbei ist nicht allein auf die finanzielle Ersparnis des

Mieters durch die Energieeinsparung, insbesondere der Heizkosten, abzustellen. Unter die energetischen Modernisierungsmaßnahmen fallen auch solche Maßnahmen, die allein auf der Einsparung von nicht erneuerbarer Primärenergie abzielen und somit vorrangig dem Klimaschutz dienen. Diese Maßnahmen sind nicht zwingend mit finanziellen Ersparnissen verbunden, sie können unter Umständen sogar zu Betriebskostensteigerungen führen. Hieraus sich ergebende Mietsteigerungen wären einem Mieter nicht zumutbar.

11   Ausnahmen von der Härtefallregelungen sind in Abs. 4 S. 2 geregelt. Eine Abwägung kann nicht zu Gunsten des Mieters zu erfolgen, wenn nur ein allgemein üblicher Zustand hergestellt wird. Übliche Modernisierungsmaßnahmen, die für die langfristige Sicherung des Wohnungsbestandes sinnvoll sind und schon in mehr als zwei Drittel aller vergleichbaren Wohnungen durchgeführt sind, sollen nicht an einem zahlungsschwachen Mieters scheitern. Auch wenn die Arbeiten in einem objektiv maßvollen Rahmen bleiben, kann dies insbesondere bei einem Einzelmieter in einer Mehrzimmerwohnung zu einer Mieterhöhung führen, die seine finanziellen Möglichkeiten übersteigt. Wird die Wohnung nur an den regional gängigen Standard für Wohnungen dieses Baualters angepasst, so ist bei einer sonst umfassenden Interessenabwägung die sich ergebende Miete außer Betracht zu lassen. Dies ist für jede Sanierungsmaßnahme gesondert zu prüfen.

12   Maßnahmen, zu denen der Vermieter rechtlich gezwungen ist, können sich insbesondere aus Nachrichtpflichten nach der in Regie einspart Verordnung ergeben. Auch hier besteht ein Vorbehalt bloßes Recht zur Umlage der hierdurch verursachten Kosten.

13   Rechtzeitig geltend gemacht hat der Mieter die Härtegründe nur, wenn er die Frist nach § 555d Abs. 3 und 4 eingehalten hat. Jedoch kann sich der Mieter auch nachträglich noch auf eine wirtschaftliche Härte berufen (Abs. 5), wenn die tatsächliche Mieterhöhung die angekündigte um mehr als 10 % übersteigt. In diesen Fällen konnte der Mieter vorher nicht beurteilen, inwieweit die Mieterhöhung eine unzumutbare wirtschaftliche Härte für ihn darstellt.

§ 559a Anrechnung von Drittmitteln

(1) Kosten, die vom Mieter oder für diesen von einem Dritten übernommen oder die mit Zuschüssen aus öffentlichen Haushalten gedeckt werden, gehören nicht zu den aufgewendeten Kosten im Sinne des § 559.

(2) [1]Werden die Kosten für die Modernisierungsmaßnahmen ganz oder teilweise durch zinsverbilligte oder zinslose Darlehen aus öffentlichen Haushalten gedeckt, so verringert sich der Erhöhungsbetrag nach § 559 um den Jahresbetrag der Zinsermäßigung. [2]Dieser wird errechnet aus dem Unterschied zwischen dem ermäßigten Zinssatz und dem marktüblichen Zinssatz für den Ursprungsbetrag des Darlehens. [3]Maßgebend ist der marktübliche Zinssatz für erstrangige Hypotheken zum Zeitpunkt der Beendigung der Modernisierungsmaßnahmen. [4]Werden Zuschüsse oder Darlehen zur Deckung von laufenden Aufwendungen ge-

währt, so verringert sich der Erhöhungsbetrag um den Jahresbetrag des Zuschusses oder Darlehens.

(3) ¹Ein Mieterdarlehen, eine Mietvorauszahlung oder eine von einem Dritten für den Mieter erbrachte Leistung für die Modernisierungsmaßnahmen stehen einem Darlehen aus öffentlichen Haushalten gleich. ²Mittel der Finanzierungsinstitute des Bundes oder eines Landes gelten als Mittel aus öffentlichen Haushalten.

(4) Kann nicht festgestellt werden, in welcher Höhe Zuschüsse oder Darlehen für die einzelnen Wohnungen gewährt worden sind, so sind sie nach dem Verhältnis der für die einzelnen Wohnungen aufgewendeten Kosten aufzuteilen.

(5) Eine zum Nachteil des Mieters abweichende Vereinbarung ist unwirksam.

Öffentliche Mittel (Zuschüsse oder verbilligte Darlehen) zur Modernisie- **1** rung sollen wirtschaftlich dem Mieter zugutekommen. Gleiches gilt für Leistungen des Mieters oder privater Dritter. Kostenzuschüsse sind von den Baukosten abzusetzen. Die Zinsverbilligung ist nach Abs. 2 zu berücksichtigen. Im Prinzip ist jeweils zunächst der Erhöhungsbetrag (11 % der Baukosten) zu ermitteln. Davon ist abzuziehen, was der Vermieter im jeweiligen Jahr infolge der Zinsverbilligung oder der Zuschüsse erspart. Bei jährlich sich ändernden Konditionen ändert sich auch der Abzugsbetrag jährlich. Der Rest ist der bisherigen jährlichen Miete hinzuzurechnen. Ein Zwölftel hieraus ergibt die neue Monatsmiete. Werden für einzelne Wohnungen unterschiedliche Mittel verwendet, so ist der Abzugsbetrag für jede Wohnung – soweit möglich – gesondert zu ermitteln. Wegen der praktischen Schwierigkeiten der nach § 559 erforderlichen Berechnungen sollten Vermieter und Mieter über den Erhöhungsbetrag möglichst eine Vereinbarung treffen. Sofern jedoch öffentliche Mittel verwendet worden sind, muss der Vermieter sich verpflichten, nicht mehr als die gesetzlich nach §§ 558, 559 zulässige Miete zu verlangen. Liegt der vereinbarte Betrag höher, hat der Mieter ein entsprechendes Rückforderungsrecht. Die Berücksichtigung der Forderungen ist auf zwölf Jahre ab Abschluss der Baumaßnahme begrenzt (BGH NJW 2012, 3090).

Die Erhöhung setzt einen **Hinweis** nach § 555c Abs. 1 oder ein Miet- **2** erhöhungsverlangen (RE KG NZM 2002, 211) voraus. Die mitgeteilten Berechnungen müssen nachvollziehbar sein. Gegebenenfalls sind auch Angaben zu den Kürzungsbeträgen nach Abs. 2 zu machen. Unterlässt der Vermieter einen diesen Anforderungen entsprechenden Hinweis auf die Kosten, verschiebt sich die Fälligkeit der erhöhten Miete um sechs Monate (§ 559b Abs. 2).

§ 559b Geltendmachung der Erhöhung, Wirkung der Erhöhungserklärung

(1) ¹Die Mieterhöhung nach § 559 ist dem Mieter in Textform zu erklären. ²Die Erklärung ist nur wirksam, wenn in ihr die Erhöhung auf Grund der entstandenen Kosten berechnet und entsprechend den Voraussetzungen der §§ 559 und 559a erläutert wird. ³§ 555c Absatz 3 gilt entsprechend.

(2) ¹Der Mieter schuldet die erhöhte Miete mit Beginn des dritten Monats nach dem Zugang der Erklärung. ²Die Frist verlängert sich um sechs Monate, wenn
1. der Vermieter dem Mieter die Modernisierungsmaßnahme nicht nach den Vorschriften des § 555c Absatz 1 und 3 bis 5 angekündigt hat oder
2. die tatsächliche Mieterhöhung die angekündigte um mehr als 10 Prozent übersteigt.

(3) Eine zum Nachteil des Mieters abweichende Vereinbarung ist unwirksam.

1   Der Vermieter kann durch **schriftliche Erklärung** oder in Textform (vgl. §§ 126, 126b) den Erhöhungsanspruch **einseitig** begründen, wenn er sich mit dem Mieter über den Erhöhungsbetrag nicht zuvor geeinigt hat. Die Erklärung kann erst nach vollständiger Durchführung der Baumaßnahmen zugehen. Die Erhöhung muss so berechnet und erläutert werden (LG Berlin ZMR 2001, 278), dass sie auch ohne besondere Sachkunde nachvollziehbar und damit für den Mieter prüfbar wird. Diesem muss die Baumaßnahme schlagwortartig genannt und plausibel erklärt werden, welche Maßnahmen zur Energieeinsparung führen (BGH WuM 2004, 154; NJW 2006, 1126). Nach der Durchführung einer Wärmedämmung muss deren Effizienz (Verringerung des Energieverbrauchs) dargelegt werden, wenn der Mieter die verlangte Erhöhung nicht akzeptiert. Eine Wärmebedarfsberechnung ist jedoch nicht erforderlich. Auf die Erleichterung nach § 555c Abs. 2 sei hingewiesen. Eine nachträgliche Heilung unwirksamer Begründungen erst im Prozess ist nicht möglich. Eine neue Mieterhöhungserklärung kann jedoch jederzeit nachträglich erfolgen. Teilweise wird gefordert, dass der Vermieter immer Angaben zur Finanzierung machen muss, auch wenn er keine Mittel eingesetzt hat, die zur Kürzung des Erhöhungsbegehrens führen. Auf Verlangen ist dem Mieter Einsicht in die Rechnungsbelege zu geben (§ 259).

2   Die **Fälligkeit** der erhöhten Miete ergibt sich, wenn die Erhöhungserklärung den gesetzlichen Anforderungen genügt hat, aus Abs. 2. Maßgebend für den Erklärungszeitpunkt ist der Zugang beim Mieter. Das Hinausschieben der Fälligkeit ist für alle Fälle einer nicht gesetzeskonformen Ankündigung vorgesehen, unabhängig davon, ob die Erhöhung dem Betrag nach berechtigt ist. Der sich aus § 559 ergebende Erhöhungsbetrag muss ggf. durch das Gericht festgestellt werden.

3   Das Recht zur Mieterhöhung nach § 559 kann durch **vertragliche Absprachen** ausgeschlossen sein.

§ 560 Veränderungen von Betriebskosten

(1) ¹Bei einer Betriebskostenpauschale ist der Vermieter berechtigt, Erhöhungen der Betriebskosten durch Erklärung in Textform anteilig auf den Mieter umzulegen, soweit dies im Mietvertrag vereinbart ist. ²Die Erklärung ist nur wirksam, wenn in ihr der Grund für die Umlage bezeichnet und erläutert wird.

(2) ¹Der Mieter schuldet den auf ihn entfallenden Teil der Umlage mit Beginn des auf die Erklärung folgenden übernächsten Monats. ²Soweit die Erklärung darauf beruht, dass sich die Betriebskosten rückwirkend erhöht haben, wirkt sie

auf den Zeitpunkt der Erhöhung der Betriebskosten, höchstens jedoch auf den Beginn des der Erklärung vorausgehenden Kalenderjahres zurück, sofern der Vermieter die Erklärung innerhalb von drei Monaten nach Kenntnis von der Erhöhung abgibt.

(3) [1] Ermäßigen sich die Betriebskosten, so ist eine Betriebskostenpauschale vom Zeitpunkt der Ermäßigung an entsprechend herabzusetzen. [2] Die Ermäßigung ist dem Mieter unverzüglich mitzuteilen.

(4) Sind Betriebskostenvorauszahlungen vereinbart worden, so kann jede Vertragspartei nach einer Abrechnung durch Erklärung in Textform eine Anpassung auf eine angemessene Höhe vornehmen.

(5) Bei Veränderungen von Betriebskosten ist der Grundsatz der Wirtschaftlichkeit zu beachten.

(6) Eine zum Nachteil des Mieters abweichende Vereinbarung ist unwirksam.

1. Allgemeines

Die Umlage der Betriebskosten ist grundsätzlich in § 556 geregelt (→ § 556 **1** Rn. 7 ff.). Zu beachten ist, dass auf eine separate Abrechnung nur umgestellt werden kann, wenn sich die Betriebskosten erhöht haben und im Mietvertrag vereinbart ist, dass der Mieter die Erhöhung der Betriebskosten zu zahlen hat.

Die **Erhöhung** der **Betriebskosten** (Abs. 2) **bei** vereinbarter **pauschaler** **2** **Abgeltung** (Nebenkostenpauschale) kann durch Ausübung eines einseitigen Gestaltungsrechts des Vermieters erfolgen. Ist im Mietvertrag vereinbart, dass der Mieter die tatsächlich entstehenden Kosten nach einem festgelegten Verteilungsschlüssel zu tragen hat (zB Heizkosten nach Verbrauch, Wasserkosten nach Wohnfläche), so sind diese Kosten jeweils nach den vertraglichen Vereinbarungen abzurechnen, ohne dass es eines gesetzlichen Erhöhungsrechtes nach § 560 bedarf. Für etwaige Vorauszahlungen ist § 556 Abs. 3 maßgebend.

Das Erhöhungsrecht besteht nur, wenn und soweit es im Mietvertrag ver- **3** einbart ist. Bei Einbeziehung von Nebenkosten in die Miete bei Abschluss des Mietvertrages (Inklusivmiete) ist das Recht zur Erhöhung nach § 560 ausgeschlossen (BGH NZM 2004, 218). Eine andere Regelung im Mietvertrag kann nur durch offene Ausweisung eines Betriebskostenanteils erfolgen (Abs. 6). Die Berücksichtigung der gestiegenen Betriebskosten bei Mieterhöhungen nach § 558 kann im Ergebnis aber eine Mieterhöhung nach § 560 ersetzen.

Eine vertragliche Einschränkung des Erhöhungsrechtes liegt auch dann vor, **4** wenn im Mietvertrag nur bestimmte Arten der Betriebskosten als umlage- und erhöhungsfähig bezeichnet sind. Die Veränderung der nicht genannten Betriebskostenarten berechtigt den Vermieter nicht zur Erhöhung gemäß § 560, weil diese Betriebskosten dann in den Mietpreis einbezogen sind.

2. Form und Begründung

Nur eine **schriftliche** oder in **Textform** (§§ 126, 126b) **begründete** Erklä- **5** rung, die dem Mieter zugehen muss, bewirkt eine entsprechende Zahlungspflicht des Mieters. Anzugeben ist der Grund der Erhöhung und eine Erläuterung, die die Erhöhung für den Mieter verständlich und nachprüfbar macht. Der Erhöhungsbetrag ist konkret anzugeben oder bestimmbar mitzuteilen (zB 50 % von 100 EUR jährlich). Der Mieter kann die Belege einsehen, wie bei der Abrechnung von Vorauszahlungen.

3. Fälligkeit

6 Für den Zeitpunkt der Fälligkeit (Abs. 2) kommt es auf den Zugang beim Mieter an. Eine rückwirkende Fälligkeit kann vertraglich nicht vereinbart werden. Für Betriebskosten, die sich rückwirkend erhöht haben (zB Abgaben), lässt das Gesetz eine zeitlich befristete Rückwirkung zu, wenn der Vermieter diese innerhalb einer Dreimonatsfrist umlegt. Die zeitliche Befristung gilt auch dann, wenn sie dazu führt, dass der Vermieter etwa bei rückwirkender Änderung der Grundsteuer diese nicht mehr umlegen kann (vgl. BVerwG NJW 1982, 2682). Entscheidend für den Zeitpunkt der Kenntnis des Vermieters ist im Fall des Widerspruchs der Zugang des Widerspruchsbescheids beim Vermieter. Die gesetzliche Rückwirkung kann auch gegen einen schon ausgezogenen Mieter für die Zeit bis zum Auszug geltend gemacht werden.

7 Die **Ermäßigung** der Betriebskosten (Abs. 3) erfordert, ebenso wie die Erhöhung, dass sich nicht nur eine Kostenart ermäßigt, sondern die Summe der vom Mieter zu tragenden Betriebskosten (→ § 556 Rn. 19). Will der Mieter vom Vermieter Auskunft über die tatsächliche Höhe der Betriebskosten, um deren Herabsetzung geltend machen zu können, so muss er hierfür konkrete Anhaltspunkte vortragen. Eine Herabsetzung mit der Begründung, die Pauschale sei bereits von Anfang an überhöht, kann er nicht verlangen (BGH NJW 2012, 303). Die **Rückforderung** überzahlter Nebenkosten verjährt in drei Jahren, beginnend mit dem Zugang der Abrechnung.

4. Änderung der Vorauszahlungen

8 Eine Änderung der Vorauszahlungen kann von beiden Vertragspartnern (BGH ZMR 2013, 422) nach jeder Abrechnung verlangt werden (Abs. 4), auch dann, wenn der Vermieter die Abrechnungsfrist versäumt hatte (BGH NJW 2011, 145). Damit ist eine Anpassung an den aktuellen Verbrauch gesichert. Eine Erhöhung über die in der Abrechnung ausgewiesene Nachzahlung hinaus ist nur möglich, wenn konkrete Umstände dafür dargelegt werden können im gerichtlichen Verfahren (BGH NJW 2012, 2186). Grundlage eines Erhöhungsverlangens kann nur eine inhaltlich richtige Abrechnung sein (BGH NJW 2012, 2186).

§ 561 Sonderkündigungsrecht des Mieters nach Mieterhöhung

(1) [1]**Macht der Vermieter eine Mieterhöhung nach § 558 oder § 559 geltend, so kann der Mieter bis zum Ablauf des zweiten Monats nach dem Zugang der Erklärung des Vermieters das Mietverhältnis außerordentlich zum Ablauf des**

übernächsten Monats kündigen. ²Kündigt der Mieter, so tritt die Mieterhöhung nicht ein.

(2) Eine zum Nachteil des Mieters abweichende Vereinbarung ist unwirksam.

1. Allgemeines

Bei allen Arten der Mieterhöhung mit Ausnahme der Erhöhung wegen 1 gestiegener Betriebskosten (§ 560) wird dem Mieter ein außerordentliches, befristetes Kündigungsrecht mit von § 573c abweichenden Fristen eingeräumt. Im Bereich des öffentlich geförderten Wohnungsbaus gilt § 11 WoBindG.

Das Kündigungsrecht besteht immer, wenn der Vermieter eine **Erhöhung** 2 **verlangt,** unabhängig davon, ob das Verlangen bzw. die Erhöhungserklärung wirksam ist. Das Kündigungsrecht entsteht mit Zugang der entsprechenden Erklärung des Vermieters. Hat der Mieter der Erhöhung zugestimmt, kann er nicht mehr nach § 561 kündigen. Hat der Mieter zunächst gekündigt, kann er die Kündigung nicht mehr einseitig zurücknehmen. Das Mietverhältnis kann dann nur noch fortgesetzt werden, wenn der Vermieter zustimmt oder eine stillschweigende Fortsetzung nach § 545 erfolgt.

2. Kündigung des Mieters

Für die Kündigung des Mieters ist kein bestimmter Inhalt vorgeschrieben. 3 Nach § 568 muss sie schriftlich erfolgen.

Nach Ablauf des zweiten Monats nach Zugang des Erhöhungsverlangens 4 kann der Mieter nur noch eine ordentliche Kündigung unter Einhaltung der sich aus § 573c ergebenden Kündigungsfristen aussprechen. Der Mieter kann also nicht zunächst abwarten, ob der Vermieter die Erhöhung gerichtlich durchsetzt und erst nach Rechtskraft eines für den Vermieter günstigen Urteils nach § 561 kündigen.

Zieht der Mieter nach Ablauf der Kündigungsfrist dann nicht aus, ist die 5 Widerspruchsfrist nach § 545 zu beachten. Wird sie vom Vermieter versäumt, besteht das Mietverhältnis unbefristet weiter. Die verlangte Mieterhöhung ist jedoch nicht wirksam geworden. Das Erhöhungsverfahren muss wiederholt werden. Wird das Mietverhältnis nicht nach § 545 verlängert, so kann der Vermieter gemäß § 546a die ortsübliche Vergleichsmiete als Nutzungsentschädigung verlangen, so dass eine Mieterhöhung nach § 560 im Ergebnis wirksam wird.

Wenn der Vermieter die Mieterhöhung „verfrüht" geltend macht, also 6 bereits mehr als zwei Monate vor dem Erhöhungstermin (vgl. § 558b), so besteht das Sonderkündigungsrecht ebenfalls bis zum Ende des zweiten Monats, der dem geltend gemachten Erhöhungstermin nachfolgt (BGH NJW 2013, 3614).

3. Kündigung des Vermieters

Das Kündigungsrecht des Vermieters nach § 569 ist bei Mieterhöhungen aller 7 Art unter Einschluss von Erhöhungen nach § 560 beschränkt (§ 569 Abs. 3).

Kapitel 3. Pfandrecht des Vermieters

§ 562 Umfang des Vermieterpfandrechts

(1) ¹Der Vermieter hat für seine Forderungen aus dem Mietverhältnis ein Pfandrecht an den eingebrachten Sachen des Mieters. ²Es erstreckt sich nicht auf die Sachen, die der Pfändung nicht unterliegen.

(2) Für künftige Entschädigungsforderungen und für die Miete für eine spätere Zeit als das laufende und das folgende Mietjahr kann das Pfandrecht nicht geltend gemacht werden.

1. Pfandrecht

1 Das Pfandrecht steht dem Vermieter von Wohnraum zu und sichert neben einer im Einzelfall möglicherweise vertraglich vereinbarten Kaution (§ 551) die Ansprüche des Vermieters. Die Schwierigkeiten des Vermieters, zu erkennen, was im Eigentum des Mieters steht und der oft unzureichende Erlös beim Verkauf gebrauchter Sachen, haben zur rückläufigen praktischen Bedeutung des Vermieterpfandrechtes geführt. Auf das Vermieterpfandrecht als gesetzliches Pfandrecht (§ 1257) sind insbesondere die Vorschriften über die Pfandverwertung (§§ 1222, 1227–1250, 1252, 1255, 1256) anzuwenden. Nach §§ 1228, 1233 ist der Vermieter berechtigt, die ihm haftenden Sachen zu verkaufen, regelmäßig im Wege der Versteigerung. Gibt der Mieter sie nicht freiwillig heraus, kann der Vermieter seinen Herausgabeanspruch gerichtlich durchsetzen. Das Pfandrecht des Vermieters geht auch dem Wegnahmerecht des Mieters nach § 539 Abs. 2 vor, so dass der Mieter eine Einrichtung nicht wegnehmen darf, wenn der Vermieter sich insoweit auf sein Pfandrecht beruft.

2. Eingebrachte Sachen

2 Zu den eingebrachten Sachen gehört alles, was mit dem Willen des Mieters dauerhaft in dessen Wohnung gebracht wurde. Durch nur vorübergehende Unterstellung wird kein Pfandrecht begründet. Ein Pkw ist nur dann eingebracht, wenn er regelmäßig auf den mitvermieteten Einstellplatz oder in der mitvermieteten Garage abgestellt wird. Das Pfandrecht entsteht nicht, wenn die Sache erst nach Ablauf des Mietvertrags eingebracht worden ist und das Mietverhältnis nicht fortgesetzt wird gemäß § 574 oder § 545. Sachen, die während der Räumungsfrist (§§ 721, 794a ZPO) eingebracht worden sind, unterliegen dem Pfandrecht nicht. Auch Wertpapiere können dem Pfandrecht unterliegen, so zB Inhaberpapiere oder Orderpapiere, Bargeld oder Schecks, nicht aber auf den Namen lautende Schuldurkunden (Sparbuch, Lebensversicherungspolice). Sachen, die ohne Vermögenswert und nur für den Mieter von Interesse sind (zB Briefe, Familienbilder), unterliegen nicht dem Pfandrecht.

3. Eigentum des Mieters

3 Nur die im Eigentum des Mieters stehenden Sachen unterliegen dem Pfandrecht. Auch wenn der Vermieter den Mieter gutgläubig für den Eigentümer

hält, entsteht kein Pfandrecht. Wenn die Sachen im Eigentum eines Untermieters oder von Familienangehörigen des Mieters stehen, besteht ebenfalls
kein Pfandrecht. Bezüglich der Eigentumsverhältnisse zwischen den Ehegatten muss jedoch der Mieter beweisen, dass der andere Ehegatte Eigentümer ist
(§ 1362). Sind beide Ehegatten Mieter, kommt es hierauf nicht an. Ist der
Mieter nur Miteigentümer an der Sache, so dürfte ein Pfandrecht an dem
Miteigentumsanteil nach § 1258 Abs. 1 entstehen. Bei Sachen, die der Mieter
unter Eigentumsvorbehalt hat, besteht ein voll wirksames Pfandrecht
erst, wenn der Mieter Eigentümer geworden ist, also die Sache bezahlt hat.
Zuvor hat der Vermieter nur ein Pfandrecht am Anwartschaftsrecht des
Mieters, dh er kann die Sache nur für sich verwerten, wenn er (oder der
Mieter) zuvor den Restkaufpreis bezahlt. Nimmt der Verkäufer die Sache
zurück, geht das Vermieterpfandrecht unter.

Veräußert der Mieter Gegenstände, die dem Vermieterpfandrecht unterlie- **4**
gen, ohne sie dem Erwerber zu übergeben (zB Sicherungsübereignung), so
wird das Pfandrecht in vielen Fällen weiterbestehen (§ 936), da es grob fahrlässig ist, wenn ein Käufer in Kenntnis des Mietverhältnisses Sachen vom
Mieter erwirbt, ohne sich beim Vermieter nach dem Pfandrecht zu erkundi-
gen.

4. Unpfändbare Sachen

Sachen, die in der Zwangsvollstreckung unpfändbar sind (vgl. §§ 811, 812 **5**
ZPO), unterliegen auch dem Vermieterpfandrecht nicht. Hierzu gehören vor
allem Gegenstände, die dem persönlichen Gebrauch oder dem Haushalt
dienen (Kleider, Küchengeräte, Betten, Radio, Kühlschrank).

5. Forderungen des Vermieters

Die Forderungen des Vermieters müssen sich aus dem Mietverhältnis ergeben **6**
(zB Miete, Nebenkosten, Schadensersatzanspruch, Nutzungsentschädigung
nach § 546a, Verzugszinsen, Kosten des Räumungsprozesses, vgl. § 1210
Abs. 2). Im Falle der Insolvenz kann der Vermieter rückständige Mietforderungen maximal für ein Jahr vor Geltendmachung des Pfandrechtes durchsetzen (§ 50 Abs. 2 InsO). Künftige Entschädigungsforderungen sind Forderungen, die erst nach Inanspruchnahme des Pfandrechts durch den Vermieter,
etwa durch Inbesitznahme, entstehen (zB Schadensersatz wegen befürchteter,
zukünftiger Beschädigungen oder Mietausfall). Für zukünftige Mietforderungen kann das Pfandrecht jedoch für einen Zeitraum von bis zu fast zwei Jahren
geltend gemacht werden. Das Mietjahr ist von Beginn des Mietverhältnisses
und nicht dem Kalenderjahr entsprechend zu bestimmen. Maßgebender
Stichtag ist ebenfalls die Geltendmachung des Vermieterpfandrechts. Nach
einem Eigentumswechsel steht das Pfandrecht dem alten und neuen Vermieter
gleichrangig zu (BGH WM 2014, 733).

Neben dem Vermieterpfandrecht kann der Vermieter aber auch wie jeder **7**
andere Gläubiger die Zwangsvollstreckung gegen den Mieter betreiben und
durch den Gerichtsvollzieher ein Pfändungspfandrecht an den Sachen des

Mieters erwirken. Dieses Pfändungspfandrecht ist dann allein nach den gesetzlichen Vorschriften der ZPO zu beurteilen. Der Vermieter kann jederzeit wählen, welches Pfandrecht er verwerten will.

§ 562a Erlöschen des Vermieterpfandrechts

¹ Das Pfandrecht des Vermieters erlischt mit der Entfernung der Sachen von dem Grundstück, außer wenn diese ohne Wissen oder unter Widerspruch des Vermieters erfolgt. ² Der Vermieter kann nicht widersprechen, wenn sie den gewöhnlichen Lebensverhältnissen entspricht oder wenn die zurückbleibenden Sachen zur Sicherung des Vermieters offenbar ausreichen.

1 Wird die Sache vom Gerichtsvollzieher gepfändet und mitgenommen, so kann der Vermieter auf Grund seines Vermieterpfandrechtes vorzugsweise Befriedigung (§ 805 ZPO) verlangen.

2 Ohne Wissen des Vermieters wird entfernt, wenn dieser keine Kenntnis von der Entfernung der Sache erhält. Ein heimliches Vorgehen ist nicht erforderlich. Hat der Vermieter kein Widerspruchsrecht nach S. 2, so erlischt das Pfandrecht auch bei unbemerkter Entfernung der Sache. Da die Benutzung eines Kfz zu den gewöhnlichen Lebensverhältnissen gehört, darf der Vermieter dem Wegfahren mit dem Pkw regelmäßig nicht widersprechen. Wird der Pkw nach § 562 wieder zurückgebracht, entsteht das Pfandrecht neu (BGH NJW 2018, 1083) bis zur Beendigung des Mietverhältnisses (→ § 562 Rn. 2). Bei anderen Gegenständen kann der Vermieter zB einem Wegbringen zur Reinigung oder Reparatur oder der Mitnahme üblicher Reiseutensilien regelmäßig nicht widersprechen.

§ 562b Selbsthilferecht, Herausgabeanspruch

(1) ¹ Der Vermieter darf die Entfernung der Sachen, die seinem Pfandrecht unterliegen, auch ohne Anrufen des Gerichts verhindern, soweit er berechtigt ist, der Entfernung zu widersprechen. ² Wenn der Mieter auszieht, darf der Vermieter diese Sachen in seinen Besitz nehmen.

(2) ¹ Sind die Sachen ohne Wissen oder unter Widerspruch des Vermieters entfernt worden, so kann er die Herausgabe zum Zwecke der Zurückschaffung auf das Grundstück und, wenn der Mieter ausgezogen ist, die Überlassung des Besitzes verlangen. ² Das Pfandrecht erlischt mit dem Ablauf eines Monats, nachdem der Vermieter von der Entfernung der Sachen Kenntnis erlangt hat, wenn er diesen Anspruch nicht vorher gerichtlich geltend gemacht hat.

1 Das Selbsthilferecht des Vermieters geht über das allgemeine Selbsthilferecht nach §§ 229, 230 hinaus. Der Vermieter darf es jedoch nur insoweit ausüben, soweit er zum Widerspruch nach § 562a berechtigt ist, also nicht, wenn die verbleibenden Sachen als Sicherheit ausreichen oder die Entfernung den gewöhnlichen Lebensverhältnissen entspricht, aber auch dann nicht, wenn es sich um unpfändbare Gegenstände handelt.

Der Mieter muss mit der Entfernung der Sache bereits begonnen haben **2** oder sie muss unmittelbar bevorstehen. Das Selbsthilferecht kann nur ausgeübt werden, solange die Sache noch im Machtbereich des Vermieters ist, also in der Regel auf seinem Grundstück. Der Vermieter kann der Entfernung widersprechen und ggf. auch Gewalt gegen den Mieter anwenden. Der Vermieter kann die Entfernung aber auch durch einstweilige Verfügung gerichtlich untersagen lassen. Der Mieter, der die Sache trotz bestehenden Pfandrechts des Vermieters wegnimmt, macht sich unter Umständen nach §289 StGB strafbar (BayObLG NJW 1981, 1745). Hat der Vermieter die Entfernung nicht verhindert, muss er zur Erhaltung seines Pfandrechts innerhalb der in Abs. 2 bestimmten Frist Klage auf Herausgabe der Sache erheben. Hat ein Dritter die Sache erworben, kann dieser sich auf lastenfreien Erwerb berufen (§936), sofern er das Vermieterpfandrecht ohne grobe Fahrlässigkeit nicht gekannt hat.

§562c Abwendung des Pfandrechts durch Sicherheitsleistung

[1] Der Mieter kann die Geltendmachung des Pfandrechts des Vermieters durch Sicherheitsleistung abwenden. [2] Er kann jede einzelne Sache dadurch von dem Pfandrecht befreien, dass er in Höhe ihres Wertes Sicherheit leistet.

Bietet der Mieter Sicherheit an, so verliert der Vermieter sein Widerspruchs- **1** recht (§562a S. 2) und das Selbsthilferecht (§562b). Die Höhe der Sicherheit muss der Höhe der vom Vermieter geltend gemachten Forderung entsprechen. Ergänzend gelten die allgemeinen Bestimmungen über die Sicherheitsleistung (§§232–240).

§562d Pfändung durch Dritte

Wird eine Sache, die dem Pfandrecht des Vermieters unterliegt, für einen anderen Gläubiger gepfändet, so kann diesem gegenüber das Pfandrecht nicht wegen der Miete für eine frühere Zeit als das letzte Jahr vor der Pfändung geltend gemacht werden.

Die Pfändung wegen Forderungen anderer Gläubiger kann der Vermieter **1** nicht verhindern, sofern er diese Sache nicht nach §562b Abs. 1 in Besitz genommen hat (§809 ZPO). Aufgrund des Vermieterpfandrechts kann er jedoch vorzugsweise Befriedigung nach §805 ZPO verlangen. Dieses Recht besteht für alle vom Vermieterpfandrecht gesicherten Forderungen. Für Mietrückstände wird es eingeschränkt auf Rückstände aus der Zeit bis zu einem Jahr vor der Pfändung. Für andere Forderungen bestehen keine Einschränkungen. Insbesondere ist die Geltendmachung wegen künftiger Mietforderungen im Rahmen des § 562 S. 2 uneingeschränkt möglich. Die Klage nach § 805 ZPO muss vor dem Ende der Zwangsvollstreckung erhoben werden.

Kapitel 4. Wechsel der Vertragsparteien

§ 563 Eintrittsrecht bei Tod des Mieters

(1) Der Ehegatte oder Lebenspartner, der mit dem Mieter einen gemeinsamen Haushalt führt, tritt mit dem Tod des Mieters in das Mietverhältnis ein.

(2) [1] Leben in dem gemeinsamen Haushalt Kinder des Mieters, treten diese mit dem Tod des Mieters in das Mietverhältnis ein, wenn nicht der Ehegatte oder Lebenspartner eintritt. [2] Andere Familienangehörige, die mit dem Mieter einen gemeinsamen Haushalt führen, treten mit dem Tod des Mieters in das Mietverhältnis ein, wenn nicht der Ehegatte oder der Lebenspartner eintritt. [3] Dasselbe gilt für Personen, die mit dem Mieter einen auf Dauer angelegten gemeinsamen Haushalt führen.

(3) [1] Erklären eingetretene Personen im Sinne des Absatzes 1 oder 2 innerhalb eines Monats, nachdem sie vom Tod des Mieters Kenntnis erlangt haben, dem Vermieter, dass sie das Mietverhältnis nicht fortsetzen wollen, gilt der Eintritt als nicht erfolgt. [2] Für geschäftsunfähige oder in der Geschäftsfähigkeit beschränkte Personen gilt § 210 entsprechend. [3] Sind mehrere Personen in das Mietverhältnis eingetreten, so kann jeder die Erklärung für sich abgeben.

(4) Der Vermieter kann das Mietverhältnis innerhalb eines Monats, nachdem er von dem endgültigen Eintritt in das Mietverhältnis Kenntnis erlangt hat, außerordentlich mit der gesetzlichen Frist kündigen, wenn in der Person des Eingetretenen ein wichtiger Grund vorliegt.

(5) Eine abweichende Vereinbarung zum Nachteil des Mieters oder solcher Personen, die nach Absatz 1 oder 2 eintrittsberechtigt sind, ist unwirksam.

1. Allgemeines

1   Der Mietvertrag endet nicht mit dem Tod des Mieters. Abweichend von den erbrechtlichen Bestimmungen gibt das Gesetz dem überlebenden **Ehegatten** und dem **Lebenspartner** ebenso wie den **Kindern** das Recht, eine Sonderrechtsnachfolge bezüglich der Wohnung herbeizuführen. Lebenspartner ist eine Person, mit der eine Partnerschaft nach dem Lebenspartnerschaftsgesetz eingetragen ist. Bloße Wohngemeinschaften gehören nicht dazu. Leben Lebenspartner und Kinder in einer Wohnung, so sind ihre Eintrittsrechte gleichrangig. Der Ehegatte ist hingegen privilegiert. Waren beide Ehegatten Mieter, gilt § 563a. Daneben ist auch das Eintrittsrecht des Ehegatten im Fall der Scheidung gemäß § 1568a zu beachten (→ § 546 Rn. 12).

2. Gemeinsamer Haushalt

2   Ein gemeinsamer Haushalt liegt vor, wenn eine häusliche Gemeinschaft und eine gemeinsame Wirtschaftsführung bestand. Der Fortbestand einer persönlichen und geistigen Gemeinschaft ist nicht erforderlich. Nur durch eine dauer-

haft vorgesehene Trennung wird der gemeinsame Hausstand aufgelöst. Für ein in der Wohnung lebendes Kind fordert der BGH keine gemeinsame Wirtschaftsführung, sondern nur ein „Leben" im Haushalt des verstorbenen Mieters (BGH NJW 2015, 473).

3. Ablehnung der Fortsetzung

Die Ablehnung der Fortsetzung (Abs. 3) ist nicht formbedürftig. Wird sie **3** schriftlich erklärt, kommt es auf ihren Zugang beim Vermieter an. Sie eröffnet ein Eintrittsrecht für die anderen Familienangehörigen (Abs. 2 S. 3) oder die Fortsetzung mit den Erben (§ 564). Ist der Ehegatte auch Erbe und schlägt er die Erbschaft nicht aus, so muss er von seinem Recht zur außerordentlichen Kündigung Gebrauch machen (§ 564 S. 2), wenn er die Wohnung nicht behalten will. Der Ehegatte muss nur vom Tod, nicht aber von seinem Ablehnungsrecht Kenntnis haben. Durch Verweisung auf § 210 wird erreicht, dass die Monatsfrist bei einem geschäftsunfähigen oder beschränkt geschäftsfähigen Ehegatten, der keinen gesetzlichen Vertreter hat, verlängert wird.

4. Familienangehörige

Familienangehörige (Abs. 2) sind Verwandte und Verschwägerte sowie Pfle- **4** gekinder. Angehörige einer Wohngemeinschaft werden nicht gleichgestellt. Das Eintrittsrecht besteht nur, wenn der Ehegatte nach Abs. 3 abgelehnt hat oder kein Ehegatte vorhanden ist. Die Familienangehörigen können den Eintritt in derselben Weise wie ein Ehegatte nach Abs. 1 ablehnen. Die Familienangehörigen müssen nicht gemeinsam ablehnen bzw. gemeinsam das Mietverhältnis fortsetzen.

5. Außerordentliche Kündigung

Der Vermieter hat ein Recht zur außerordentlichen Kündigung mit gesetzli- **5** cher Frist (Abs. 4). Nur bei der Kündigung gegenüber dem Erben, der nicht in der Wohnung lebt, ist kein wichtiger Grund für die Kündigung erforderlich. Ob sonst ein wichtiger Grund vorliegt, ist unter Berücksichtigung aller Umstände des Einzelfalls danach zu beurteilen, ob die Fortsetzung für den Vermieter zumutbar ist. Unzumutbar kann die Fortsetzung sein zB bei ausgeprägter persönlicher Feindschaft, unsittlichem Lebenswandel, feststehende nicht nur befürchtete Zahlungsunfähigkeit der Eingetretenen (BGH MDR 2018, 397). Die Kündigung muss nach § 568 schriftlich erfolgen und ein berechtigtes Interesse nach § 573 Abs. 3 darlegen. Krasse Unterbelegung durch den Eintretenden ist kein berechtigtes Kündigungsinteresse (RE OLG Karlsruhe NJW 1984, 2584). Da das Widerspruchsrecht (§ 574) bei einer Kündigung nach Abs. 4 anwendbar ist, ist der Hinweis nach § 574b Abs. 2 zweckmäßigerweise in das Kündigungsschreiben aufzunehmen. Die Kündigungsfrist ist nach § 573d abgekürzt und beträgt in der Regel drei Monate.

§ 563a Fortsetzung mit überlebenden Mietern

(1) Sind mehrere Personen im Sinne des § 563 gemeinsam Mieter, so wird das Mietverhältnis beim Tod eines Mieters mit den überlebenden Mietern fortgesetzt.

(2) Die überlebenden Mieter können das Mietverhältnis innerhalb eines Monats, nachdem sie vom Tod des Mieters Kenntnis erlangt haben, außerordentlich mit der gesetzlichen Frist kündigen.

(3) Eine abweichende Vereinbarung zum Nachteil der Mieter ist unwirksam.

1   Die Vorschrift erfasst die Fälle, in denen die betroffenen Personen ebenfalls Mieter waren. Hier ist die Fortsetzung des Mietvertrages eine Selbstverständlichkeit. Bei Fortsetzung des Mietverhältnisses allein mit dem überlebenden Vertragspartner besteht kein besonderes Kündigungsrecht des Vermieters. Die Erben haften gemäß § 563b neben dem das Mietverhältnis fortsetzenden Ehegatten wegen der rückständigen Forderungen. Im Innenverhältnis (zwischen Erben und fortsetzendem Ehegatten) haften die Erben nur insoweit, wie der Verstorbene im Verhältnis zwischen den Ehegatten zur Zahlung verpflichtet war, also in der Regel zur Hälfte.

§ 563b Haftung bei Eintritt oder Fortsetzung

(1) [1]Die Personen, die nach § 563 in das Mietverhältnis eingetreten sind oder mit denen es nach § 563a fortgesetzt wird, haften neben dem Erben für die bis zum Tod des Mieters entstandenen Verbindlichkeiten als Gesamtschuldner. [2]Im Verhältnis zu diesen Personen haftet der Erbe allein, soweit nichts anderes bestimmt ist.

(2) Hat der Mieter die Miete für einen nach seinem Tod liegenden Zeitraum im Voraus entrichtet, sind die Personen, die nach § 563 in das Mietverhältnis eingetreten sind oder mit denen es nach § 563a fortgesetzt wird, verpflichtet, dem Erben dasjenige herauszugeben, was sie infolge der Vorausentrichtung der Miete ersparen oder erlangen.

(3) Der Vermieter kann, falls der verstorbene Mieter keine Sicherheit geleistet hat, von den Personen, die nach § 563 in das Mietverhältnis eingetreten sind oder mit denen es nach § 563a fortgesetzt wird, nach Maßgabe des § 551 eine Sicherheitsleistung verlangen.

1   Die Eintretenden haften für rückständige Verbindlichkeiten aus dem Mietvertrag neben den Erben. Im Innenverhältnis (zwischen Eintretenden und Erben) haften die Erben allein, so dass die Eintretenden ggf. gegen die Erben Rückgriff nehmen können; dies gilt auch dann, wenn sie selbst gleichzeitig Miterben sind. Sie müssen sich dann jedoch einen ihrer Beteiligung an der Erbengemeinschaft entsprechenden Anteil abziehen lassen.

2   Neu in das Gesetz aufgenommen wurde im Jahre 2001 der Anspruch des Vermieters, nachträglich eine zunächst im Mietvertrag nicht vereinbarte Kaution zu verlangen (Abs. 3).

§ 564 Fortsetzung des Mietverhältnisses mit dem Erben, außerordentliche Kündigung

[1] Treten beim Tod des Mieters keine Personen im Sinne des § 563 in das Mietverhältnis ein oder wird es nicht mit ihnen nach § 563a fortgesetzt, so wird es mit dem Erben fortgesetzt. [2] In diesem Fall ist sowohl der Erbe als auch der Vermieter berechtigt, das Mietverhältnis innerhalb eines Monats außerordentlich mit der gesetzlichen Frist zu kündigen, nachdem sie vom Tod des Mieters und davon Kenntnis erlangt haben, dass ein Eintritt in das Mietverhältnis oder dessen Fortsetzung nicht erfolgt sind.

Die Vorschrift geht auf § 569a Abs. 6 aF, § 569 aF zurück. Die nach § 563 **1** eintrittsberechtigten Personen haben Vorrang vor den Erben. Das früher bei einer Kündigung überwiegend geforderte berechtigte Interesse des Vermieters entfällt. Die Erben haben in der Wohnung nicht ihren Lebensmittelpunkt. Sie bedürfen deshalb keines mietrechtlichen Schutzes. Die Frist zur Überlegung, ob der Mietvertrag außerordentlich gekündigt werden soll, beträgt für Mieter und Vermieter gleichermaßen einen Monat. Die Kündigungsfrist beträgt drei Monate (§ 573d Abs. 2). Sowohl die Mietschulden des Erblassers als auch die bis zur Kündigung gemäß S. 2 entstehende Forderung des Vermieters sind Nachlassverbindlichkeiten, für die der Erbe seine Haftung beschränken kann (BGH ZMR 2013, 422).

§ 565 Gewerbliche Weitervermietung

(1) [1] Soll der Mieter nach dem Mietvertrag den gemieteten Wohnraum gewerblich einem Dritten zu Wohnzwecken weitervermieten, so tritt der Vermieter bei der Beendigung des Mietverhältnisses in die Rechte und Pflichten aus dem Mietverhältnis zwischen dem Mieter und dem Dritten ein. [2] Schließt der Vermieter erneut einen Mietvertrag zur gewerblichen Weitervermietung ab, so tritt der Mieter anstelle der bisherigen Vertragspartei in die Rechte und Pflichten aus dem Mietverhältnis mit dem Dritten ein.

(2) Die §§ 566a bis 566e gelten entsprechend.

(3) Eine zum Nachteil des Dritten abweichende Vereinbarung ist unwirksam.

Die Vorschrift wurde aufgrund einer Entscheidung des BVerfG (BVerfG NJW **1** 1991, 2272) durch Gesetz vom 21.7.1993 als § 549a aF eingefügt und im Jahr 2001 geringfügig überarbeitet. Insbesondere bei Wohnungen, die im Bauherrenmodell errichtet wurden, sollen die Mieter den gleichen Kündigungsschutz gegenüber dem Eigentümer haben (§§ 573, 574 BGB, § 721 ZPO) wie bei anderen Mietverhältnissen. Aber auch der Inhalt des Mietvertrages mit dem die Wohnung nutzenden Mieter kann durch einen Wechsel des Zwischenmieters nicht verändert werden. Hier gelten die bei einem Eigentümerwechsel anzuwendenden Vorschriften (§§ 566 ff.) entsprechend.

Die Besserstellung des Mieters gilt aber **nur** für die Fälle der **gewerblichen 2 Weitervermietung,** also mit Gewinnerzielungsabsicht (BGH NJW 2016,

1086), zur Nutzung als Wohnung. Sie gilt nicht, wenn eine Weitervermietung der Räume zu gewerblichen Zwecken vereinbart ist, selbst wenn diese nach dem Zweckentfremdungsverbot auch zulässig war (BVerfG NJW 1993, 2601). Auch in allen anderen Fällen, in denen eine Interessenlage besteht, die mit derjenigen bei Weitervermietung von Wohnraum nicht vergleichbar ist, verbleibt es bei der völligen Trennung der beiden Mietverträge (→ § 546 Rn. 13). An der Rechtsprechung hierzu (OLG Hamburg ZMR 1993, 271; LG Hamburg NJW-RR 1992, 842) wollte der Gesetzgeber nichts ändern. Entscheidend ist, dass der Eigentümer einen Zwischenmieter einschaltet und hiermit eigene wirtschaftliche Interessen, nicht notwendigerweise eine Gewinnerzielung aus der Vermietung selbst (zB bei kostengünstiger Überlassung an Mitarbeiter) verfolgt (BGH BeckRS 2018, 630). Liegt die Zwischenvermietung hingegen zB im Interesse eines karitativen Vereins oder der Mieter selbst (Selbsthilfeverein), so kann eine Abwägung aller berührten Interessen dazu führen, dass § 565 nicht entsprechend anzuwenden ist (BGH ZMR 1996, 537; NZM 2003, 759; NJW 2016, 1086). Etwas anderes gilt, wenn der Vermieter auch ohne Beteiligung des Zwischenmieters an den Endmieter vermietet hätte und diese Betrachtung für ihn nicht unzumutbar ist. Maßgebend ist jeweils auch das Schutzbedürfnis des Mieters (BGH NJW 2003, 3054). Bei einer Kündigung des Eigentümers wegen Eigenbedarf reicht es aus, wenn der Zwischenvermieter diesen Kündigungsgrund dem Mieter bei seiner Kündigung mitteilt (RE OLG Stuttgart WuM 1993, 386).

§ 566 Kauf bricht nicht Miete

(1) Wird der vermietete Wohnraum nach der Überlassung an den Mieter von dem Vermieter an einen Dritten veräußert, so tritt der Erwerber anstelle des Vermieters in die sich während der Dauer seines Eigentums aus dem Mietverhältnis ergebenden Rechte und Pflichten ein.

(2) [1] Erfüllt der Erwerber die Pflichten nicht, so haftet der Vermieter für den von dem Erwerber zu ersetzenden Schaden wie ein Bürge, der auf die Einrede der Vorausklage verzichtet hat. [2] Erlangt der Mieter von dem Übergang des Eigentums durch Mitteilung des Vermieters Kenntnis, so wird der Vermieter von der Haftung befreit, wenn nicht der Mieter das Mietverhältnis zum ersten Termin kündigt, zu dem die Kündigung zulässig ist.

1. Allgemeines

1 Die Vorschrift ist nicht nur bei **Veräußerung** durch Verkauf eines Mietshauses oder einer Eigentumswohnung anwendbar, sondern auch bei Tausch, Schenkung, Einbringung in eine Gesellschaft oder beim Erwerb in der Zwangsversteigerung (§§ 57 ff. ZVG) oder in der Insolvenz (§ 111 InsO) sowie nach Beendigung des Nießbrauchs (§ 1056). Bei Eintritt der Nacherbfolge (§ 2135) ist eine entsprechende Anwendung gesetzlich vorgesehen. So wird erreicht, dass der Mietvertrag nach Eigentumswechsel auch gegen Dritte wirkt. Ist der Vermieter nicht Eigentümer, so berührt eine Eigentumsübertragung den Mietvertrag nicht (BGH NJW 2013, 3774). Der Erwerber kann den Mieter nicht zwingen, einen neuen Mietvertrag mit ihm abzuschließen. Erforderlich ist der rechtlich voll wirksame Eigentumswechsel, also der Vollzug im Grundbuch (§ 873). Der Mieter kann, um dies festzustellen, Einsicht in das Grundbuch verlangen. Der Abschluss des notariellen Vertrages oder die Eintragung einer Vormerkung reichen nicht aus, die Rechtswirkungen des § 566 auszulösen. Ist für den Mieter nicht mit Sicherheit feststellbar, wem die Miete zusteht, kann er sie beim Amtsgericht hinterlegen (§ 372). Auf Mietverträge, die vor dem Eigentumserwerb vom Verkäufer unwirksam gekündigt worden sind, erstreckt sich der Schutz des § 566 aber nur, wenn der Mieter nicht bereits ausgezogen ist (BGH NJW 2010, 1068).

Wird nur ein **Teil** der vermieteten Räume **veräußert** (zB Garage) oder die **2** gesamte Fläche an verschiedene Erwerber (zB Aufteilung nach dem WEG), bleibt es bei einem einheitlichen Mietvertrag, in den der Erwerber als Mitvermieter eintritt (→ § 535 Rn. 9; BGH NJW 2005, 3781). Etwas anderes kann sich aus dem Willen der Parteien ergeben, zB wenn die Garage auf einem anderen Grundstück steht und eine wirtschaftliche Verbindung mit dem Mietvertrag über die Wohnung nicht gewollt war.

2. Übergang von Rechten und Pflichten

Vor dem vollen **Eigentumsübergang** (Grundbucheintragung) gehen häufig **3** bereits nach dem Kaufvertrag (§ 446) die Rechte und Lasten auf den Erwerber über, der dann nach außen wie ein Eigentümer und somit als Vermieter auftritt. Auch in diesen Fällen kann aber nur der bisherige Vermieter die Rechte aus dem Mietvertrag ausüben, also zB ein Mieterhöhungsverlangen stellen (§ 558) oder eine Kündigung aussprechen. Vor Eigentumsübergang vom Erwerber abgegebene Erklärungen sind nur dann wirksam, wenn der Erwerber hierzu vom Veräußerer ermächtigt wurde (BGH NJW 2014, 1802); eine Offenlegung der Ermächtigung gegenüber dem Mieter ist nicht erforderlich. Eine Erklärung ist auch dann wirksam, wenn der Erwerber sie im Namen und in Vollmacht des alten Vermieters abgegeben hat. Wird keine Vollmacht vorgelegt, so kann der Mieter entsprechende Erklärungen sofort zurückweisen (§ 174; → § 568 Rn. 6). Durch die spätere Grundbucheintragung werden zuvor vom Erwerber in eigenem Namen abgegebene Erklärungen nicht geheilt. Sie müssen ggf. wiederholt werden. Wegen der Zahlung von Miete an den ehemaligen Vermieter gilt § 566c.

Modernisierungsmaßnahmen (§ 555b) muss der Mieter auch dann dulden, **4** wenn sie schon vor der Grundbuchänderung von dem hierzu vom Vermieter ermächtigten Käufer angekündigt und durchgeführt werden (BGH NJW 2008, 1218).

Ein **Schadensersatzanspruch** des Vermieters wegen Beschädigung der **5** Wohnung kann auch noch nach dem Eigentumswechsel geltend gemacht werden. Gegebenenfalls ist nachzuweisen, in welchem Umfang die Beschädigungen zu einem Mindererlös geführt haben (BGH NZM 2004, 901). Setzt der Mieter wegen eigener Schadensersatzansprüche den alten Vermieter in Verzug, so muss dieser die Verzugsschäden (zB Mangelbeseitigung, § 536a) nur soweit sie bis zum Eigentumswechsel fällig geworden sind, tragen. Den neuen Vermieter trifft die später fällig werdende Forderung, ohne dass er aber ebenfalls (erneut) in Verzug gesetzt werden müsste (BGH NJW 2005, 1187). Ein Zurückbehaltungsrecht endet mit dem Eigentumswechsel. Die zurückbehaltene Miete muss an den alten Eigentümer nachbezahlt werden. Gegen den neuen Vermieter kann das Zurückbehaltungsrecht bis zur Beseitigung des Mangels erneut ausgeübt werden. Eine Minderung gemäß § 536 bleibt unberührt (BGH NZM 2006, 696).

3. Person des Vermieters

6 Vermieter und Veräußerer müssen identisch sein. Aber auch bei einer Vermietung durch einen Dritten mit Zustimmung und im Interesse des Eigentümers ist § 566 zumindest analog anwendbar (BGH ZMR 2017, 968). Eine Rechtsnachfolge auf der Seite des Vermieters (Erbgang) steht der Identität nicht entgegen. Gehört aber zB das verkaufte Mietshaus **mehreren Miteigentümern** und hat nur einer der Miteigentümer den Mietvertrag allein in eigenem Namen und nicht auch als Vertreter der anderen Miteigentümer geschlossen, so ist § 566 grundsätzlich nicht anwendbar. In diesen Fällen ist der Erwerber berechtigt, von den Mietern aufgrund seines Eigentums Räumung zu verlangen (§ 546 Abs. 2). Diese sind dann auf die Durchsetzung ihrer Schadensersatzansprüche gemäß § 536 gegen den Vermieter angewiesen. § 566 ist aber anwendbar, wenn die anderen Miteigentümer der Vermietung zugestimmt haben. Die Zustimmung kann auch in schlüssigem Verhalten und je nach den Umständen selbst in einem Schweigen der Miteigentümer bestehen. Sie kann auch erst nach Abschluss des Mietvertrags erteilt worden sein. Es reicht aus, wenn sie gegenüber dem Vermietenden zum Ausdruck gebracht worden ist (RE OLG Karlsruhe NJW 1981, 1278). § 566 ist auch anwendbar, wenn mehrere Miteigentümer, die auch alle als Vermieter aufgetreten sind, das Grundstück in Wohnungseigentum aufteilen und dieses dann einzelnen der früheren Miteigentümer zum Alleineigentum übertragen. Auch in Fällen, in denen eine Identität von Vermieter und Eigentümer fehlt, kann sich eine konkludente Übertragung des Mietvertrages aus der praktischen Handhabung nach dem Erwerb ergeben (BGH NJW-RR 2010, 1095).

4. Zwangsversteigerung; Insolvenzverfahren

7 In der Zwangsversteigerung oder im Insolvenzverfahren steht dem Erwerber ein außerordentliches, befristetes Kündigungsrecht (§ 57a, § 57c ZVG, § 111 InsO) zu, sofern es sich um keine Zwangsversteigerung zur Aufhebung der Gemeinschaft handelt (§§ 180, 183 ZVG). Auch bei der außerordentlichen Kündigung muss die Schriftform (§§ 573d, 568) eingehalten und ein berechtigtes Interesse dargelegt werden (§ 573 Abs. 3); lediglich die Kündigungsfrist ist in der Regel auf drei Monate verkürzt (§ 573d Abs. 2 BGB, § 109 InsO). Die Kündigung muss beim Erwerb vom Insolvenzverwalter für den erstmöglichen Termin erfolgen.

5. Überlassung

Die Überlassung an den Mieter liegt vor, sobald ihm der vertragsgemäße **8**
Gebrauch (→ § 535 Rn. 23 ff.) ermöglicht wurde. Die Übergabe der Wohnungsschlüssel reicht aus. Bezug der Wohnung ist nicht erforderlich.
Ist die Veräußerung bereits vor der Überlassung an den Mieter erfolgt, gilt **9**
§ 567a.

6. Eintritt des Erwerbers

Der Erwerber tritt in die Rechte und Pflichten ein, die sich für die Dauer **10**
seines Eigentums aus dem Mietvertrag ergeben. Ein Erwerb nach Beendigung
des Mietverhältnisses und nach Auszug des Mieters begründet keine Verpflichtungen des Erwerbers. Hierbei bleibt allein der frühere Vermieter in der
Haftung und muss auch die Nebenkosten abrechnen, die bis zum Zeitpunkt
des Auszuges geschuldet sind (BGH WuM 2007, 267).
Ist der Eigentümerwechsel dem Mieter nicht vom Veräußerer angezeigt **11**
worden (§ 566e), muss der Erwerber seinen Anspruch urkundlich zB durch
Vorlage eines Grundbuchauszugs nachweisen (LG Kaiserslautern WuM 1985,
229). Ist der Mietvertrag bereits vom früheren Vermieter wirksam beendet
worden, stehen dem Erwerber die Ansprüche nach § 546a zu. Für gestellte
Sicherheiten (Kaution) gilt § 566a. Sofern die Sicherheit noch nicht geleistet
wurde, zurückgefordert ist oder aufgebraucht wurde, geht der entsprechende
Anspruch des Vermieters ebenfalls auf den Erwerber über (BGH ZMR 2012,
850). Für etwaige Rückforderungen des Mieters wegen überzahlter Nebenkosten, die bereits vor dem Eigentumswechsel fällig geworden sind, haftet der
Erwerber nicht (OLG Düsseldorf NJW-RR 1994, 1101). Das Vermieterpfandrecht (§ 562) geht ebenfalls über. Ein bereits für den Veräußerer entstandenes Kündigungsrecht (zB wegen Zahlungsrückstand oder wegen ver-
tragswidrigem Gebrauch gemäß § 543 Abs. 2, § 569 Abs. 3) kann der
Erwerber nicht mehr geltend machen. Der Erwerber kann nur aus Gründen
kündigen, die nach dem Erwerb eingetreten sind. Vertraglich vereinbarte
Kündigungsbeschränkungen gelten weiter (RE OLG Karlsruhe ZMR 1985,
122). Nach Eigentumswechsel ist auch der ehemalige Vermieter (Veräußerer)
wohl nicht mehr zur Kündigung berechtigt (umstritten). Eine vom Veräußerer vor dem Eigentumswechsel erklärte Kündigung wird durch den Eigentumswechsel jedoch nicht unwirksam. Eine vom Veräußerer durchgeführte
Modernisierung kann zu einem Mieterhöhungsrecht gemäß § 559 für den
Erwerber führen (RE KG NJW-RR 2000, 1177; NZM 2000, 860), unabhängig davon, ob die Bauarbeiten vor oder nach dem Eigentumswechsel vollendet
worden sind.
Mit dem Eigentumswechsel trägt der Erwerber die Gewährleistung für **12**
Sachmängel an der Wohnung. Für beim Erwerb vorhandene Mängel haftet er
gemäß § 536a auch ohne Verschulden, selbst wenn der Mangel bei Abschluss
des Mietvertrages noch nicht vorhanden war.
Ähnlich wie ein Erwerber tritt auch ein Zwangsverwalter in alle Rechte **13**
und Pflichten des Vermieters ein (§ 152 ZVG) und hat deshalb zB auch noch

nicht erteilte Nebenkostenabrechnungen zu erstellen, auch wenn der Zeitraum hierfür vor der Beschlagnahme liegt (BGH MDR 2006, 1372).

7. Rechtsstellung des Veräußerers

14 Der Veräußerer bleibt Gläubiger aller schon vor dem Eigentumswechsel
begründeten Ansprüche (BGH NJW 1989, 451). Für die Mietzahlung kommt
es darauf an, ob sie vor oder nach Eigentumswechsel fällig geworden ist.
Vorauszahlungen der monatlichen Miete sind nach § 566c zu beurteilen.
Schon vor dem Eigentumswechsel entstandene Ansprüche des Mieters richten
sich unverändert weiterhin gegen den ehemaligen Vermieter (zB Verwen-
dungsersatzanspruch nach § 536a). Diese Ansprüche verjähren in entsprechender Anwendung des § 548 in sechs Monaten ab Kenntnis des Eigentumswechsels. Nur wenn die Fälligkeit der Ansprüche auf einen Zeitpunkt nach
dem Eigentumswechsel vertraglich hinausgeschoben wurde, haftet der Erwerber (BGH NJW 1988, 705). Für die Zeit vor dem Eigentumswechsel muss
der Verkäufer abgelaufene Abrechnungsperioden abrechnen und den Saldo
selbst ausgleichen. Auf die Fälligkeit des Anspruchs aus der Abrechnung
kommt es hier nicht an (BGH NZM 2004, 188).

8. Haftung des Veräußerers

15 Die Haftung des Veräußerers nach Abs. 2 soll den Mieter in gewissem Umfang schützen, wenn der Erwerber seine Vermieterpflichten nicht erfüllt. Der
ehemalige Vermieter haftet neben dem Erwerber für dessen Verbindlichkeiten
als Gesamtschuldner (§ 773 Abs. 1 Nr. 1). Der ehemalige Vermieter und
Veräußerer kann sich durch die in Abs. 2 S. 2 vorgesehene Mitteilung von
seiner Haftung befreien. Eine einfache Mitteilung des Eigentumswechsels
reicht aus. Rechtliche Hinweise müssen dem Mieter nicht gegeben werden.
Abs. 2 gewährt dem Mieter kein außerordentliches Kündigungsrecht, vielmehr handelt es sich um eine ordentliche Kündigung des Mieters nach den
allgemeinen Bestimmungen (§§ 568, 573). Kündigt der Mieter, bleibt die
Haftung des Vermieters bis zum Ablauf der Kündigungsfrist bestehen. Kündigt er nicht, so ist umstritten, ob der Vermieter ebenfalls bis zum Ablauf der
Kündigungsfrist oder nur bis zu dem Zeitpunkt, in dem die Kündigung
erklärt werden hätte können, weiter haftet.

9. Abweichende Vereinbarungen

16 Die Parteien können im Mietvertrag von § 566 Abweichendes bestimmen.
Abweichungen zum Nachteil des Mieters in Formularmietverträgen sind
jedoch unwirksam (§ 307 Abs. 2 Nr. 1).

§ 566a Mietsicherheit

¹Hat der Mieter des veräußerten Wohnraums dem Vermieter für die Erfüllung
seiner Pflichten Sicherheit geleistet, so tritt der Erwerber in die dadurch begründe-

ten Rechte und Pflichten ein. [2]**Kann bei Beendigung des Mietverhältnisses der Mieter die Sicherheit von dem Erwerber nicht erlangen, so ist der Vermieter weiterhin zur Rückgewähr verpflichtet.**

Der Anspruch des Vermieters auf Leistung einer Kaution (§ 551) geht nicht **1** immer gemäß § 566 auf den Erwerber über (OLG Hamburg ZMR 1997, 415). § 566a bezieht sich nur auf bereits geleistete Sicherheiten. Aus § 566 ergibt sich, dass der Kautionsanspruch nur insoweit auf den Erwerber übergeht, wie der Verkäufer die Kaution nicht zur Tilgung (Verrechnung) eigener Ansprüche benötigt. Der Erwerber hat allerdings einen Anspruch auf Auffüllung der Kaution (→ § 551 Rn. 5).

Ist die Sicherheit bereits dem ehemaligen Vermieter gegenüber geleistet, so **2** kann der Erwerber von diesem zB Herausgabe des Kautionssparbuches (§ 952) verlangen. Das Guthaben auf einem Kautionskonto geht beim Eigentumswechsel kraft Gesetzes über (OLG Düsseldorf WuM 1997, 264). Vom Mieter kann er die vertraglich vereinbarte Kaution nur dann erneut verlangen, wenn der ehemalige Vermieter sich wegen seiner Ansprüche hieraus befriedigt hat (§ 240). Einer Entscheidung des BGH folgend (BGH NJW 1999, 1857) hat der Gesetzgeber jetzt angeordnet, dass der frühere Eigentümer weiter haftet, wenn der Mieter die Kaution vom Erwerber nicht zurück erhält. Diesen muss er aber zuerst in Anspruch nehmen. Von einem Zwangsverwalter erhält der Mieter die Kaution auch dann zurück, wenn der Vermieter die Kaution nicht an den Zwangsverwalter abgeführt hat (BGH NZM 2003, 849; NJW-RR 2005, 1029). Zu beachten bleibt, dass § 566a nur anwendbar ist, wenn der Kaufvertrag über die Wohnung nach dem 1.9.2001 geschlossen wurde (BGH NJW-RR 2009, 1164). In diesem Fall muss der Erwerber die Kaution auch dann zurückzahlen, wenn sie bei einem früheren Eigentumswechsel vor dem 1.9.2001 nicht weitergeleitet wurde (BGH NZM 2012, 81).

§ 566b Vorausverfügung über die Miete

(1) [1]**Hat der Vermieter vor dem Übergang des Eigentums über die Miete verfügt, die auf die Zeit der Berechtigung des Erwerbers entfällt, so ist die Verfügung wirksam, soweit sie sich auf die Miete für den zur Zeit des Eigentumsübergangs laufenden Kalendermonat bezieht. [2]Geht das Eigentum nach dem 15. Tag des Monats über, so ist die Verfügung auch wirksam, soweit sie sich auf die Miete für den folgenden Kalendermonat bezieht.**

(2) **Eine Verfügung über die Miete für eine spätere Zeit muss der Erwerber gegen sich gelten lassen, wenn er sie zur Zeit des Übergangs des Eigentums kennt.**

Nach § 566 müsste dem Erwerber mit dem Tag des Eigentumswechsels auch **1** die Miete zustehen. Alle über diesen Tag hinausgreifenden Verfügungen wären unwirksam. §§ 566b ff. treffen hiervon abweichende Bestimmungen, die für die Übergangszeit einen gerechten Interessenausgleich zwischen ehemaligem Vermieter, neuem Vermieter und Mieter schaffen sollen.

2   **Vorausverfügungen** sind Abtretung und Verpfändung der Miete oder die Aufrechnung des Vermieters gegenüber Ansprüchen des Mieters. Diese Verfügungen müssen vor dem Eigentumswechsel erfolgen und sich auf die Miete für die Zeit nach dem Eigentumswechsel beziehen. Für den laufenden Monat und bei Erwerb in der zweiten Monatshälfte auch für den folgenden Monat sind solche Verfügungen des ehemaligen Vermieters wirksam, auch wenn der Erwerber sie nicht kannte. Abs. 2 ermöglicht es dem Mieter, der vom bevorstehenden Eigentumswechsel erfährt, den Erwerber über die Vorausverfügungen für eine spätere Zeit zu unterrichten. Für die Wirksamkeit von Verfügungen, die über den Zeitraum des Abs. 1 hinausgehen, ist es unerheblich, woher der Erwerber Kenntnis erhalten hat.

§ 566c Vereinbarung zwischen Mieter und Vermieter über die Miete

[1] Ein Rechtsgeschäft, das zwischen dem Mieter und dem Vermieter über die Mietforderung vorgenommen wird, insbesondere die Entrichtung der Miete, ist dem Erwerber gegenüber wirksam, soweit es sich nicht auf die Miete für eine spätere Zeit als den Kalendermonat bezieht, in welchem der Mieter von dem Übergang des Eigentums Kenntnis erlangt. [2] Erlangt der Mieter die Kenntnis nach dem 15. Tag des Monats, so ist das Rechtsgeschäft auch wirksam, soweit es sich auf die Miete für den folgenden Kalendermonat bezieht. [3] Ein Rechtsgeschäft, das nach dem Übergang des Eigentums vorgenommen wird, ist jedoch unwirksam, wenn der Mieter bei der Vornahme des Rechtsgeschäfts von dem Übergang des Eigentums Kenntnis hat.

1   Ein **Rechtsgeschäft** in Ansehung der Mietforderung ist neben der Vorauszahlung auch die Stundung und der Erlass (ganz oder teilweise). Anders als in § 566b ist die Wirksamkeit hier nicht in erster Linie an den Eigentumswechsel, sondern an die Kenntnis des Mieters vom Eigentumswechsel geknüpft. Vor dem Eigentumswechsel sind alle Rechtsgeschäfte für den laufenden Monat und ggf. auch für den Folgemonat wirksam. Nach dem Eigentumswechsel kommt es allein auf die Kenntnis des Mieters an. Der Mieter kann also auch noch nach dem Eigentumswechsel so lange an den ehemaligen Vermieter mit befreiender Wirkung zahlen, als er vom Eigentumswechsel nichts weiß. Macht der Erwerber für diese Zeit die Miete geltend, so muss er die Kenntnis des Mieters vom Eigentumswechsel beweisen. Erforderlich ist positive Kenntnis des Mieters. Das bloße Kennenmüssen oder Zweifel des Mieters an der Berechtigung des ehemaligen Vermieters beseitigen sein Recht, mit befreiender Wirkung an den ehemaligen Vermieter zu zahlen, nicht.

2   Soweit die **Vorauszahlung** gegenüber dem Erwerber **wirksam** ist, muss er bei vorzeitiger Vertragsbeendigung den noch nicht verbrauchten Anteil nach § 547 zurückerstatten. Soweit die **Vorauszahlung** gegenüber dem Erwerber **unwirksam** ist, ist der ehemalige Vermieter zur Rückzahlung im Wege des Schadensersatzes verpflichtet. Bei pauschaler Einmalzahlung für das Wohnen auf Lebenszeit gilt § 566c nicht. Hier ergibt sich aus § 566, dass der Erwerber der Wohnung keine Miete fordern kann (BGH NJW 1998, 595).

§ 566c ist § 407 nachgebildet. Die zur Auslegung des § 407 entwickelten **3** Gesichtspunkte sind weitgehend übertragbar.

§ 566d Aufrechnung durch den Mieter

[1] **Soweit die Entrichtung der Miete an den Vermieter nach § 566c dem Erwerber gegenüber wirksam ist, kann der Mieter gegen die Mietforderung des Erwerbers eine ihm gegen den Vermieter zustehende Forderung aufrechnen. [2] Die Aufrechnung ist ausgeschlossen, wenn der Mieter die Gegenforderung erworben hat, nachdem er von dem Übergang des Eigentums Kenntnis erlangt hat, oder wenn die Gegenforderung erst nach der Erlangung der Kenntnis und später als die Miete fällig geworden ist.**

Dem Mieter wird eine einmal erworbene Aufrechnungsmöglichkeit erhalten. **1** Der Mieter kann nicht nur mit Ansprüchen aus dem Mietvertrag, sondern unbeschränkt aufrechnen. Die Vorschrift ist § 406 nachgebildet. Die zur Auslegung des § 406 entwickelten Gesichtspunkte sind weitgehend übertragbar.

§ 566e Mitteilung des Eigentumsübergangs durch den Vermieter

(1) Teilt der Vermieter dem Mieter mit, dass er das Eigentum an dem vermieteten Wohnraum auf einen Dritten übertragen hat, so muss er in Ansehung der Mietforderung dem Mieter gegenüber die mitgeteilte Übertragung gegen sich gelten lassen, auch wenn sie nicht erfolgt oder nicht wirksam ist.

(2) Die Mitteilung kann nur mit Zustimmung desjenigen zurückgenommen werden, der als der neue Eigentümer bezeichnet worden ist.

Der Mieter wird geschützt, wenn der Vermieter ihm den Eigentumswechsel **1** angezeigt hat, dieser aber nicht wirksam erfolgt ist. Es ist umstritten, ob der Mieter entsprechend geschützt ist, wenn er an einen im Grundbuch unrichtigerweise eingetragenen Eigentümer zahlt, auch wenn ihm keine Mitteilung nach § 566e zugegangen ist. Wird dem Mieter der Eigentumswechsel nicht angezeigt, kann er dem bisherigen Eigentümer gegenüber wirksam kündigen (LG Duisburg ZMR 1997, 356).

Die Vorschrift ist § 409 nachgebildet. Die zur Auslegung des § 409 ent- **2** wickelten Gesichtspunkte sind weitgehend übertragbar.

§ 567 Belastung des Wohnraums durch den Vermieter

[1] **Wird der vermietete Wohnraum nach der Überlassung an den Mieter von dem Vermieter mit dem Recht eines Dritten belastet, so sind die §§ 566 bis 566e entsprechend anzuwenden, wenn durch die Ausübung des Rechts dem Mieter der vertragsgemäße Gebrauch entzogen wird. [2] Wird der Mieter durch die Ausübung**

des Rechts in dem vertragsgemäßen Gebrauch beschränkt, so ist der Dritte dem Mieter gegenüber verpflichtet, die Ausübung zu unterlassen, soweit sie den vertragsgemäßen Gebrauch beeinträchtigen würde.

(nicht kommentiert)

§ 567a Veräußerung oder Belastung vor der Überlassung des Wohnraums

Hat vor der Überlassung des vermieteten Wohnraums an den Mieter der Vermieter den Wohnraum an einen Dritten veräußert oder mit einem Recht belastet, durch dessen Ausübung der vertragsgemäße Gebrauch dem Mieter entzogen oder beschränkt wird, so gilt das Gleiche wie in den Fällen des § 566 Abs. 1 und des § 567, wenn der Erwerber dem Vermieter gegenüber die Erfüllung der sich aus dem Mietverhältnis ergebenden Pflichten übernommen hat.

1 Ist der Mietvertrag vor dem Eigentumswechsel geschlossen worden, ohne dass die Wohnung dem Mieter vorher überlassen (→ § 566 Rn. 8) worden ist, so ist der Erwerber an den Mietvertrag nicht gebunden. Der Mieter kann gegen den Veräußerer Schadensersatzansprüche gemäß § 536a geltend machen. Der Erwerber muss in den Mietvertrag nur eintreten, wenn er dies mit dem Veräußerer – auch formlos – vereinbart hat. Vor Eigentumswechsel kann eine entsprechende Vereinbarung von Veräußerer und Erwerber gemeinsam wieder aufgehoben werden, nach Eigentumswechsel nur noch mit Zustimmung des Mieters.

§ 567b Weiterveräußerung oder Belastung durch Erwerber

[1]Wird der vermietete Wohnraum von dem Erwerber weiterveräußert oder belastet, so sind § 566 Abs. 1 und die §§ 566a bis 567a entsprechend anzuwenden. [2]Erfüllt der neue Erwerber die sich aus dem Mietverhältnis ergebenden Pflichten nicht, so haftet der Vermieter dem Mieter nach § 566 Abs. 2.

1 Die Vorschrift stellt klar, dass § 566 auch bei mehrfacher Veräußerung gilt. Die bürgenähnliche Haftung trifft aber nur den Vermieter, der mit dem Mieter den Mietvertrag abgeschlossen hat, nicht spätere Erwerber.

Kapitel 5. Beendigung des Mietverhältnisses

Unterkapitel 1. Allgemeine Vorschriften

§ 568 Form und Inhalt der Kündigung

(1) Die Kündigung des Mietverhältnisses bedarf der schriftlichen Form.
(2) Der Vermieter soll den Mieter auf die Möglichkeit, die Form und die Frist des Widerspruchs nach den §§ 574 bis 574b rechtzeitig hinweisen.

1. Allgemeines

Die Beendigung eines Mietverhältnisses allein durch **Zeitablauf** kommt bei 1
Wohnraummietverhältnissen (für die Fälle der gewerblichen Weitervermietung
→ § 535 Rn. 19) nur als Ausnahme bei Mietverträgen mit Vereinbarungen nach
§ 575 in Betracht. In der Regel beendet eine Kündigung oder eine Absprache
zwischen Mieter und Vermieter **(Mietaufhebungsvertrag)** das Mietverhältnis.
Ein Mietaufhebungsvertrag liegt vor, wenn zwischen Mieter und Vermieter
Einigkeit über den Zeitpunkt und alle anderen Bedingungen der Auflösung des
Mietverhältnisses besteht. Schweigen der einen Vertragspartei zu entsprechenden Ankündigungen der anderen reicht allein nicht aus. Es bedarf aber auch
keiner ausdrücklichen, schriftlichen Vereinbarung. Eine stillschweigende und
wirksame Vereinbarung kann dann angenommen werden, wenn sich aus den
Umständen insgesamt eindeutig ein entsprechendes Einverständnis der einen
Vertragsseite mit den von der anderen Vertragsseite angekündigten Schritten
entnehmen lässt, so zB wenn ein Ehegatte auszieht und der andere die Miete
weiter bezahlt und der Vermieter sich hierauf einstellt (BGH NJW 2004, 1797).
Zur Anwendbarkeit des Schutzes bei Verbraucherverträgen → § 535 Rn. 7.

Eine **unwirksame Kündigung** kann regelmäßig nicht in ein Angebot 2
zum Abschluss eines Mietaufhebungsvertrages umgedeutet werden (BGH
NJW 1981, 43). Wird eine Kündigung ausgesprochen, ohne dass ein Kündigungsgrund vorliegt, ist der unberechtigt Kündigende zur Erstattung des
hieraus entstandenen Schadens verpflichtet (Pflichtverletzung, § 280 Abs. 1;
BGH NJW 1988, 1269; → § 573 Rn. 49 ff.).

Ein Mietverhältnis kann auch durch öffentlich-rechtliche Maßnahmen auf- 3
gehoben werden (§ 182 BauGB), aber nur im förmlich festgelegten Sanie-
rungsgebiet.

Inhalt und **Form** (→ Rn. 13 ff.) der Kündigung sind gesetzlich vorgeschrie- 4
ben. Die Schriftform ergibt sich aus § 568, die Mitteilung des Kündigungsgrundes ist bei fristgerechten Kündigungen nach § 573 Abs. 3 erforderlich.
Notwendig ist in jedem Fall, dass der Wille, das Mietverhältnis endgültig zu
beenden, eindeutig und unmissverständlich zum Ausdruck gebracht wird.
Zweckmäßig ist es, den Termin, zu dem die Räumung verlangt wird bzw.
erfolgen wird, mitzuteilen. Fehlt eine solche Angabe oder ist die Kündigungsfrist
(§ 573c) zu knapp bemessen, so wird die Kündigung zum nächsten zulässigen
Termin wirksam. Eine Kündigung kann auch bereits vor Überlassung der Wohnung ausgesprochen werden, wobei die Kündigungsfristen allerdings ebenfalls
eingehalten werden müssen. Echte Bedingungen oder Befristungen (zB zum
Zeitpunkt eines neuen Vertragsschlusses) machen die Kündigung unwirksam.

€Kündigungen, die den anderen Vertragsteil nicht im Unklaren über das 5
Gewollte lassen, also insbesondere Bedingungen, deren Erfüllung vom Willen
des Kündigungsempfängers abhängig ist, sind möglich (BGH NZM 2004, 66).

2. Einzelheiten

Auch durch einen **Bevollmächtigten** kann die Kündigung wirksam erklärt 6
werden. Der Empfänger kann die Erklärung jedoch zurückweisen (§ 174),

wenn der Bevollmächtigte keine Vollmacht vorlegt und auch der Vollmachtgeber den Mieter von der Bevollmächtigung nicht unterrichtet hat. Die Zurückweisung muss unverzüglich unter Berufung auf diesen Grund erfolgen. Sie führt zu Unwirksamkeit der Kündigung.

7   Sind **mehrere Personen** (zB Ehegatten) als Vermieter oder Mieter beteiligt, so muss die Kündigung durch alle ausgesprochen werden bzw. an alle gerichtet sein. Bei einer Erbengemeinschaft soll es ausreichen, wenn der Kündigung ein Mehrheitsbeschluss zugrundeliegt und dieser objektiv gesehen aus wirtschaftlicher Sicht vernünftig ist (BGH NJW 2010, 765). Ein in der Wohnung zurück bleibender Mieter kann jedoch nicht verhindern, dass der Vermieter den ausziehenden Partner aus dem Mietvertrag entlässt, was auch durch konkludentes Verhalten geschehen kann (BGH NZM 2005, 543). Es empfiehlt sich darüber hinaus in der Regel, Räumungsklage gegen alle erwachsenen Bewohner zu erheben (→ § 546 Rn. 4 ff.). Wegen der einheitlichen Natur des Mietverhältnisses ist eine teilweise Beendigung gegenüber nur einem Mieter oder Vermieter nicht möglich. Vertretung ist auf beiden Vertragsseiten zulässig. In der Kündigung muss deutlich zum Ausdruck kommen, ob im eigenen Namen oder in fremdem Namen gekündigt wird. Die vielfach verwendete Formularvertragsklausel, dass es für Erklärungen des Vermieters ausreicht, wenn sie „gegenüber einem der Mieter abgegeben werden", ist auch bei Kündigungen wirksam (RE BGH NJW 1997, 3437). Nach dem Scheitern einer nichtehelichen Lebensgemeinschaft hat der ausziehende Mieter gegen den zurückbleibenden Mieter einen Anspruch auf Zustimmung zur Kündigung zum nächstmöglichen Zeitpunkt (OLG Düsseldorf MDR 2008, 138). Ist ein Mitmieter (zB Ehegatte) endgültig **ausgezogen,** ohne seine neue Anschrift dem Vermieter mitzuteilen, so kann auch eine Kündigung nur gegenüber dem zurückgebliebenen Mieter ausreichen. Eventuell kann auch ein stillschweigend geschlossener Mietaufhebungsvertrag angenommen werden (OLG Frankfurt a. M. ZMR 1991, 103; → § 546 Rn. 7).

3. Zugang der Kündigung

8 Der Zugang der Kündigung als einseitig empfangsbedürftige Willenserklärung ist **Voraussetzung** ihrer Wirksamkeit (§ 130). Für die Rechtzeitigkeit der Kündigung kommt es nicht auf ihre Absendung, sondern auf ihren Zugang an. Selbst ein Verlust auf dem Postweg, nicht nur eine Verzögerung, wird dem Vermieter zugerechnet (BGH NJW 2009, 2197). Zugang liegt dann vor, wenn die Kündigung derart in den Bereich des Gekündigten gelangt ist, dass dieser bei normalen Verhältnissen von ihr Kenntnis nehmen konnte. Die tatsächliche Kenntnisnahme ist nicht entscheidend. Die Kündigung kann dem Empfänger auch persönlich ausgehändigt oder in jeder anderen Form überbracht werden. Auch wenn vereinbart ist, dass die Kündigung auf besonderem Wege zugehen soll (zB eingeschriebener Brief), ist eine Kündigung, die auf andere Weise zugegangen ist, wirksam. Beim Einwurf in den Briefkasten an der tatsächlich vom Zustellungsempfänger bewohnten Wohnung ist die Kündigung dann zugegangen, wenn nach den üblichen Verhältnissen mit der Leerung des Briefkastens gerechnet werden kann. Etwas anderes kann gelten, wenn der Kündigende weiß, dass der Empfänger zB auf einer längeren Reise ist. Ist der Mieter längere Zeit auf Reise, so muss er in der Regel Nachsendung bei der Post beantragen, um Rechtsnachteile zu vermeiden. Der Zugang der nachgesandten Briefe tritt erst ein, wenn der Empfänger zB am Urlaubsort die Möglichkeit zu ihrer Kenntnisnahme hat. Bei Übersendung mit eingeschriebenem Brief gilt dieser erst dann als zugegangen, wenn er an der Wohnung des Empfängers ausgehändigt oder beim Postamt abgeholt wird. Der Benachrichtigungszettel im Briefkasten begründet keine Zugangswirkung. Bei einem Einwurf-Einschreiben kann der Zugang bewiesen werden, wenn der Einwurf ordnungsgemäß dokumentiert ist und der Einlieferungsschein vorgelegt wird. Verhindert der Empfänger aber treuwidrig, dass ihm die Kündigung zugeht (zB durch Nichtabholen des Einschreibebriefs bei der Post), so kann die Kündigung dennoch als wirksam angesehen werden. Wenn der Empfänger mit der Zustellung einer rechtlich bedeutsamen Mitteilung rechnen muss, so ist er verpflichtet, Vorkehrungen zu treffen, dass diese ihm auch unverzögert zugestellt werden kann (OLG Düsseldorf WuM 2004, 270; BGH NJW 1998, 976). Auch wenn der Mieter seinen Wohnsitz ohne Benachrichtigung des Vermieters verlassen hat, wird er sich unter Berücksichtigung der Umstände des Einzelfalls nach Treu und Glauben in der Regel nicht auf den fehlenden Zugang berufen können.

Im Streitfall muss der Kündigende den Zugang beweisen. Am sichersten ist **9** die Zustellung durch einen Gerichtsvollzieher nach § 132 Abs. 1. Wird durch eingeschriebenen Brief (mit Rückschein) gekündigt, so kann mit den Postunterlagen nur nachgewiesen werden, dass ein Schreiben, nicht aber welchen Inhalts, übermittelt wurde. Im Regelfall dürfte dies jedoch praktisch ausreichen. Ist der Mieter **geschäftsunfähig** geworden, muss der Vermieter, um wirksam kündigen zu können, beim Betreuungsgericht einen Betreuer bestellen lassen (§ 1896; BayObLG WuM 1996, 275).

4. Ausschluss durch Vertrag

Das Kündigungsrecht kann für eine gewisse Zeit auch vertraglich ausgeschlos- **10** sen sein (→ § 573c Rn. 7). Sofern dies im Mietvertrag nicht eindeutig zum Ausdruck gebracht wurde, kann eine Beschränkung des Rechts zur ordentlichen Kündigung insbesondere in der Vereinbarung eines abwohnbaren Finanzierungsbeitrages liegen.

Das BGB kennt die ordentliche Kündigung des Vermieters wegen eines **11** berechtigten Interesses unter Einhaltung der Kündigungsfrist (§ 573) und die außerordentliche Kündigung in besonderen Fällen, die teilweise ebenfalls befristet, teilweise fristlos ausgesprochen werden kann. Zum Nachteil des Mieters können über die gesetzlichen Bestimmungen hinaus keine zusätzlichen Kündigungsgründe vertraglich vereinbart werden.

5. Wirkung

Die Wirkung der Kündigung, dh die Auflösung des Mietverhältnisses, kann **12** nach Zugang der Kündigung nicht mehr einseitig durch Widerruf des Kündi-

genden aufgehoben werden (OLG Koblenz NJW-RR 2012, 1228). Die
Fortsetzung des ursprünglichen Vertrages im beiderseitigen Einvernehmen ist
möglich. Bei befristeten Verträgen ist es dann aber wichtig, sofern die Kündigung bereits wirksam war, dass dies schriftlich geschieht, zB durch Ergänzung
der vorliegenden Vertragsurkunde (§ 550; BGH NJW 1998, 2664). Die einseitige Fortsetzung des Mietverhältnisses nach 545 macht aber im Ergebnis die
Kündigung ebenfalls nachträglich wirkungslos. Die Kündigung erfasst das
gesamte Mietverhältnis. Eine Teilkündigung einheitlich vermieteter Teile (zB
Garage, Garten, Mobiliar) ist unwirksam. Ob eine im Mietvertrag nicht
erwähnte Garage als in den Mietvertrag einbezogen betrachtet werden muss,
richtet sich im wesentlichen danach, ob sie auf einem anderen Grundstück als
die Wohnung steht (BGH NJW 2012, 224). Sind die Voraussetzungen einer
außerordentlichen Kündigung nicht erfüllt, kann diese in eine ordentliche
Kündigung umzudeuten sein (§ 140), wenn eindeutig zum Ausdruck kommt,
dass der Kündigende das Mietverhältnis unter allen Umständen beenden will
(BGH NJW 1981, 976).

6. Form

13   Die **Schriftform** wird für die ordentliche und die außerordentliche, für die
befristete und die fristlose Kündigung vorgeschrieben; sie gilt auch für Untermietverhältnisse. Die Kündigungserklärung muss danach vom Kündigenden
eigenhändig unterschrieben sein (§ 126). Eine Formerleichterung für eine
mechanische oder faksimilierte Unterschrift (**Textform** gemäß § 128b) gibt
es für den Bereich der Kündigung nicht. Die Textform ist durch das Mietrechtsreformgesetz vom 19.6.2001 zugelassen worden für Modernisierungsarbeiten gemäß § 554 Abs. 3, Änderung des Betriebskostenumlageschlüssels
gemäß § 556a Abs. 2, Änderung der Indexmiete gemäß § 557b Abs. 3, Mieterhöhungserklärung gemäß § 558a Abs. 1, § 559b Abs. 1, § 560 Abs. 1.

14   Die Wirksamkeit einer Kündigung per **Telefax** ist noch nicht anerkannt.
Hier wird man die Meinung vertreten können, dass die Mitteilung vorab per
Telefax die Frist wahrt, wenn die unterschriebene Erklärung alsbald nachfolgt
(Schürmann NJW 1992, 3006). Nur bei einer Kündigung von Gewerberaum-
mietverträgen ist ein Telefax ausreichend, weil dort die Schriftform für die
Kündigung nicht gesetzlich vorgeschrieben ist (§ 142), so dass § 127 gilt
(BGH NJW 2004, 1320). Wird von einem Bevollmächtigten gekündigt, ist
das Zurückweisungsrecht nach § 174 (→ Rn. 6) nur ausgeschlossen, wenn die
Vollmacht als Originalurkunde bei der Kündigungserklärung vorgelegt wird.
Mit dem Angebot, Einsicht zu nehmen oder der Überlassung einer Kopie
muss sich der Gekündigte nicht zufrieden geben.

15   Die Kündigung ist in vollem Umfang unwirksam, wenn die Anforderungen
der Schriftform nicht erfüllt sind. Die Kündigung muss dann unter erneuter
Einhaltung der Fristen wiederholt werden. Der Gekündigte kann mit der
Nichteinhaltung der Form jedoch auch einverstanden sein, so dass formlos ein
Mietaufhebungsvertrag zustande kommt (→ § 568 Rn. 1). Unter welchen
Umständen eine **Kündigung** in einer **Klageschrift** wirksam ist, kann oft nur

schwer beurteilt werden. Der BGH neigt dazu, im Zweifel keine übermäßigen formalen Anforderungen zu stellen (BGH NJW-RR 1997, 203).

7. Fehlende Belehrung

Unterbleibt die Belehrung zum Kündigungswiderspruch (Abs. 2), führt dies **16** nicht zur Unwirksamkeit der Kündigung, sondern nur zur Verlängerung der Widerspruchsfrist (§ 574b Abs. 2). Bei der außerordentlichen fristlosen Kündigung besteht kein Widerspruchsrecht und damit auch keine Hinweispflicht.

Ausreichend ist die wörtliche Wiedergabe der §§ 574, 574a, 574b, aber **17** auch ein knapper Hinweis auf die Bestimmungen mit eigenen Worten. Zur Form und Frist des Widerspruchs muss der Mieter lediglich darauf hingewiesen werden, dass er den Widerspruch zwei Monate vor Ablauf der Kündigungsfrist schriftlich gegenüber dem Vermieter erklären kann. Die in Abs. 2 vorgeschriebene Belehrung muss nicht im Kündigungsschreiben enthalten sein und unterliegt auch nicht der Schriftform. Eine mündliche Belehrung wird der Vermieter jedoch im Streitfall nur schwer nachweisen können. Rechtzeitig ist ein entsprechender Hinweis, wenn dem Mieter noch genügend Zeit verbleibt, die Frist des § 574b Abs. 2 unter Einschluss einer gewissen Überlegungs- und Erkundigungszeit zu wahren.

8. Ausnahmen

Für die formalen Anforderungen gibt es Ausnahmen. In den in § 549 Abs. 2 **18** genannten Mietverträgen ist auch eine mündliche Kündigung ohne Angabe von Gründen zulässig (Vermietung zum vorübergehenden Gebrauch, Wohnraum in der Vermieterwohnung, von öffentlichen Trägern angemieteter Wohnraum). Die von § 568 vorgeschriebene **Schriftform** kann nicht durch vertragliche Vereinbarungen **abweichend** geregelt werden. Eine Verschärfung der Formanforderungen ist nicht zulässig.

§ 569 Außerordentliche fristlose Kündigung aus wichtigem Grund

(1) [1] Ein wichtiger Grund im Sinne des § 543 Abs. 1 liegt für den Mieter auch vor, wenn der gemietete Wohnraum so beschaffen ist, dass seine Benutzung mit einer erheblichen Gefährdung der Gesundheit verbunden ist. [2] Dies gilt auch, wenn der Mieter die Gefahr bringende Beschaffenheit bei Vertragsschluss gekannt oder darauf verzichtet hat, die ihm wegen dieser Beschaffenheit zustehenden Rechte geltend zu machen.

(2) Ein wichtiger Grund im Sinne des § 543 Abs. 1 liegt ferner vor, wenn eine Vertragspartei den Hausfrieden nachhaltig stört, so dass dem Kündigenden unter Berücksichtigung aller Umstände des Einzelfalls, insbesondere eines Verschuldens der Vertragsparteien, und unter Abwägung der beiderseitigen Interessen die Fortsetzung des Mietverhältnisses bis zum Ablauf der Kündigungsfrist oder bis zur sonstigen Beendigung des Mietverhältnisses nicht zugemutet werden kann.

(2a) [1] Ein wichtiger Grund im Sinne des § 543 Absatz 1 liegt ferner vor, wenn der Mieter mit einer Sicherheitsleistung nach § 551 in Höhe eines Betrages im

Verzug ist, der der zweifachen Monatsmiete entspricht. [2] Die als Pauschale oder als Vorauszahlung ausgewiesenen Betriebskosten sind bei der Berechnung der Monatsmiete nach Satz 1 nicht zu berücksichtigen. [3] Einer Abhilfefrist oder einer Abmahnung nach § 543 Absatz 3 Satz 1 bedarf es nicht. [4] Absatz 3 Nummer 2 Satz 1 sowie § 543 Absatz 2 Satz 2 sind entsprechend anzuwenden.

(3) Ergänzend zu § 543 Abs. 2 Satz 1 Nr. 3 gilt:

1. Im Falle des § 543 Abs. 2 Satz 1 Nr. 3 Buchstabe a ist der rückständige Teil der Miete nur dann als nicht unerheblich anzusehen, wenn er die Miete für einen Monat übersteigt. Dies gilt nicht, wenn der Wohnraum nur zum vorübergehenden Gebrauch vermietet ist.

2. Die Kündigung wird auch dann unwirksam, wenn der Vermieter spätestens bis zum Ablauf von zwei Monaten nach Eintritt der Rechtshängigkeit des Räumungsanspruchs hinsichtlich der fälligen Miete und der fälligen Entschädigung nach § 546a Abs. 1 befriedigt wird oder sich eine öffentliche Stelle zur Befriedigung verpflichtet. Dies gilt nicht, wenn der Kündigung vor nicht länger als zwei Jahren bereits eine nach Satz 1 unwirksam gewordene Kündigung vorausgegangen ist.

3. Ist der Mieter rechtskräftig zur Zahlung einer erhöhten Miete nach den §§ 558 bis 560 verurteilt worden, so kann der Vermieter das Mietverhältnis wegen Zahlungsverzugs des Mieters nicht vor Ablauf von zwei Monaten nach rechtskräftiger Verurteilung kündigen, wenn nicht die Voraussetzungen der außerordentlichen fristlosen Kündigung schon wegen der bisher geschuldeten Miete erfüllt sind.

(4) Der zur Kündigung führende wichtige Grund ist in dem Kündigungsschreiben anzugeben.

(5) [1] Eine Vereinbarung, die zum Nachteil des Mieters von den Absätzen 1 bis 3 dieser Vorschrift oder von § 543 abweicht, ist unwirksam. [2] Ferner ist eine Vereinbarung unwirksam, nach der der Vermieter berechtigt sein soll, aus anderen als den im Gesetz zugelassenen Gründen außerordentlich fristlos zu kündigen.

1. Anwendungsbereich

1 Das Recht zur fristlosen Kündigung besteht bei allen Wohnraummietverhältnissen. Die Kündigungsmöglichkeiten können durch vertragliche Regelungen nicht eingeschränkt werden. Die Rechte aus §§ 536a, 543 können daneben bestehen. Die in § 543 genannten formalen Voraussetzungen, insbesondere die erforderliche Fristsetzung nach Abs. 3, müssen auch bei einer Kündigung zB wegen Gesundheitsgefährdung eingehalten sein (BGH NJW 2007, 2177). Die Voraussetzungen einer fristlosen Kündigung müssen stets auch im Blick auf § 543 geprüft werden. Auch ein gewerblicher Zwischenmieter kann sich auf die Kündigungsgründe des Abs. 1 gegenüber dem Hauptvermieter berufen, wenn er für den vertragswidrigen Zustand nicht selbst verantwortlich ist (BGH NZM 2004, 222). Darüber hinaus wird man eine Kündigung wegen Gesundheitsgefahr auch dann zulassen müssen, wenn diese in Büroräumen auftritt, wie dies gemäß § 544 aF der Fall war. Der Schutz des Mieters sollte durch die Mietrechtsreform nicht verringert werden.

2. Gesundheitsgefährdung

Erforderlich ist eine erhebliche Gefährdung der Gesundheit; eine Gesund- **2** heitsbeschädigung muss noch nicht eingetreten sein. Vorübergehende oder kurzfristige behebbare Störungen reichen nicht aus. Die Gefährdung ist objektiv zu bestimmen. Regelmäßig ist ein medizinisches Gutachten im Rechtsstreit einzuholen. Der häufigste Anwendungsfall ist das Auftreten von Schimmelpilzen. In praktischer Hinsicht ist es geboten, bereits vor der Kündigung und Räumung ein Gutachten im Rahmen eines selbständigen Beweisverfahrens zu veranlassen (OLG Brandenburg ZMR 2014, 719). Soweit nur ein Teil der Räume betroffen ist, kommt es darauf an, ob dem Mieter eine entsprechende Einschränkung zugemutet werden kann. Dies ist nur unter der Berücksichtigung aller Umstände des Einzelfalles zu entscheiden. Die Vorschrift dient öffentlichen, gesundheitspolitischen Interessen und ist entsprechend weit auszulegen (KG ZMR 2004, 261).

3. Form

Die Kündigung bedarf nach § 568 der Schriftform. Eine Begründung kann **3** nicht erst im Rechtsstreit erfolgen. Die Kündigung kann fristlos oder befristet erklärt werden. Zumindest bei nicht plötzlich auftretenden Störungen wird der Mieter zur Mängelanzeige (§ 536c) verpflichtet sein.

4. Störung des Hausfriedens

Für die Fälle schuldhafter, schwerwiegender Störung des Hausfriedens kann **4** § 569 eine Kündigung rechtfertigen. Die Vorschrift tritt dann neben das Kündigungsrecht des Vermieters nach § 543 Abs. 2 Nr. 2, das kein Verschulden erfordert und neben das Kündigungsrecht des Mieters nach § 543 Abs. 2 Nr. 1. Die dort aufgestellten, teilweise sehr strengen Voraussetzungen können in den dort genannten Fällen nicht durch Anwendung des § 569 umgangen werden. In allen Fällen eines vertragswidrigen Gebrauchs ist somit § 569 unanwendbar (RE OLG Koblenz ZMR 1997, 578). Unter Berücksichtigung der genannten anderen Vorschriften müssen auch an den Kündigungsgrund nach § 569 strenge Anforderungen gestellt werden. Der Kündigende kann wie in den Fällen des § 543 in entsprechender Weise Schadensersatz verlangen.

5. Abmahnung

Eine der Kündigung vorausgehende Abmahnung wird vom Gesetz nicht ver- **5** langt. Sie dürfte jedoch geboten sein, wenn der Kündigende zuvor längere Zeit im konkreten Einzelfall nicht so schwere Verfehlungen hingenommen hat, aufgrund ihrer Summierung sich jedoch später zur Kündigung entschließen will. Die Kündigung muss nicht zwingend in engem zeitlichen Zusammenhang mit der sie begründenden Vertragsverletzung ausgesprochen werden (BGH NJW 2016, 3720).

6. Besonders schwerwiegende Vertragsverletzung

6 Die Vertragsverletzung muss ganz besonders schwerwiegend sein. Bereits die ordentliche Kündigung nach § 573 Abs. 2 Nr. 1 setzt eine „nicht unerhebliche" Vertragsverletzung voraus. Die Zumutbarkeit der Vertragsfortsetzung ist objektiv am Maßstab eines Durchschnittsbetrachters unter Berücksichtigung aller besonderen Umstände des Einzelfalls zu beurteilen.

7 Ein **Verschulden** des Mieters liegt bei den in Frage kommenden schweren Vertragsverletzungen regelmäßig bis auf die Fälle der Geisteskrankheit vor. Das Verhalten seiner Familienangehörigen und Untermieter (§ 540 Abs. 2) muss er sich zurechnen lassen.

8 Die Kündigung nach § 569 Abs. 2 kommt bei entsprechend schwerwiegender Verletzung aller Arten von Vertragspflichten in Betracht. Auf einige **Anwendungsbeispiele** sei ausdrücklich hingewiesen:

9 Gegenseitige Belästigungen der Vertragsparteien oder anderer Mieter rechtfertigen nur in besonderen Ausnahmefällen die fristlose Kündigung. Schwere und insbesondere wiederholte Beleidigungen können jedoch ausreichen. Harmlose, einmalige Tätlichkeiten reichen nicht aus. Von Bedeutung für die Beurteilung ist auch, ob das Verhalten provoziert wurde oder unentschuldbar erscheint. Andauernde und schwerwiegende Lärmbelästigungen oder nachhaltige Verstöße gegen die Hausordnung, die das weitere Zusammenleben unerträglich machen, können die fristlose Kündigung rechtfertigen.

10 Die Aufnahme weiterer Personen, auch des anderen Geschlechts, in die Wohnung kann aus allein moralischen Gründen nicht als schwerwiegende Vertragsverletzung angesehen werden. Kein Kündigungsgrund besteht, wenn der Mieter gegenüber potentiellen Erwerbern der Wohnung erklärt, er werde nicht freiwillig räumen, wohl aber, wenn er die Wohnung in unsachlicher Weise schlecht macht (LG Hannover WuM 1995, 538). Fortlaufend unpünktliche Zahlungen können auch ein Kündigungsgrund sein, wenn die Voraussetzungen des § 543 Abs. 2 Nr. 3 nicht erfüllt sind. In diesen Fällen muss der Vermieter jedoch in besonderer Weise beeinträchtigt werden, etwa durch besonders lang anhaltende Unpünktlichkeit, zB, wenn Mieter trotz mehrfacher Aufforderung nicht vereinbarungsgemäß zum Monatsersten zahlt (LG Hamburg ZMR 1983, 200; BGH ZMR 1988, 16; LG Duisburg ZMR 1988, 99). Dann wird eine Abmahnung vor der Kündigung regelmäßig erforderlich sein.

11 Unpünktliche Zahlungen des Sozialamtes können eine Kündigung jedoch nicht rechtfertigen (RE KG ZMR 1998, 159), wohl aber die Nichtzahlung einer vereinbarten Kaution (OLG Celle ZMR 1998, 272). Wiederholte Versuche einer Vertragspartei, rechtlich nicht begründete Ansprüche auch gerichtlich durchzusetzen, wird in der Regel die Kündigung nicht rechtfertigen. Wenn dies in besonders schikanöser Weise geschieht, kann im Einzelfall etwas anderes gelten. In Ausnahmefällen kann außerhalb des Anwendungsbereichs von § 569 Abs. 2 auch ohne Verschulden aus wichtigem Grund fristlos gekündigt werden (OLG Düsseldorf ZMR 2000, 173).

7. Zahlungsverzug

Die Kündigung wegen Zahlungsverzugs ist allgemein geregelt in § 543 Abs. 2 **12** Nr. 3 (→ § 543 Rn. 16 ff.). Wegen des Begriffs **vorübergehender Gebrauch** wird auf § 549 Abs. 2 Nr. 1 verwiesen. In diesen Mietverhältnissen kann eine fristlose Kündigung bei Rückständen für zwei aufeinander folgende Termine erfolgen, auch wenn der rückständige Betrag weniger als eine Monatsmiete beträgt.

Die **Nichtzahlung der Kaution** wird dem Zahlungsverzug im Ergebnis **13** gleichgestellt (Abs. 2a). Dies gilt auch dann, wenn die Kaution zunächst geleistet wurde, aber danach vom Vermieter berechtigter Weise zur Tilgung offener Ansprüche gegen den Mieter in Anspruch genommen und vom Mieter nicht wieder aufgefüllt wurde.

8. Befriedigung nach Kündigung

Die Befriedigung des Vermieters nach Zugang der Kündigung lässt die Kün- **14** digung unter den Voraussetzungen des Abs. 3 Nr. 2 unwirksam werden. Die Zweimonatsfrist beginnt mit der Zustellung der Räumungsklage an den Mieter (§§ 253, 261 ZPO). Ihr Ende ist nach §§ 187, 188 zu bestimmen. Wird bereits vor Zustellung der Räumungsklage gezahlt, wird die Kündigung nach dem Sinn dieser Vorschrift ebenfalls unwirksam (RE KG ZMR 1985, 52). Die Befriedigung muss in derselben Weise wie bei Zahlung vor Zugang der Kündigung vollständig sein (BGH NJW 2016, 3437). Bleibt nur ein sehr geringer Teil offen, wird es dem Vermieter nach Treu und Glauben verwehrt sein, sich hierauf zu berufen. Die Grenze könnte man hier bei 1–2 % einer Monatsmiete sehen. Als öffentliche Stelle kommt in erster Linie der örtliche Sozialhilfeträger in Betracht, der durch das Gericht vom Eingang einer auf Zahlungsverzug gestützten Räumungsklage benachrichtigt wird. Als öffentliche Stelle im Sinne dieser Vorschrift wird aber auch jede andere öffentliche Körperschaft, auch die Kirchen, anzusehen sein. Die öffentliche Stelle muss sich ohne Bedingung und in der vom Mieter geschuldeten Höhe verpflichten. Diese Verpflichtungserklärung muss dem Vermieter bis zum Ablauf der Monatsfrist zugehen (RE BayObLG ZMR 1994, 557).

Die nachträgliche, zweimonatige Schonfrist besteht nicht, wenn der Ver- **15** mieter in den letzten zwei Jahren vor der Kündigung bereits schon einmal nach § 543 gekündigt hat und die Kündigung durch nachträgliche Zahlung oder Verpflichtung einer öffentlichen Stelle innerhalb der Schonfrist unwirksam geworden ist. Die Zweijahresfrist ist ab Zugang der zweiten Kündigung zurück in die Vergangenheit zu rechnen. Die erste Kündigung muss innerhalb dieser Zweijahresfrist zugegangen sein. Es ist nicht erforderlich, dass auch die erste Kündigung im Rahmen eines Räumungsrechtsstreits rechtshängig war (RE KG DWW 1984, 191).

Zahlt der Mieter innerhalb der ihm zustehenden Schonfrist oder verpflich- **16** tet sich eine öffentliche Stelle in dieser Frist, so kann der Vermieter den Rechtsstreit für erledigt erklären, so dass der Mieter die **Verfahrenskosten** insoweit zu tragen hat (§ 91a ZPO).

17   Eine gleichzeitig ausgesprochene ordentliche Kündigung wird durch die Nachzahlung nicht wirkungslos (→ § 573 Rn. 9 unter dem Stichwort Zahlungsverzug; BGH NJW 2015. 2650 Rn. 22).

9. Kündigungsrecht des Vermieters

18   Das Kündigungsrecht des Vermieters nach § 569 ist bei Mieterhöhungen aller Art unter Einschluss von Erhöhungen nach § 560 beschränkt (Abs. 3 Nr. 3). Die Schonfrist nach einer Mieterhöhung (Abs. 3 Nr. 3) kann auf Mieterhöhungen im preisgebundenen Wohnungsbau nicht entsprechend angewendet werden (BGH ZMR 2012, 686). Im Fall einer Erhöhung gemäß § 558 reicht eine Verurteilung zur Zustimmung zur Mieterhöhung aus; eine Zahlungsklage ist nicht erforderlich. Der Gesetzestext, der von einer Verurteilung zur Zahlung spricht, ist insoweit ungenau. Wegen der Voraussetzungen und Folgen der Kündigung im Übrigen ist § 543 Abs. 2 Nr. 3 in vollem Umfang anzuwenden. Wird die Kündigung vor Ablauf der Zweimonatsfrist ausgesprochen, so ist sie unwirksam. Wird eine Mieterhöhung zwischen Mieter und Vermieter vereinbart (auch als gerichtlicher Vergleich), ist die Kündigungsmöglichkeit des Vermieters nach § 543 nicht eingeschränkt.

10. Begründung

19   Die Begründung nach Abs. 4 muss den Sachverhalt konkret bezeichnen. Dies gilt auch für Kündigungen des Mieters. Übertriebene Anforderungen dürfen an diese Begründung nicht gestellt werden. Abweichende Vertragsvereinbarungen sind unwirksam (Abs. 5), soweit sie für den Mieter nachteilig sind. Im Falle des Zahlungsverzugs reicht es stets aus, wenn der Vermieter diesen Kündigungsgrund nennt und den Gesamtbetrag der rückständigen Miete beziffert (BGH NJW 2010, 3015).

§ 570 Ausschluss des Zurückbehaltungsrechts

Dem Mieter steht kein Zurückbehaltungsrecht gegen den Rückgabeanspruch des Vermieters zu.

1   Die Vorschrift übernimmt die Regelung des früheren § 556 Abs. 2. Der Rückgabeanspruch des Vermieters ist in § 546 allgemein geregelt. Der Ausschluss des Zurückbehaltungsrechts besteht nur gegenüber dem Rückgabeanspruch des Vermieters.

§ 571 Weiterer Schadensersatz bei verspäteter Rückgabe von Wohnraum

(1) [1]Gibt der Mieter den gemieteten Wohnraum nach Beendigung des Mietverhältnisses nicht zurück, so kann der Vermieter einen weiteren Schaden im Sinne des § 546a Abs. 2 nur geltend machen, wenn die Rückgabe infolge von Umständen unterblieben ist, die der Mieter zu vertreten hat. [2]Der Schaden ist nur

insoweit zu ersetzen, als die Billigkeit eine Schadloshaltung erfordert. [3] Dies gilt nicht, wenn der Mieter gekündigt hat.

(2) Wird dem Mieter nach § 721 oder § 794a der Zivilprozessordnung eine Räumungsfrist gewährt, so ist er für die Zeit von der Beendigung des Mietverhältnisses bis zum Ablauf der Räumungsfrist zum Ersatz eines weiteren Schadens nicht verpflichtet.

(3) Eine zum Nachteil des Mieters abweichende Vereinbarung ist unwirksam.

1. Schadensersatz

Schadensersatz (§ 546a) kann der Vermieter neben der Nutzungsentschädigung nur nach Maßgabe des § 571 verlangen. In Betracht kommen vor allem Verzugsschäden. Der Mieter kommt bei Beendigung des Vertragsverhältnisses ohne Mahnung (§ 286 Abs. 2) in Verzug. Wird vom Vermieter eine Räumungsfrist gewährt, fehlt es insoweit am Verschulden des Mieters, so dass für diese Zeit ein Schadensersatzanspruch des Vermieters ausgeschlossen ist. Die Sonderregelungen für den Wohnraum gelten umfassend, auch für Mietverhältnisse nach § 549 Abs. 2, 3. Ein Verschulden des Mieters fehlt zB dann, wenn Härtegründe nach § 574 bestehen (zu Beispielsfällen → § 574 Rn. 5). Es ist nicht erforderlich, dass der Mieter Widerspruch erhoben und eine Fortsetzung des Mietverhältnisses im gerichtlichen Verfahren verlangt hat. Darüber hinaus wird der Schadensersatz des Vermieters unter Billigkeitserwägungen eingeschränkt. Hier sind alle Umstände des Einzelfalls zu berücksichtigen. Hat jedoch der Mieter gekündigt, so wird der Schadensersatzanspruch des Vermieters nicht durch Billigkeitsabwägungen beschränkt. Ein Verschulden des Mieters an der Nichträumung muss jedoch auch in diesen Fällen vorliegen. Bei einverständlicher Aufhebung des Mietverhältnisses dagegen ist Abs. 1 S. 1 voll anwendbar. **1**

Als Schadensersatz kann beim Vorliegen der genannten Voraussetzungen zB Mietausfall geltend gemacht werden, so wenn zur Zeit der vertragsgemäßen Beendigung eine Weitervermietung möglich gewesen wäre, nicht aber – sofort – nach der späteren, tatsächlichen Räumung. Der Vermieter muss sich um eine umgehende Vermietung jedoch bemühen. Grundsätzlich kann der Vermieter zwar auch geltend machen, dass eine Neuvermietung zu einer höheren als der ortsüblichen Vergleichsmiete (zB bei zulässiger Vermietung als Gewerberaum) möglich gewesen wäre. Hat eine Billigkeitsprüfung nach Abs. 1 zu erfolgen, wird dieser Anspruch jedoch in der Regel ausgeschlossen sein. Soweit der Vermieter einem neuen Mieter gegenüber wegen der Nichtüberlassung der Wohnung zu Schadensersatz (§ 536) verpflichtet ist, kann er auch insoweit Schadensersatz vom Mieter verlangen. Wegen unterlassener Schönheitsreparaturen oder unterlassener Entfernung von Einrichtungen kann der Vermieter in derselben Weise wie bei fristgerechter Räumung Schadensersatz verlangen. **2**

2. Räumungsschutz

Ist dem Mieter Räumungsschutz (§§ 721, 794a ZPO) durch gerichtlichen Beschluss gewährt worden, so sind Schadensersatzansprüche wegen der hier- **3**

durch ausgelösten Verzögerung ausgeschlossen (Abs. 2). Dies gilt auch für die
Zeit nach Ablauf der Kündigungsfrist bis zum Erlass des gerichtlichen Be-
schlusses. Bei Räumungsschutz nach § 765a ZPO, der insbesondere in den
Fällen des Zeitmietvertrages nach § 575 in Betracht kommt, gilt der Ausschluss nicht. Die zum Vollstreckungsschutz führenden Gründe werden aber
regelmäßig ein Verschulden des Mieters ausschließen, so dass aus diesem
Grund ein Schadensersatzanspruch ausgeschlossen ist. Nicht ausgeschlossen
sind jedoch alle Schadensersatzansprüche, die nicht auf Verzögerung der
Räumung, sondern zB auf der Beschädigung der Wohnung beruhen.

§ 572 Vereinbartes Rücktrittsrecht; Mietverhältnis unter auflösender Bedingung

**(1) Auf eine Vereinbarung, nach der der Vermieter berechtigt sein soll, nach
Überlassung des Wohnraums an den Mieter vom Vertrag zurückzutreten, kann
der Vermieter sich nicht berufen.**

**(2) Ferner kann der Vermieter sich nicht auf eine Vereinbarung berufen, nach
der das Mietverhältnis zum Nachteil des Mieters auflösend bedingt ist.**

1 Die früher in §§ 570a, 565a geregelte Vorschrift soll sicherstellen, dass der
Kündigungsschutz nicht durch die Vereinbarung eines Rücktrittsrechts umgangen werden kann. Darüber hinausgehend gilt die Vorschrift jedoch auch
für ein vereinbartes Rücktrittsrecht des Mieters. Ist vertraglich ein Rücktrittsrecht vereinbart, so ist dies in die Vereinbarung eines Kündigungsrechtes
umzudeuten. Eine hierauf gestützte Kündigung ist allein nach den bestehenden gesetzlichen Kündigungsschutzvorschriften zu beurteilen, da diese nicht
abdingbar sind.

2 Eine **auflösende Bedingung** liegt vor, wenn die Beendigung des Mietverhältnisses von einem zukünftigen, ungewissen Ereignis abhängig gemacht
wird (zB Beendigung des Arbeitsverhältnisses, Austritt aus der Genossenschaft). Der Bedingungseintritt bewirkt nicht die Auflösung des Mietverhältnisses, sondern seine Umwandlung in ein unbefristetes Mietverhältnis. Eine
ordentliche Kündigung vor Eintritt der Bedingung ist nicht wirksam. Bei
einer Kündigung sind die Schriftform (§ 568) und der Begründungszwang für
den Vermieter nach § 573 Abs. 3 zu beachten. Eine auflösende Bedingung zu
Gunsten des Mieters ist jetzt zulässig.

Unterkapitel 2. Mietverhältnisse auf unbestimmte Zeit

§ 573 Ordentliche Kündigung des Vermieters

**(1) [1]Der Vermieter kann nur kündigen, wenn er ein berechtigtes Interesse an
der Beendigung des Mietverhältnisses hat. [2]Die Kündigung zum Zwecke der
Mieterhöhung ist ausgeschlossen.**

**(2) Ein berechtigtes Interesse des Vermieters an der Beendigung des Mietver-
hältnisses liegt insbesondere vor, wenn**

1. der Mieter seine vertraglichen Pflichten schuldhaft nicht unerheblich verletzt hat,
2. der Vermieter die Räume als Wohnung für sich, seine Familienangehörigen oder Angehörige seines Haushalts benötigt oder
3. der Vermieter durch die Fortsetzung des Mietverhältnisses an einer angemessenen wirtschaftlichen Verwertung des Grundstücks gehindert und dadurch erhebliche Nachteile erleiden würde; die Möglichkeit, durch eine anderweitige Vermietung als Wohnraum eine höhere Miete zu erzielen, bleibt außer Betracht; der Vermieter kann sich auch nicht darauf berufen, dass er die Mieträume im Zusammenhang mit einer beabsichtigten oder nach Überlassung an den Mieter erfolgten Begründung von Wohnungseigentum veräußern will.

(3) ¹Die Gründe für ein berechtigtes Interesse des Vermieters sind in dem Kündigungsschreiben anzugeben. ²Andere Gründe werden nur berücksichtigt, soweit sie nachträglich entstanden sind.

(4) Eine zum Nachteil des Mieters abweichende Vereinbarung ist unwirksam.

Übersicht

I. Anwendungsbereich allgemein

1. Anwendbarkeit

§ 573 (§ 564b aF) ist die zentrale Vorschrift für den seit 1971 bestehenden **1** Kündigungsschutz (Bestandsschutz). Eine ordentliche Kündigung des Vermieters ist nur noch in den Fällen eines berechtigten Interesses nach Abs. 2 zulässig. Insbesondere die Kündigung zum Zweck der Mieterhöhung ist ausgeschlossen. Sind die Voraussetzungen des § 573 erfüllt und ist die Kündigung wirksam, können dem Mieter weitere Schutzrechte nach § 574 (Widerspruchsrecht, früher: Sozialklausel) zustehen. Zum Kündigungsschutz des Untermieters im Falle der Kündigung des Hauptmietverhältnisses → § 546 Rn. 13 f. Ob überhaupt Wohnraummietrecht anwendbar ist, muss nach → § 535 Rn. 17 ff., 22 geprüft werden. Für Heime aller Art gilt der Kündigungsschutz, wenn die Raumnutzung (und nicht etwaige Pflege- oder Betreuungsleistungen) den Schwerpunkt der vertraglich vereinbarten Leistung ausmachen (→ § 535 Rn. 22). Ein Sonderkündigungsrecht für Ferienwohnungen ist seit 31.8.2006 entfallen (Art. 229 § 3 Abs. 2 EGBGB).

2   Ein **Kündigungsverzicht** ist selbst in Formularverträgen generell wirksam,
wenn er vier Jahre nicht übersteigt, gerechnet vom Abschluss des Mietvertrages bis zum frühesten Kündigungstermin unter Einschluss der Kündigungsfrist (BGH NJW 2011, 597) und Mieter und Vermieter gleichermaßen
bindet. Eine einseitige Bindung des Mieters ist unwirksam (BGH NJW 2009,
912). Dies betrifft aber nicht die Kündigung aus wichtigem Grund, die stets
zulässig bleibt. Eine längere Frist führt bei Formularverträgen zur Unwirksamkeit, bei Individualverträgen (auch bei individuellen Regelungen in einem
Formular) in der Regel zur Abkürzung der Frist auf vier Jahre. In Individualverträgen ist auch eine einseitige Bindung des Mieters für bis zu vier Jahre
zulässig. Eine beidseitige Bindung auf zehn Jahre hat der Bundesgerichtshof
ebenfalls als wirksam angesehen (BGH NJW 2011, 59 Rn. 25). In Staffelmietverträgen ist darüber hinaus auch eine einseitige Bindung des Mieters für bis
zu vier Jahre in einem Formularvertrag möglich. Die genannten Fristen laufen
ab Abschluss des Mietvertrages, nicht ab Überlassung der Wohnung (BGH
NJW 2004, 1448; 2004, 3174; 2006, 1059).

3   § 573 ist nicht nur auf die ordentliche, befristete Kündigung anzuwenden,
sondern auch auf die außerordentliche Kündigung mit gesetzlicher Frist
(§§ 573d, 575a). Nur so ist der vom Gesetzgeber gewollte lückenlose Schutz
des vertragstreuen Mieters gegenüber dem Vermieter gewährleistet. Die außerordentliche Kündigung mit gesetzlicher Frist ermöglicht lediglich eine
vorzeitige Kündigung. Bei der Prüfung ihrer Berechtigung nach Abs. 2 können die das außerordentliche Kündigungsrecht begründenden Umstände auch
bei der Einzelfallabwägung berücksichtigt werden und das berechtigte Interesse im Sinne dieser Vorschrift mitbegründen. Nicht anwendbar hingegen ist
§ 573, wenn der Vermieter zur außerordentlichen, fristlosen Kündigung
berechtigt ist (RE OLG Karlsruhe NJW 1982, 2004).

4   § 573 ist auch für solche Mietverhältnisse maßgebend, die vor seinem
Inkrafttreten abgeschlossen worden sind.

II. Voraussetzungen

1. Berechtigtes Interesse des Vermieters

5   Ein berechtigtes Interesse (Abs. 2) erfordert vernünftige, billigenswerte Gründe des Vermieters an der Beendigung des Mietverhältnisses. Das Gesetz zählt
die möglichen Kündigungsgründe nicht abschließend, sondern nur beispielhaft auf („insbesondere"). Die nicht im Gesetz genannten Gründe müssen
jedoch von einem den genannten Gründen vergleichbaren Gewicht sein. Eine
Abwägung der Interessen des Vermieters und Mieters im konkreten Einzelfall
findet im Rahmen des § 573 jedoch nicht statt (BGH NJW 1988, 904). Dies
ist erst nach einem Kündigungswiderspruch im Rahmen der Sozialklausel
(§ 556a) und bei der Gewährung von Räumungsschutz (§ 721 ZPO) der Fall.
Die Auslegung des „berechtigten Interesses" wird daran zu orientieren sein,
ob ein vernünftig denkender und sich seiner Sozialpflichtigkeit bewusster
Vermieter die verfolgten Interessen generell als so erheblich ansehen kann,
dass er zur Wahrung dieser Interessen die Vertragsbeendigung herbeiführen

würde. Art. 14 GG gewährleistet dem Vermieter grundsätzlich die Benutzung seiner Wohnung für die eigenverantwortliche Gestaltung seines Lebens (BVerfG NJW 1985, 2633). Hieran ändert auch der Umstand nichts, dass das BVerfG einen verfassungsrechtlichen Schutz des Besitzrechtes des Mieters anerkennt (BVerfG NJW 1993, 2035; ZMR 1999, 531). Kein berechtigtes Interesse an einer Kündigung besteht, wenn ein Vermieter eine Wohnung entgegen der Teilungserklärung zB als Gewerberaum vermietet hat und später von den anderen Wohnungseigentümern auf Unterlassung in Anspruch genommen wird. Hier müssen die anderen Wohnungseigentümer gegen den Mieter vorgehen. Dieser kann dann vom Vermieter Schadensersatz verlangen (BGH NJW 1996, 714).

Ein ausreichendes berechtigtes Interesse kann zB ein betrieblich bedingter **6** Bedarf des Vermieters oder eine dem Eigenbedarf ähnliche Situation sein, etwa wenn der Vermieter eine nicht zum Haushalt gehörende (Betreuungs-) Person aufnehmen will (BGH NJW 2009, 1808).

2. Erheblichkeit der Pflichtverletzung

Wegen erheblicher Pflichtverletzung (Abs. 2 Nr. 1) kann der Vermieter im- **7** mer dann kündigen, wenn er zur fristlosen Kündigung berechtigt wäre. Aber auch Pflichtverletzungen von geringerem Gewicht oder eine Vielzahl kleiner Pflichtverletzungen, die je für sich allein eine Kündigung nicht rechtfertigen könnten, können ausreichen. Von Bedeutung ist, ob es sich um typische, sich wiederholende oder um einmalige Verfehlungen handelt. Bei letzteren wird die Kündigung nur gerechtfertigt sein, wenn diese von solcher Schwere sind, dass sie das Vertrauensverhältnis zwischen den Parteien nachhaltig stören können. Nimmt der Vermieter ein Verhalten längere Zeit hin, kann dies ein Indiz dafür sein, dass dieser Pflichtverletzung kein so großes Gewicht beizumessen ist. Bei längerem Zögern des Vermieters kann dieser sein Recht zur Kündigung aus diesem Grund verwirken. Von Bedeutung kann auch sein, dass der Vermieter Vertragsverletzungen geringeren Gewichts auch durch Abmahnung und Unterlassungsklage (§ 541) begegnen kann (zB bei unerlaubter Nutzung nicht vermieteter Gebäudeteile, unberechtigter Anbringung von Antennen) oder seinen Erfüllungsanspruch gerichtlich geltend machen kann (Erfüllung von Nebenpflichten, Streit um einen Minderungsanspruch gemäß § 536, Unterlassung vereinbarter Schönheitsreparaturen während der Vertragszeit). Dem Mieter werden nach allgemeiner Meinung auch Handlungen seiner Familienangehörigen und Gäste oder des Untermieters (§ 540 Abs. 2) zugerechnet. Dieser Auffassung ist allerdings das KG entgegen getreten (RE KG NJW-RR 2000, 1397). Ob eine Vertragsverletzung so erheblich war, dass sie eine Kündigung rechtfertigt, ist unter Berücksichtigung aller besonderen Umstände des Einzelfalls zu beurteilen. Dabei ist es auch zu berücksichtigen, wenn ein rechtswidriges Verhalten des Vermieters den Mieter provoziert hat BGH NJW 2014, 2566). In der Regel ist eine Abmahnung erforderlich (§ 541, § 543 Abs. 2 Nr. 2). Stets ist eine ausführliche Abwägung der Interessen von Vermieter und Mieter im Lichte der betroffenen Grundrechte (insbesondere Art. 14 GG und Art. 13 GG) erforderlich (BVerfG NJW-RR 2004, 440).

8   Die Vertragsverletzung muss **schuldhaft** erfolgt sein. Auch die nur leicht fahrlässig begangene Vertragsverletzung reicht hierfür aus. Der Mieter handelt in diesem Sinne auch schuldhaft, wenn er aufgrund rechtlicher Beratung sein Verhalten für rechtmäßig hielt (zB von einem Minderungsrecht gemäß § 536 ausgeht oder ein Zurückbehaltungsrecht annimmt), das Gericht später aber eine Vertragsverletzung des Mieters feststellt (zB die Wohnung für nicht fehlerhaft hält). Der Mieter muss sich das Verschulden des Rechtsberaters, der auch auf rechtliche Risiken hinweisen muss, zurechnen lassen (BGH NJW 2007, 428). Beispielhaft sollen als Pflichtverletzungen näher betrachtet werden:

9   **Zahlungsverzug** ist nicht nur nach § 543 Abs. 2 Nr. 3, § 569 Abs. 3 ein Kündigungsgrund. Eine nur sehr kurzfristige Überschreitung des Fälligkeitstermins rechtfertigt eine Kündigung aber in der Regel nicht (BGH NJW 2011, 2201). Steht mehr als eine Monatsmiete oder Nebenkosten in entsprechender Höhe länger als einen Monat aus, kommt eine Kündigung nach § 573 in Betracht, bei geringen Beträgen nur in besonders gelagerten Ausnahmefällen. Ob die Pflichtverletzung in diesen Fällen erheblich ist, ist unter Berücksichtigung aller Umstände des Einzelfalles zu entscheiden. Von Bedeutung können hierbei insbesondere die Zahlungsgepflogenheiten des Mieters in der Vergangenheit sein. Nicht ausreichend ist es, wenn der Zahlungsverzug nur auf Fehler im Überweisungsverkehr oder auf kurzfristigem, unverschuldetem Geldmangel des Mieters beruht. Dies gilt insbesondere, wenn er eine Kaution (§ 551) geleistet hat. Bei nachträglicher Zahlung wird die Kündigung nicht nachträglich unwirksam entsprechend § 569 Abs. 3 Nr. 2. Die nachträgliche Zahlung ist jedoch für die Bewertung der Pflichtwidrigkeit von Bedeutung (BGH ZMR 2005, 53). Ob eine Abmahnung erforderlich ist, hängt von den Umständen des Einzelfalles ab (RE OLG Oldenburg MDR 1991, 836).

10   **Vertragswidriger Gebrauch** ist nicht nur nach § 543 Abs. 2 Nr. 2 ein Grund zur fristlosen Kündigung. Zu denken ist hier sowohl an die Überschreitung des Gebrauchsrechts durch den Mieter als auch an die Verletzung der ihm obliegenden Erhaltungs- und Obliegenheitspflichten (→ § 535 Rn. 43 ff.). Bei nicht besonders schwerwiegenden Vertragsverstößen ist der Vermieter allein auf die Unterlassungsklage (§ 541) angewiesen. Ein Sonderfall des vertragswidrigen Gebrauchs ist die **unerlaubte Untervermietung** (§ 540). Sofern der Mieter aber einen Anspruch auf die Untermieterlaubnis nach § 553 hat, kann die Untervermietung allein die Kündigung häufig nicht rechtfertigen (RE BayObLG NJW-RR 1995, 969). Räumt der Mieter Dritten unentgeltlichen Gebrauch an der Wohnung über das vertraglich zulässige Maß (§ 540) hinaus ein, so kann zB im Fall der Überbelegung oder Belästigung anderer Hausbewohner die Kündigung gerechtfertigt sein. Werden Personen des anderen Geschlechts aufgenommen, rechtfertigen moralische Gründe allein die Kündigung nicht. In Sondersituationen kann allerdings auch etwas anderes gelten.

Werden als Wohnung vermietete Räume vom Mieter vertragswidrig **ge-** 11
schäftlich genutzt, kann dies auch zu einer Kündigung berechtigen, insbesondere, wenn dies mit einer starken Abnutzung der Wohnung verbunden
ist, oder wenn die Wohnung im Bereich eines Zweckentfremdungsverbotes
liegt. Ein örtlich begrenztes Zweckentfremdungsverbot kann durch Verordnung der Landesregierung aufgrund des Art. 6 Mietrechtsverbesserungsgesetz
vom 4.11.1971 (BGBl. 1971 I 1745) festgelegt werden. Wenn der Mieter den
Vermieter bei Abschluss des Vertrages über seine Absicht zur gewerblichen
Nutzung getäuscht hat, kann der Vermieter den Mietvertrag rückwirkend
gemäß § 123 anfechten.

Auch **Belästigungen** können die Kündigung rechtfertigen. Hier handelt 12
es sich um die Verletzung solcher Vertragspflichten, die sich aus dem Mietvertrag oft nur durch Auslegung ergeben, die aber für die Erhaltung des
Hausfriedens unverzichtbar sind. In extremen Fällen kommt hier sogar eine
fristlose Kündigung gemäß § 569 Abs. 2 in Betracht. Als Beispiele für eine
Kündigung rechtfertigende Belästigungen seien genannt: Beleidigungen oder
andere Straftaten gegen den Vermieter oder andere Hausbewohner oder deren
Familienangehörige und Besucher, Beeinträchtigungen durch Schmutz, Lärm
und Geruch. Regelmäßig wird hier erst eine ganze Reihe von Vertragsverletzungen als so erheblich angesehen werden können, dass sie die Kündigung
rechtfertigen. Sachlich verlaufende Auseinandersetzungen über Umfang und
Inhalt der Vertragspflichten (Mieterhöhung, Nebenkostenabrechnung, Hausordnung) rechtfertigen die Kündigung nicht.

Auch die unberechtigte Weigerung **Modernisierungsarbeiten** zu dulden 13
(§ 555a ff.), kann je nach den Umständen im Einzelfall eine Kündigung rechtfertigen, wobei der Mieter das Risiko trägt, die Rechtslage falsch zu bewerten
(BGH NJW 2015, 3087).

Eine **Abmahnung** ist grundsätzlich nicht erforderlich. Allerdings kann der 14
Abmahnung für die Kündigung ausnahmsweise insofern Bedeutung zukom-
men, als erst ihre Missachtung der Pflichtverletzung das erforderliche Gewicht
verleiht (BGH NJW 2008, 508) oder wenn eine unpünktliche Zahlung jahre-
lang hingenommen wurde (BGH NJW 2011, 2201). Wenn der Vermieter
eine Abmahnung ausgesprochen hat, ist er an die darin gesetzte Frist gebunden und darf nicht vorher kündigen.

3. Eigenbedarf

Eigenbedarf (Abs. 2 Nr. 2) ist der in der Praxis häufigste Grund für eine 15
ordentliche Kündigung. Das BVerfG hat die verfassungsrechtlichen Grenzen
der Überprüfung des Eigenbedarfs mit bindender Wirkung für alle Gerichte
aufgezeigt:

Die Entscheidung des Eigentümers über seinen Wohnbedarf ist von den 16
Gerichten grundsätzlich zu achten, wenn der Vermieter **vernünftige und**
nachvollziehbare Gründe hat. Ob dies der Fall ist, muss das Gericht prüfen.
Die Mietgerichte sind nicht befugt, ihre Vorstellungen von einem angemessenen Wohnen dem Vermieter vorzuschreiben. Sie haben den Nutzungswunsch
des Vermieters in sehr weiten Grenzen zu respektieren. Erst ein weit über-

höhter Wohnbedarf kann als Missbrauch angesehen werden, wobei keine feste Flächengröße als Maßstab genommen werden darf (BGH NJW 2015, 1590).

17   Die Dispositionen des Vermieters sind grundsätzlich zu respektieren (BVerfG NJW 1995, 1480; NZM 1999, 659). Das Gericht muss überzeugt sein, dass der Selbstnutzungswunsch auch ernsthaft besteht, dh plausibel dargelegt wird (BVerfG NJW 1990, 3259, BGH NJW 2015, 3368). Der Selbstnutzungswunsch muss bereits bei der Kündigung konkret bestehen. Ein noch nicht absehbarer möglicher Nutzungswunsch (Vorratskündigung) reicht nicht aus (BGH NJW-RR 2017, 75). Wenn die angestrebte Eigennutzung länger als technisch notwendig auf sich warten lässt, kann dem Mieter ein Anspruch auf Schadensersatz zugebilligt werden (BVerfG WuM 2002, 21 – Renovierungszeit ca. sechs Jahre). Will der Vermieter die Wohnung nur vorübergehend selbst nutzen, ist eine besonders kritische Prüfung seiner Interessenlage geboten (RE BayObLG WuM 1993, 252). Auch die Geltendmachung eines überhöhten Wohnbedarfs kann rechtsmissbräuchlich sein, was allerdings nur in Extremfällen anzunehmen ist (abgelehnt vom BVerfG bei Inanspruchnahme von $130m^2$ für eine Person mit Heiratsabsicht – NJW 1993, 1637 oder bei $150m^2$, fünf Zimmer, für ein unverheiratetes Paar mit Kinderwunsch – NJW 1995, 1480). Will der Vermieter nur einen Teil der Wohnung selbst nutzen, ist eine Kündigung nicht berechtigt (BVerfG NJW 1994, 309); unter Umständen kommt ausnahmsweise eine Teilkündigung in Betracht (RE OLG Karlsruhe ZMR 1997, 283). Will der Vermieter die Wohnung mit vernünftiger Begründung teilweise zu Wohnzwecken, teilweise beruflich nutzen (zB als Architekturbüro), so stellt dies sein berechtigtes Interesse an der Kündigung nicht in Frage (BGH NZM 2005, 943).

18   Eine sonst berechtigte Eigenbedarfskündigung ist auch dann rechtsmissbräuchlich, wenn der Vermieter eine andere vergleichbare Wohnung zur Verfügung hat, in der er seinen Nutzungswunsch ohne wesentliche Abstriche erfüllen kann (BGH NJW 2015, 1590 Rn. 15).

19   Bei Kündigung eines Mischmietverhältnisses ist es nicht erforderlich, dass der Vermieter auch Bedarf an den untergeordneten Gewerberäumen hat (BGH NJW 2015, 2727).

20   Werden nach der Kündigung **andere Wohnungen frei,** die im selben Haus oder in derselben Wohnanlage liegen, muss der Vermieter diese für sich selbst nur dann nutzen, wenn es keine vernünftigen Gründe gibt, am ursprünglichen Nutzungswillen festzuhalten. Er muss die freigewordene Wohnung aber dem gekündigten Mieter anbieten, wenn die Wohnung nicht erkennbar ungeeignet für diesen ist. Unterlässt er dies, wird die Kündigung zwar nicht unwirksam. Der Vermieter ist aber dann zum Schadensersatz verpflichtet (BGH NJW 2017, 547). Dem Vermieter kann aber nicht verwehrt werden, eine im Rahmen des Mietspiegels zulässige Miete zu fordern, auch wenn die Wohnung zuvor billiger vermietet war. Diese Pflichten bestehen aber nur bis zum Ablauf der Kündigungsfrist (BGH ZMR 2006, 119). Der Mieter kann vom Vermieter auch Auskunft verlangen, ob andere Wohnungen im Eigentum des Vermieters zur Zeit frei sind.

21   Setzt die beabsichtigte Selbstnutzung einen Umbau voraus, so muss bei der Kündigung nicht auch bereits die **Baugenehmigung** mit vorgelegt werden.

Im Rahmen der Prüfung, ob die Eigennutzung auch ernsthaft verfolgt wird, ist aber auch die baurechtliche Zulässigkeit zu berücksichtigen (RE OLG Frankfurt a. M. NJW 1992, 2300). Der Vermieter muss alle Tatsachen vortragen und beweisen, die ein Indiz dafür darstellen, dass er die Wohnung tatsächlich selbst nutzen will (BVerfG NJW 1993, 2165).

Als **vernünftiges Interesse** des Vermieters ist unter anderem anerkannt: **22** Eine größere oder kleinere Wohnung zu erhalten, die Zusammenlegung von zwei Wohnungen, um dem individuellen Wohnbedürfnis Rechnung zu tragen (BVerfG NJW-RR 1994, 333), eine günstigere Lage zum Arbeitsplatz, krankheitsbedingte oder altersbedingte Änderung der Wohnbedürfnisse, Wahl eines Altersruhesitzes, der Wunsch, die Heizung selbst warten oder das Haus selbst verwalten zu können. Ein Wohnbedarf des Vermieters liegt regelmäßig auch dann vor, wenn die von ihm selbst gemietete Wohnung gekündigt worden ist, wobei grundsätzlich nicht verlangt werden kann, dass der Vermieter sich als Mieter gegen die ihm gegenüber ausgesprochene Kündigung zur Wehr setzt (RE BayObLG MDR 1981, 1020) oder sich unter anderen Gesichtspunkten auf gerichtliche Auseinandersetzungen mit ungewissem Ausgang einlässt (BVerfG NJW-RR 1993, 1358). Selbst der Wunsch, früheren Schwierigkeiten mit dem eigenen Vermieter in Zukunft ein für allemal zu entgehen, reicht als vernünftiger Grund aus (BVerfG WuM 1993, 730; ZMR 1994, 59) aber auch die beabsichtigte Nutzung als Zweitwohnung (BGH NJW-RR 2018, 138). Alle Überlegungen des Vermieters, die vernünftig sind und keine Umgehung des Kündigungsschutzes darstellen, sind anzuerkennen. Ob der Vermieter selbst unzureichend untergebracht ist, ist nicht erheblich (BVerfG NJW 1994, 994).

Das BVerfG hat die frühere Rechtsprechung in Rechtsentscheiden des **23** BGH (BGH NJW 1988, 904) und des OLG Karlsruhe (OLG Karlsruhe NJW 1982, 889), die auch subjektive Gründe und Vorstellungen zuließen, sowie seine eigene Entscheidung (BVerfG NJW 1988, 1075) bestätigt. Es hat auch klargestellt, dass eine Abwägung mit den Interessen des Mieters nur im Rahmen des § 574 zu erfolgen hat.

Der **Wohnbedarf** muss nach Abschluss des Mietvertrages entstanden oder **24** konkret erkennbar geworden sein und bis zur tatsächlichen Räumung vorliegen (OLG Düsseldorf ZMR 1992, 386). Bei Vertragsschluss **vorsehbarer Eigenbedarf** (zB für heranwachsender Kinder) kann der Vermieter nur geltend machen, wenn er hierauf bereits bei Vertragsschluss hingewiesen (BGH ZMR 2010, 941) bzw. einen Zeitmietvertrag (§ 575) abgeschlossen hat. Sonst geht für den Zeitraum bis zu fünf Jahren ab Vertragsschluss der Vertrauensschutz des Mieters vor (BVerfG NJW 1989, 97; BGH NJW 2009, 1139). Allerdings darf mit dieser Argumentation nicht allzu sehr in die Lebensplanung des Vermieters (zB bei größerem Raumbedarf wegen Familienzuwachs) eingegriffen werden (BVerfG NJW-RR 1993, 1357). Nachweislich erst nach Abschluss des Mietvertrages sich ändernde Umstände können auch bereits früher eine Kündigung wegen Eigenbedarf zulassen (BGH NJW 2013, 1596). Der Vermieter ist bei Abschluss eines Mietvertrages auch nicht verpflichtet seinen Eigenbedarf kritisch zu erwägen. Falsche Angaben darf er jedoch gegenüber dem Mieter nicht machen (BGH NJW 2015, 1087).

25   Auch eine **BGB-Gesellschaft** kann Eigenbedarf geltend machen für einen ihrer Gesellschafter, auch wenn dieser bereits bei der Vermietung noch nicht Mitglied der Gesellschaft gewesen ist (BGH NJW 2017, 547). Bei einer Handelsgesellschaft (zB KG) kann jedoch nur Betriebsbedarf (→ Rn. 41) berücksichtigt werden (BGH NJW 2011, 993).

26   Bei **nachträglichem Wegfall** des Eigenbedarfs kann Räumung nicht mehr verlangt werden. Der Vermieter muss den Mieter bis zum Ablauf der Kündigungsfrist über die veränderten Umstände unterrichten und die Fortsetzung des Mietverhältnisses anbieten, sonst macht er sich schadensersatzpflichtig (BGH ZMR 2006, 119) und strafbar wegen Betruges. Wird der behauptete Selbstnutzungswunsch nach Auszug des Mieters nicht realisiert, muss der Vermieter plausibel darlegen, weshalb sich seine Absicht nach dem Auszug geändert hat (BVerfG NJW 1997, 2377). Ändert sich die Eigenbedarfslage während des Räumungsrechtsstreits, so kann die Wohnung auch an eine andere Person aus dem Kreis der zum Eigenbedarf gehörenden Personen überlassen werden (LG Limburg NJW-RR 1998, 1626).

27   Der Vermieter muss dem Mieter auch dann eine andere Wohnung anbieten, wenn eine für den Mieter geeignete Wohnung vor Ablauf der Räumungsfrist frei wird (BGH NJW 2009, 1141).

28   Die Kündigung wirkt auch fort, wenn der Vermieter die Wohnung an einen seiner Angehörigen veräußert, und sich hierdurch an der Nutzungsabsicht nichts ändert. Dies gilt selbst dann, wenn dieser nach den Ausführungen zu § 577a nach der Umwandlung in Wohnungseigentum selbst nicht kündigen könnte (RE OLG Hamm NJW-RR 1992, 1164).

29   Einer Eigenbedarfskündigung steht nicht entgegen, dass der Eigenbedarf durch einen Entschluss des Vermieters entstanden ist, zB Kauf einer vermieteten Eigentumswohnung zur Selbstnutzung, oder infolge von Umbaumaßnahmen in der Vergangenheit, die die bisherige Vermieterwohnung jetzt unzweckmäßig erscheinen lassen (BVerfG NJW 1992, 3032).

30   Besteht Eigenbedarf, liegt die Auswahl allein beim Vermieter, welchem von mehreren Mietern er kündigt.

31   **Haushalts- und Familienangehörige** müssen in einem so engen Verhältnis zum Vermieter stehen, dass deren Unterbringung zum eigenen Bedarf des Vermieters gerechnet werden kann. Zu den Haushaltsangehörigen gehören alle, die dauerhaft bereits seit längerer Zeit in Hausgemeinschaft mit dem Vermieter leben (zB Ehefrau, Kinder, Hausgehilfen, Pflegepersonen, eingetragene Lebenspartner; → § 563 Rn. 1 f.). Auch die nahe bevorstehende Aufnahme einer bestimmten Hilfsperson wegen absehbarer Pflegebedürftigkeit begründet Eigenbedarf (RE OLG Hamm ZMR 1986, 398). Zum Kreis der Familienangehörigen ist im Einzelnen noch vieles streitig. Es wird weniger auf den formalen Verwandtschaftsgrad abzustellen sein als vielmehr auf die tatsächliche Pflege familiärer Beziehungen und ein bestehendes enges Familienverhältnis (BGH NJW-RR 2009, 882). Durch die Mietrechtsreform 2001 wurde mit der Gleichstellung der Haushaltsangehörigen der relevante Personenkreis noch erweitert. Eine Orientierung hierbei kann der Umstand bieten, ob eine rechtliche oder moralische Verpflichtung des Vermieters zur Unterhaltsgewährung diesen Personen gegenüber besteht. Je weiter der Verwandtschaftsgrad ist, desto höhere Anforderungen werden an die persönlichen Umstände gestellt werden müssen. Als enge Verwandte sieht der BGH alle an, denen auch ein Zeugnisverweigerungsrecht zusteht (§ 383 ZPO, § 52 StPO), also Verwandte in gerader Linie und in der Seitenlinie bis zum dritten Grad sowie Verschwägerte bis zum zweiten Grad (BGH NJW 2010, 1290). Bei enger Verwandtschaft (zB Geschwister, Enkel, Schwiegereltern) kommt es auf weitere Umstände nicht mehr an. Ob die Wohnung entgeltlich oder unentgeltlich überlassen werden soll, ist unerheblich.

Der Vermieter **benötigt** die Wohnung für Familienangehörige, wenn bei **32** diesen ein Wohnbedarf besteht und der Vermieter sie in der Wohnung unterbringen will. Auch hier entscheidet allein der Vermieter, welchen Bedarf er für sich und seine Angehörigen als angemessen ansieht, bis zur Grenze eines überhöhten, missbräuchlich geltend gemachten Bedarfs (RE OLG Hamburg NJW 1986, 852; BVerfG ZMR 1994, 145, 147). Dabei ist nur der gegenwärtige Bedarf des Vermieters zu berücksichtigen. Vorratskündigungen sind unzulässig (BVerfG ZMR 1990, 448).

Bei **öffentlich geförderten** Wohnungen muss vor der Kündigung auch **33** eine Genehmigung für die Selbstnutzung (§ 6 WoBindG) oder die Freistellung zB für Angehörige (§ 7 WoBindG) vorliegen (LG Essen WuM 1993, 676) bzw. eine Wohnberechtigung des Vermieters selbst bestehen. Ob er Fehlbeleger ist, spielt keine Rolle.

4. Angemessene wirtschaftliche Verwertung

Die angemessene wirtschaftliche Verwertung (Abs. 2 Nr. 3) muss rechtmäßig **34** sein. Soweit erforderlich, muss eine Zweckentfremdungsgenehmigung bereits im Zeitpunkt der Kündigungserklärung vorliegen und in der Kündigungsbegründung erwähnt werden (RE OLG Hamburg NJW 1981, 2308). Eine ggf. erforderliche Abbruchgenehmigung muss hingegen nicht bereits vorliegen (RE BayObLG ZMR 1993, 560). Der Vermieter muss konkrete Verwertungsabsichten haben. Ob die Verwertung angemessen ist, richtet sich nach den konkreten wirtschaftlichen und persönlichen Verhältnissen des Vermieters. Bestanden die wirtschaftlichen Schwierigkeiten im Wesentlichen bereits bei Abschluss des Mietvertrages, kann sich der Vermieter in den ersten Jahren danach hierauf nicht berufen (LG Mannheim ZMR 1995, 315; kritisch hierzu BVerfG NJW 1998, 2662, das eine konkrete Einzelfallprüfung fordert). Dem Vermieter kann jedoch nicht vorgehalten werden, er habe das Haus bereits vermietet erworben oder geerbt (BGH NJW-RR 2011, 1517). Stets muss aber auch die Sozialpflichtigkeit des Eigentums berücksichtigt werden. Die Vorschrift enthält einen erheblichen Bewertungsspielraum und erfordert eine umfassende Würdigung aller Umstände des Einzelfalls (BGH NJW 2009, 1200).

Zu denken ist an Sanierungsmaßnahmen, wenn der Abbruch und Wieder- **35** aufbau eines Wohngebäudes wirtschaftlich geboten ist. Der ersatzlose Abriss eines Gebäudes, um Instandhaltungsaufwand zu ersparen, kann ebenfalls ein Kündigungsgrund sein (BGH NJW 2004, 1736), aber nicht zur Optimierung einer Grundstücksspekulation bi intakter Bausubstanz (LG Berlin WM 2014,

678). Neben dem Interesse des Vermieters ist auch das öffentliche Interesse an der Sanierung zu berücksichtigen. Daneben gibt es ein Kündigungsrecht der Gemeinde (§ 182 Abs. 2 BauGB). Der Wille zum Modernisieren allein reicht nicht aus. Denkbar ist auch der Fall, dass ein Einfamilienhaus zu einem wirtschaftlich angemessenen Preis nur unvermietet veräußert werden kann. Gleiches gilt bei einer Eigentumswohnung, die als Kapitalanlage in Betracht kommt und deshalb bloß von Erwerbern, die selbst einziehen wollen, nachgefragt wird. Zu denken ist aber auch an eine wirtschaftlich gebotene Grundrissänderung (Zusammenlegung oder Aufteilung der Räume in marktgängige Wohnungen, vgl. RE BayObLG NJW 1984, 372 betreffend Einrichtung von Bad und WC) oder die vorgesehene Vermietung der Wohnung im Zusammenhang mit Gewerberäumen. Die Zusammenlegung von mehreren Wohnungen fällt nicht unter das Zweckentfremdungsverbot (BVerfG ZMR 1992, 87). Der Vermieter kann sich auf einen Mindererlös der vermieteten Wohnung auch dann berufen, wenn er selbst die Wohnung ebenfalls vermietet erworben hat (OLG Koblenz ZMR 1989, 216). Allerdings bleibt dieser Umstand bei der Bewertung des Nachteils als erheblich nicht außer Acht (LG Berlin NJW-RR 1995, 332).

36   **Erhebliche Nachteile** erleidet der Vermieter, wenn eine wirtschaftlich rentable Nutzung verhindert wird, zB wenn nur geringe Einnahmen und im Verhältnis hierzu hohe Aufwendungen keine angemessene Rendite des gebundenen Kapitals ermöglichen. Spekulative Gewinnchancen bleiben außer Betracht. Der Vermieter ist jedoch nicht erst dann zur Kündigung berechtigt, wenn sein Nachteil den Nachteil, den der Mieter im Fall des Verlustes seiner Wohnung zu erwarten hat, weit übersteigt (BGH NJW-RR 2011, 1517). Die Einbußen des Vermieters sind nicht erst dann zu berücksichtigen, wenn der Eigentümer in Existenznot gerät (BVerfG NJW 1989, 972). Die Nachteile müssen noch nicht eingetreten, aber mit hinreichender Sicherheit in naher Zukunft zu erwarten sein. Ein Mindererlös von 30 % bei einem Verkauf ohne Räumung rechtfertigt die Kündigung noch nicht (BVerfG NJW 1992, 361), ebenso wenig wie eine noch nicht kostendeckende Miete. Ein Minderwert von 70 % hingegen rechtfertigt eine Kündigung (BVerfG NJW 1991, 3270). Besonders gute Verkaufsmöglichkeiten in unvermietetem Zustand geben unter Umständen auch dann kein Kündigungsrecht, wenn eine ordentliche Rendite des eingesetzten Kapitals erzielt wird. Auch eigene Renovierungsarbeiten des Mieters am Gebäude sind von Bedeutung. Die gesamte Vermögenssituation des Vermieters ist ebenfalls in die Abwägung einzubeziehen (BVerfG ZMR 2004, 95). Die Nachteile müssen beim Vermieter selbst, nicht etwa beim Gesellschafter der vermietenden Gesellschaft entstehen (BGH NJW-RR 2018, 12).

37   Wegen nicht angemessener Miete bleibt der Vermieter auf die Möglichkeit der Mieterhöhung nach §§ 558 ff. beschränkt. Deshalb ist eine beabsichtigte Vermietung an einen anderen zu einer höheren Miete allein kein Kündigungsgrund.

38   Eine **Ausnahmevorschrift** schließt eine Kündigung zur wirtschaftlichen Verwertung nach Aufteilung von Wohnungseigentum unter Umständen für drei Jahre oder länger generell aus (§ 577a).

Wurde das Haus erst **nach Abschluss des Mietvertrages** in Wohnungs- 39
eigentum **aufgeteilt,** so rechtfertigt der Umstand, dass die Eigentumswohnung ohne Mieter zu einem höheren Preis zu veräußern ist, die Kündigung
nicht (Abs. 2 Nr. 3 S. 3). Erst wenn der „Zusammenhang" der Aufteilung
mit der Veräußerung gesprengt wird (längere Zeit, geänderte Lebensumstän-
de), ist dieser Umstand wieder geeignet, eine Kündigung zu begründen.

5. Sonstige berechtigte Interessen

Auch sonstige berechtigte Interessen können eine Kündigung des Vermieters 40
begründen. Bei einer Genossenschaftswohnung kann auch die Absicht der
Genossenschaft, die Wohnung anderen Genossen zu überlassen, berücksichtigt
werden, insbesondere nach Ausschluss wegen genossenschaftswidrigem Verhalten (BGH ZMR 2003, 904). Die zu berücksichtigenden Interessen müssen
aber nach Art und Schwere den im Gesetz genannten Beispielsfällen entsprechen. Dies kann zB der Fall sein, wenn heftiger Streit zwischen den
Mietern besteht, dessen Ursache nicht mehr aufklärbar ist und der nur durch
die Kündigung eines Mieters beendet werden kann.

Ferner kann der **Betriebsbedarf** des Vermieters ausreichen, wenn er nach 41
Ausscheiden des Mieters ein starkes Interesse daran hat, einen Betriebsange-
hörigen in der Wohnung unterzubringen. Wenn der Vermieter die Räume
ausschließlich für gewerbliche oder freiberufliche Zwecke nutzen will, muss
er einen „Nachteil von einigem Gewicht" darlegen. Der BGH ist hier fast so
streng wie bei der Verwertungskündigung (BGH NJW 2017, 2018). Außerdem muss dargelegt werden, warum es erforderlich ist, gerade die gekündigte
Wohnung zu nutzen (BGH NJW 2017, 2819). Ist die Wohnung an Betriebs-
fremde vermietet, so besteht in der Regel kein berechtigtes Interesse (RE
OLG Stuttgart NJW-RR 1993, 1102). Das Interesse eines Wohnungsträgers
einer preisgebundenen, öffentlich geförderten Sozialwohnung, die einem
Nichtberechtigten überlassen wurde, an der Kündigung kann ebenfalls ausreichen, zumindest dann, wenn die Aufsichtsbehörde die Kündigung gemäß
§ 4 Abs. 8 WoBindG verlangt (RE OLG Hamm NJW 1982, 2563; BayObLG
ZMR 1985, 335). Ebenso für den Fall der Unterbelegung (RE OLG Stuttgart
ZMR 1991, 297; aber → § 563 Rn. 5). Ein berechtigtes Interesse liegt ferner
auch dann vor, wenn gegen den Vermieter eine behördliche Anordnung
ergangen ist, eine baupolizeilich unzulässige Nutzung zu unterlassen. Sehr
fraglich aber erscheint, ob auch eine Nutzung, die nur gegenüber den anderen
Wohnungseigentümern unzulässig ist (Teilungserklärung), ein zur Kündigung
berechtigendes Interesse darstellt.

Das Interesse an der Erfüllung **öffentlicher Aufgaben** kann ebenfalls eine 42
Kündigung rechtfertigen, wenn zB eine Gemeinde Vermieterin ist. Dies ist
der Fall, wenn zB Raumbedarf für die Feuerwehr oder für die Arbeit der
Vereine besteht und ein entsprechender Raum nicht anders zur Verfügung
gestellt werden kann (RE BayObLG MDR 1981, 318). Ein allgemeines
Planungsinteresse reicht jedoch nicht aus, so zB, wenn der Abbruch eines
Hauses vorgesehen wird, um etwa ein Parkhaus errichten zu können (RE
OLG Frankfurt a. M. NJW 1981, 1277). Der Bedarf muss nicht unmittelbar

im eigenen, engeren Bereich des Vermieters bestehen. Anzuerkennen ist auch ein Hauptverbandsinteresse einer nahestehenden juristischen Person, zB die Kündigung der einer anderen rechtlichen Kirchengemeinde gehörenden Wohnung für eine Beratungsstelle der Diakonie (BGH NJW 2012, 2342).

III. Angabe der Kündigungsgründe im Kündigungsschreiben

1. Begründung

43 Die Angabe der Kündigungsgründe (Abs. 3) im Kündigungsschreiben ist für die ordentliche und außerordentliche, nicht fristlose Kündigung zwingend vorgeschrieben. Ob die Kündigung gerechtfertigt ist, muss sich aus den angegebenen Gründen ergeben. Deshalb sind sämtliche Kündigungsgründe anzugeben und so genau zu bezeichnen, dass ein konkreter Sachverhalt (Lebensvorgang) angesprochen wird und eine Unterscheidung zu anderen Vorgängen möglich ist. Tatsachen, die den Kündigungsgrund ausfüllen oder ergänzen, können auch noch später vorgebracht werden (BVerfG ZMR 1994, 59; BGH NJW 2007, 2845). Bei einer **Eigenbedarfskündigung** ist danach anzugeben, für wen die Wohnung vorgesehen ist und weshalb der Vermieter ein Interesse daran hat. Dem Begründungszweck ist Genüge getan, wenn das Kündigungsschreiben den Kündigungsgrund so bezeichnet, dass er von anderen Gründen unterschieden werden kann. Weitere Darlegungen können im Rechtsstreit nachgeholt werden (BGH NZM 2011, 706). Wenn der Name einer aufzunehmenden Pflegeperson noch nicht feststeht, schadet dies nicht (RE OLG Hamm ZMR 1986, 398). Bei Kündigungen wegen Vertragsverletzungen sind diese nach Art und Zeitpunkt konkret zu bezeichnen, bei einer Kündigung wegen Verhinderung angemessener wirtschaftlicher Verwertung ist die geplante Verwertung und darüber hinaus die wirtschaftliche Situation, aus der sich die Angemessenheit ergeben muss, darzulegen.

44 Es empfiehlt sich, hierzu nicht allzu knappe Angaben zu machen, da die Gerichte zum Teil auch überzogene Anforderungen stellen und wesentlich mehr als die Mitteilung eines „Tatsachenkerns" verlangen, auch wenn dies vom BVerfG nicht gebilligt wird (BVerfG NJW-RR 2003, 1164). Abzustellen ist auf das Informationsbedürfnis des Mieters. Geringfügige spätere Änderungen des mitgeteilten Sachverhalts (zB Änderung im Pflegebedarf) stellen die ausgesprochene Kündigung nicht in Frage (BVerfG NJW-RR 2000, 673). Ob die mitgeteilten Tatsachen zutreffen, ist vom Gericht zu prüfen. Dies ist aber keine Frage der formalen Voraussetzungen eines Kündigungsschreibens (BGH NJW-RR 2010, 809).

45 Bei einer Kündigung zur **wirtschaftlichen Verwertung** darf nicht verlangt werden, dass bereits im Kündigungsschreiben Angaben zum Einkommen des Vermieters gemacht werden, eine Bilanz über die Wirtschaftlichkeit aufgestellt wird oder konkrete, erfolglose Bemühungen um den Verkauf der vermieteten Wohnung dargelegt werden (BVerfG NJW 1998, 2662). Bei geplantem Abriss und Neubau genügt es, wenn die Gründe mitgeteilt werden, weshalb die Bausubstanz nicht erhalten werden kann und welche Baumaßnahmen geplant sind; Sanierungsalternativen müssen nicht dargestellt werden.

Entscheidend ist, dass die beabsichtigte Verwertung nachvollziehbar dargelegt wird (BGH NJW 2011, 1135).

Auch bereits zuvor mitgeteilte Gründe müssen wiederholt werden. Hierbei **46** reicht es jedoch aus, wenn in eindeutiger Weise auf Schreiben Bezug genommen wird, die dem Mieter zuvor übersandt worden sind, und somit kein Zweifel über das Gewollte möglich ist (BVerfG NJW 1992, 1878, 2752).

Nur **nachträglich entstandene Gründe** können noch nachträglich gel- **47** tend gemacht (nachgeschoben) werden. Die Kündigung muss aber bereits auf Grund der mitgeteilten Gründe gerechtfertigt gewesen sein. Eine Heilung einer zunächst unwirksamen Kündigung (zB wenn keine Gründe angegeben oder die angegebenen Gründe allein nicht ausreichend sind) wird überwiegend abgelehnt. Nachträglich entstandene Gründe haben hiernach nur dann eine praktische Bedeutung, wenn ein zunächst vorliegender und benannter Kündigungsgrund später weggefallen ist. Dann kann die Kündigung aufgrund der nachträglich eingetretenen Umstände aufrechterhalten werden und weiterhin wirksam sein. Kündigungsgründe, die bereits Gegenstand einer früheren Kündigung und einer rechtskräftig abgewiesenen Räumungsklage waren, können bei einer neuen Kündigung nur noch unterstützend herangezogen werden.

Wird die Kündigung im Kündigungsschreiben nicht oder nicht ausreichend **48** begründet, ist die Kündigung unwirksam.

2. Schadensersatzansprüche

Schadensersatzansprüche des Mieters können sich bei einer unbegründeten **49** Kündigung aus dem Gesichtspunkt der schuldhaften Verletzung vertraglicher Pflichten (§ 280 Abs. 1) ergeben. Hier genügt eine fahrlässige Verkennung der Rechtslage durch den Vermieter, wobei ein strenger Maßstab angelegt wird (BGH NJW 2005, 2395). Der Umstand, dass sich ein Mieter nach einer unberechtigten Kündigung auf einen Mietaufhebungsvertrag einlässt und ohne Rechtsstreit auszieht, unterbricht die Verantwortlichkeit des Vermieters nicht (BGH NJW 2009, 2059), ebenso, wenn er einem Räumungsvergleich zustimmt (BGH NJW 2015, 2324). Gleiches gilt nach einem Räumungsvergleich (BGH NJW 2015, 2324). Ob dies auch bei einem redlichen Verhalten des Vermieters uneingeschränkt gilt, erscheint aber fraglich (BGH NJW 2009, 1262).

Liegt die Unwirksamkeit der Kündigung auf der Hand oder ist dem Mieter **50** aus anderen Gründen im Einzelfall zuzumuten, sich gegen die Kündigung zu wehren, ist der Schadensersatzanspruch zu kürzen (§ 254). Zieht der Mieter aufgrund einer vom Vermieter in schuldhafter und unberechtigter Weise ausgesprochenen Kündigung aus – also nicht nur, wenn Kündigungsgründe **vorgetäuscht** worden sind, also eine eigene Nutzung nicht ernsthaft geplant war – so kann er vom Vermieter Schadensersatz verlangen, zB Umzugskosten, Makler- und Inseratskosten, möglicherweise Renovierungskosten insbesondere in der neuen Wohnung (BGH NJW 2000, 2342), Wertverlust durch Zurücklassung von Einbauten (§ 539 Abs. 2) oder wegen zB Unbrauchbarkeit der bisherigen Vorhänge. Hat die neue Wohnung denselben Mietwert, wird die Mietdifferenz gegenüber der bisherigen, preisgünstigen Wohnung für den Zeitraum zu zahlen sein, der unter Einhaltung der Vorschriften des § 558 für eine Erhöhung der bisherigen Miete auf das Niveau der neuen Miete erforderlich gewesen wäre. Eine erneute Überlassung der Wohnung kann der Mieter aber nur verlangen, wenn diese dem Vermieter noch möglich ist (BGH NJW 2010, 1068).

51   Die Voraussetzungen des Schadensersatzanspruchs, also auch die Täuschung des Vermieters bei der Kündigung, muss der Mieter beweisen. Grundsätze des Anscheinsbeweises können zu seinen Gunsten nicht herangezogen werden. Allerdings muss der Vermieter im Rechtsstreit zunächst plausibel darlegen, weshalb sein Nutzungswille nachträglich entfallen ist. An diese Darlegung dürfen strenge Maßstäbe angelegt werden (BGH NJW 2005, 2395).

52   Die vorgetäuschte Eigenbedarfskündigung kann auch den Tatbestand des Betrugs (§ 263 StGB) erfüllen. Auch wenn die Kündigung aus anderen Gründen (zB Form) unwirksam war und der Mieter dies erkannt hat, aber auf Grund mündlich dargelegter, vorgetäuschter Eigenbedarfsgründe freiwillig ausgezogen ist, kann der Mieter Schadensersatz verlangen. Dies gilt in derselben Weise, wenn Eigenbedarfsgründe erst nach der Kündigung und vor Auszug oder Ablauf der Kündigungsfrist entfallen sind (RE OLG Karlsruhe NJW 1982, 54; BayObLG NJW 1982, 2003).

53   Der Vermieter muss dann den Mieter unverzüglich unterrichten und die Fortsetzung des Mietvertrages anbieten. Auch nach Beendigung des Mietverhältnisses hat der Mieter einen allgemeinen **Auskunftsanspruch** gegen den Vermieter wegen der Gründe, die nach einer Kündigung wegen Eigenbedarfs zu einer Neuvermietung der Wohnung geführt haben (§ 261). Die Pflichtverletzung des Vermieters muss nach überwiegender Rechtsprechung der Mieter beweisen, wobei aber zumindest die Grundsätze des Anscheinsbeweises zu seinen Gunsten sprechen (vgl. LG Hamburg NJW-RR 1993, 333). Schadensersatzansprüche des Mieters sind jedoch dann ausgeschlossen, wenn der Streit über die Berechtigung der Kündigung vergleichsweise beigelegt worden ist und der Vermieter eine Abstandszahlung geleistet bzw. auf Ansprüche verzichtet hat (OLG Frankfurt a. M. NJW-RR 1995, 145).

§ 573a Erleichterte Kündigung des Vermieters

(1) ¹Ein Mietverhältnis über eine Wohnung in einem vom Vermieter selbst bewohnten Gebäude mit nicht mehr als zwei Wohnungen kann der Vermieter auch kündigen, ohne dass es eines berechtigten Interesses im Sinne des § 573 bedarf. ²Die Kündigungsfrist verlängert sich in diesem Fall um drei Monate.

(2) Absatz 1 gilt entsprechend für Wohnraum innerhalb der vom Vermieter selbst bewohnten Wohnung, sofern der Wohnraum nicht nach § 549 Abs. 2 Nr. 2 vom Mieterschutz ausgenommen ist.

(3) In dem Kündigungsschreiben ist anzugeben, dass die Kündigung auf die Voraussetzungen des Absatzes 1 oder 2 gestützt wird.

(4) Eine zum Nachteil des Mieters abweichende Vereinbarung ist unwirksam.

Für **Wohnungen in Zweifamilienhäusern** (auch Einfamilienhaus mit 1
Einliegerwohnung) ist der Kündigungsschutz wegen des engen persönlichen
Kontakts der Bewohner eingeschränkt. Hier ist eine Kündigung, auch ohne
dass ein berechtigtes Interesse nach § 573 vorliegt oder geltend gemacht
wird, möglich. Jede der beiden Wohnungen muss eine selbstständig nutzbare
Wohneinheit darstellen, zumindest mit eigener Kochgelegenheit, Wasserversorgung und Toilette. Ein gesonderter Eingang ist nicht erforderlich. Ein
Zimmer allein reicht nicht aus. Ob die Einrichtung einer dritten Wohnung
möglich ist (Dachausbau), ist unerheblich. Bestehen neben den beiden
Wohnungen noch selbständige Räume, die nicht als Wohnung bezeichnet
werden können (Mansardenzimmer), so ist dies ebenfalls unerheblich. Wenn
im Haus aber noch eine dritte Wohnung ist, die bereits vor Abschluss des
Mietvertrages gewerblich vermietet war und dies immer noch ist, so ist das
Sonderkündigungsrecht gegeben (BGH NZM 2015, 452). Das Sonderkündigungsrecht gilt auch dann, wenn der Kontakt zwischen den Bewohnern
auf Grund der baulichen Gegebenheiten nicht sehr eng ist. Eine Einliegerwohnung zählt als Wohnung stets mit, auch wenn sie vom Vermieter selbst
mit genutzt wird (BGH NJW-RR 2011, 158). Die Wohnungen müssen
nicht in einem reinen Wohngebäude liegen. Befinden sich neben den
beiden Wohnungen noch Gewerberäume im Haus, besteht das Sonderkündigungsrecht ebenfalls (BGH NJW-RR 2008, 1329). Abzustellen ist auf
eine rein formale Bewertung der Gebäudenutzung im Zeitpunkt der Kündigung.

Der Vermieter (bei mehreren Vermietern einer von ihnen) muss im selben 2
Haus, nicht etwa in einem benachbarten Reihenhaus, wohnen. Er kann die
zweite Wohnung auch erst später als der Mieter bezogen haben (RE Bay-
ObLG ZMR 1991, 249). Es kann sich dabei auch um eine Zweitwohnung
des Vermieters handeln. Zwei Wohnungen müssen sich bei Abschluss des
Mietvertrages in dem Haus befunden haben, so dass spätere bauliche Änderungen (zB Zusammenlegung von zwei Wohnungen in einem Haus mit
ursprünglich drei Wohnungen) das Sonderkündigungsrecht nur gegenüber
einem Mieter rechtfertigen, der nach Durchführung der Baumaßnahmen
einen Mietvertrag geschlossen hat (RE OLG Hamburg NJW 1983, 182). Hat
der Mieter in einem Haus mit drei Wohnungen jedoch im Lauf der Mietzeit
eine zweite Wohnung hinzugemietet und beide Wohnungen zur einheitlichen
Nutzung verbunden, so besteht das Sonderkündigungsrecht ebenfalls (RE
OLG Karlsruhe NJW 1984, 2953).

Wohnraum innerhalb der vom Vermieter bewohnten Wohnung, dh 3
Wohnraum, der nicht als selbstständige Wohnung bezeichnet werden kann, ist
ebenfalls vom allgemeinen Kündigungsschutz ausgenommen (Abs. 2). Die
Wohnung muss nicht in einem Zweifamilienhaus liegen, sondern kann sich
auch in einem Mehrfamilienhaus befinden (RE KG NJW 1981, 2470). Sofern
es sich um ein möbliertes Mietverhältnis handelt oder der Wohnraum zum
vorübergehenden Gebrauch vermietet ist, geht die Regelung nach § 549
Abs. 2 Nr. 2 vor. Ein Einzelraum im Dachgeschoss oder Untergeschoss fällt
nicht unter Abs. 2, wenn er einen selbständigen Zugang hat. Er ist jedoch als
Teil der Vermieterwohnung anzusehen, wenn gemeinsame Küchen- oder

Badbenutzung vereinbart ist. Der Vermieter muss den Rest der Wohnung, nicht nur ein Zimmer hiervon, selbst bewohnen.

4 Im **Kündigungsschreiben** muss zum Ausdruck gebracht werden, dass der Vermieter von seinem Sonderkündigungsrecht nach § 573a Gebrauch macht und nicht wegen eines berechtigten Interesses gemäß § 573 kündigt.

5 Der Vermieter hat ein **Wahlrecht,** ob er nach § 573a mit verlängerter Frist oder nach § 573 kündigen will. Die Kündigung kann auch in erster Linie auf § 573a und hilfsweise auf § 573 gestützt werden (RE OLG Hamburg NJW 1983, 182) oder auch umgekehrt. Dies muss im Kündigungsschreiben jedoch eindeutig zum Ausdruck gebracht werden. Ferner ist es möglich, dass der Vermieter nach einer Kündigung nach § 573, wenn der Mieter der Kündigung widerspricht, noch innerhalb der laufenden Kündigungsfrist erneut kündigt, gestützt auf § 573a (RE OLG Karlsruhe NJW 1982, 391). Die Ausübung des Wahlrechts ist jedoch bindend, wenn der Mieter die erste Kündigung hingenommen hat.

6 Stirbt der Vermieter vor der Räumung der Wohnung, wird die Kündigung wirkungslos (OLG Karlsruhe WuM 1993, 405).

7 Erfolgt die Kündigung aus dem Sonderkündigungsrecht nach § 573a, sind der sich aus § 573c ergebenden Kündigungsfrist drei Monate hinzuzurechnen.

8 Das Sonderkündigungsrecht nach § 573a beeinträchtigt den Schutz des Mieters durch das **Widerspruchsrecht** (§ 574) und die Möglichkeit des Räumungsschutzes (§ 721 ZPO) nicht. Wegen der nach § 574 erforderlichen Interessenabwägung ist es notwendig, auch bei Kündigungen nach § 573a in der Begründung zusätzlich anzugeben, weshalb ein Interesse an der Räumung besteht (→ § 574 Rn. 6; RE OLG Hamm NJW 1992, 1969).

§ 573b Teilkündigung des Vermieters

(1) Der Vermieter kann nicht zum Wohnen bestimmte Nebenräume oder Teile eines Grundstücks ohne ein berechtigtes Interesse im Sinne des § 573 kündigen, wenn er die Kündigung auf diese Räume oder Grundstücksteile beschränkt und sie dazu verwenden will,
1. Wohnraum zum Zwecke der Vermietung zu schaffen oder
2. den neu zu schaffenden und den vorhandenen Wohnraum mit Nebenräumen oder Grundstücksteilen auszustatten.
(2) Die Kündigung ist spätestens am dritten Werktag eines Kalendermonats zum Ablauf des übernächsten Monats zulässig.
(3) Verzögert sich der Beginn der Bauarbeiten, so kann der Mieter eine Verlängerung des Mietverhältnisses um einen entsprechenden Zeitraum verlangen.
(4) Der Mieter kann eine angemessene Senkung der Miete verlangen.
(5) Eine zum Nachteil des Mieters abweichende Vereinbarung ist unwirksam.

1 **Teilkündigungen,** die sonst generell unzulässig sind, wurden zunächst befristet, seit 1.3.1996 jedoch dann zeitlich unbefristet zugelassen (§ 564b Abs. 2 Nr. 4 aF). Die Regelung ist verfassungskonform (BVerfG ZMR 1992, 95).

Die erfassten Räume müssen nach dem Mietvertrag als Nebenräume (zB Trockenraum, Abstellraum) vermietet sein. Durch eine Gesetzesänderung vom 21.7.1993 wurde klargestellt, dass die Kündigung auch zur Ermöglichung von Anbauten und Aufstockungen möglich sein soll. Die neuen Räume dürfen nicht durch den Vermieter selbst oder gewerblich genutzt werden. Der Vermieter ist verpflichtet, die verbleibenden Nebenräume bzw. Grundstücksflächen (Garten, Abstellplätze) sachgerecht nach Durchführung der Baumaßnahmen zu verteilen. Diese neue Aufteilung ist jedoch auf die Wirksamkeit der Kündigung ohne Einfluss. Die Kündigung ist als ordentliche Kündigung unter Einhaltung der in § 573c genannten Fristen auszusprechen. Die Herabsetzung der Miete ist keine Voraussetzung einer wirksamen Kündigung nach dieser Vorschrift, sondern nur eine Rechtsfolge (Abs. 4). Bei Verzögerung der Baumaßnahmen hat der Mieter ein Recht auf weitere Überlassung (Abs. 3), ähnlich wie beim Zeitmietvertrag nach § 575 Abs. 3. Bei befristeten Mietverträgen ist eine Teilkündigung nicht möglich, wie sich aus der Stellung der Vorschrift im Gesetz ergibt.

§ 573c Fristen der ordentlichen Kündigung

(1) [1]Die Kündigung ist spätestens am dritten Werktag eines Kalendermonats zum Ablauf des übernächsten Monats zulässig. [2]Die Kündigungsfrist für den Vermieter verlängert sich nach fünf und acht Jahren seit der Überlassung des Wohnraums um jeweils drei Monate.

(2) Bei Wohnraum, der nur zum vorübergehenden Gebrauch vermietet worden ist, kann eine kürzere Kündigungsfrist vereinbart werden.

(3) Bei Wohnraum nach § 549 Abs. 2 Nr. 2 ist die Kündigung spätestens am 15. eines Monats zum Ablauf dieses Monats zulässig.

(4) Eine zum Nachteil des Mieters von Absatz 1 oder 3 abweichende Vereinbarung ist unwirksam.

1. Anwendungsbereich

Für Wohnraummietverhältnisse sind die Kündigungsfristen zusammengefasst **1** geregelt (früher § 565 Abs. 2, 3). Für die ordentliche Kündigung des Vermieters (§ 573) und des Mieters ergibt sich die Kündigungsfrist aus Abs. 1, für die außerordentliche Kündigung mit gesetzlicher Frist gilt § 573d. Bei Werkmietwohnungen und Werkdienstwohnungen ist daneben auch § 576 zu beachten. Die Vorschriften über die Wohnraummiete sind auch anzuwenden, wenn der Mieter die Wohnung vertragswidrig gewerblich genutzt hat. Zum befristeten Ausschluss des Rechts zur ordentlichen Kündigung → § 573 Rn. 2; → § 575 Rn. 10.

2. Dritter Werktag

Der dritte Werktag ist der jeweils späteste Kündigungstag, an dem die Kündi- **2** gung dem anderen Vertragsteil zugegangen sein muss. Wegen der Formalien vgl. § 568. Geht die Kündigung erst nach diesem Tag zu, kann der laufende

Monat in die Fristberechnung nicht mehr einbezogen werden. Beginnt der Monat mit einem Sonntag, so ist der dritte Werktag der vierte Tag des Monats. Ob der Sonnabend als Werktag innerhalb der Frist mitzählt, ist umstritten (BGH NJW 2005, 2154). Geht die Kündigung später zu, läuft die Frist erst mit Beginn des folgenden Monats.

3. Kündigungsfrist

3 Die Frist beträgt zunächst drei Monate (abzüglich der Karenzzeit von drei Werktagen). Das Mietverhältnis endet zum Monatsende des übernächsten Monats, gleichgültig, ob dies ein Werktag, Sonnabend, Sonntag oder Feiertag ist. Dieser Kündigungstermin muss in der Kündigung nur dann angegeben werden, wenn die Kündigung nicht zum nächstmöglichen Kündigungstermin wirksam werden soll. Die Karenzzeit von drei Werktagen ist in derselben Weise anzuwenden, wenn sich die **Kündigungsfrist – nur für den Vermieter** – nach einer Überlassungszeit von fünf oder acht Jahren um jeweils drei Monate **verlängert** hat. Entscheidend für die Verlängerung der Kündigungsfrist ist nicht der Abschluss des Mietvertrages oder der tatsächliche Bezug der Wohnung, sondern der Zeitpunkt, in dem der Mieter die tatsächliche Gewalt über die Wohnung erhalten hat, in der Regel somit der Zeitpunkt der Aushändigung der Schlüssel. War die Wohnung dem Mieter aber vor Abschluss des Mietvertrages zunächst aus einem anderen Rechtsgrund – ohne Kündigungsschutz – überlassen, so ist diese Zeit nicht zu berücksichtigen (BGH NJW 2014, 961).

4 Ohne Einfluss ist auch, ob das Mietverhältnis von Anfang an unbefristet war oder erst später unbefristet fortgesetzt worden ist. Ohne Bedeutung ist es auch, ob der Eigentümer und Vermieter während der Mietzeit gewechselt hat (§ 566). Wenn der Mieter keinen eigenen Mietvertrag mit dem Vermieter abgeschlossen hat, sondern in das Vertragsverhältnis des Vormieters eingetreten ist (zB im Wege der Vertragsübernahme oder als Familienangehöriger nach § 563), wird die Besitzzeit des Vormieters der eigenen Besitzzeit des jetzigen Mieters hinzugerechnet (RE OLG Stuttgart NJW 1984, 875). Ob bei einem Wohnungswechsel innerhalb des Hauses die Gesamtzeit oder nur die Dauer des Besitzes der letzten Wohnung zu berücksichtigen ist, ist in Rechtsprechung und Literatur umstritten. Maßgebend für die Fristverlängerung (um je drei Monate) ist der Zeitraum zwischen Überlassung der Wohnung und Zugang des Kündigungsschreibens. Die nach Zugang des Kündigungsschreibens zu laufen beginnende Kündigungsfrist ist nicht einzubeziehen.

4. Verlängerung der Frist

5 Die Verlängerung der Kündigungsfristen beabsichtigt den Schutz des Mieters. Oft erwiesen sich die verlängerten Kündigungsfristen aber auch als besonderer Nachteil für diesen. Deshalb hat der Gesetzgeber die Fristen nur für den Vermieter verlängert. Der Mieter kann stets mit einer Frist von drei Monaten kündigen.

Eine **kürzere Kündigungsfrist** kann nur für das Kündigungsrecht des 6
Mieters vertraglich vereinbart werden. Die in einem Mietvertrag während der
Geltung des ZGB vereinbarte Kündigungsfrist von zwei Wochen für den
Mieter ist weiterhin wirksam (RE KG ZMR 1998, 221). Bei Vermietung
zum vorübergehenden Gebrauch (vgl. § 549 Abs. 2) kann ausnahmsweise
auch mit Wirkung für einen oder beide Vertragsteile eine kürzere Kündigungsfrist vereinbart werden (Abs. 2).

Ist in einem Mietvertrag entgegen den zwingenden gesetzlichen Regelun- 7
gen für beide Teile eine kürzere Kündigungsfrist vereinbart, so ist diese Vereinbarung für Kündigungen des Mieters wirksam, während für Kündigungen
des Vermieters die gesetzlichen Vorschriften gelten. Eine Verlängerung der
Kündigungsfristen für den Vermieter ist zulässig. Einen beidseitigen **Verzicht**
auf das Kündigungsrecht billigt der BGH selbst in einem Formularmietvertrag
für eine Dauer von bis zu vier Jahren. Dabei ist nicht auf den Zeitpunkt der
Kündigungserklärung sondern auf den Zeitpunkt der Wirkung der Kündigung (Beendigung des Mietverhältnisses) abzustellen. Wenn diese Bindung für
einen Mieter jedoch aus besonderen Gründen, zB für einen Studenten, einseitig nachteilig ist, muss der Verzicht auf das Kündigungsrecht als unbillig
angesehen werden (BGH NJW 2009, 3506). In einem Individualvertrag billigt
der BGH auch eine einseitige Bindung des Mieters auf bis zu vier Jahre (BGH
NJW 2004, 1448; → § 568 Rn. 10).

Das Verbot, die Zulässigkeit der Kündigung auf das Ende **bestimmter** 8
Kalendermonate (zB Quartalsende, Jahresende) zu beschränken, gilt nicht
mehr seit 1.9.2001.

Für **möblierten Wohnraum** gilt die Ausnahmeregelung (Abs. 3), die 9
denselben Anwendungsbereich wie § 549 Abs. 2 Nr. 2 hat. Der als spätester
Kündigungstag genannte 15. des Monats ist strikt einzuhalten, unabhängig
davon, ob es sich um einen Werktag, Sonnabend, Sonntag oder Feiertag
handelt.

5. Übergangsrecht

Die neuen Kündigungsfristen sind nicht anzuwenden, wenn vor dem 10
1.9.2001 konkrete Kündigungsfristen im Mietvertrag vereinbart worden sind.
Die unveränderte Wiederholung der gesetzlichen Fristen im Mietvertrag
reicht für die Annahme einer Vereinbarung seit 1.6.2004 nicht mehr aus
(Art. 229 § 3 Abs. 10 EGBGB).

§ 573d Außerordentliche Kündigung mit gesetzlicher Frist

**(1) Kann ein Mietverhältnis außerordentlich mit der gesetzlichen Frist gekün-
digt werden, so gelten mit Ausnahme der Kündigung gegenüber Erben des Mieters nach § 564 die §§ 573 und 573a entsprechend.**

**(2) Die Kündigung ist spätestens am dritten Werktag eines Kalendermonats
zum Ablauf des übernächsten Monats zulässig, bei Wohnraum nach § 549 Abs. 2**

Nr. 2 spätestens am 15. eines Monats zum Ablauf dieses Monats (gesetzliche Frist). § 573a Abs. 1 Satz 2 findet keine Anwendung.
(3) Eine zum Nachteil des Mieters abweichende Vereinbarung ist unwirksam.

1 Die vorzeitige Kündigung mit **gesetzlicher Frist** ist eine Sonderregelung für die Fälle der außerordentlichen Kündigung. Für alle diese Fälle gilt nach Abs. 2 eine Kündigungsfrist von drei Monaten unter Abzug der Karenzzeit von drei Werktagen, ohne dass es auf die Dauer des Mietverhältnisses ankommt. Anwendbar ist die Regelung auf alle Fälle, für die im Gesetz die außerordentliche Kündigung vorgesehen ist (zB verweigerte Untermieterlaubnis gemäß § 540 Abs. 1, Vertrag über 30 Jahre gemäß § 544 BGB, nach dem Tod des Mieters gemäß § 563 Abs. 4, § 563 Abs. 2, 564, Sonderkündigungsrecht des Erwerbers in der Zwangsversteigerung gemäß § 57 ZVG). Für Wohnraummietverhältnisse auf bestimmte Zeit gilt § 575a. Die Frist beträgt stets – knapp – drei Monate, auch im Zweifamilienhaus.

2 Der Vermieter muss auch in diesen Fällen ein berechtigtes Interesse nennen, es sei denn, es handelt sich um eine Kündigung nach § 573a – Zweifamilienhaus – oder nach § 564 gegenüber dem Erben.

§ 574 Widerspruch des Mieters gegen die Kündigung

(1) [1]Der Mieter kann der Kündigung des Vermieters widersprechen und von ihm die Fortsetzung des Mietverhältnisses verlangen, wenn die Beendigung des Mietverhältnisses für den Mieter, seine Familie oder einen anderen Angehörigen seines Haushalts eine Härte bedeuten würde, die auch unter Würdigung der berechtigten Interessen des Vermieters nicht zu rechtfertigen ist. [2]Dies gilt nicht, wenn ein Grund vorliegt, der den Vermieter zur außerordentlichen fristlosen Kündigung berechtigt.
(2) Eine Härte liegt auch vor, wenn angemessener Ersatzwohnraum zu zumutbaren Bedingungen nicht beschafft werden kann.
(3) Bei der Würdigung der berechtigten Interessen des Vermieters werden nur die in dem Kündigungsschreiben nach § 573 Abs. 3 angegebenen Gründe berücksichtigt, außer wenn die Gründe nachträglich entstanden sind.
(4) Eine zum Nachteil des Mieters abweichende Vereinbarung ist unwirksam.

1. Geschichte

1 Das **Widerspruchsrecht** ist früher als Sozialklausel (§§ 556a–556c) bezeichnet worden. Sie wurde in der Zeit des Abbaus der Wohnungszwangswirtschaft ab 1960 in das Gesetz aufgenommen, um einen sozialen Ausgleich zum damals geltenden Prinzip der freien Kündigung zu schaffen. Seit 1971 wird der sozial notwendige Schutz des Mieters in erster Linie durch den Kündigungsschutz nach § 573 gewährleistet. Ist die Kündigung aufgrund der dort genannten berechtigten Interessen des Vermieters wirksam, so wird der Mieter vor besonderen Härten ergänzend durch die Sozialklausel geschützt. Sie ist heute somit nicht mehr das Kernstück des sozialen Mietrechts, sondern nur noch ergänzendes Korrektiv. Dies ist bei der Auslegung und Interessenabwägung zu berücksichtigen. Ohne Bedeutung für den Schutz durch das Widerspruchsrecht bleibt der Gesichtspunkt, dass im Falle der Verurteilung zur Räumung noch Räumungsschutz (§§ 721, 794a ZPO) und Vollstreckungsschutz (§ 765a ZPO) gewährt werden kann.

2. Anwendungsbereich

Die Vorschrift erfasst nur **Mietverhältnisse,** die **auf unbestimmte Zeit** 2 laufen. Das Widerspruchsrecht gilt bei ordentlicher und außerordentlicher Kündigung mit gesetzlicher Frist. Es gilt nur eingeschränkt beim Zeitmietvertrag (§ 575a Abs. 2). Für Werkswohnungen bestehen Sonderregelungen (§ 576a).

3. Kündigung als Voraussetzung

Nur **bei vertragsgemäßer Beendigung** des Mietverhältnisses durch Kündi- 3 gung besteht der Schutz des Widerspruchsrechts. Die Kündigung muss nach Form, Inhalt und Frist wirksam sein. Kündigt der Vermieter wegen Vertragsverletzungen des Mieters, so ist das Widerspruchsrecht nicht anwendbar. Eine vertragsgemäße Beendigung des Mietverhältnisses liegt aber auch dann vor, wenn der Vermieter eine außerordentliche Kündigung mit gesetzlicher Frist erklärt hat (RE BGH NJW 1982, 1696).

4. Härte

Die erforderliche Härte muss über die Beeinträchtigungen und Unannehm- 4 lichkeiten, die jeder Umzug mit sich bringt, deutlich hinausgehen. Bei mehreren Mietern reicht eine Härte in der Person eines Mieters aus.

Auch die Härte gegen eine andere Person des Haushalts ist relevant. Ob 5 eine Verlängerung des Mietvertrags geboten ist, kann nicht generell gesagt werden, sondern muss sich aus einer aller Umstände des Einzelfalles umfassenden Abwägung der Interessen des Mieters an der Fortsetzung des Mietverhältnisses mit den Interessen des Vermieters an der Räumung ergeben. Eine Härte kann gegeben sein, wenn sich der Mieter intensiv, aber erfolglos um vergleichbaren Wohnraum bemüht hat. Der Mieter muss zB Inserate aufgeben und einen Makler beauftragen. Eine höhere Miete und im Übrigen nachteiligere Vertragsbedingungen muss er in gewissem Umfang hinnehmen. Ein Zwischenumzug wird in der Regel unzumutbar sein, wenn der Mieter in absehbarer Zeit selbst ausziehen will (zB berufsbedingter Ortswechsel, Bezug eines eigenen Hauses). Größere Investitionen in letzter Zeit in der Wohnung im Einverständnis des Vermieters können einen Auszug des Mieters ebenfalls unzumutbar erscheinen lassen. Hohes Alter und lange Wohnzeit allein sind keine Härte. Anders ist es jedoch, wenn Krankheit und Pflegebedürftigkeit hinzutreten, die auch unabhängig vom Alter eine Härte bilden können, wenn aus dieser Situation besondere Schwierigkeiten bei der Beschaffung von Ersatzwohnraum auftreten oder bei einem Umzug mit einer deutlichen Verschlechterung des Zustandes zu rechnen ist. Auf eine Unterbringung in einem

Alten- oder Pflegeheim muss sich der Mieter nicht verweisen lassen (RE OLG Karlsruhe NJW 1970, 1746). In aller Regel muss das Gericht zu den gesundheitlichen Folgen ein Gutachten einholen, weil sonst das Ausmaß der Härte nicht ersichtlich ist (BGH NJW 2017, 1474). Auch durch eine Schwangerschaft kann eine vorübergehende Härte begründet sein. Zur Abwägung bei sehr alten Mietern und einem selbst erkrankten Vermieter, der zu seiner Unterstützung seine Eltern aufnehmen will, beispielhaft BGH ZMR 2005, 843.

5. Interessenabwägung

6 Die dagegen abzuwägenden Interessen des Vermieters entsprechen den bei der Kündigung angegebenen Interessen (§ 573 Abs. 3). Sind sie zuvor entstanden, dem Mieter aber erst nachträglich bekannt geworden, sind sie ebenfalls ausgeschlossen wie alle anderen Kündigungsgründe, die im Kündigungsschreiben nicht angegeben, aber zuvor entstanden sind. Der Vermieter muss ggf. neu kündigen. Im Falle des Sonderkündigungsrechts nach § 573a (Zweifamilienhaus) sind auch Gründe zu berücksichtigen, die eine Kündigung nach § 573 nicht rechtfertigen würden. Auch diese sind, sofern sie nicht nachträglich entstanden sind, bereits im Kündigungsschreiben anzugeben. Im Rahmen der Abwägung nach § 574 muss das Gericht dem Recht des Vermieters auf eine Eigengestaltung der Lebensführung im Lichte des Art. 14 GG hinreichend Rechnung tragen (BVerfG NJW-RR 1993, 1358).

7 Der Widerspruch begründet bei Vorliegen der genannten Voraussetzungen einen **Anspruch auf Fortsetzung des Mietverhältnisses** (§ 574a).

6. Unanwendbarkeit

8 Das Widerspruchsrecht ist unanwendbar, wenn der Vermieter ordentlich gekündigt hat, zur fristlosen Kündigung jedoch berechtigt war. Hat der Mieter neben dem Vermieter gekündigt, kann der Mieter sich nicht auf das Widerspruchsrecht berufen, auch wenn das Mietverhältnis letztlich durch die Kündigung des Vermieters beendet wird. Die Kündigung des Mieters stellt regelmäßig einen Verzicht auf die Geltendmachung des Widerspruchsrechts dar.

§ 574a Fortsetzung des Mietverhältnisses nach Widerspruch

(1) ¹Im Falle des § 574 kann der Mieter verlangen, dass das Mietverhältnis so lange fortgesetzt wird, wie dies unter Berücksichtigung aller Umstände angemessen ist. ²Ist dem Vermieter nicht zuzumuten, das Mietverhältnis zu den bisherigen Vertragsbedingungen fortzusetzen, so kann der Mieter nur verlangen, dass es unter einer angemessenen Änderung der Bedingungen fortgesetzt wird.

(2) ¹Kommt keine Einigung zustande, so werden die Fortsetzung des Mietverhältnisses, deren Dauer sowie die Bedingungen, zu denen es fortgesetzt wird, durch Urteil bestimmt. ²Ist ungewiss, wann voraussichtlich die Umstände wegfallen, auf Grund derer die Beendigung des Mietverhältnisses eine Härte bedeutet,

so kann bestimmt werden, dass das Mietverhältnis auf unbestimmte Zeit fortgesetzt wird.

(3) Eine zum Nachteil des Mieters abweichende Vereinbarung ist unwirksam.

Der Widerspruch begründet beim Vorliegen der genannten Voraussetzungen **1** einen Anspruch auf **Fortsetzung des Mietverhältnisses.** Ob das Mietverhältnis befristet oder unbefristet fortzusetzen ist, hängt davon ab, ob mit dem Wegfall der Härtegründe zu rechnen ist und wie lange dem Vermieter die Fortsetzung zumutbar ist. In der Regel wird nur eine befristete Fortsetzung zumutbar sein. Die Fortsetzungszeit liegt in der Regel zwischen sechs Monaten und drei Jahren. Nach den Umständen des Einzelfalls kann auch nur die Fortsetzung zu geänderten Bedingungen (nicht nur höhere Miete) zumutbar sein. Inwieweit eine Fortsetzung des Mietvertrages und eine Änderung der Vertragsbedingungen verlangt werden kann, muss sich aus der umfassenden Abwägung der sich widersprechenden Interessen von Vermieter und Mieter ergeben. Wegen einer mehrmaligen Fortsetzung des Mietverhältnisses wird auf § 574c hingewiesen. Ist das Mietverhältnis nicht fortzusetzen, ist der Mieter bis zur Räumung zur Zahlung einer Nutzungsentschädigung nach § 546a verpflichtet.

Eine **Einigung** der Vertragsparteien wird in der Praxis meist nicht möglich **2** sein, so dass regelmäßig im Räumungsprozess zu entscheiden ist, ob und zu welchen Bedingungen das Mietverhältnis fortzusetzen ist (§ 308a ZPO). Der Mieter kann wegen seines Fortsetzungsanspruchs aber auch selbst Klage erheben. Die Verlängerung auf Grund stillschweigender Fortsetzung gemäß § 545 ist daneben zu beachten.

Die Kündigung der auf unbestimmte Zeit fortgesetzten Mietverhältnisse ist **3** durch § 574 Abs. 2 eingeschränkt.

§ 574b Form und Frist des Widerspruchs

(1) [1]Der Widerspruch des Mieters gegen die Kündigung ist schriftlich zu erklären. [2]Auf Verlangen des Vermieters soll der Mieter über die Gründe des Widerspruchs unverzüglich Auskunft erteilen.

(2) [1]Der Vermieter kann die Fortsetzung des Mietverhältnisses ablehnen, wenn der Mieter ihm den Widerspruch nicht spätestens zwei Monate vor der Beendigung des Mietverhältnisses erklärt hat. [2]Hat der Vermieter nicht rechtzeitig vor Ablauf der Widerspruchsfrist auf die Möglichkeit des Widerspruchs sowie auf dessen Form und Frist hingewiesen, so kann der Mieter den Widerspruch noch im ersten Termin des Räumungsrechtsstreits erklären.

(3) Eine zum Nachteil des Mieters abweichende Vereinbarung ist unwirksam.

Der Widerspruch ist **schriftlich** zu erklären und muss deutlich zum Ausdruck **1** bringen, dass der Mieter die Beendigung des Mietverhältnisses nicht hinnehmen will. Zur Einlegung mittels Telefax → § 568 Rn. 14. Der Widerspruch ist auf Verlangen des Vermieters zu begründen. Unterlässt der Mieter diese

Begründung, kann dies zu Kostennachteilen im Räumungsprozess führen (§ 93b Abs. 2 ZPO).

2　　Wird der Widerspruch nicht **fristgerecht** erhoben, wobei es auf den Zugang beim Vermieter ankommt, so ist er nur unwirksam, wenn der Vermieter sich auf die Verspätung beruft. Der Hinweis nach § 568 Abs. 2 kann im Kündigungsschreiben oder auch danach in gesondertem Schreiben erfolgen (→ § 568 Rn. 16 f.).

§ 574c Weitere Fortsetzung des Mietverhältnisses bei unvorhergesehenen Umständen

(1) Ist auf Grund der §§ 574 bis 574b durch Einigung oder Urteil bestimmt worden, dass das Mietverhältnis auf bestimmte Zeit fortgesetzt wird, so kann der Mieter dessen weitere Fortsetzung nur verlangen, wenn dies durch eine wesentliche Änderung der Umstände gerechtfertigt ist oder wenn Umstände nicht eingetreten sind, deren vorgesehener Eintritt für die Zeitdauer der Fortsetzung bestimmend gewesen war.

(2) [1] Kündigt der Vermieter ein Mietverhältnis, dessen Fortsetzung auf unbestimmte Zeit durch Urteil bestimmt worden ist, so kann der Mieter der Kündigung widersprechen und vom Vermieter verlangen, das Mietverhältnis auf unbestimmte Zeit fortzusetzen. [2] Haben sich die Umstände verändert, die für die Fortsetzung bestimmend gewesen waren, so kann der Mieter eine Fortsetzung des Mietverhältnisses nur nach § 574 verlangen; unerhebliche Veränderungen bleiben außer Betracht.

(3) Eine zum Nachteil des Mieters abweichende Vereinbarung ist unwirksam.

1. Fortsetzung auf bestimmte Zeit

1　　Das auf bestimmte Zeit nach §§ 574–574b fortgesetzte Mietverhältnis kann nach Ablauf dieser Zeit erneut fortgesetzt werden, wenn zu diesem Zeitpunkt wiederum die Härte für den Mieter das Räumungsinteresse des Vermieters überwiegt und dies auf anderen Umständen beruht als bei der ersten Verlängerung. Ist die Interessenlage auf beiden Seiten gleich geblieben, so bleibt es bei der Beendigung des Mietverhältnisses nach Ablauf der befristeten Verlängerung. Ist hingegen das Räumungsinteresse des Vermieters entfallen oder hat es sich verändert, kann dies zu einer erneuten Verlängerung führen. Auch wenn Umstände nicht eingetreten sind, die für die Befristung bestimmend waren, ist eine erneute Abwägung möglich. Dies ist zB dann der Fall, wenn sich die Gesundung des Mieters oder die Bezugsfertigung einer in Aussicht genommenen Ersatzwohnung wider Erwarten verzögert hat. Keine Partei kann sich dabei aber auf Veränderungen berufen, die sie selbst wider Treu und Glauben herbeigeführt hat.

2　　Ergibt die Abwägung, dass das Interesse des Mieters überwiegt, kann dieser die Fortsetzung entsprechend der jetzt maßgebenden Umstände befristet oder im Ausnahmefall auch unbefristet verlangen. Gegebenenfalls sind auch die Vertragsbedingungen neu anzupassen. Bei der Geltendmachung des Wider-

spruchs ist auch in diesen Fällen Frist und Form entsprechend § 574b einzuhalten. Auch der Hinweis nach § 574 Abs. 2, § 568 Abs. 2 ist erneut zu
erteilen. Auch eine mehrfache Verlängerung ist bei entsprechender Änderung
der Umstände nicht ausgeschlossen.

2. Fortsetzung auf unbestimmte Zeit

Das auf unbestimmte Zeit nach §§ 574–574b fortgesetzte Mietverhältnis kann **3**
durch eine erneute Kündigung des Vermieters beendet werden. Beruht die
Fortsetzung nicht auf einem Urteil, sondern auf einer Einigung der Parteien,
so sind §§ 574–574b uneingeschränkt anzuwenden. Beruht die Fortsetzung
auf einem **Urteil** (Abs. 2), so kommt dem Mieter besonderer Schutz zu. Sind
die Umstände im Wesentlichen seit dem Urteil gleich geblieben, so kann der
Mieter unbefristete Fortsetzung verlangen, ohne dass es einer erneuten Interessenabwägung bedarf. Dieses Verlangen ist an keine Form und Frist gebunden und wird regelmäßig zumindest im Klageabweisungsantrag des Mieters
gesehen werden müssen.

Nur bei wesentlicher Änderung der Umstände seit Erlass des Urteils erfolgt **4**
eine erneute Interessenabwägung. Von dieser Abwägung ist es abhängig, ob
und zu welchen Bedingungen das Mietverhältnis dann befristet oder unbefristet fortgesetzt werden muss oder ob es durch die Kündigung aufgelöst ist.
Bei wesentlichen Änderungen der Umstände werden §§ 574–574b wieder in
vollem Umfang angewandt, so dass auch hier bei der Geltendmachung des
Widerspruchs wieder Form und Frist eingehalten sein müssen und ein Hinweis gemäß § 574b Abs. 2, § 568 Abs. 2 erteilt werden muss.

3. Abweichende Vereinbarungen

Die Vorschriften über das Widerspruchsrecht sind insgesamt nicht vertraglich **5**
zu Ungunsten des Mieters **abdingbar.**

Unterkapitel 3. Mietverhältnisse auf bestimmte Zeit

§ 575 Zeitmietvertrag

**(1) [1]Ein Mietverhältnis kann auf bestimmte Zeit eingegangen werden, wenn
der Vermieter nach Ablauf der Mietzeit**
**1. die Räume als Wohnung für sich, seine Familienangehörigen oder Angehörige
seines Haushalts nutzen will,**
**2. in zulässiger Weise die Räume beseitigen oder so wesentlich verändern oder
instand setzen will, dass die Maßnahmen durch eine Fortsetzung des Mietverhältnisses erheblich erschwert würden, oder**
**3. die Räume an einen zur Dienstleistung Verpflichteten vermieten will und er
dem Mieter den Grund der Befristung bei Vertragsschluss schriftlich mitteilt.**
[2]Anderenfalls gilt das Mietverhältnis als auf unbestimmte Zeit abgeschlossen.
**(2) [1]Der Mieter kann vom Vermieter frühestens vier Monate vor Ablauf der
Befristung verlangen, dass dieser ihm binnen eines Monats mitteilt, ob der Be-**

fristungsgrund noch besteht. ²Erfolgt die Mitteilung später, so kann der Mieter eine Verlängerung des Mietverhältnisses um den Zeitraum der Verspätung verlangen.

(3) ¹Tritt der Grund der Befristung erst später ein, so kann der Mieter eine Verlängerung des Mietverhältnisses um einen entsprechenden Zeitraum verlangen. ²Entfällt der Grund, so kann der Mieter eine Verlängerung auf unbestimmte Zeit verlangen. ³Die Beweislast für den Eintritt des Befristungsgrundes und die Dauer der Verzögerung trifft den Vermieter.

(4) Eine zum Nachteil des Mieters abweichende Vereinbarung ist unwirksam.

1. Allgemeines

1 Das Mietrecht hat früher zwischen dem „echten" und dem „unechten" Zeitmietvertrag unterschieden (§ 564c Abs. 1 und 2). Unechte Zeitmietverträge, die vor dem 1.9.2001 geschlossen wurden, gelten weiter (Art. 229 § 3 EGBGB). In diesen Fällen ist das frühere Recht unverändert anzuwenden (BGH NJW 2007, 2760). Nach den im Jahre 2001 in Kraft getretenen Regelungen ist nur noch ein **„echter" Zeitmietvertrag** möglich. Nach Ablauf der Zeit ist das Mietverhältnis beendet (§ 542 Abs. 2). Eine Kündigung ist nicht erforderlich. Auch eine Räumungsfrist kann nicht gewährt werden (§ 721 Abs. 7 ZPO). Eine zeitliche Beschränkung für die Vertragslaufzeit besteht nicht. Für Mietverhältnisse, die grundsätzlich keinen Bestandsschutz haben (§ 549 Abs. 2), ist auch kein Zeitmietvertrag vorgesehen, weil dort die vom Zeitmietvertrag außer Kraft gesetzten Mieterschutzrechte nicht gelten. Eine längere Vertragslaufzeit kann auch durch Ausschluss des Rechts zur üblichen Kündigung erreicht werden (→ § 573 Rn. 2).

2. Befristung

2 Bereits bei Abschluss des Mietvertrages muss eine Befristung vereinbart worden sein. Jede Zeitspanne ist zulässig. Ein echter Zeitmietvertrag kann auch durch eine schriftliche Vertragsänderung abgeschlossen werden, wenn zwischen den Parteien zuvor ein unbefristeter Mietvertrag bestand. Während der vereinbarten Vertragszeit ist das Recht zur ordentlichen Kündigung für Mieter und Vermieter ausgeschlossen. Wichtig ist es wie bisher, dass die Beendigungsgründe bei Abschluss des Zeitmietvertrages dem Mieter klar mitgeteilt werden.

3 Bei einer geplanten **Eigennutzung** ist es im Gegensatz zu dem in § 573 Abs. 2 Nr. 2 geregelten Eigenbedarf nicht notwendig, dass der Vermieter die Wohnung benötigt; ausreichend ist vielmehr allein ein entsprechender ernsthafter Nutzungswille. Eine Prüfung des Wohnbedarfs kann hier somit nicht erfolgen. Der begünstigte Personenkreis entspricht dem in § 573 Abs. 2 Nr. 2 genannten Kreis.

3. Beabsichtigte Baumaßnahmen

4 Beabsichtigte Baumaßnahmen sind nur dann eine geeignete Voraussetzung für den Abschluss eines Zeitmietvertrages, wenn sie zulässig sind, dh wenn am

Ende der Befristung die erforderliche öffentlich-rechtliche Genehmigung (Baugenehmigung, Zweckentfremdungsgenehmigung) vorliegt. Wesentliche bauliche Veränderungen erfordern Arbeiten im größeren Umfang. Kleinere Erhaltungs- oder Modernisierungsarbeiten (zB Auswechseln der Fenster, Anbringen von Zwischendecken) reichen nicht aus. Abzugrenzen ist danach, ob die Durchführung der Arbeiten bei Fortsetzung des Mietverhältnisses wesentlich erschwert würde. Nur insoweit ist die geplante Verwendung mitzuteilen. Pläne uÄ sind nicht vorzulegen (BGH NJW 2007, 2177). Aber auch Baumaßnahmen, deren Duldung vom Mieter nicht verlangt werden kann (§ 555d Abs. 2), entsprechen den gesetzlichen Anforderungen (zB Einrichtung eines Bades in einem bisher anders genutzten Raum).

Auch bei Vermietung als **Werkmietwohnung** (§ 576) kann eine Befris- **5** tung vereinbart werden.

4. Mitteilung des Vermieters

Die schriftliche Mitteilung der Verwendungsabsicht (Abs. 2) erfordert eine **6** konkrete Angabe des Vermieters, dass die mitgeteilte Verwendungsabsicht zeitgerecht umgesetzt wird. Ein Wechsel zwischen den Befristungsgründen ist nicht möglich. Zulässig hingegen ist es, wenn zum gleichbleibenden Grund ein geringfügiger Wechsel stattfindet (statt Tochter zieht Sohn ein). Die Mitteilung muss so gefasst sein, dass der Mieter beurteilen kann, ob die ursprüngliche Absicht entfallen ist oder sich verzögert hat, so dass er einen Fortsetzungsanspruch geltend machen kann. Geht die Mitteilung nach Abs. 2 dem Mieter nicht rechtzeitig ein Monat nach dem Verlangen zu, so verlängert sich die Mietzeit entsprechend der Verzögerung, wenn der Mieter dies verlangt. Aus welchem Grund die beabsichtigte Verwendung sich verzögert, muss nicht mitgeteilt werden (BGH NJW 2007, 2177 Rn. 21). Entfällt der Befristungsgrund ganz, setzt sich das Mietverhältnis aber nur fort, wenn der Mieter dies verlangt.

5. Schadensersatzpflicht

Schuldhaft **falsche Angaben** bei der Mitteilung nach Abs. 2 machen den **7** Vermieter schadensersatzpflichtig und können den Tatbestand des Betruges (§ 263 StGB) erfüllen. Der Vermieter ist verpflichtet, den Wegfall der ursprünglichen Verwendungsabsicht dem Mieter mitzuteilen. Dem Mieter kann erheblicher Schaden entstehen, wenn er ein ihm zustehendes Fortsetzungsrecht aufgrund der falschen Angaben des Vermieters nicht geltend macht und auszieht (zB Umzugskosten, höhere Miete; → § 573 Rn. 49 ff.).

6. Rechtsfolge

Ob die Voraussetzungen des Zeitmietvertrags vorgelegen haben, wird, wenn **8** der Mieter nicht freiwillig auszieht, im Rahmen einer Räumungsklage zu prüfen sein. Fehlt eine der Voraussetzungen, ist die Beendigung des Mietvertrages allein durch Zeitablauf nicht eingetreten. Das Mietverhältnis besteht dann **auf unbestimmte Zeit**. Es muss dann ggf. ordentlich gekündigt werden.

9   Nach Ablauf des Zeitmietvertrages ist immer zu beachten, dass sich eine Verlängerung auf unbestimmte Zeit bei Schweigen des Vermieters aus § 545 ergeben kann.

7. Abweichende Vereinbarungen

10   Die gesetzlichen Voraussetzungen des Zeitmietvertrages können durch vertragliche Vereinbarungen nicht abbedungen werden. Es ist jedoch möglich, das Kündigungsrecht des Mieters und Vermieters in gleichem Umfang zeitlich befristet auszuschließen (→ § 573 Rn. 2). Wenn die Voraussetzungen eines Zeitmietvertrages nicht vorliegen, wird man im Wege der ergänzenden Vertragsauslegung davon ausgehen müssen, dass dann für beide Vertragspartner das Recht zur ordentlichen Kündigung im entsprechenden zeitlichen Rahmen ausgeschlossen ist (BGH NJW 2014, 397).

§ 575a Außerordentliche Kündigung mit gesetzlicher Frist

(1) Kann ein Mietverhältnis, das auf bestimmte Zeit eingegangen ist, außerordentlich mit der gesetzlichen Frist gekündigt werden, so gelten mit Ausnahme der Kündigung gegenüber Erben des Mieters nach § 564 die §§ 573 und 573a entsprechend.

(2) Die §§ 574 bis 574c gelten entsprechend mit der Maßgabe, dass die Fortsetzung des Mietverhältnisses höchstens bis zum vertraglich bestimmten Zeitpunkt der Beendigung verlangt werden kann.

(3) [1] Die Kündigung ist spätestens am dritten Werktag eines Kalendermonats zum Ablauf des übernächsten Monats zulässig, bei Wohnraum nach § 549 Abs. 2 Nr. 2 spätestens am 15. eines Monats zum Ablauf dieses Monats (gesetzliche Frist). [2] § 573a Abs. 1 Satz 2 findet keine Anwendung.

(4) Eine zum Nachteil des Mieters abweichende Vereinbarung ist unwirksam.

1   Die Vorschrift stellt klar, dass auch Zeitmietverträge außerordentlich mit gesetzlicher Frist gekündigt werden können. Der Vermieter muss dann einen Kündigungsgrund nach § 573 darlegen. Das Widerspruchsrecht des Mieters ist in seiner zeitlichen Wirkung begrenzt (Abs. 2).

Unterkapitel 4. Werkwohnungen

§ 576 Fristen der ordentlichen Kündigung bei Werkmietwohnungen

(1) Ist Wohnraum mit Rücksicht auf das Bestehen eines Dienstverhältnisses vermietet, so kann der Vermieter nach Beendigung des Dienstverhältnisses abweichend von § 573c Abs. 1 mit folgenden Fristen kündigen:
1. bei Wohnraum, der dem Mieter weniger als zehn Jahre überlassen war, spätestens am dritten Werktag eines Kalendermonats zum Ablauf des übernächsten

Monats, wenn der Wohnraum für einen anderen zur Dienstleistung Verpflichteten benötigt wird;

2. spätestens am dritten Werktag eines Kalendermonats zum Ablauf dieses Monats, wenn das Dienstverhältnis seiner Art nach die Überlassung von Wohnraum erfordert hat, der in unmittelbarer Beziehung oder Nähe zur Arbeitsstätte steht, und der Wohnraum aus dem gleichen Grund für einen anderen zur Dienstleistung Verpflichteten benötigt wird.

(2) Eine zum Nachteil des Mieters abweichende Vereinbarung ist unwirksam.

1. Allgemeines

Bei **Werkmietwohnungen** ist ein Dienst- oder Arbeitsverhältnis Geschäfts- 1 grundlage für die Überlassung von Wohnraum. Es gelten die folgenden Sondervorschriften. Es kommt nicht darauf an, ob der Arbeitgeber oder ein Dritter (bei Belegungsrecht des Arbeitgebers) Vermieter ist. Ist der Arbeitgeber (und Vermieter) aber nicht der Eigentümer der Wohnung und weiß der Mieter dies, so hat er keinen Kündigungsschutz (§§ 573, 574) gegenüber dem Eigentümer, wenn dieser gegenüber dem Arbeitgeber das Mietverhältnis wirksam beendet hat (RE OLG Karlsruhe NJW 1984, 313). Auch die Familienangehörigen (Ehegatten) können als Vertragspartner in den Vertrag einbezogen sein. Bei Werkmietwohnungen müssen sich Arbeitsvertrag und Mietvertrag unterscheiden lassen. Beide Verträge können allerdings auch räumlich in einer Urkunde vereinigt sein. Bei **Werkdienstwohnungen** (§ 576b) hingegen besteht nur ein einheitlicher Arbeitsvertrag, der die Überlassung von Wohnraum einbezieht, wobei die Wohnraumüberlassung Teil des Arbeitsentgeltes ist. In einem solchen Vertrag überwiegen die arbeitsrechtlichen Regelungen. Im Streitfall sind hier die Arbeitsgerichte zuständig (BAG ZMR 2000, 361).

Für Wohnungen, die im Zusammenhang mit einem öffentlich-rechtlichen 2 Dienstverhältnis einem Beamten (Richter, Soldaten) überlassen werden, gilt § 576 nicht.

Solange das Arbeitsverhältnis besteht, gelten die allgemeinen Bestimmun- 3 gen. Eine Kündigung nach § 573 ist möglich, etwa wegen Verschulden des Mieters oder bei Betriebsbedarf (zB bei im Laufe der Zeit eingetretener Unterbelegung durch Auszug der Kinder).

2. Sonderkündigungsrecht

Nach Beendigung des Arbeitsverhältnisses besteht ein Sonderkündigungsrecht 4 des Vermieters in der Form eines speziellen Eigenbedarfs **(Betriebsbedarf).** Maßgebend ist der Tag der rechtlichen Beendigung des Arbeitsverhältnisses, nicht die tatsächliche Arbeitsaufgabe. Nach Nr. 2 beträgt die Kündigungsfrist für funktionsgebundene Werkmietwohnungen (Hausmeister, Pförtner, Betriebsfeuerwehr, Klinikarzt) nur knapp einen Monat. Neben § 576 sind auch §§ 568, 573 zu beachten. Die Kündigung muss deshalb schriftlich und mit Begründung erfolgen (RE OLG Celle ZMR 1985, 160), wobei der Kündigungsgrund als konkreter Sachverhalt angegeben werden muss (RE OLG

Stuttgart ZMR 1986, 236). Die Kündigung muss nicht zum erstmöglichen Termin ausgesprochen werden. Sind die Voraussetzungen des § 576 Nr. 1 oder Nr. 2 erfüllt, ist immer ein berechtigtes Interesse im Sinne des § 573 (Eigenbedarf) gegeben. Wird die Kündigung schon vor Eintritt der bevorstehenden Beendigung des Arbeitsverhältnisses ausgesprochen, läuft die Kündigungsfrist, wie wenn zum frühesten möglichen Termin nach Beendigung gekündigt worden wäre.

5 Die Kündigung bedarf der **Zustimmung** des **Betriebsrats bzw. Personalrats** (§ 87 Abs. 1 Nr. 9 BetrVG bzw. § 75 Abs. 2 Nr. 2 BPersVG), solange das Arbeits- oder Dienstverhältnis noch nicht wirksam beendet ist (RE OLG Frankfurt a. M. NJW-RR 1992, 1294).

§ 576a Besonderheiten des Widerspruchsrechts bei Werkmietwohnungen

(1) Bei der Anwendung der §§ 574 bis 574c auf Werkmietwohnungen sind auch die Belange des Dienstberechtigten zu berücksichtigen.

(2) Die §§ 574 bis 574c gelten nicht, wenn

1. der Vermieter nach § 576 Abs. 1 Nr. 2 gekündigt hat;

2. der Mieter das Dienstverhältnis gelöst hat, ohne dass ihm von dem Dienstberechtigten gesetzlich begründeter Anlass dazu gegeben war, oder der Mieter durch sein Verhalten dem Dienstberechtigten gesetzlich begründeten Anlass zur Auflösung des Dienstverhältnisses gegeben hat.

(3) Eine zum Nachteil des Mieters abweichende Vereinbarung ist unwirksam.

1 Die Bestimmungen des **Widerspruchsrechts** (§ 574) werden im Interesse des Arbeitgebers an einer beschleunigten Räumung der Werkmietwohnung eingeschränkt. Die Belange des Arbeitgebers sind auch zu berücksichtigen, wenn er nicht Vermieter ist.

2 An der Hinweispflicht des Vermieters nach § 574b Abs. 2, § 568 Abs. 2 ändert sich nichts. Bei **funktionsgebundenen Werkmietwohnungen** (§ 576 Abs. 1 Nr. 2) ist die Anwendung der Sozialklausel ausgeschlossen (Abs. 2). Da die Sozialklausel nur den vertragstreuen Mieter schützen soll, wird § 574 für Verletzungen des Arbeitsvertrages durch Abs. 2 Nr. 2 ergänzt.

3 Die gesetzlichen Bestimmungen zur Sozialklausel können nicht vertraglich zum Nachteil des Mieters abbedungen werden.

§ 576b Entsprechende Geltung des Mietrechts bei Werkdienstwohnungen

(1) Ist Wohnraum im Rahmen eines Dienstverhältnisses überlassen, so gelten für die Beendigung des Rechtsverhältnisses hinsichtlich des Wohnraums die Vorschriften über Mietverhältnisse entsprechend, wenn der zur Dienstleistung Verpflichtete den Wohnraum überwiegend mit Einrichtungsgegenständen ausgestattet hat oder in dem Wohnraum mit seiner Familie oder Personen lebt, mit denen er einen auf Dauer angelegten gemeinsamen Haushalt führt.

(2) Eine zum Nachteil des Mieters abweichende Vereinbarung ist unwirksam.

Bei **Werkdienstwohnungen** liegt nur ein Vertrag vor, dessen arbeitsrecht- **1** licher Teil überwiegt. Solange das Arbeitsverhältnis besteht, kann die Wohnung dem Arbeitnehmer nicht entzogen werden. In den vom Gesetz bezeichneten Fällen wird zum Schutz des Mieters jedoch nach Beendigung des Arbeitsverhältnisses eine entsprechende Anwendung der Kündigungsschutzvorschriften angeordnet. Der Arbeitgeber muss kündigen unter Beachtung der allgemeinen Vorschriften §§ 568, 573, 573c, die durch eine entsprechende Anwendung des § 576 ergänzt werden.

Bis zum Auszug des Arbeitnehmers gelten dieselben Regelungen wie sonst **2** nach Beendigung eines Mietvertrages. Der ehemalige Arbeitnehmer ist somit entsprechend § 546a verpflichtet, die örtliche Vergleichsmiete als Nutzungsentschädigung zu bezahlen.

Für einen Rechtsstreit im Zusammenhang mit einer Werkdienstwohnung **3** sind die Arbeitsgerichte zuständig (→ § 576 Rn. 1).

Kapitel 6. Besonderheiten bei der Bildung von Wohnungseigentum an vermieteten Wohnungen

§ 577 Vorkaufsrecht des Mieters

(1) [1]Werden vermietete Wohnräume, an denen nach der Überlassung an den Mieter Wohnungseigentum begründet worden ist oder begründet werden soll, an einen Dritten verkauft, so ist der Mieter zum Vorkauf berechtigt. [2]Dies gilt nicht, wenn der Vermieter die Wohnräume an einen Familienangehörigen oder an einen Angehörigen seines Haushalts verkauft. [3]Soweit sich nicht aus den nachfolgenden Absätzen etwas anderes ergibt, finden auf das Vorkaufsrecht die Vorschriften über den Vorkauf Anwendung.

(2) Die Mitteilung des Verkäufers oder des Dritten über den Inhalt des Kaufvertrags ist mit einer Unterrichtung des Mieters über sein Vorkaufsrecht zu verbinden.

(3) Die Ausübung des Vorkaufsrechts erfolgt durch schriftliche Erklärung des Mieters gegenüber dem Verkäufer.

(4) Stirbt der Mieter, so geht das Vorkaufsrecht auf diejenigen über, die in das Mietverhältnis nach § 563 Abs. 1 oder 2 eintreten.

(5) Eine zum Nachteil des Mieters abweichende Vereinbarung ist unwirksam.

Für alle ab dem 1.9.1993 abgeschlossene Kaufverträge über **umgewandelte** **1** **freifinanzierte Eigentumswohnungen** steht dem Mieter ein Vorkaufsrecht zu. Dies gilt jedoch nur im ersten Veräußerungsfall nach der Umwandlung (BGH NJW 2006, 1869). Hiervon ist auch keine Ausnahme zu machen, wenn die erste Veräußerung an Angehörige (vgl. Abs. 1 S. 2), in der Zwangsvollstreckung oder Insolvenz (§ 471) oder „en bloc" im Wege einer Veräußerung mehrerer Wohnungen erfolgt ist (BGH NJW 2007, 2699). Für preisgebundene Eigentumswohnungen steht dem Mieter ein ähnlich ausgestaltetes Vorkaufsrecht gemäß § 2b WoBindG zu.

2   Der Vermieter muss den Mieter im Verkaufsfall hiervon und vom Bestehen eines Vorkaufsrechts unterrichten, sonst macht er sich schadensersatzpflichtig. Ist der Erwerber bereits im Grundbuch eingetragen, kann der Mieter kein Eigentum mehr erwerben. Der Verkauf eines Mehrfamilienhauses, das erst von den Erwerbern aufgeteilt werden soll, löst das Vorkaufsrecht in der Regel nicht aus (BGH NJW 2014, 850).

3   Ist der Käufer bereits ins Grundbuch eingetragen, kann der Mieter nur noch Schadensersatz verlangen (BGH NJW 2015, 1516); etwa die Differenz zwischen Kaufpreis und Verkehrswert.

4   Für das Vorkaufsrecht gelten grundsätzlich §§ 463 bis 473, so dass der Mieter zwei Monate nach Mitteilung des Kaufvertrages Zeit hat sich zu entscheiden, ob er in den Kaufvertrag zu den vorliegenden Bedingungen eintritt. Sofern eine Veräußerung in der Zwangsversteigerung oder in der Insolvenz nach der Aufteilung in Wohnungseigentum vorausgegangen ist, entfällt das Vorkaufsrecht (BGH NJW 1999, 2044). Der Vermieter ist zur unverzüglichen Unterrichtung des Mieters über den abgeschlossenen Kaufvertrag verpflichtet. Sonst macht er sich schadensersatzpflichtig. Bei einem Vertrag zur Erbauseinandersetzung oder bei einer Schenkung entsteht kein Vorkaufsrecht. Auszuüben ist das Vorkaufsrecht durch einfaches Schreiben (BGH NJW 2000, 2665).

5   Begünstigt wird jedoch ebenso wie in der Wartezeitregelung des § 577a nur der Mieter, zu dessen Mietzeit die Umwandlung erfolgt ist. Die Umwandlung kann vor dem 1.9.1993 erfolgt sein. Das Wohnungsgrundbuch muss nach Überlassung der Wohnung (Übergabe) angelegt bzw. die Teilungserklärung beurkundet worden sein (BGH NJW 2017, 156). Einer Umwandlung gleichgestellt ist eine Realteilung eines Hauses (BGH NJW 2010, 3571).

§ 577a Kündigungsbeschränkung bei Wohnungsumwandlung

(1) Ist an vermieteten Wohnräumen nach der Überlassung an den Mieter Wohnungseigentum begründet und das Wohnungseigentum veräußert worden, so kann sich ein Erwerber auf berechtigte Interessen im Sinne des § 573 Abs. 2 Nr. 2 oder 3 erst nach Ablauf von drei Jahren seit der Veräußerung berufen.

(1a) [1]Die Kündigungsbeschränkung nach Absatz 1 gilt entsprechend, wenn vermieteter Wohnraum nach der Überlassung an den Mieter

1. an eine Personengesellschaft oder an mehrere Erwerber veräußert worden ist oder

2. zu Gunsten einer Personengesellschaft oder mehrerer Erwerber mit einem Recht belastet worden ist, durch dessen Ausübung dem Mieter der vertragsgemäße Gebrauch entzogen wird.

[2]Satz 1 ist nicht anzuwenden, wenn die Gesellschafter oder Erwerber derselben Familie oder demselben Haushalt angehören oder vor Überlassung des Wohnraums an den Mieter Wohnungseigentum begründet worden ist.

(2) [1]Die Frist nach Absatz 1 oder nach Absatz 1a beträgt bis zu zehn Jahre, wenn die ausreichende Versorgung der Bevölkerung mit Mietwohnungen zu angemessenen Bedingungen in einer Gemeinde oder einem Teil einer Gemeinde besonders gefährdet ist und diese Gebiete nach Satz 2 bestimmt sind. [2]Die

Landesregierungen werden ermächtigt, diese Gebiete und die Frist nach Satz 1 durch Rechtsverordnung für die Dauer von jeweils höchstens zehn Jahren zu bestimmen.

(2a) Wird nach einer Veräußerung oder Belastung im Sinne des Absatzes 1a Wohnungseigentum begründet, so beginnt die Frist, innerhalb der eine Kündigung nach § 573 Absatz 2 Nummer 2 oder 3 ausgeschlossen ist, bereits mit der Veräußerung oder Belastung nach Absatz 1a.

(3) Eine zum Nachteil des Mieters abweichende Vereinbarung ist unwirksam.

Die **Umwandlung** einer vermieteten Wohnung in Wohnungseigentum löst **1** für den Erwerber einer solchen Wohnung immer eine dreijährige **Wartefrist** für Kündigungen wegen Eigenbedarfs oder zur wirtschaftlichen Verwertung aus. Auch der Erwerb in der Zwangsversteigerung löst die Wartefrist aus (RE BayObLG NJW-RR 1992, 1166). Für den öffentlich geförderten, preisgebundenen Wohnungsbau im gesamten Bundesgebiet ist eine Eigenbedarfskündigung nach § 6 Abs. 7 WoBindG so lange ausgeschlossen, wie die vermietete und danach umgewandelte Wohnung als öffentlich gefördert gilt (§§ 15, 16 WoBindG). Die Wartefrist nach § 577a und die Nachwirkungsfrist (§ 16 Abs. 1 WoBindG) sind nicht zusammen zu rechnen. Die jeweils längere ist allein maßgebend. Einer Umwandlung gleichgestellt ist eine Realteilung eines Hauses (BGH NJW 2010, 3571).

Um Umgehungen der Wartefrist zu verhindern, hat der Gesetzgeber auch **2** nach einem Erwerb eines Mehrfamilienhauses durch eine Gesellschaft die Eigenbedarfskündigung für die Gesellschafter in gleicher Weise aufgeschoben. Auch alle anderen Gestaltungsmöglichkeiten in Verbindung mit dem Erwerb eines Mehrfamilienhauses will der Gesetzgeber zum Schutz der Mieter gleichbehandelt sehen (Abs. 1a, Abs. 2a). Eine Aufteilung in Wohnungseigentum spielt in diesen Fällen keine Rolle (BGH Urt. v. 21.3.2018 – VIII ZR 104/ 17, BeckRS 2018, 4997).

Die **Wartefrist verlängert** sich auf bis zu zehn Jahre, wenn durch Verord- **3** nung der Landesregierung in Gebieten mit besonderer Wohnungsnot dies so angeordnet ist. Die verlängerte Frist gilt aber auch nur, wenn die nachstehenden Voraussetzungen erfüllt sind. Entscheidend ist, ob im Zeitpunkt des Zugangs der Kündigung bereits (oder noch) eine solche Verordnung in Kraft war. Darüber hinaus muss das Gericht, allerdings nur nach konkreter Rüge im Einzelfall (BGH NJW 2016, 476), prüfen, ob die gesetzlichen Voraussetzungen für die Verlängerung von der Landesregierung fehlerfrei festgestellt worden sind. Dies trägt in erheblichem Umfang zur Rechtsunsicherheit insoweit bei.

Die Wartefrist schützt nur den Mieter, zu dessen **Mietzeit** die **Umwand- 4 lung** erfolgt ist. Geschützt ist auch der Mieter, der zuerst als Familienangehöriger in der Wohnung gelebt hat und erst später nach § 563 in das Mietverhältnis eingetreten ist (BGH ZMR 2003, 819). Hat der Mieter eine bereits in Wohnungseigentum umgewandelte Wohnung gemietet, muss der Vermieter mit seiner Eigenbedarfskündigung keine Wartezeit einhalten, gleichgültig ob er die Wohnung vor oder nach Abschluss des Mietvertrages erworben hat (RE BayObLG MDR 1981, 1020). Ob der Mieter tatsächlich wusste, dass es sich bei der Wohnung um eine Eigentumswohnung handelt, ist ohne Bedeutung für die Wartefrist. Maßgebender Zeitpunkt für die Umwandlung der Wohnung und den Erwerb ist jeweils die Eintragung im Grundbuch. Als Veräußerung gilt auch die Zwangsversteigerung oder die Übertragung auf Grund eines Vermächtnisses, nicht aber der Erwerb als Erbe (RE BayObLG ZMR 2001, 795).

5   Wird die Wohnung erst **nach dem Erwerb aufgeteilt,** gilt die Wartefrist grundsätzlich nicht (RE BGH NJW 1994, 2542), so zB, wenn ein Haus in Bruchteilseigentum erworben und erst später zwischen den Miteigentümern Wohnungseigentum begründet wird (§ 3 WEG) oder beim Erwerb durch eine BGB-Gesellschaft (RE OLG Karlsruhe NJW 1990, 3278). Als Umgehung mit der Folge, dass die Wartefrist gilt, hat es jedoch das OLG Karlsruhe angesehen, wenn mehrere Personen Bruchteilseigentum erwerben, die Aufhebung der Gemeinschaft ausschließen, Wohnungseigentum bilden wollen und diesen letzten Schritt lediglich aufschieben (OLG Karlsruhe NJW 1993, 405).

6   Eine ausdehnende Auslegung der Wartefristregelung auf Sachverhalte, in denen eine andere als die im Gesetz genannte zeitliche Reihenfolge vorliegt, wird in der Rechtsprechung überwiegend abgelehnt ebenso wie die Anwendung auf andere Kündigungsgründe (BGH NJW 2009, 2738 – zB Betriebsbedarf uÄ, § 573 Abs. 1, BGH NJW 2009, 1808).

7   Die Eigenbedarfskündigung oder Verwertungskündigung darf erst nach Ablauf der Wartefrist ausgesprochen werden und dem Mieter zugehen, nicht bereits vorher, etwa nach dem Erwerb mit Wirkung zum Ablauf der Wartefrist unter Anschluss der Kündigungsfrist (RE OLG Hamm NJW 1981, 584). Der Eigenbedarf muss im Zeitpunkt der Kündigungserklärung vorliegen. In Umwandlungsfällen ist auch das Vorkaufsrecht gemäß § 577 zu beachten.

8   Wird die Wohnung mehrfach veräußert, läuft die Wartefrist nur einmal, beginnend mit dem Eigentumserwerb des ersten Erwerbers (RE BayObLG NJW 1982, 451). Nach Ablauf der Wartefrist gelten die sich in diesem Zeitpunkt aus § 573c ergebenden Kündigungsfristen.

Untertitel 3. Mietverhältnisse über andere Sachen

§ 578 Mietverhältnisse über Grundstücke und Räume

(1) Auf Mietverhältnisse über Grundstücke sind die Vorschriften der §§ 550, 562 bis 562d, 566 bis 567b sowie 570 entsprechend anzuwenden.

(2) ¹Auf Mietverhältnisse über Räume, die keine Wohnräume sind, sind die in Absatz 1 genannten Vorschriften sowie § 552 Abs. 1, § 555a Absatz 1 bis 3, §§ 555b, 555c Absatz 1 bis 4, § 555d Absatz 1 bis 6, § 555e Absatz 1 und 2, § 555f und § 569 Abs. 2 entsprechend anzuwenden. ²§ 556c Absatz 1 und 2 sowie die auf Grund des § 556c Absatz 3 erlassene Rechtsverordnung sind entsprechend anzuwenden, abweichende Vereinbarungen sind zulässig. ³Sind die Räume zum Aufenthalt von Menschen bestimmt, so gilt außerdem § 569 Abs. 1 entsprechend.

(nicht kommentiert)

§ 578a Mietverhältnisse über eingetragene Schiffe

(1) Die Vorschriften der §§ 566, 566a, 566e bis 567b gelten im Falle der Veräußerung oder Belastung eines im Schiffsregister eingetragenen Schiffs entsprechend.

(2) [1] Eine Verfügung, die der Vermieter vor dem Übergang des Eigentums über die Miete getroffen hat, die auf die Zeit der Berechtigung des Erwerbers entfällt, ist dem Erwerber gegenüber wirksam. [2] Das Gleiche gilt für ein Rechtsgeschäft, das zwischen dem Mieter und dem Vermieter über die Mietforderung vorgenommen wird, insbesondere die Entrichtung der Miete; ein Rechtsgeschäft, das nach dem Übergang des Eigentums vorgenommen wird, ist jedoch unwirksam, wenn der Mieter bei der Vornahme des Rechtsgeschäfts von dem Übergang des Eigentums Kenntnis hat. [3] § 566d gilt entsprechend.

(nicht kommentiert)

§ 579 Fälligkeit der Miete

(1) [1] Die Miete für ein Grundstück und für bewegliche Sachen ist am Ende der Mietzeit zu entrichten. [2] Ist die Miete nach Zeitabschnitten bemessen, so ist sie nach Ablauf der einzelnen Zeitabschnitte zu entrichten. [3] Die Miete für ein Grundstück ist, sofern sie nicht nach kürzeren Zeitabschnitten bemessen ist, jeweils nach Ablauf eines Kalendervierteljahrs am ersten Werktag des folgenden Monats zu entrichten.

(2) Für Mietverhältnisse über Räume gilt § 556b Abs. 1 entsprechend.

Die Fälligkeit der Wohnraummiete ist in § 556b geregelt. 1

§ 580 Außerordentliche Kündigung bei Tod des Mieters

Stirbt der Mieter, so ist sowohl der Erbe als auch der Vermieter berechtigt, das Mietverhältnis innerhalb eines Monats, nachdem sie vom Tod des Mieters Kenntnis erlangt haben, außerordentlich mit der gesetzlichen Frist zu kündigen.

(nicht kommentiert)

§ 580a Kündigungsfristen

(1) Bei einem Mietverhältnis über Grundstücke, über Räume, die keine Geschäftsräume sind, ist die ordentliche Kündigung zulässig,
1. wenn die Miete nach Tagen bemessen ist, an jedem Tag zum Ablauf des folgenden Tages;
2. wenn die Miete nach Wochen bemessen ist, spätestens am ersten Werktag einer Woche zum Ablauf des folgenden Sonnabends;

3. wenn die Miete nach Monaten oder längeren Zeitabschnitten bemessen ist, spätestens am dritten Werktag eines Kalendermonats zum Ablauf des übernächsten Monats, bei einem Mietverhältnis über gewerblich genutzte unbebaute Grundstücke jedoch nur zum Ablauf eines Kalendervierteljahrs.

(2) Bei einem Mietverhältnis über Geschäftsräume ist die ordentliche Kündigung spätestens am dritten Werktag eines Kalendervierteljahres zum Ablauf des nächsten Kalendervierteljahrs zulässig.

(3) Bei einem Mietverhältnis über bewegliche Sachen ist die ordentliche Kündigung zulässig,

1. wenn die Miete nach Tagen bemessen ist, an jedem Tag zum Ablauf des folgenden Tages;

2. wenn die Miete nach längeren Zeitabschnitten bemessen ist, spätestens am dritten Tag vor dem Tag, mit dessen Ablauf das Mietverhältnis enden soll.

(4) Absatz 1 Nr. 3, Absatz 2 und 3 Nr. 2 sind auch anzuwenden, wenn ein Mietverhältnis außerordentlich mit der gesetzlichen Frist gekündigt werden kann.

(nicht kommentiert)

2. Zivilprozessordnung

in der Fassung der Bekanntmachung vom 5.12.2005 (BGBl. 2005 I 3202,
berichtigt BGBl. 2006 I 431 und BGBl. 2007 I 1781),
zuletzt geändert durch Gesetz vom 18.7.2017 (BGBl. 2017 I 2745)

– Auszug –

§ 283a ZPO Sicherungsanordnung

(1) ¹Wird eine Räumungsklage mit einer Zahlungsklage aus demselben Rechtsverhältnis verbunden, ordnet das Prozessgericht auf Antrag des Klägers an, dass der Beklagte wegen der Geldforderungen, die nach Rechtshängigkeit der Klage fällig geworden sind, Sicherheit zu leisten hat, soweit

1. die Klage auf diese Forderungen hohe Aussicht auf Erfolg hat und
2. die Anordnung nach Abwägung der beiderseitigen Interessen zur Abwendung besonderer Nachteile für den Kläger gerechtfertigt ist. ²Hinsichtlich der abzuwägenden Interessen genügt deren Glaubhaftmachung.

³Streiten die Parteien um das Recht des Klägers, die Geldforderung zu erhöhen, erfasst die Sicherungsanordnung den Erhöhungsbetrag nicht. ⁴Gegen die Entscheidung über die Sicherungsanordnung findet die sofortige Beschwerde statt.

(2) Der Beklagte hat die Sicherheitsleistung binnen einer vom Gericht zu bestimmenden Frist nachzuweisen.

(3) Soweit der Kläger obsiegt, ist in einem Endurteil oder einer anderweitigen den Rechtsstreit beendenden Regelung auszusprechen, dass er berechtigt ist, sich aus der Sicherheit zu befriedigen.

(4) ¹Soweit dem Kläger nach dem Endurteil oder nach der anderweitigen Regelung ein Anspruch in Höhe der Sicherheitsleistung nicht zusteht, hat er den Schaden zu ersetzen, der dem Beklagten durch die Sicherheitsleistung entstanden ist. ²§ 717 Absatz 2 Satz 2 gilt entsprechend.

1 Die vorläufige Sicherungsanordnung kann nur im Räumungsprozess aufgrund einer damit verbundenen Klage auf die statt der Miete fällige Nutzungsentschädigung (§ 546a BGB) ausgesprochen werden. Bei Nichtzahlung der Miete im ungekündigten Mietverhältnis ist die Vorschrift nicht anwendbar. Die Anordnung betrifft auch nur die nach **Klageerhebung** fällig gewordenen Beträge, nicht aber auch die erst künftig fällig werdenden (§ 259).

2 Eine **hohe Erfolgsaussicht** soll anzunehmen sein, wenn der Mieter den Anspruch nicht oder nur teilweise bestreitet oder über geltend gemachte Mängel bereits ein für den Vermieter positives Gutachten im Rechtsstreit eingeholt ist.

3 Bei der **Abwägung** der Interessen soll berücksichtigt werden, ob der Vermieter in besonderer Weise auf den laufenden Eingang der Zahlungen angewie-

sen ist, etwa weil er sie zum Bestreiten seines Lebensunterhaltes oder zur Tilgung eines Darlehens benötigt, oder ob ein Ausfallrisiko im Hinblick auf seine Altersvorsorge ihn in besonderer Weise belastet. Das allgemeine Risiko eines Forderungsausfalls ist nicht relevant (OLG Celle NJW 2013, 3316). Insoweit kann der Vermieter seine Interessen in vereinfachter Weise beweisen (Glaubhaftmachung gemäß § 294); so ist eine eidesstattliche Versicherung zulässig.

4   Wenn der Mieter der Sicherungsanordnungen nicht Folge leistet und den angeordneten Betrag nicht beim Amtsgericht hinterlegt, kann der Vermieter eine Räumung im Wege der einstweiligen Verfügung (§ 940a Abs. 3) erreichen. Er kann aber auch versuchen, den zu hinterlegenden Betrag beim Mieter zu vollstrecken (§ 887), zB durch Lohnpfändung.

5   Unterliegt der Vermieter später mit seinem Zahlungsanspruch, so muss er die Sicherheit freigegeben (§ 109) und ggf. auch ohne eigenes Verschulden dem Mieter Schadensersatz leisten (§ 717 Abs. 2).

6   Die Sicherungsanordnung ist ein im Jahr 2013 in das Gesetz eingefügtes, völlig neues Rechtsinstitut. Wie es in der gerichtlichen Praxis angenommen wird, lässt sich noch nicht absehen.

§ 308a ZPO Entscheidung ohne Antrag in Mietsachen

(1) [1]Erachtet das Gericht in einer Streitigkeit zwischen dem Vermieter und dem Mieter oder dem Mieter und dem Untermieter wegen Räumung von Wohnraum den Räumungsanspruch für unbegründet, weil der Mieter nach den §§ 574 bis 574b des Bürgerlichen Gesetzbuchs eine Fortsetzung des Mietverhältnisses verlangen kann, so hat es in dem Urteil auch ohne Antrag auszusprechen, für welche Dauer und unter welchen Änderungen der Vertragsbedingungen das Mietverhältnis fortgesetzt wird. [2]Vor dem Ausspruch sind die Parteien zu hören.

(2) Der Ausspruch ist selbständig anfechtbar.

1   Diese Regelung stellt sicher, dass im Räumungsprozess das Widerspruchsrecht des Mieters (§§ 574–574c BGB) beachtet wird. Wenn sich die Kündigung des Mietvertrages im Räumungsprozess als berechtigt erwiesen hat, der Mieter aber mit Erfolg eine besondere Härte gemäß § 574 geltend machen konnte, muss das Gericht auch ohne entsprechenden ausdrücklichen Antrag des Mieters im Urteilstenor aussprechen, für welchen Zeitraum das Mietverhältnis noch fortzusetzen ist oder ob sogar eine unbefristete Fortsetzung zu erfolgen hat. Dies gilt sogar dann, wenn der Mieter in der mündlichen Verhandlung säumig war (Versäumnisurteil).

§ 885a ZPO Beschränkter Vollstreckungsauftrag

(1) Der Vollstreckungsauftrag kann auf die Maßnahmen nach § 885 Absatz 1 beschränkt werden.

(2) [1]Der Gerichtsvollzieher hat in dem Protokoll (§ 762) die frei ersichtlichen beweglichen Sachen zu dokumentieren, die er bei der Vornahme der Vollstreckungshandlung vorfindet. [2]Er kann bei der Dokumentation Bildaufnahmen in elektronischer Form herstellen.

(3) [1] Der Gläubiger kann bewegliche Sachen, die nicht Gegenstand der Zwangsvollstreckung sind, jederzeit wegschaffen und hat sie zu verwahren. [2] Bewegliche Sachen, an deren Aufbewahrung offensichtlich kein Interesse besteht, kann er jederzeit vernichten. [3] Der Gläubiger hat hinsichtlich der Maßnahmen nach den Sätzen 1 und 2 nur Vorsatz und grobe Fahrlässigkeit zu vertreten.

(4) [1] Fordert der Schuldner die Sachen beim Gläubiger nicht binnen einer Frist von einem Monat nach der Einweisung des Gläubigers in den Besitz ab, kann der Gläubiger die Sachen verwerten. [2] Die §§ 372 bis 380, 382, 383 und 385 des Bürgerlichen Gesetzbuchs sind entsprechend anzuwenden. [3] Eine Androhung der Versteigerung findet nicht statt. [4] Sachen, die nicht verwertet werden können, können vernichtet werden.

(5) Unpfändbare Sachen und solche Sachen, bei denen ein Verwertungserlös nicht zu erwarten ist, sind auf Verlangen des Schuldners jederzeit ohne Weiteres herauszugeben.

(6) Mit der Mitteilung des Räumungstermins weist der Gerichtsvollzieher den Gläubiger und den Schuldner auf die Bestimmungen der Absätze 2 bis 5 hin.

(7) Die Kosten nach den Absätzen 3 und 4 gelten als Kosten der Zwangsvollstreckung.

Die bereits bisher praktizierte „Berliner Räumung" wird jetzt im Gesetz **1** geregelt. Der Vermieter kann den Gerichtsvollzieher nur mit der Besitzverschaffung beauftragen; dies bedeutet die Übergabe der Schlüssel an den Vermieter. Darüber hinaus ist der Mieter aus der Wohnung zu weisen. Das Mobiliar bleibt aber zurück. Ob der Vermieter es im Rahmen seines Vermieterpfandrechtes (§ 562 BGB) verwerten will, ist unerheblich. Welche Räume im Einzelnen dem Mieter entzogen werden sollen, muss sich aus dem Räumungsurteil genau ergeben.

Das zurückgebliebene Mobiliar wird vom Gerichtsvollzieher dokumentiert **2** (fotografiert). Eine Auflistung aller Gegenstände kann nicht verlangt werden.

Der Vermieter kann das Mobiliar sofort in andere Räume (zB Keller) **3** bringen oder aber auch in der Wohnung zur Abholung für den Mieter stehen lassen (Abs. 3, 4). Müll kann der Vermieter sofort entsorgen. Ob der Mieter voraussichtlich noch ein Interesse an einzelnen Gegenständen hat, ist zurückhaltend zu entscheiden. Ein bekannter Wille des Mieters muss jedenfalls beachtet werden. Verpflichtet zur Entsorgung ist der Vermieter aber nicht. Für etwaige Fehleinschätzungen haftet der Vermieter dem Mieter nur bei Vorsatz und grober Fahrlässigkeit auf Schadensersatz. Von der Vernichtung persönlicher Papiere (Familienurkunden, Zeugnisse, Fotoalben) sollte abgesehen werden, möglichst auch noch nach Ablauf der Abholungsfrist gemäß Abs. 4.

An wirtschaftlich nicht verwertbaren Gegenständen darf der Vermieter kein **4** Zurückbehaltungsrecht geltend machen (Abs. 5).

§ 940a ZPO Räumung von Wohnraum

(1) Die Räumung von Wohnraum darf durch einstweilige Verfügung nur wegen verbotener Eigenmacht oder bei einer konkreten Gefahr für Leib oder Leben angeordnet werden.

(2) Die Räumung von Wohnraum darf durch einstweilige Verfügung auch gegen einen Dritten angeordnet werden, der im Besitz der Mietsache ist, wenn gegen den Mieter ein vollstreckbarer Räumungstitel vorliegt und der Vermieter vom Besitzerwerb des Dritten erst nach dem Schluss der mündlichen Verhandlung Kenntnis erlangt hat.

(3) Ist Räumungsklage wegen Zahlungsverzugs erhoben, darf die Räumung von Wohnraum durch einstweilige Verfügung auch angeordnet werden, wenn der Beklagte einer Sicherungsanordnung (§ 283a) im Hauptsacheverfahren nicht Folge leistet.

(4) In den Fällen der Absätze 2 und 3 hat das Gericht den Gegner vor Erlass einer Räumungsverfügung anzuhören.

1   Grundsätzlich ist eine Räumung im Wege des einstweiligen Rechtsschutzes nicht möglich im Hinblick auf den verfassungsrechtlichen Schutz der Wohnung (Art. 13 GG). Verbotene Eigenmacht oder Lebensgefahr haben bei Wohnungsräumungen kaum eine praktische Bedeutung.

2   Die **Zwangsvollstreckung** darf nur erfolgen, wenn in dem Räumungsurteil der Vollstreckungsschuldner genannt wird (§ 750). Dies führt zu Schwierigkeiten, wenn bei der Räumung sich für den Vermieter überraschend unbekannte Personen als Bewohner bezeichnen. Für diese Fälle lässt das Gesetz jetzt eine **vereinfachte Durchsetzung des Räumungsanspruchs** zu. In der Sache handelt es sich um eine vereinfachte Erstreckung der Rechtskraft auf Personen, die im Räumungsurteil nicht genannt sind (zB Familienangehörige oder Untermieter). Diese Personen haben kein vertragliches Recht gegenüber den Vermieter (§ 546 Abs. 2 BGB). Hier kann eine einstweilige Verfügung schneller und mit weniger Kosten erreicht werden als ein weiteres Urteil in einem normalen Klageverfahren. Für Personen, die dem Vermieter bereits vor Erlass des Räumungsurteils bekannt waren, gilt diese Erleichterung nicht (Abs. 2). Der Vermieter muss glaubhaft machen (§ 294), dass er zuvor keine Kenntnis hatte. Ob der Vermieter der Aufnahme der Person in die Wohnung hätte zustimmen müssen (zB bei Familienangehörigen), ist nicht entscheidend.

3   Der Gerichtsvollzieher ist verpflichtet, die Identität der in der Wohnung angetroffenen Personen festzustellen. Verweigert eine Person entsprechende Angaben, kann die Räumung sofort fortgesetzt werden. Aber auch wenn offensichtlich ist, dass der unbekannte Dritte dort nicht wohnt, steht der Fortsetzung der Räumung nichts im Wege. Dann liegt ein Fall des Rechtsmissbrauchs vor. Eine einstweilige Verfügung ist nicht erforderlich.

4   Die Räumung kann auf diesem erleichterten Weg auch erreicht werden, wenn einer Sicherungsanordnungen (§ 283a) nicht gefolgt wurde.

5   Der Mieter wird geschützt durch seine Anhörung (Abs. 4) mündlich oder schriftlich und die Möglichkeit, Widerspruch (§§ 924, 936) einzulegen. Ebenso kann er die einstweilige Einstellung der Zwangsvollstreckung beantragen (§§ 924 Abs. 2, 707).

3. Gesetz zur weiteren Vereinfachung des Wirtschaftsstrafrechts (Wirtschaftsstrafgesetz 1954)

in der Fassung der Bekanntmachung vom 3.6.1975 (BGBl. 1975 I 1313),
zuletzt geändert durch Gesetz vom 13.4.2017 (BGBl. 2017 I 872)

– Auszug –

§ 5 WiStG Mietpreisüberhöhung

(1) Ordnungswidrig handelt, wer vorsätzlich oder leichtfertig für die Vermietung von Räumen zum Wohnen oder damit verbundene Nebenleistungen unangemessen hohe Entgelte fordert, sich versprechen lässt oder annimmt.

(2) ¹Unangemessen hoch sind Entgelte, die infolge der Ausnutzung eines geringen Angebots an vergleichbaren Räumen die üblichen Entgelte um mehr als 20 vom Hundert übersteigen, die in der Gemeinde oder in vergleichbaren Gemeinden für die Vermietung von Räumen vergleichbarer Art, Größe, Ausstattung, Beschaffenheit und Lage oder damit verbundene Nebenleistungen in den letzten vier Jahren vereinbart oder, von Erhöhungen der Betriebskosten abgesehen, geändert worden sind. ²Nicht unangemessen hoch sind Entgelte, die zur Deckung der laufenden Aufwendungen des Vermieters erforderlich sind, sofern sie unter Zugrundelegung der nach Satz 1 maßgeblichen Entgelte nicht in einem auffälligen Missverhältnis zu der Leistung des Vermieters stehen.

(3) Die Ordnungswidrigkeit kann mit einer Geldbuße bis zu fünfzigtausend Euro geahndet werden.

1. Anwendungsbereich

Die Vorschrift gilt im **gesamten Bundesgebiet.** Sie ist auch auf die in den neuen Bundesländern bestehenden Mietverhältnissen über Wohnungen oder Einzelzimmer anzuwenden, nicht jedoch bei gewerblicher Vermietung von Wohnraum an Zwischenmieter (OLG Celle NJW-RR 1996, 1097). **1**

2. Allgemeines

Bußgeldverfahren wegen Mietpreisüberhöhung sind nicht sehr häufig. Erhebliche Bedeutung kommt § 5 jedoch als Vorschrift zur zivilrechtlichen **Begrenzung** zulässiger **Mietpreisforderungen** zu. Vergleichsmaßstab ist die ortsübliche Vergleichsmiete wie in § 558 Abs. 2 BGB definiert, auch wenn der Gesetzgeber es versäumt hat, diese Definition in § 5 vollständig zu wiederholen. Die Vereinbarung einer Miete, die das Niveau der ortsüblichen Vergleichsmiete übersteigt, ist bei Abschluss eines Mietvertrages, aber auch bei einer Mieterhöhung während eines laufenden Mietverhältnisses nach Zustim- **2**

mung des Mieters gemäß § 558 BGB, grundsätzlich wirksam. Vergleichs-
grundlage ist dabei ist stets das gesamte Gemeindegebiet, nicht nur ein Stadt-
teil (BGH ZMR 2005, 530). Auch auf die Vergleichbarkeit der Ausstattung
muss geachtet werden (BGH NJW-RR 2006, 591). Liegt die vereinbarte
Miete jedoch wesentlich über der ortsüblichen Vergleichsmiete, so ist die
Vereinbarung insoweit unwirksam.

3   Die maßgebende Vergleichsmiete darf nicht schlicht dem Mietspiegel entnommen werden. Es müssen auf den Einzelfall bezogene Zuschläge für den
Anstieg des Mietniveaus seit Abschluss der Mietspiegelerhebung gemacht
werden (OLG Frankfurt a. M. NJW-RR 1994, 1233). Als vereinbart gilt dann
die ortsübliche Vergleichsmiete zuzüglich 20 % (→ Rn. 8; RE BGH NJW
1984, 722; BVerfG NJW 1994, 994; OLG Frankfurt a. M. WuM 2000, 538).
Der Mietanteil, der die örtliche Vergleichsmiete zuzüglich 20 % übersteigt,
kann vom Mieter zurückgefordert werden (§§ 812 ff. BGB). Liegt die vereinbarte Miete zB 30 % über der konkret ermittelten ortsüblichen Vergleichsmiete, können 10 % zurückverlangt werden. Bei der Beurteilung, ob das
Entgelt unangemessen hoch ist, sind Grundmiete und Nebenkosten zusam-
menzurechnen (RE OLG Stuttgart NJW 1982, 1160). Ändert sich während
des Mietverhältnisses der vereinbarter Staffelmiete die Mangellage, bleibt es
bei der teilweisen Unwirksamkeit der Mietvereinbarung (OLG Hamburg
WuM 1999, 209; KG NJW-RR 2001, 588). Ein Rückforderungsanspruch
entfällt nicht (RE OLG Frankfurt a. M. NZM 2000, 1219). War die Miete
aber zunächst zulässig und wurde sie erst später durch ein Absinken der
ortsüblichen Vergleichsmiete überhöht im Sinne des § 5, so berührt dies nach
Auffassung des KG die Wirksamkeit nicht (RE KG ZMR 2001, 452). Erstattet der Vermieter den unzulässigen Mietanteil nicht zurück, so ist dieser an die
Staatskasse abzuführen (§ 8 WiStG). Die **Ausnutzung** (Abs. 2) des Woh-
nungsmangels kann nur angenommen werden, wenn der Mieter konkret
dargelegt, welche Anstrengungen er zur Erlangung einer preiswerten Wohnung unternommen hat und wieso diese ohne Erfolg geblieben sind und
weshalb er sich deshalb auf einen ungünstigen Mietpreise einlassen musste
(BGH ZMR 2005, 410).

4   Der **Rückforderungsanspruch** verjährt in drei Jahren gemäß § 195 BGB.
Zuständig sind ausschließlich die Amtsgerichte gemäß § 29a ZPO (RE BGH
NJW 1984, 1615). Die Differenz zwischen der bei Vertragsschluss (oder
später) vereinbarten überhöhten Miete und der ortsüblichen Vergleichsmiete
zuzüglich 20 % ist zurückzuerstatten. Hierbei ist auch der allmähliche Anstieg
der Mieten zu berücksichtigen (RE KG ZMR 1995, 309).

5   Nach überwiegender Auffassung wird die durch § 5 gezogene Grenze als
umfassende Begrenzung des gesamten Mietpreissystems angesehen.

6   Dies bedeutet, dass jede Miete an § 5 zu messen ist, gleichgültig, ob sie bei
Abschluss des Mietvertrages so vereinbart oder als spätere Erhöhung, gleichgültig nach welcher Vorschrift der §§ 557a–560 BGB, verlangt worden ist.

7   Im Bereich des preisgebundenen sozialen Wohnungsbaus gilt anstelle von
§ 5 ein Ordnungswidrigkeitentatbestand nach § 26 Abs. 1 Nr. 4 WoBindG.
Für die Rückzahlung überhöhter Mieten gelten dort die Sondervorschriften
des § 8 Abs. 2 WoBindG.

3. Unangemessene Höhe

Übersteigt die vereinbarte Miete die ortsübliche Vergleichsmiete wesentlich, **8** so ist sie unangemessen hoch im Sinne dieser Vorschrift. Die erforderliche Mangellage wird nach erstem Anschein (prima facie) angenommen, wenn eine Verordnung nach § 577a BGB vorliegt. Heranzuziehen sind nur konkret festgestellte Mietpreise, nicht etwa auch Nutzwertüberlegungen. Pauschale Nebenkosten sind an den konkreten Aufwendungen des Vermieters zu messen (OLG Stuttgart Die Justiz 1996, 479). Ein wesentliches Übersteigen ist nach Abs. 2 in Übereinstimmung mit der früheren Rechtsprechung gegeben, wenn die vereinbarte Miete mehr als 20 % über der ortsüblichen Vergleichsmiete liegt (Wesentlichkeitsgrenze). Bei einem Übersteigen um mehr als 50 % wird in der Rechtsprechung von einem auffälligen Missverhältnis zur Leistung des Vermieters gesprochen, das den Straftatbestand des **Mietwuchers** (§ 291 StGB) insoweit erfüllt. Für die zivilrechtliche Beurteilung der Wirksamkeit einer vereinbarten Miete ist es unerheblich, ob der Vermieter subjektiv den Tatbestand des § 5 verwirklicht hat, dh ob er vorsätzlich oder leichtfertig gehandelt hat. Auch wenn der Vermieter die ortsübliche Vergleichsmiete nicht bewusst oder leichtfertig überschritten hat, ist die Vereinbarung insoweit unwirksam. Dies ist insbesondere bei Staffelmietverträgen und bei Gleitklauseln von Bedeutung.

4. Wesentlichkeitsgrenze

Nach einer am 1.9.1993 in Kraft getretenen Gesetzesänderung ist die Wesent- **9** lichkeitsgrenze des § 5 **modifiziert** worden. Liegen die laufenden Aufwendungen des Vermieters höher als 20 % über der ortsüblichen Vergleichsmiete, so ist eine Miete bis zur Höhe dieser laufenden Aufwendungen nur dann nicht mehr unangemessen hoch und damit zivilrechtlich wirksam zu vereinbaren, wenn die in Abs. 2 S. 2 genannten Voraussetzungen vorliegen. Eine Überschreitung der Wesentlichkeitsgrenze bis zur Wuchergrenze ist dann zulässig, wenn die laufenden Aufwendungen bis zu 150 % der ortsüblichen Vergleichsmiete betragen.

Erst Mietforderungen, die mehr als 50 % (Grenze für den Straftatbestand **10** des Mietwuchers nach § 291 StGB) über der ortsüblichen Vergleichsmiete liegen, können durch die laufenden Aufwendungen des Vermieters nicht mehr gerechtfertigt werden und sind in jedem Fall unangemessen hoch.

Der Begriff **laufende Aufwendungen** ist nach dem Willen des Gesetz- **11** gebers eine Verweisung auf die im öffentlichen Wohnungsbau geltende Kostenmiete (§ 8 WoBindG). Die laufenden Aufwendungen sind somit unter entsprechender Anwendung der §§ 18 ff. II. BV zu ermitteln. Von besonderer Bedeutung ist hierbei, dass nach den im Gesetzgebungsverfahren ausdrücklich genannten Vorstellungen des Gesetzgebers (vgl. Bericht des Rechtsausschusses, BT-Drs. 9/2284) nicht nur die Fremdkapitalkosten, sondern auch fiktive Eigenkapitalkosten in Höhe der marktüblichen Zinsen für erste Hypotheken zu berücksichtigen sind (RE OLG Stuttgart ZMR 1988, 463). Der BGH stellt bezüglich des Eigenkapitals auf die vom Vermieter aufgebrachten Herstellungskosten bzw. Erwerbskosten ab (RE NJW 1995, 1838). Diese Grundsätze gelten auch bei modernisierten Wohnungen (RE KG ZMR 1998, 279). Unerheblich hierbei ist, ob die Kosten im laufenden Mietvertrag gemäß § 559 BGB umlagefähig sind.

12   Weitere Bestandteile der laufenden Aufwendungen sind die Bewirtschaftungskosten (Abschreibung, Verwaltungskosten, Betriebskosten, Instandhaltungskosten, Mietausfallwagnis). Darüber hinaus sollen weitere Umstände zu berücksichtigen sein, die sich aus der besonderen Gestaltung des Mietverhältnisses oder aus der Natur der Vermietung von nicht preisgebundenen Wohnungen ergeben (Begründung des Gesetzentwurfs, BT-Drs. 9/2079, 18). Zu denken ist hier wohl zB an Zuschläge für Möblierung oder Serviceleistungen des Vermieters oder für teilweise gewerbliche Nutzung. Als laufende Aufwendung des gewerblichen Zwischenmieters gilt auch die Miete, die er an den Eigentümer zu zahlen hat (RE OLG Stuttgart ZMR 1990, 140).

4. Verordnung über die verbrauchsabhängige Abrechnung der Heiz- und Warmwasserkosten (Verordnung über Heizkostenabrechnung – HeizkostenV)

in der Fassung der Bekanntmachung vom 5.10.2009 (BGBl. 2009 I 3250)

§ 1 HeizkostenV Anwendungsbereich

(1) Diese Verordnung gilt für die Verteilung der Kosten
1. des Betriebs zentraler Heizungsanlagen und zentraler Warmwasserversorgungsanlagen,
2. der eigenständig gewerblichen Lieferung von Wärme und Warmwasser, auch aus Anlagen nach Nummer 1 (Wärmelieferung, Warmwasserlieferung),
durch den Gebäudeeigentümer auf die Nutzer der mit Wärme oder Warmwasser versorgten Räume.

(2) Dem Gebäudeeigentümer stehen gleich
1. der zur Nutzungsüberlassung in eigenem Namen und für eigene Rechnung Berechtigte,
2. derjenige, dem der Betrieb von Anlagen im Sinne des § 1 Absatz 1 Nummer 1 in der Weise übertragen worden ist, dass er dafür ein Entgelt vom Nutzer zu fordern berechtigt ist,
3. beim Wohnungseigentum die Gemeinschaft der Wohnungseigentümer im Verhältnis zum Wohnungseigentümer, bei Vermietung einer oder mehrerer Eigentumswohnungen der Wohnungseigentümer im Verhältnis zum Mieter.

(3) Diese Verordnung gilt auch für die Verteilung der Kosten der Wärmelieferung und Warmwasserlieferung auf die Nutzer der mit Wärme oder Warmwasser versorgten Räume, soweit der Lieferer unmittelbar mit den Nutzern abrechnet und dabei nicht den für den einzelnen Nutzer gemessenen Verbrauch, sondern die Anteile der Nutzer am Gesamtverbrauch zu Grunde legt; in diesen Fällen gelten die Rechte und Pflichten des Gebäudeeigentümers aus dieser Verordnung für den Lieferer.

(4) Diese Verordnung gilt auch für Mietverhältnisse über preisgebundenen Wohnraum, soweit für diesen nichts anderes bestimmt ist.

1. Ziel der Verordnung

Ziel der Verordnung ist eine nachhaltige Einsparung von Heizenergie insbesondere fossiler Brennstoffe durch eine Änderung der Verbrauchsgewohnheiten bei verbrauchsabhängiger Abrechnung der Heiz- und Warmwasserkosten. Um dieses Ziel zu erreichen, gehen die Bestimmungen der HeizkostenV unter Umständen den mietvertraglichen Vereinbarungen vor und ändern diese entsprechend ab (§ 2). Während nach den Bestimmungen des BGB die Warmmiete als gesetzlicher Grundsatz gilt und Heizkosten daneben nur auf Grund besonderer Vereinbarung vom Mieter gefordert werden können, verpflichtet die HeizkostenV jeden Vermieter bei Abschluss

1

des Mietvertrages eine der Verordnung entsprechende Vereinbarung mit dem Mieter zu treffen. Zu den zivilrechtlichen Rechtsfolgen einer unterlassenen Vereinbarung → § 4 Rn. 5.

2 Eine behördliche Kontrolle der vorgeschriebenen Verbrauchsfassung und Abrechnung ist ebenso wenig vorgesehen wie öffentlich-rechtliche Sanktionen (zB Zwangsgeld, Bußgeld). Im laufenden Mietverhältnis erhält der Vermieter ein einseitiges Gestaltungsrecht, um die vertraglichen Vereinbarungen an die vorgeschriebene und verbrauchsabhängige Abrechnung anzupassen (§ 6).

3 Die Verordnung greift auch in die Rechtsbeziehungen zwischen den Wohnungseigentümern und der Eigentümergemeinschaft ein (§ 3). Hierauf wird im Folgenden jedoch nicht besonders eingegangen.

2. Anwendungsbereich

4 Anwendbar ist die Verordnung nicht nur für Wohnräume in zentralbeheizten Gebäuden, sondern auch bei gewerblicher oder sonstiger Nutzung. Voraussetzung ist nur, dass die Räume von einer Mehrzahl von Mietern oder anderen Nutzern genutzt werden und von einer gemeinsamen Anlage mit Wärme oder Warmwasser versorgt werden. Auch wenn die im Gebäude integrierte Heizungsanlage von einem Dritten betrieben wird, ist die HeizkostenV und nicht die FernwärmeV anzuwenden (BGH ZMR 1986, 275).

5 Auf ein vermietetes Einfamilienhaus mit einer selbstständigen Heizungsanlage ist die HeizkostenV nicht anzuwenden, es sei denn, es besteht eine getrennt vermietete Einliegerwohnung. Der Hauptmieter kann im Mietvertrag mit dem Mieter der zweiten Wohnung (Untermieter) von der HeizkostenV Abweichendes vereinbaren (§ 2).

6 Die HeizkostenV ist für alle Gebäude, die bereits seit ihrem Inkrafttreten mit Verbrauchsgeräten ausgestattet sind, dh praktisch ab der Heizperiode 1981/1982, anzuwenden. Die Verpflichtung, entsprechend der Verordnung abzurechnen, besteht ab Beginn der nach der Ausstattung folgenden Heizperiode. Seit der Heizperiode 1984/1985 ist die Verordnung auch dann anzuwenden, wenn keine Verbrauchserfassung stattgefunden hat (→ § 4 Rn. 5). Die Änderungen, die zum 1.1.2009 in Kraft getreten sind, müssen auf alle nach diesem Tag beginnenden Abrechnungszeiträume angewandt werden.

7 Auch bei hohem Leerstand ist die HeizkostenV anzuwenden. Wegen des dann aber verzerrten Verhältnisses von Fixkosten und verbrauchsabhängigen Kosten kann eine Reduzierung der Umlage nach Treu und Glauben geboten sein (BGH WM 2015, 94).

3. Vergleichbare Personen

8 Ebenso wie dem Gebäudeeigentümer wird die Pflicht zur verbrauchsabhängigen Abrechnung auch diesem vergleichbaren Personen auferlegt (Abs. 2). Betroffen sind somit auch die vermietenden Nießbraucher, Wohnungsrechtsinhaber, Hausverwalter, Pächter wie **Wohnungseigentümer.** Verlangt der Mieter einer Eigentumswohnung vom Wohnungseigentümer eine verbrauchsabhängige Abrechnung, so muss sie dieser gegenüber der Wohnungseigentümergemeinschaft – auch gegen die Mehrheit – durchsetzen (§ 3 HeizkostenV, § 21 Abs. 4 WEG). Soweit zwischen den Wohnungseigentümern verbrauchsabhängig in Übereinstimmung mit der HeizkostenV abgerechnet wird, ist dem vermietenden Wohnungseigentümer dringend zu empfehlen, eine damit übereinstimmende Regelung in den Mietvertrag aufzunehmen. Der Bundesgerichtshof hat klargestellt, dass die Heizkostenverordnung zwingend auch im Wohnungseigentum anzuwenden ist (BGH NJW 2012, 2342).

Nutzer im Sprachgebrauch der HeizkostenV sind neben dem Mieter auch **9** Pächter sowie Nutzungsberechtigte mit einem genossenschaftlichen Nutzungsrecht oder mit einem Wohnrecht (§§ 30, 31 WEG, § 1093 BGB).

Im öffentlich geförderten, **preisgebundenen Wohnungsbau** gilt die **10** HeizkostenV seit 1984 (§ 22 NMV 1970).

§ 2 HeizkostenV Vorrang vor rechtsgeschäftlichen Bestimmungen

Außer bei Gebäuden mit nicht mehr als zwei Wohnungen, von denen eine der Vermieter selbst bewohnt, gehen die Vorschriften dieser Verordnung rechtsgeschäftlichen Bestimmungen vor.

Grundsätzlich gelten für die Verteilung der Heiz- und Warmwasserkosten die **1** Vorschriften dieser Verordnung. Entgegenstehende vertragliche Vereinbarungen sind unwirksam. Seit 30.6.1984 sind abweichende Vereinbarungen grundsätzlich ausgeschlossen. Vereinbarte Heizkostenpauschalen wurden wirkungslos (RE OLG Hamm WuM 1986, 268).

Zu beachten ist jedoch, dass vertragliche Vereinbarungen, nach denen mehr **2** als die in § 7 Abs. 1 und § 8 Abs. 1 vorgesehenen 70 % der Kosten verbrauchsabhängig abzurechnen sind, wirksam sind gemäß § 10. Der Anteil der verbrauchsabhängig abzurechnenden Kosten kann somit zwischen 50 % und 100 % der Gesamtkosten vereinbart werden. Für ein einseitiges Bestimmungsrecht des Vermieters gemäß § 6 Abs. 4 besteht ein Rahmen zwischen 50 % und 70 % der Gesamtkosten.

Ausgenommen vom Verbot entgegenstehender mietvertraglicher Verein- **3** barungen sind Einfamilienhäuser mit Einliegerwohnung und Zweifamilienhäuser (vgl. § 573a BGB), in denen der Vermieter selbst wohnt. Es wird davon ausgegangen, dass in diesen Mietverhältnissen Vermieter und Mieter sich gemeinsam um Heizkosteneinsparung bemühen, so dass auf den mit einer verbrauchsabhängigen Abrechnung verbundenen Aufwand verzichtet werden kann. Entsprechendes gilt, wenn in einer Wohnung mit eigener Heizung ein Zimmer vermietet ist. In diesem Bereich gilt die HeizkostenV somit nur insoweit, als entgegenstehenden vertraglichen Regelungen getroffen worden sind. In diesem Bereich sind somit auch Warmmietverträge (Einbeziehung der Heizkosten in die Miete) oder die pauschalierte Umlage der Heizkosten zulässig. Hier kann aber auch eine Umlage allein nach Wohnfläche vereinbart werden. Der Mieter kann keine Umstellung gemäß §§ 6 ff. verlangen.

4   Gewerblich genutzte Räume sind Wohnungen nicht gleich gestellt worden. Wird von der zentralen Heizungsanlage auch ein Gewerberaum versorgt, so verbleibt es unabhängig vom sonstigen Zuschnitt des Hauses bei dem Vorrang der HeizkostenV vor mietvertraglichen Bestimmungen.

5   Zu einer **Umstellung** einer Inklusivmiete ist der Vermieter auch ohne Zustimmung des Mieters berechtigt. Er muss vor Beginn einer Abrechnungsperiode dies dem Mieter mitteilen und nachvollziehbar darlegen, dass er in Zukunft eine Miete verlangt, die um die tatsächlichen Wärmekosten reduziert ist, und die Wärmekosten verbrauchsabhängig gemäß §§ 7, 8 abrechnen wird.

§ 3 HeizkostenV Anwendung auf das Wohnungseigentum

[1]Vorschriften dieser Verordnung sind auf Wohnungseigentum anzuwenden unabhängig davon, ob durch Vereinbarung oder Beschluss der Wohnungseigentümer abweichende Bestimmungen über die Verteilung der Kosten der Versorgung mit Wärme und Warmwasser getroffen worden sind. [2]Auf die Anbringung und Auswahl der Ausstattung nach den §§ 4 und 5 sowie auf die Verteilung der Kosten und die sonstigen Entscheidungen des Gebäudeeigentümers nach den §§ 6 bis 9b und 11 sind die Regelungen entsprechend anzuwenden, die für die Verwaltung des gemeinschaftlichen Eigentums im Wohnungseigentumsgesetz enthalten oder durch Vereinbarung der Wohnungseigentümer getroffen worden sind. [3]Die Kosten für die Anbringung der Ausstattung sind entsprechend den dort vorgesehenen Regelungen über die Tragung der Verwaltungskosten zu verteilen.

1   Die Vorschrift trifft die notwendigen Regelungen für das Verhältnis der Wohnungseigentümer untereinander und betrifft den Mieter einer vermieteten Eigentumswohnung nicht unmittelbar. Der Mieter hat die Heizkosten nach dem von der Eigentümergemeinschaft als Verwaltungsregelung beschlossenen Verteilungsmaßstab zu tragen, wenn der Vermieter sie ihm gegenüber geltend macht aufgrund einer entsprechenden mietvertraglichen Vereinbarung oder aufgrund seines Rechts zur Umstellung der vereinbarten Heizkostenumlage (§ 1 Abs. 1, Abs. 2 Nr. 3, § 6). Erforderlich ist aber immer, dass sich die Umlageregelung der Wohnungseigentümergemeinschaft im Rahmen der HeizkostenV hält.

§ 4 HeizkostenV Pflicht zur Verbrauchserfassung

(1) Der Gebäudeeigentümer hat den anteiligen Verbrauch der Nutzer an Wärme und Warmwasser zu erfassen.

(2) [1]Er hat dazu die Räume mit Ausstattungen zur Verbrauchserfassung zu versehen; die Nutzer haben dies zu dulden. [2]Will der Gebäudeeigentümer die Ausstattung zur Verbrauchserfassung mieten oder durch eine andere Art der Gebrauchsüberlassung beschaffen, so hat er dies den Nutzern vorher unter Angabe der dadurch entstehenden Kosten mitzuteilen; die Maßnahme ist unzulässig, wenn die Mehrheit der Nutzer innerhalb eines Monats nach Zugang der Mittei-

lung widerspricht. ³ Die Wahl der Ausstattung bleibt im Rahmen des § 5 dem Gebäudeeigentümer überlassen.

(3) ¹ Gemeinschaftlich genutzte Räume sind von der Pflicht zur Verbrauchserfassung ausgenommen. ² Dies gilt nicht für Gemeinschaftsräume mit nutzungsbedingt hohem Wärme- oder Warmwasserverbrauch, wie Schwimmbäder oder Saunen.

(4) Der Nutzer ist berechtigt, vom Gebäudeeigentümer die Erfüllung dieser Verpflichtungen zu verlangen.

1. Pflicht zur Verbrauchserfassung

Die Pflicht zur Verbrauchserfassung wird nur durch die zivilrechtlichen Aus- **1** wirkungen beim Verstoß gegen die Verbrauchserfassungspflicht durchgesetzt, nicht mit Zwangsmittel oder Bußgeld. Der Vermieter kann im Einverständnis mit dem Mieter auch weiterhin eine verbrauchsunabhängige Zahlung praktizieren (Warmmiete). Der Mieter kann jedoch bis zur Grenze des Rechtsmissbrauchs jederzeit eine verbrauchsabhängige Abrechnung – zumindest für die Zukunft – verlangen. Der Vermieter kann den Übergang zur verbrauchsabhängigen Abrechnung auch ohne Zustimmung des Mieters und in Abweichung zu mietvertraglich getroffenen Vereinbarungen vollziehen (RE BayObLG ZMR 1988, 384). Zum Wechsel von der Pauschalmiete (Inklusivmiete) oder Nebenkostenpauschale zur Abrechnung nach der Verordnung → § 7 Rn. 17 ff.

Zur Verbrauchserfassung ist es notwendig, dass an allen Heizkörpern, die **2** von der zentralen Heizanlage versorgt werden, Messgeräte angebracht werden, auch wenn diese Heizkörper regelmäßig nicht benutzt werden (zB Dachkammern). Eine Verbrauchserfassung in Räumen, die von allen Mietern benutzt werden dürfen (zB Treppenhaus, Trockenraum, Tiefgarage), ist nicht erforderlich (Abs. 3), kann jedoch vertraglich vereinbart werden. In Gemeinschaftsräumen, die nutzungsbedingt einen hohen Wärme- oder Warmwasserverbrauch haben, muss jedoch eine Verbrauchserfassung erfolgen. Zur Kostenverteilung vgl. § 6 Abs. 3.

Die Verbrauchserfassung hat durch geeichte Geräte zu erfolgen. Ist die **3** Eichzeit abgelaufen (fünf Jahre bei Warmwasserzählern), so muss der Vermieter ggf. beweisen, dass der abgelesene Wert den Verbrauch richtig wiedergibt. Dies kann er zB durch Vergleich mit Werten aus den Vorjahren erreichen (BGH NJW 2011, 598).

Wegen der zu verwendenden Erfassungsgeräte wird auf § 5 verwiesen, **4** wegen der Grenzen der Erfassungspflicht auf § 11.

2. Nichterfüllung der Pflicht

Wenn der Eigentümer bzw. Vermieter seine Verpflichtung zur Verbrauchs- **5** erfassung nicht erfüllt und deshalb nicht verbrauchsabhängig abrechnen kann, wird sein Anspruch auf Ersatz der Heizungskosten pauschal verkürzt gemäß § 12 Abs. 1. Das gilt zB auch, wenn die von § 9b gebotene Zwischenablesung unterblieben ist. Das dort vorgesehene Recht des Mieters, die Heizkosten um 15 % zu kürzen, ist die einzige Sanktion, die den Vermieter treffen kann, wenn er seiner Verpflichtung nach der Verordnung nicht nachkommt. Im Übrigen kann die Umlage nach Wohnfläche erfolgen (BGH NJW 2008, 142). Rechnet der Vermieter abweichend vom vertraglich vereinbarten Modus und im Widerspruch zu der Verordnung ab, so ist der Mieter zur Zahlung überhaupt nicht verpflichtet und kann Vorauszahlungen in der Zukunft verweigern. Auch in den Fällen der Bezugsfertigkeit der Wohnung nach dem 1.7.1981 besteht das Abzugsrecht des Mieters, wenn abweichend von der Verordnung abgerechnet wird.

6   Praktische Schwierigkeiten können in den Fällen einer Pauschalmiete oder pauschaler Nebenkostenvereinbarungen wegen der Berechnung des Abzugsbetrages entstehen. Hier wird wie in → § 7 Rn. 17 ff. dargestellt zu verfahren und der auf diese Weise gefundene kalkulatorische Heizkostenanteil um 15 % zu kürzen sein.

7   Der Mieter, der davon ausgeht, dass er mit seinem tatsächlichen Verbrauch um mehr als 15 % unter den durchschnittlichen Heizkosten liegt, muss vom Vermieter die nachträgliche Anbringung der Ausstattung gemäß § 4 Abs. 3 verlangen. Ein Abzug um mehr als 15 % schließt die Verordnung zwar nicht ausdrücklich, doch nach ihrem Sinn und Zweck aus. Der Mieter wird aber nur in Ausnahmefällen beweisen können, dass sein tatsächlicher Verbrauch um mehr als 15 % unter dem durchschnittlichen Verbrauch liegt.

3. Duldungspflicht des Mieters

8   Der Mieter muss die Anbringung der Erfassungsgeräte (Wärmezähler, Warmwasserzähler) dulden, ohne dass es auf eine Abwägung der Zumutbarkeit gemäß § 555d Abs. 2 BGB ankommt. Der Vermieter hat die Montage rechtzeitig (ca. eine Woche vorher) dem Mieter anzukündigen. Dieser muss der Messdienstfirma Zutritt gewähren. Entsprechendes gilt für die notwendigen Ablesungen zur Feststellung des Verbrauches. Der Mieter muss auch den nachträglichen Einbau funkgestützter Ablesesysteme dulden (BGH NJW 2011, 3514).

9   Weigert sich der Mieter, macht er sich gegenüber dem Vermieter schadensersatzpflichtig. Es muss diesem zB einen etwaigen Abzug der umlegbaren Heizkosten nach § 12 Abs. 1 durch andere Mieter ersetzen. Im Übrigen ist nach § 9a zu verfahren.

10   Die **Auswahl** der Ausstattungen wird nach dem Verordnungstext uneingeschränkt dem Vermieter überlassen. Für die Auswahl zwischen gleichwertigen Geräten derselben Preisklasse ist dies unproblematisch. Der Vermieter wird aber bei der Auswahl auch die Belange der Mieter zu berücksichtigen haben. Ohne besonderen Grund wird er keine besonders teuren Geräte wählen dürfen. Wählt er elektronische Erfassungsgeräte, die die Kosten für die herkömmlichen Geräte um ein Vielfaches übersteigen, so wird zu prüfen sein, ob eine größere Messgenauigkeit und einfachere Ablesbarkeit diese Mehrkosten rechtfertigen. Die Energieeinsparung dürfte durch die elektronischen Geräte nicht vergrößert werden.

11   Die Aufwendungen zur Verbrauchserfassung müssen wirtschaftlich vertretbar sein. Dies ist nur der Fall, wenn die erforderlichen Aufwendungen in der

Regel innerhalb der voraussichtlichen Nutzungsdauer durch die eingetretenen Einsparungen (der Verordnungsgeber geht von 15 % aus) erwirtschaftet werden können. Hierbei ist auch die zu erwartende Nutzungsdauer des Gebäudes zu berücksichten. Die Energieeinsparung durch elektronische Geräte wird deshalb die zur Zeit noch besonders hohen Kosten für den Kauf dieser Systeme in der Regel nicht rechtfertigen und eine Umlage nicht möglich sein.

4. Miete von Messgeräten

Das Mieten (Leasing) von elektronischen Messgeräten könnte hier einen wirt- **12** schaftlich praktikablen Ausweg bieten. Abs. 2 S. 2 gilt für Messgeräte jeder Art. Zwar entstehen hierdurch regelmäßig immer noch deutlich höhere laufende Kosten (Leasingraten) als bei der Messung nach dem Verdunstungsprinzip. Die Ablesung und Aufteilung ist jedoch weniger aufwendig. Diese laufenden Kosten sind auch ohne ausdrückliche vertragliche Vereinbarung umlagefähig (§ 7 Abs. 2). Da die Miet- und Leasingraten jedoch in der Regel zu einer höheren laufenden Belastung führen als die Umlage der Einrichtungskosten (jährlich 11 %; → Rn. 18), ist eine Beteiligung der betroffenen Mieter seit 1.5.1984 vorgeschrieben. Hierzu ist im Einzelnen noch vieles zweifelhaft. Die Vorschrift muss als Experimentierklausel gesehen werden, die die Durchsetzung elektronischer Messgeräte und anderer neuartiger Techniken erleichtern soll. Die Mehrheit der Mieter wird so zu verstehen sein, dass jedes Mietverhältnis gleich zählt, unabhängig von der Größe der Wohnung und der Anzahl der Personen, die den Mietvertrag unterschrieben haben. Schweigen eines Mieters gilt im Ergebnis als Zustimmung. Die Monatsfrist dürfte für jeden Mieter gesondert laufen, beginnend mit dem Zeitpunkt, in dem ihm das erforderliche Mitteilungsschreiben zugegangen ist. Zum Begriff des Zugangs gilt das in → BGB § 568 Rn. 8 f. Gesagte entsprechend. Eine Verlängerung der Frist für Fälle, in denen der Mieter während der Widerspruchsfrist abwesend ist (zB Urlaub, Krankheit), ist nicht vorgesehen, was zu erheblichen Härten führen kann. Versendet der Vermieter die Mitteilungsschreiben in einem Zeitpunkt, in dem er von der Abwesenheit des Mieters Kenntnis hat oder mit ihr rechnen muss (zB Sommerurlaubszeit), so kann dies im Einzelfall rechtsmissbräuchlich und damit unwirksam sein.

Teilt der Vermieter die Umrüstungsabsicht und die laufenden Kosten nicht **13** mit oder beachtet er einen mehrheitlichen Widerspruch der Mieter nicht, so sind die Kosten der gemieteten Erfassungsgeräte in bestehenden Mietverträgen nicht umlegbar. Gegenüber zukünftigen Mietern kann die Umlage jedoch vereinbart werden. Der unterlassene Widerspruch der Mieter ist auch für neu einziehende Mieter verbindlich, auch ohne dass im Mietvertrag die Rate für die Erfassungsgeräte ausdrücklich als umlagefähig bezeichnet wird.

Welche Anforderungen die Rechtsprechung an den Inhalt der Mitteilungs- **14** schreiben stellen wird, ist noch nicht abzusehen. Im Interesse der Verordnung läge wohl eine Betrachtung, die nicht zu hohe Anforderungen stellt. Ausreichend dürfte es sein, wenn die Gesamtkosten ohne Aufteilung auf das einzelne Mietverhältnis angegeben werden. Im Interesse der Rechtssicherheit

ist jedoch eine Aufschlüsselung auf die einzelnen Mietverhältnisse zu empfehlen. Das gilt vor allem dann, wenn für den Vermieter vorhersehbar ein
stark unterschiedlicher Wärmeverbrauch vorliegt und die einzelnen Mietverhältnisse deshalb sehr unterschiedlich betroffen werden.

15   Widersprechen die Mieter mehrheitlich, kann der Vermieter die Messgeräte
mieten und von der Umlage absehen oder die Messgeräte kaufen und die
Anschaffungskosten, wie oben dargestellt, umlegen (bei bereits vorhandener
Verbrauchserfassung → Rn. 16). Nach dem Sinn von Abs. 2 S. 2 soll nicht die
Einrichtung eines anderen Messsystems verhindert werden. Erreicht werden
soll nur ein Schutz der Mieter vor der Umlage von laufenden Kosten für die
Miete oder das Leasing solcher Geräte.

5. Kosten der Verbrauchserfassung

16   Eine ausdrückliche Regelung wegen der **Kosten** für die Anbringung der
Ausstattungen zur Verbrauchserfassung wurde vom Verordnungsgeber für
nicht notwendig gehalten, da diese Kosten nach § 559 BGB umlagefähig sind.
Die nachhaltige Einsparung von Heizenergie ist der alleinige Grund für die
Verpflichtung zur verbrauchsabhängigen Abrechnung. Inwieweit im konkreten Mietverhältnis Heizkosten eingespart werden, ist deshalb im Rahmen
einer Mieterhöhung nach § 559 BGB nicht mehr zu überprüfen. Dies gilt
zumindest für den erstmaligen Einbau der Geräte. Ein späterer Wechsel der
Geräte muss jedoch, wie jede andere nach § 559 BGB umlegbare Maßnahme,
sachlich geboten und deshalb notwendig sein. Wegen des bei der Mieterhöhung zu beachtenden Verfahrens wird auf §§ 559a, 559b, 555c BGB Bezug
genommen. Die Kosten des Wärmemessdienstes sind als Betriebskosten der
Heizung gemäß § 7 Abs. 2, § 8 Abs. 2, die insoweit §§ 556, 560 BGB in
Verbindung mit Anl. 3 zu § 27 II. BV vorgehen, umlagefähig. Reparaturkosten können nicht umgelegt werden.

17   Werden neben Wohnräumen auch gewerblich genutzte Räume von der
zentralen Heizung versorgt, so ist zu beachten, dass ein § 559 BGB ent-
sprechendes Erhöhungsrecht für gewerblich genutzte Räume nicht besteht.
Der Vermieter muss sich mit den gewerblichen Mietern vertraglich einigen.
Er kann die Gesamtkosten nicht allein auf die Wohnraummieter umlegen.
Kommt es zu keiner Einigung mit den gewerblichen Mietern, muss der
Vermieter den auf die Gewerberäume entfallenden Anteil selbst tragen.

18   In der **Auswahl** geeigneter Geräte ist der Vermieter grundsätzlich frei. Zu
den Kosten → BGB § 559 Rn. 8. Um Auseinandersetzungen mit den Mie-
tern zu vermeiden, sollte zweckmäßigerweise jedoch zuvor eine Absprache
versucht werden. Grundsätzlich kann gesagt werden, dass die Messgeräte nach
dem Verdunstungsprinzip zwar erheblich billiger sind, aber bei der Abrechnung mehr Probleme mit sich bringen und eine ständige Heranziehung einer
Abrechnungsfirma notwendig machen. Bei elektronischen Geräten hingegen
ist die Umlage einfach, vergleichbar der Umlage getrennt gemessener Wasser-
oder Stromkosten. Die Messung nach dem Verdunstungsprinzip begegnet
nicht selten Misstrauen, da die verbrauchte Wärmeenergie nur relativ und
nicht leicht nachvollziehbar gemessen wird. Bei elektronischen Messgeräten

ist der Verbrauch direkt ablesbar. Der Mieter erkennt in kurzem zeitlichen Abstand die Auswirkung seines Verbrauchsverhaltens. Messgeräte nach dem Verdunstungsprinzip werden häufig wegen ihrer systembedingten Ungenauigkeiten kritisiert. Diese können sich im Verhältnis der beteiligten Mieter ausgleichen, aber auch zum Nachteil eines Mieters summieren (→ § 5 Rn. 6). Bei Einrohrsystemen führen elektronische Verbrauchserfassungsgeräte jedoch häufig zu verzerrten, unbrauchbaren Ergebnissen, die einer Umlage nicht zu Grunde gelegt werden dürfen (LG Nürnberg-Fürth ZMR 2012, 358).

6. Pflichten des Vermieters

Die dem Eigentümer bzw. Vermieter auferlegten Pflichten (Abs. 4) können **19** von jedem Mieter im Zivilrechtsweg durchgesetzt werden. Dies gilt auch dann, wenn die Mehrheit der Mieter sich gegen eine Umstellung ausspricht. Der Vermieter muss dann bei allen Mietern eine Verbrauchserfassung durchführen und in Zukunft verbrauchsabhängig abrechnen.

§ 5 HeizkostenV Ausstattung zur Verbrauchserfassung

(1) [1]Zur Erfassung des anteiligen Wärmeverbrauchs sind Wärmezähler oder Heizkostenverteiler, zur Erfassung des anteiligen Warmwasserverbrauchs Warmwasserzähler oder andere geeignete Ausstattungen zu verwenden. [2]Soweit nicht eichrechtliche Bestimmungen zur Anwendung kommen, dürfen nur solche Ausstattungen zur Verbrauchserfassung verwendet werden, hinsichtlich derer sachverständige Stellen bestätigt haben, dass sie den anerkannten Regeln der Technik entsprechen oder dass ihre Eignung auf andere Weise nachgewiesen wurde. [3]Als sachverständige Stellen gelten nur solche Stellen, deren Eignung die nach Landesrecht zuständige Behörde im Benehmen mit der Physikalisch-Technischen Bundesanstalt bestätigt hat. [4]Die Ausstattungen müssen für das jeweilige Heizsystem geeignet sein und so angebracht werden, dass ihre technisch einwandfreie Funktion gewährleistet ist.

(2) [1]Wird der Verbrauch der von einer Anlage im Sinne des § 1 Absatz 1 versorgten Nutzer nicht mit gleichen Ausstattungen erfasst, so sind zunächst durch Vorerfassung vom Gesamtverbrauch die Anteile der Gruppen von Nutzern zu erfassen, deren Verbrauch mit gleichen Ausstattungen erfasst wird. [2]Der Gebäudeeigentümer kann auch bei unterschiedlichen Nutzungs- oder Gebäudearten oder aus anderen sachgerechten Gründen eine Vorerfassung nach Nutzergruppen durchführen.

1. Anwendungsbereich

Die Vorschrift trifft Regelungen über die Art der zur Verbrauchserfassung zu **1** verwendenden Geräte. Vor dem 1.7.1981 eingebaute Erfassungsgeräte unterliegen den Mindestanforderungen der Verordnung nicht (§ 12 Abs. 2). Bei Warmwasserkostenverteiler läuft die entsprechende Frist sogar bis 1.1.1987 (aber → Rn. 9). Werden die Erfassungsgeräte ausgetauscht, sind die in § 5 genannten Mindestanforderungen zu erfüllen. Für die neuen Bundesländer gilt für die Bezugsfertigkeit der 1.1.1991. Für Heizungsanlagen, bei denen eine Verbrauchserfassung technisch möglich ist, musste diese bis 31.12.1995 nachgerüstet werden (BGH NJW 2004, 149).

2. Geräte für den Wärmeverbrauch

2 Zur Erfassung des Wärmeverbrauchs gibt es folgende Geräte:

3 **Wärmezähler** sind die einzigen Geräte, die die verbrauchte Energie unmittelbar in physikalischen Einheiten (KWh) anzeigen. Sie messen die Temperatur von Vor- und Rücklauf. Der hieraus errechnete Energieverbrauch ist von jedem Mieter fortlaufend ablesbar. Die Zähler können außerhalb der Wohnung montiert werden. Ihre Messgenauigkeit ist der von Heizkörperverteilern nach dem Verdunstungsprinzip weit überlegen. Wegen der hohen Einrichtungskosten (ca. 400 EUR pro Wohnung) und der laufende Kosten verursachenden Eichpflicht (alle fünf Jahre) sowie einer gewissen Reparaturanfälligkeit sind Wärmezähler bisher noch nicht weit verbreitet. Technische Voraussetzung für die Verwendung von Wärmezählern ist, dass für jede Wohnung eine Ringleitung vorhanden ist (Zweirohrleitung mit horizontaler Verteilung oder Einrohrheizung). Das ist in Altbauten überwiegend nicht der Fall.

4 **Heizkostenverteiler** gibt es mit **elektrischer** Messgrößenerfassung oder nach dem Verdunstungsprinzip. Bei den elektronischen Heizkosten-verteilern gibt es unterschiedliche technische Systeme. Am häufigsten wird die Temperatur am Heizkörper und in der Raumluft gemessen und hieraus die von der Heizung abgegebene Wärmeenergie berechnet. Dieses System ist wesentlich genauer als die Heizkostenverteilung nach dem Verdunstungsprinzip und bringt den selben Ablesekomfort wie Wärmezähler. Die Kosten betragen ca. 200 EUR pro Wohnung. Technisch kann elektronische Heizkostenverteilung bei Heizungen mit horizontaler und vertikaler Verteilung verwendet werden. Nicht verwendbar ist dieses System bei Fußbodenheizungen, Deckenstrahlungsheizungen und Warmluftheizungen.

5 **Heizkostenverteiler** nach dem **Verdunstungsprinzip** sind die heute ganz überwiegend verwendeten Erfassungsgeräte. Sie enthalten eine Ampulle mit Verdunstungsflüssigkeit. Aus dem Umfang der Verdunstung kann entnommen werden, wie viel Wärme der jeweilige Heizkörper im Verhältnis zu anderen Heizkörpern abgegeben hat.

6 Die **Eignung** dieser Geräte wird oft angezweifelt. Dieses System weist neben systembedingten Ungenauigkeiten insbesondere Fehlerquellen bei nicht sachgerechter Montage und Ablesung auf. Es ist zumeist später zur Kontrolle der Heizkostenabrechnung nur noch sehr schwer oder nicht mehr feststellbar, ob die Ampullen in zutreffender Größe und an der richtigen Stelle befestigt waren und ohne Fehler abgelesen wurden. Um den Regeln der Technik zu entsprechen, müssen die Ampullen am Heizkörper dauerhaft und manipulationssicher angebracht sein (DIN 4713). Die häufig anzutreffende Verklebung genügt dieser Anforderung nicht. Größere Fehlmessungen können entstehen, wenn die sog. Kaltverdunstung, das ist die Verdunstung der Messflüssigkeit unabhängig vom Betrieb der Heizung, in erheblichem Umfang unterschiedlich ist. Das ist der Fall, wenn zB eine Wohnung eine besonders große Sonneneinstrahlung im Sommer hat (Dachgeschosswohnung) oder wenn in dem Raum Wärme aus anderen Quellen als der Heizung in größerem Umfang abgegeben wird. Ungenauigkeiten entstehen auch, wenn Heizkörper längere Zeit nicht entlüftet werden. Trotz aller Kritik kann das System der Wärmeverteilung nach dem Verdunstungsprinzip dennoch grundsätzlich als geeignet angesehen werden. In der Rechtsprechung werden hiernach vorgenommene Heizkostenerfassungen und Abrechnungen, sofern keine besonderen Zweifel im Einzelfall bestehen, ganz überwiegend grundsätzlich anerkannt. Die **Beweislast** für Messfehler trägt der Mieter (BGH NJW 1986, 3197).

Nicht zu verwenden sind Verdunstungsgeräte bei Fußbodenheizung, Deckenstrahlungsheizung, Warmlufterzeugern und bei den modernen Niedrigtemperaturheizungen (weniger als 50 Grad Celsius Vorlauftemperatur), bei den heute kaum mehr anzutreffenden Dampfheizungen und bei Einrohrheizungen, sofern das Einrohrsystem über eine Wohnung hinausgeht. **7**

3. Geräte für den Warmwasserverbrauch

Zur Erfassung des Warmwasserverbrauchs gibt es folgende Geräte: **Warm-** **8** **wasserzähler** sind Geräte, die physikalisch exakt den Warmwasserverbrauch erfassen durch Messung des insgesamt aufgenommenen Kaltwassers und der jeweils abgegebenen Warmwassermenge. Im Altbau bestehen hier häufig Installationsprobleme. Sofern keine Ringleitungen für jede Wohnung bestehen, müssen an jeder Zapfstelle Zähler installiert werden. Dies kann zu erheblichen Einrichtungskosten führen, die in keinem vernünftigen Verhältnis zur möglichen Energieeinsparung mehr stehen (→ § 4 Rn. 11; BayObLG ZMR 1989, 317). Die Zähler sind eichpflichtig, was ein wiederholtes Auswechseln notwendig macht.

Warmwasserkostenverteiler erfassen den anteiligen Verbrauch durch **9** Temperaturmessungen an der Oberfläche der Warmwasserleitungsrohre. Dies führt zu erheblichen Ungenauigkeiten, da das Rohr auch Wärme abgibt, wenn kein Warmwasser durchfließt. Es benachteiligt deshalb Verbraucher, die nur in kleinen Mengen Warmwasser entnehmen. Technisch sind diese Geräte sehr umstritten. Die Mehrheit der Mitglieder der Normenausschüsse hat es abgelehnt, technische Anforderungen in DIN 4713, 4714 an diese Geräte zu definieren, weil diese Geräte generell ungeeignet seien und dem Stand der Technik nicht entsprächen. Bei der Fassung der Heizkostenverordnung wurden diese technischen Schwierigkeiten gesehen. Es wurde davon ausgegangen, dass bis zum Ablauf der Übergangsfrist am 1.1.1987 (§ 12 Abs. 2 Nr. 1) anerkannte Regeln der Technik vorhanden sind. Bis zu diesem Zeitpunkt eingebaute Warmwasserkostenverteiler sollen nach dem Willen der Verordnung somit nicht aus technischen Gründen zur Unwirksamkeit der Heizkostenabrechnung führen. Andere geeignete Ausstattungen, die nach Abs. 1 S. 2 geeignet sind, wurden bisher noch nicht entwickelt.

4. DIN-Vorschriften

10   DIN-Vorschriften nennt die Neufassung der HeizkostenV nicht mehr. Maßgebend sind jeweils der neueste Stand der anerkannten Regeln der Technik,
selbst wenn er noch nicht zu einer DIN-Änderung geführt hat (DIN 4713,
4714 – Beuth Verlag, Berlin).

5. Nutzgruppen

11   Abs. 2 betrifft den Fall, dass aus technischen Gründen oder wegen unterschiedlicher Nutzung des Gebäudes (Wohnung und Gewerberäume) unterschiedliche Messausstattungen vorhanden sind. Dasselbe gilt, wenn der Vermieter eine Vorerfassung aus anderen Gründen (Abs. 2 S. 2) zB wegen
unterschiedlichen Leitungsverlusten oder verschiedener Heizsysteme durchführt. Die vorgeschriebene zweistufige Kostenverteilung gewährleistet eine
dem tatsächlichen Verbrauch entsprechende Abrechnung. Die Vorschrift wird
durch § 6 Abs. 2 ergänzt. Der Verbrauch muss jedoch unmittelbar durch
Messung (Wärmemengenzähler) erfolgen und kann nicht im Wege der Diffe-
renzrechnung ermittelt werden, weil sich sonst Messungenauigkeiten addieren
könnten (BGH NJW-RR 2008, 1542). Wurden die Verbrauchswerte nicht
getrennt erfasst, ist nicht etwa nach Wohnfläche abzurechnen. Vielmehr ist
der erfasst Verbrauch zugrunde zu legen und dann gemäß § 12 zu kürzen
(BGH NJW-RR 2016, 585).

§ 6 HeizkostenV Pflicht zur verbrauchsabhängigen Kostenverteilung

(1) [1] Der Gebäudeeigentümer hat die Kosten der Versorgung mit Wärme und
Warmwasser auf der Grundlage der Verbrauchserfassung nach Maßgabe der §§ 7
bis 9 auf die einzelnen Nutzer zu verteilen. [2] Das Ergebnis der Ablesung soll dem
Nutzer in der Regel innerhalb eines Monats mitgeteilt werden. [3] Eine gesonderte
Mitteilung ist nicht erforderlich, wenn das Ableseergebnis über einen längeren
Zeitraum in den Räumen des Nutzers gespeichert ist und von diesem selbst abge-
rufen werden kann. [4] Einer gesonderten Mitteilung des Warmwasserverbrauchs
bedarf es auch dann nicht, wenn in der Nutzeinheit ein Warmwasserzähler einge-
baut ist.

(2) [1] In den Fällen des § 5 Absatz 2 sind die Kosten zunächst mindestens zu 50
vom Hundert nach dem Verhältnis der erfassten Anteile am Gesamtverbrauch auf
die Nutzergruppen aufzuteilen. [2] Werden die Kosten nicht vollständig nach dem
Verhältnis der erfassten Anteile am Gesamtverbrauch aufgeteilt, sind
1. die übrigen Kosten der Versorgung mit Wärme nach der Wohn- oder Nutzfläche oder nach dem umbauten Raum auf die einzelnen Nutzergruppen zu
verteilen; es kann auch die Wohn- oder Nutzfläche oder der umbaute Raum der
beheizten Räume zu Grunde gelegt werden,
2. die übrigen Kosten der Versorgung mit Warmwasser nach der Wohn- oder
Nutzfläche auf die einzelnen Nutzergruppen zu verteilen.
[3] Die Kostenanteile der Nutzergruppen sind dann nach Absatz 1 auf die einzelnen
Nutzer zu verteilen.

(3) [1] In den Fällen des § 4 Absatz 3 Satz 2 sind die Kosten nach dem Verhältnis der erfassten Anteile am Gesamtverbrauch auf die Gemeinschaftsräume und die übrigen Räume aufzuteilen. [2] Die Verteilung der auf die Gemeinschaftsräume entfallenden anteiligen Kosten richtet sich nach rechtsgeschäftlichen Bestimmungen.

(4) [1] Die Wahl der Abrechnungsmaßstäbe nach Absatz 2 sowie nach § 7 Absatz 1 Satz 1, §§ 8 und 9 bleibt dem Gebäudeeigentümer überlassen. [2] Er kann diese für künftige Abrechnungszeiträume durch Erklärung gegenüber den Nutzern ändern

1. bei der Einführung einer Vorerfassung nach Nutzergruppen,
2. nach Durchführung von baulichen Maßnahmen, die nachhaltig Einsparungen von Heizenergie bewirken oder
3. aus anderen sachgerechten Gründen nach deren erstmaliger Bestimmung.

[3] Die Festlegung und die Änderung der Abrechnungsmaßstäbe sind nur mit Wirkung zum Beginn eines Abrechnungszeitraumes zulässig.

1. Allgemeines

Die Festlegung und die Änderung der Abrechnungsmaßstäbe sind nur mit 1 Wirkung zum Beginn eines Abrechnungszeitraumes zulässig.

Der Vermieter bzw. Eigentümer wird zur verbrauchsabhängigen Heizkos- 2 tenverteilung verpflichtet (→ BGB § 556 Rn. 25). Um ihm die Erfüllung dieser Pflicht zu ermöglichen, auch wenn nicht alle Mieter einer Lösung zustimmen wollen, erhält er das Recht zur einseitigen Bestimmung des verbrauchsabhängig umzulegenden Kostenanteils (Abs. 4).

Die seit 1.1.2009 bestehende Pflicht zur Unterrichtung der Mieter ist nur 3 eine „Soll"-Vorschrift. Ein einklagbarer Anspruch besteht nicht. Auch eine Sanktion ist nicht vorgesehen. Nur die Beweissituation des Vermieters kann sich verbessern, wenn er die Unterrichtungspflicht erfüllt hat.

2. Getrennte Vorerfassung

Abs. 2 ermöglicht ein flexibles Vorgehen bei der Aufteilung der Kosten nach 4 einer getrennten Vorerfassung (§ 5 Abs. 2). Die Kosten müssen nicht in voller Höhe nach den erfassten Anteilen am Gesamtverbrauch aufgeteilt werden. Bis zur Hälfte der Kosten kann nach den in Nr. 1 und Nr. 2 genannten Maßstäben aufgeteilt werden. Dies kann insbesondere in den Fällen nutzungsbedingter unterschiedlicher Verbrauchsintensität zweckmäßig sein. Auch hier wird man jedoch ebenso wenig wie bei der Wahl des Umlagemaßstabes nach Abs. 3 verlangen können, dass der Vermieter seine Entscheidung begründet oder dass sie nach bauphysikalischen Erkenntnissen nachzuprüfen ist. Auch bei der Auswahl dieses Maßstabes ist der Vermieter frei.

Die Aufteilung zwischen den unterschiedlichen Nutzergruppen muss in der 5 Abrechnung für den einzelnen Mieter ersichtlich sein und nachvollziehbar dargestellt werden.

Die Kosten für **Gemeinschaftsräume** mit hohem Wärmeverbrauch (§ 4 6 Abs. 3) sind nach Abs. 3 zu verteilen. Soweit keine ausdrücklichen vertraglichen Bestimmungen hierzu bestehen, wird im Wege ergänzender Vertragsauslegung oft viel für eine Aufteilung nach Wohnfläche sprechen, wenn dies auch sonst im Mietvertrag der Maßstab zur Verteilung von Nebenkosten ist. Sonst muss dem Vermieter ein Recht zur Bestimmung nach Billigkeit (§ 315 BGB) zugestanden werden.

3. Wahl des Abrechnungsmaßstabes

7 Der Eigentümer bzw. Vermieter ist bei der Wahl des Abrechnungsmaßstabes frei (Abs. 4). Er muss die Auswahl des verbrauchsabhängig abzurechnenden Anteils nicht begründen. Die Verordnung gibt einen gewissen Spielraum, damit bauphysikalischen Gesichtspunkten des konkreten Gebäudes Rechnung getragen werden kann. Eine Verpflichtung, solche im Einzelfall oft nur schwierig und kostenaufwendig zu treffenden Feststellungen zu machen und der Auswahl des Abrechnungsmaßstabes zugrunde zu legen, besteht aber nicht. Die Änderung des Abrechnungsmaßstabes wird gestattet, um den einmal gewählten Maßstab nachträglich in besserer Weise an die bauphysikalischen Gegebenheiten im Einzelfall anpassen zu können. Der Vermieter erhält so die Möglichkeit, in einem Zeitpunkt, in dem sich die Auswirkungen des gewählten Maßstabes gezeigt haben, diesen einseitig zu ändern. Auch für diese Änderung wird man aber keine bauphysikalische Begründung verlangen können. Eine Abänderung aus anderen Gründen als solchen der Energieeinsparung ist nicht zulässig, zB bei Leerstand von Wohnungen (BGH ZMR 2004, 343). Der Verordnungsgeber geht davon aus, dass bei eher schlecht isolierten Häusern der verbrauchsabhängig abzurechnende Anteil an der unteren Grenze, bei gut isolierten Häusern im oberen Bereich gewählt werden sollte.

8 Ferner wird eine Änderung des Abrechnungsmaßstabes ermöglicht, wenn Energie einsparende Modernisierungsarbeiten erfolgt sind.

9 In anderen als den in Nr. 1–3 genannten Fällen ist eine Abänderung des Maßstabes nur mit Zustimmung aller Mieter möglich.

4. Zeitpunkt der Änderung

10 Abs. 4 S. 3 schützt die Mieter vor überraschenden Änderungen und ermöglicht es ihnen, ihr Verhalten auf einen geänderten Maßstab einzurichten.

§ 7 HeizkostenV Verteilung der Kosten der Versorgung mit Wärme

(1) ¹Von den Kosten des Betriebs der zentralen Heizungsanlage sind mindestens 50 vom Hundert, höchstens 70 vom Hundert nach dem erfassten Wärmeverbrauch der Nutzer zu verteilen. ²In Gebäuden, die das Anforderungsniveau der Wärmeschutzverordnung vom 16. August 1994 (BGBl. I S. 2121) nicht erfüllen, die mit einer Öl- oder Gasheizung versorgt werden und in denen die freiliegenden Leitungen der Wärmeverteilung überwiegend gedämmt sind, sind von den Kosten des Betriebs der zentralen Heizungsanlage 70 vom Hundert nach dem erfassten Wärmeverbrauch der Nutzer zu verteilen. ³In Gebäuden, in denen die freiliegenden Leitungen der Wärmeverteilung überwiegend ungedämmt sind und deswegen ein wesentlicher Anteil des Wärmeverbrauchs nicht erfasst wird, kann der Wärmeverbrauch der Nutzer nach anerkannten Regeln der Technik bestimmt werden. [4]Der so bestimmte Verbrauch der einzelnen Nutzer wird als erfasster Wärmeverbrauch nach Satz 1 berücksichtigt. [5]Die übrigen Kosten sind nach der Wohn- oder Nutzfläche oder nach dem umbauten Raum zu verteilen; es kann auch die Wohn- oder Nutzfläche oder der umbaute Raum der beheizten Räume zu Grunde gelegt werden.

(2) [1]Zu den Kosten des Betriebs der zentralen Heizungsanlage einschließlich der Abgasanlage gehören die Kosten der verbrauchten Brennstoffe und ihrer Lieferung, die Kosten des Betriebsstromes, die Kosten der Bedienung, Überwachung und Pflege der Anlage, der regelmäßigen Prüfung ihrer Betriebsbereitschaft und Betriebssicherheit einschließlich der Einstellung durch eine Fachkraft, der Reinigung der Anlage und des Betriebsraumes, die Kosten der Messungen nach dem Bundes-Immissionsschutzgesetz, die Kosten der Anmietung oder anderer Arten der Gebrauchsüberlassung einer Ausstattung zur Verbrauchserfassung sowie die Kosten der Verwendung einer Ausstattung zur Verbrauchserfassung einschließlich der Kosten der Eichung sowie der Kosten der Berechnung, Aufteilung und Verbrauchsanalyse. [2]Die Verbrauchsanalyse sollte insbesondere die Entwicklung der Kosten für die Heizwärme- und Warmwasserversorgung der vergangenen drei Jahre wiedergeben.

(3) Für die Verteilung der Kosten der Wärmelieferung gilt Absatz 1 entsprechend.

(4) Zu den Kosten der Wärmelieferung gehören das Entgelt für die Wärmelieferung und die Kosten des Betriebs der zugehörigen Hausanlagen entsprechend Absatz 2.

1. Allgemeines

Für den Anteil der verbrauchsabhängig abzurechnenden Energiekosten wird 1 ein Spielraum von 50–70 % zur Verfügung gestellt. Damit wird dem Umstand Rechnung getragen, dass ein erheblicher Anteil der Kosten unabhängig vom individuellen Verbrauch entsteht. Der untere Bereich des Abrechnungsmaßstabs ist eher für schlecht isolierte Wohnungen gedacht, die einen höheren Wärmebedarf haben, während bei guter Isolierung ein erhöhter Sparanreiz durch die Wahl eines Abrechnungsmaßstabes im oberen Bereich geschaffen werden kann. Wenn alle Nutzer und der Vermieter einverstanden sind, kann auch ein 70 % übersteigender Abrechnungsmaßstab gewählt werden bis zur 100%igen verbrauchsabhängigen Abrechnung (vgl. § 10). Bei freiliegenden Heizungsrohren (Einrohrheizungen) soll die Verteilung nach VDL RL 2077 vorgenommen werden (BGH NJW-RR 2015, 778). Bei nur schlecht gedämmten Heizungen ist die Anwendung dieser Richtlinie hingegen nicht zulässig (BGH MDR 2017, 875).

Soweit nach **Fläche** umzulegen ist, sind alle Räume zu berücksichtigen, die 2 sich innerhalb der abgeschlossenen Wohnung befinden. Zu Berechnungsvorschriften → BGB § 558 Rn. 13 f. Soweit nicht beheizbare (auch nicht mittelbar durch Heizquelle in anderen Räumen) Flächen in der Wohnfläche mit berücksichtigt sind, müssen diese zur Umlage der Heizkosten herausgerechnet werden.

2. Umzulegende Kostenarten

3   Die nach der Verordnung umzulegenden Kostenarten sind in Abs. 2 abschließend aufgezählt. Da die Verordnung vertraglichen Regelungen vorgeht (§ 2) sind entgegenstehende Klauseln im Mietvertrag unwirksam. Deshalb können die nachfolgenden Kostenarten auch umgelegt werden, wenn dies allein nach dem Mietvertrag nicht zulässig wäre. Nur in Ein- und Zweifamilienhäusern, in denen der Vermieter selbst wohnt, geht der Mietvertrag der HeizkostenV vor. Für die nicht genannten Kostenarten ist eine Umlage allein nach den getroffenen vertraglichen Vereinbarungen gemäß §§ 556, 560 BGB möglich. Sie wird durch die Heizkostenverordnung nicht ausgeschlossen oder eingeschränkt.

4   Nach § 7 Abs. 2, § 8 Abs. 2 (bzw. § 2 BetrKV – abgedruckt nach § 556 BGB) sind umlegbar:

5   **Kosten** der im Abrechnungszeitraum verbrauchten **Brennstoffe**, gleichgültig ob sie in diesem Zeitraum oder davor angeliefert wurden. Deshalb ist eine Erfassung am Anfang und Ende der Heizperiode erforderlich (zB Ölstandmessung oder Schätzung). Anzusetzen sind immer die tatsächlich für die verbrauchten Brennstoffe bezahlten Preise. Der Anfangsstand muss immer dem Endstand der vorangegangenen Periode entsprechen. Deshalb sind an die entsprechenden Messungen oder Schätzungen keine zu hohen Anforderungen zu stellen. Etwaige Ungenauigkeiten gleichen sich im Laufe der Abrechnungsperioden aus. Wird während der Heizperiode Öl angeliefert, so ist gedanklich immer davon auszugehen, dass das früher gelieferte Öl zuerst verbraucht wird. Rechnerisch ist deshalb der Wert des Anfangsbestandes (Menge X damaliger Preis) zu bestimmen, der Wert der Lieferung im Abrechnungszeitraum zu addieren und der Wert des Endbestandes abzuziehen.

6   **Üblich** sind **Heizkosten** von ca. 15l Heizöl oder 200 KWh Gas oder bei Fernwärme 150 KWh jeweils pro Jahr und Quadratmeter. Höhere Verbrauchswerte können einen Hinweis auf eine fehlerhafte Abrechnung oder eine unwirtschaftliche Heizanlage (§ 536 BGB) sein. Die Warmwasserkosten betragen üblicher Weise ca. 25 % der Heizkosten oder 20 % der gesamten Brennstoffkosten. Ab 31.12.2013 muss eine Verbrauchserfassung erfolgen (§ 9 Abs. 2 HeizkostenV). Zur energetischen Situation muss der Vermieter bei Abschluss des Mietvertrages Angaben machen durch Vorlage eines Energieausweises nach § 17 EnEV.

7   Auch wenn die Abrechnung von Messdienstfirmen erstellt wird, müssen alle Angaben in der Abrechnung nachvollziehbar aufgeführt sein, sonst ist die Abrechnung nicht rechtswirksam (→ BGB § 556 Rn. 21). Die Heiz- und Warmwasserkostenabrechnungen der Messdienstfirmen genügen in der Regel den formalen Anforderungen.

8   Trinkgelder und Finanzierungskosten (Zinsen) können nicht umgelegt werden.

Die Kosten des **Betriebsstroms** werden zumeist nicht von einem besonde- **9** ren Zähler erfasst. Sie können dann mit 3 oder 4 % der Brennstoffkosten geschätzt werden. Ihre gesonderte Erfassung ist regelmäßig unwirtschaftlich und kann deshalb nicht verlangt werden. Ob die damit verbundene Rechtsunsicherheit hinzunehmen ist, erscheint fraglich (BGH MDR 2016, 1375 Rn. 14).

Bedienungskosten und Überwachungskosten fallen bei automatisch ge- **10** steuerten Zentralheizungen regelmäßig nicht an. Der hier erforderliche Aufwand ist mit der Grundmiete abgegolten. Soweit Bedienungskosten angesetzt werden, müssen sie nachweisbar sein. Pauschalen hierfür können nicht verlangt werden. Die Kosten für die in gewissen überschaubaren Zeitabständen erforderlichen **Wartungsarbeiten** (Prüfung, Einstellung usw) sind umlagefähig einschließlich der Kosten für hierbei durchgeführte, regelmäßig wiederkehrende Arbeiten (zB Filteraustausch, Düsenauswechselung, Reinigung des Ölbrenners einschließlich Zerlegung). Die Wartungskosten betragen im Allgemeinen nicht mehr als 5 % der Brennstoffkosten. Nicht umlagefähig nach der HeizkostenV sind hingegen Reparaturen (zB Auswechseln der Wasserpumpe oder des Mischventils, Erneuerung der Heizöltankbeschichtung). Diese Kosten sind aber eventuell aufgrund besonderer vertraglicher Regelung umlegbar (→ BGB § 535 Rn. 70; → BGB § 556 Rn. 11). Nicht umlegbar sind auch Leasingkosten für Tank, Brenner oder andere Teile der Heizanlage mit Ausnahme der Verbrauchserfassungsgeräte (BGH NJW 2009, 667).

Für **Reinigungskosten** gilt das zu den Bedienungskosten Gesagte ent- **11** sprechend. Die Umlage der Kosten für Schornsteinreinigung erfolgt ebenfalls nach dieser Vorschrift. Umstritten war, ob die Kosten für die Reinigung des Heizöltanks, die in mehrjährigem Abstand notwendig wird, umlegbar sind. Da sie betriebsabhängig regelmäßig anfallen, sind sie als Betriebskosten umlegbar, und zwar jeweils in der Abrechnungsperiode, in der sie anfallen (BGH NJW 2010, 226). Auch die anderen Kosten, zB die Wartungskosten, sind nicht davon abhängig, dass die Wartung in jeder Heizperiode durchgeführt wird.

Die Kosten der **Wärmelieferung** (Abs. 4) können bei einer Umstellung **12** während eines laufenden Mietvertrages nur dann umgelegt werden, wenn der Mieter zugestimmt hat oder dies im Mietvertrag bereits vorgesehen ist. Ein pauschaler Verweis auf die Betriebskostenverordnung (§ 2 Nr. 4c, 5b) reicht aus. Die umzulegenden Kosten enthalten auch Abschreibungen und Gewinnmargen des Wärmedienstleisters (BGH NJW 2007, 3060), die bei einer Beheizung durch den Vermieter selbst nicht entstehen. Näheres zur Umstellung regelt eine Verordnung nach § 556c BGB, die im Lauf des Jahres 2013 erlassen werden soll.

Wegen der **Anmietung** von Geräten zur Verbrauchserfassung wird auf § 4 **13** Abs. 2 HeizkostenV verwiesen. Diese Kosten können nur umgelegt werden, wenn die Mehrheit der Mieter nicht widersprochen hat.

Die laufenden **Kosten** der **Verbrauchserfassung** sind in vollem Umfang **14** umlagefähig. Hierbei handelt es sich im Wesentlichen um die Kosten der Messdienstfirmen für Überwachung, Ablesen einschließlich des Auswechselns der Verdunstungsampullen, Erstellung der Abrechnung für jeden Mieter. Die

Kosten für eine Zwischenablesung bei Mieterwechsel sind gemäß § 9b HeizkostenV umlegbar (→ § 556 Rn. 24, 25).

15 Bei Erstbezug von Neubauten dürfen die zur **Austrocknung** erforderlichen erhöhten Heizkosten nicht umgelegt werden. Erfolgt die Fertigstellung des Gebäudes kurz vor oder während der Heizperiode, dürften hierauf bis zu 20 % der Heizkosten des ersten Jahres entfallen. Umlegbar sind solche Kostenfaktoren auch nicht unter der Bezeichnung „sonstige Kosten".

16 Alle Kosten müssen am Verbrauch im Abrechnungszeitraum orientiert abgerechnet werden (Abflussprinzip). Die Umlage der im Abrechnungszeitraum geleisteten Zahlungen führt deshalb dazu, dass die Abrechnung inhaltlich unrichtig ist. Sie kann aber im laufenden Rechtsstreit dann noch berichtigt werden (BGH NJW 2012, 1141).

3. Wechsel zur verbrauchsabhängigen Abrechnung

17 Der Wechsel von einer vereinbarten pauschalen Beteiligung an den Heizkosten zur verbrauchsabhängigen Abrechnung wirft im Einzelfall zahlreiche Probleme auf. Sowohl die Vereinbarung einer Warmmiete (Heizkosten sind vom Vermieter in den Mietpreis einkalkuliert) als auch die Vereinbarung einer neben der Miete zu entrichtenden Nebenkostenpauschale, die neben anderen Kosten auch die Heizkosten pauschal, also ohne jährliche Abrechnung, einbezieht, widersprechen den Bestimmungen der Heizkostenverordnung. Mit der Verordnung zu vereinbaren ist nur noch eine monatliche Vorauszahlung auf die Heizkosten, mit zumindest jährlicher Abrechnungspflicht, zweckmäßigerweise am Ende der Heizperiode. Seit die Heizkostenverordnung anwendbar ist (→ § 1 Rn. 6), ist eine Umstellung der vertraglich getroffenen Vereinbarung insoweit notwendig, sofern der Vermieter nicht die sonst drohende Einbuße (→ § 4 Rn. 5 ff.) hinnehmen will.

18 Der Mieter ist nicht verpflichtet, zusätzlich zur vereinbarten Pauschalmiete (Warmmiete) bzw. vereinbarten Nebenkostenpauschale die nach der Verordnung sich ergebenden Heizkostenanteile zu bezahlen. Diese Kostenbestandteile sind in der vereinbarten Pauschale bereits enthalten. Deshalb ist es notwendig, die vereinbarte Pauschale in dem Umfang herabzusetzen, in dem sie bei vernünftiger Kalkulation einen Ansatz für die Heizkosten enthält. Sofern keine Vereinbarung über die Verteilung der Wasserkosten besteht, muss auch ein kalkulatorischer Abzug für die Kosten des Warmwassers gemäß § 8 Abs. 2, § 9 Abs. 2 vorgenommen werden. Es kommt hierbei nicht darauf an, ob der Vermieter die Mietkosten tatsächlich in dieser Weise kalkuliert hat. Maßgebend ist eine abstrakte, wirtschaftliche Betrachtungsweise. Der Mieter ist hiernach zur weiteren Zahlung eines um den Kalkulationsanteil herabgesetzten Betrages verpflichtet. Zuzüglich hat er die nach der Verordnung zu berechnenden Heizkosten zu tragen. Den Kürzungsbetrag (kalkulatorischer Ansatz für Heizkosten) schuldet der Mieter als Vorauszahlung (RE BayObLG ZMR 1988, 384). Zur Vermeidung von Streit bei der Abrechnung empfiehlt sich eine entsprechende Vertragsänderung im Einverständnis zwischen Vermieter und Mieter.

Die Abrechnung der Heizkosten zum Ende der Heizperiode muss in **19** derselben Weise aufgeschlüsselt sein, wie dies bei der Abrechnung anderer Nebenkosten erforderlich ist (→ BGB § 556 Rn. 21 ff.).

§ 8 HeizkostenV Verteilung der Kosten der Versorgung mit Warmwasser

(1) Von den Kosten des Betriebs der zentralen Warmwasserversorgungsanlage sind mindestens 50 vom Hundert, höchstens 70 vom Hundert nach dem erfassten Warmwasserverbrauch, die übrigen Kosten nach der Wohn- oder Nutzfläche zu verteilen.

(2) ¹Zu den Kosten des Betriebs der zentralen Warmwasserversorgungsanlage gehören die Kosten der Wasserversorgung, soweit sie nicht gesondert abgerechnet werden, und die Kosten der Wassererwärmung entsprechend § 7 Absatz 2. ²Zu den Kosten der Wasserversorgung gehören die Kosten des Wasserverbrauchs, die Grundgebühren und die Zählermiete, die Kosten der Verwendung von Zwischenzählern, die Kosten des Betriebs einer hauseigenen Wasserversorgungsanlage und einer Wasseraufbereitungsanlage einschließlich der Aufbereitungsstoffe.

(3) Für die Verteilung der Kosten der Warmwasserlieferung gilt Absatz 1 entsprechend.

(4) Zu den Kosten der Warmwasserlieferung gehören das Entgelt für die Lieferung des Warmwassers und die Kosten des Betriebs der zugehörigen Hausanlagen entsprechend § 7 Absatz 2.

Die Verteilung der Kosten der Warmwasserversorgung folgt denselben **1** Grundsätzen wie die Umlage der Kosten für die Beheizung. Die Kosten für das verbrauchte Wasser (Kaltwasser) sind in die Abrechnung nach der Verordnung nur dann einzubeziehen, wenn sie nicht nach den Vereinbarungen des Mietvertrages in anderer Weise abgerechnet werden. Vertragliche Vereinbarungen über die Wasserkosten bleiben demnach wirksam, auch wenn die Wasserkosten nicht verbrauchsabhängig, sondern zB nach Kopfzahl oder Wohnfläche zu verteilen sind.

§ 9 HeizkostenV Verteilung der Kosten der Versorgung mit Wärme und Warmwasser bei verbundenen Anlagen

(1) ¹Ist die zentrale Anlage zur Versorgung mit Wärme mit der zentralen Warmwasserversorgungsanlage verbunden, so sind die einheitlich entstandenen Kosten des Betriebs aufzuteilen. ²Die Anteile an den einheitlich entstandenen Kosten sind bei Anlagen mit Heizkesseln nach den Anteilen am Brennstoffverbrauch oder am Energieverbrauch, bei eigenständiger gewerblicher Wärmelieferung nach den Anteilen am Wärmeverbrauch zu bestimmen. ³Kosten, die nicht einheitlich entstanden sind, sind dem Anteil an den einheitlich entstandenen Kosten hinzuzurechnen. ⁴Der Anteil der zentralen Anlage zur Versorgung mit Wärme ergibt sich aus dem gesamten Verbrauch nach Abzug des Verbrauchs der zentralen Warmwasserversorgungsanlage. ⁵Bei Anlagen, die weder durch Heizkessel noch durch eigenständige gewerbliche Wärmelieferung mit Wärme versorgt werden, können anerkannte Regeln der Technik zur Aufteilung der Kosten verwendet werden. [6]Der Anteil der zentralen Warmwasserversorgungsanlage am Wärmeverbrauch ist nach Absatz 2, der Anteil am Brennstoffverbrauch nach Absatz 3 zu ermitteln.

(2) [1]Die auf die zentrale Warmwasserversorgungsanlage entfallende Wärmemenge (Q) ist ab dem 31. Dezember 2013 mit einem Wärmezähler zu messen. [2]Kann die Wärmemenge nur mit einem unzumutbar hohen Aufwand gemessen werden, kann sie nach der Gleichung

$$Q = 2,5 \cdot \frac{kWh}{m^3 \cdot K} \cdot V \cdot (t_w - 10\ °C)$$

bestimmt werden. [3]Dabei sind zu Grunde zu legen

1. das gemessene Volumen des verbrauchten Warmwassers (V) in Kubikmetern (m³);
2. die gemessene oder geschätzte mittlere Temperatur des Warmwassers (tw) in Grad Celsius (°C).

[4]Wenn in Ausnahmefällen weder die Wärmemenge noch das Volumen des verbrauchten Warmwassers gemessen werden können, kann die auf die zentrale Warmwasserversorgungsanlage entfallende Wärmemenge nach folgender Gleichung bestimmt werden

$$Q = 32 \cdot \frac{kWh}{m^2\,A_{Wohn}} \cdot A_{Wohn}$$

[5]Dabei ist die durch die zentrale Anlage mit Warmwasser versorgte Wohn- oder Nutzfläche (A_{Wohn}) zu Grunde zu legen. [6]Die nach den Gleichungen in Satz 2 oder 4 bestimmte Wärmemenge (Q) ist

1. bei brennwertbezogener Abrechnung von Erdgas mit 1,11 zu multiplizieren und
2. bei eigenständiger gewerblicher Wärmelieferung durch 1,15 zu dividieren.

(3) [1]Bei Anlagen mit Heizkesseln ist der Brennstoffverbrauch der zentralen Warmwasserversorgungsanlage (B) in Litern, Kubikmetern, Kilogramm oder Schüttraummetern nach der Gleichung

$$B = \frac{Q}{H_i}$$

zu bestimmen. [2]Dabei sind zu Grunde zu legen

1. die auf die zentrale Warmwasserversorgungsanlage entfallende Wärmemenge (Q) nach Absatz 2 in kWh;
2. der Heizwert des verbrauchten Brennstoffes (H_i) in Kilowattstunden (kWh) je Liter (l), Kubikmeter (m³), Kilogramm (kg) oder Schüttraummeter (SRm). Als H_i-Werte können verwendet werden für

Leichtes Heizöl EL	10	kWh/l
Schweres Heizöl	10,9	kWh/l
Erdgas H	10	kWh/m³
Erdgas L	9	kWh/m³
Flüssiggas	13	kWh/kg
Koks	8	kWh/kg
Braunkohle	5,5	kWh/kg

Steinkohle	8	kWh/kg
Holz (lufttrocken)	4,1	kWh/kg
Holzpellets	5	kWh/kg
Holzhackschnitzel	650	kWh/SRm.

[3] Enthalten die Abrechnungsunterlagen des Energieversorgungsunternehmens oder Brennstofflieferanten Hi-Werte, sind diese zu verwenden. [4] Soweit die Abrechnung über kWh-Werte erfolgt, ist eine Umrechnung in Brennstoffverbrauch nicht erforderlich.

(4) Der Anteil an den Kosten der Versorgung mit Wärme ist nach § 7 Absatz 1, der Anteil an den Kosten der Versorgung mit Warmwasser nach § 8 Absatz 1 zu verteilen, soweit diese Verordnung nichts anderes bestimmt oder zulässt.

Wird durch einen Heizkessel das Wasser sowohl für die Beheizung als auch **1** für den Warmwasserverbrauch erwärmt, wie dies bei kleinen und mittleren Heizanlagen die Regel ist, so sind die Kosten nach der hier beschriebenen Formel aufzuteilen. Da die Abrechnung regelmäßig durch eine Messdienstfirma erfolgt, wird von einer Erläuterung im Einzelnen abgesehen. Einer Erläuterung der vorgeschriebenen Formeln gegenüber dem Mieter bedarf es nicht (BGH NJW 2010, 1198). Von praktischer Bedeutung war bisher die Möglichkeit, die Warmwasserkosten auf 18 % festzulegen, wenn die Erfassung des Warmwasserverbrauchs nicht möglich ist. Diese Regelung ist durch eine geänderte Formel ersetzt worden (Abs. 2 S. 2). Das Anbringen von Wärme- oder Wasserzählern musste aber spätestens bis 31.12.2013 erfolgen.

§ 9a HeizkostenV Kostenverteilung in Sonderfällen

(1) [1] Kann der anteilige Wärme- oder Warmwasserverbrauch von Nutzern für einen Abrechnungszeitraum wegen Geräteausfalls oder aus anderen zwingenden Gründen nicht ordnungsgemäß erfasst werden, ist er vom Gebäudeeigentümer auf der Grundlage des Verbrauchs der betroffenen Räume in vergleichbaren Zeiträumen oder des Verbrauchs vergleichbarer anderer Räume im jeweiligen Abrechnungszeitraum oder des Durchschnittsverbrauchs des Gebäudes oder der Nutzergruppe zu ermitteln. [2] Der so ermittelte anteilige Verbrauch ist bei der Kostenverteilung anstelle des erfassten Verbrauchs zu Grunde zu legen.

(2) Überschreitet die von der Verbrauchsermittlung nach Absatz 1 betroffene Wohn- oder Nutzfläche oder der umbaute Raum 25 vom Hundert der für die Kostenverteilung maßgeblichen gesamten Wohn- oder Nutzfläche oder des maßgeblichen gesamten umbauten Raumes, sind die Kosten ausschließlich nach den nach § 7 Absatz 1 Satz 5 und § 8 Absatz 1 für die Verteilung der übrigen Kosten zu Grunde zu legenden Maßstäben zu verteilen.

Die Vorschrift will eine verbrauchsabhängige Abrechnung bei **teilweisem 1 Ausfall** der Verbrauchserfassungsgeräte ermöglichen. Der Rahmen für zulässige Schätzungen ist mit Wirkung ab 1.1.2009 deutlich erweitert worden. Ein zwingender Grund für eine Schätzung ist gegeben, wenn sich der Erfassungsmangel nicht mehr beheben lässt. Auf Verschulden kommt es nicht an (BGH NJW-RR 2006, 232). Wenn der Vermieter hiernach einen geschätzten Verbrauch zugrunde legt, muss er, um die formellen Voraussetzungen der Abrechnung (§ 556 Abs. 3 BGB) zu erfüllen, diese Schätzung nicht näher erläutern. Ob sie zutreffend ist, wird dann im gerichtlichen Verfahren geprüft. (BGH NJW 2016, 3437). Die Vorschrift ist aber nicht anwendbar, wenn eine Verbrauchserfassung gar nicht eingerichtet worden ist. Für diese Fälle gilt das Kürzungsrecht gemäß § 12.

2   Als **geeignete Ersatzkriterien** kann der im Vorjahr oder in einem späteren Zeitraum gemessene Verbrauch in den betroffenen Räumen oder auch der Verbrauch des laufenden Jahres in vergleichbaren Räumen herangezogen werden oder auch der Durchschnittsverbrauch des Gebäudes insgesamt. Für welche Möglichkeit sich der Eigentümer entscheidet, steht ihm frei.

3   Abs. 2 bestimmt die **Grenze,** bis zu der eine Verbrauchsermittlung auf diese Weise möglich ist. Werden mehr als 25 % der für die Kostenverteilung maßgebenden Fläche (oder Raumvolumen) durch den Ausfall überschritten, muss für den Zeitraum, in dem die Verbrauchserfassung gestört war, nach Wohnfläche oder umbauten Raum – nach Wahl des Eigentümers – abgerechnet werden. Sind wenigstens für bestimmte Zeiträume Verbrauchswerte erfasst, kann keine eine Umlage nach Gradtagszahlen (vgl. § 9b Abs. 2, 3) erfolgen (BGH NJW-RR 2006, 232).

4   Hat der Vermieter keine Verbrauchserfassung durchgeführt und liegen deshalb keine Verbrauchswerte vor, kann er die Heizkosten nach Wohnfläche umlegen. Dabei ist dann die im Mietvertrag vereinbarte Fläche – bis zu einer Fehlergrenze von 10 % – maßgebend (BGH NJW 2008, 142). Der Vermieter muss dann aber 15 % der Heizkosten selbst tragen (§ 12).

§ 9b HeizkostenV Kostenaufteilung bei Nutzerwechsel

(1) Bei Nutzerwechsel innerhalb eines Abrechnungszeitraumes hat der Gebäudeeigentümer eine Ablesung der Ausstattung zur Verbrauchserfassung der vom Wechsel betroffenen Räume (Zwischenablesung) vorzunehmen.

(2) Die nach dem erfassten Verbrauch zu verteilenden Kosten sind auf der Grundlage der Zwischenablesung, die übrigen Kosten des Wärmeverbrauchs auf der Grundlage der sich aus anerkannten Regeln der Technik ergebenden Gradtagszahlen oder zeitanteilig und die übrigen Kosten des Warmwasserverbrauchs zeitanteilig auf Vor- und Nachnutzer aufzuteilen.

(3) Ist eine Zwischenablesung nicht möglich oder lässt sie wegen des Zeitpunktes des Nutzerwechsels aus technischen Gründen keine hinreichend genaue Ermittlung der Verbrauchsanteile zu, sind die gesamten Kosten nach den nach Absatz 2 für die übrigen Kosten geltenden Maßstäben aufzuteilen.

(4) Von den Absätzen 1 bis 3 abweichende rechtsgeschäftliche Bestimmungen bleiben unberührt.

1. Anwendungsbereich

Die Frage, wie die Kosten bei Mieterwechsel aufzuteilen sind, war früher **1** umstritten. **Vorrang** haben **mietvertragliche Regelungen** (Abs. 4). Für die Fälle, in denen keine Regelung im Mietvertrag enthalten ist, gilt § 9b. Nach der Begründung der Verordnung (BT-Drs. 494/88) wird es ausdrücklich freigestellt, einfachere und wirtschaftlichere Lösungen vertraglich auch zukünftig zu vereinbaren. Dies soll auch in Formularmietverträgen geschehen können. § 9b gilt seit 1.3.1989.

2. Zwischenablesung

Soweit nichts anderes vereinbart ist, hat nach § 9b grundsätzlich eine Zwi- **2** schenablesung zu erfolgen (Abs. 1). Damit ist eine Aufteilung entsprechend dem Verbrauch des Vor- und Nachmieters möglich. Die Kosten der Zwischenablesung trägt der Vermieter, sofern keine abweichende Regelung im Mietvertrag vorgesehen ist (BGH NJW 2008, 575). Eine Zwischenerfassung der verbrauchten Brennstoffe ist nicht erforderlich. Die nach dem Verbrauch zu verteilenden Kosten (gemäß § 7 Abs. 1, § 10: 50–70 %, ausnahmsweise 100 %) sind auf der Grundlage der Zwischenablesung zu verteilen. Die „übrigen Kosten" (§ 7 Abs. 1: 50-30 %) sind nach Wahl des Gebäudeeigentümers entweder zeitanteilig oder nach sog. **Gradtagszahlen** aufzuteilen. Für die Warmwasserkosten ist nur eine zeitanteilige Aufteilung möglich. Bei der Gradtagszahlenmethode wird den einzelnen Monaten des Jahres ein auf langjähriger Beobachtung ermittelter Wärmeverbrauchsanteil zugeordnet. Die nachstehende Tabelle gibt wieder, wie viel 0/00 des Jahresverbrauchs jedem Monat zugeordnet werden. Für angebrochene Monate kann 1/30 pro Tag angesetzt werden.

Januar	170	Juni–August zus.	040
Februar	150	September	030
März	130	Oktober	080
April	080	November	120
Mai	040	Dezember	160

3. Keine Zwischenablesung

Eine sinnvolle Zwischenablesung ist nicht möglich (Abs. 3), insbesondere **3** wenn bei Verwendung von Heizkostenverteilern nach dem Verdunstungsprinzip der Mieterwechsel kurz vor oder nach Ablauf der Heizperiode erfolgt oder wenn in der Zeit von oder bis zur turnusmäßigen Ablesung nicht geheizt und somit nur eine Kaltverdunstung registriert wird. In diesen Fällen sind dann die gesamten Wärme- und Warmwasserkosten wie in Abs. 2 vorgesehen zeitanteilig oder nach Gradtagszahlen (nicht für Warmwasserverbrauch) zu verteilen. Gleiches gilt, wenn die Erfassungsgeräte ausgefallen sind oder das Unterbleiben der Zwischenablesung vom Mieter zu vertreten ist. Unterbleibt die Ablesung aus Gründen, die der Vermieter zu vertreten hat, steht dem Mieter ein Kürzungsrecht gemäß § 12 zu.

§ 10 HeizkostenV Überschreitung der Höchstsätze

Rechtsgeschäftliche Bestimmungen, die höhere als die in § 7 Absatz 1 und § 8 Absatz 1 genannten Höchstsätze von 70 vom Hundert vorsehen, bleiben unberührt.

1 Durch Vereinbarung der Beteiligten soll es auch weiterhin möglich sein, mehr als 70 % der Heizkosten verbrauchsabhängig abzurechnen. Der von der Verordnung gewünschte Anreiz zur Energieeinsparung ist bei Vereinbarungen, nach denen mehr als 70 % der Kosten verbrauchsabhängig abgerechnet werden, noch größer. Die Vereinbarung einer 100%igen verbrauchsabhängigen Abrechnung ist deshalb zugelassen worden. Dies gilt nicht nur für Vereinbarungen, die vor Inkrafttreten der Verordnung abgeschlossen worden sind, sondern nach den ausdrücklichen Vorstellungen des Verordnungsgebers auch für entsprechende zukünftige Vereinbarungen. Erforderlich ist jedoch, dass alle Mieter – bei Wohnungseigentum alle Eigentümer (OLG Düsseldorf NJW 1986, 387) – mit einer entsprechenden Regelung einverstanden sind. § 10 geht § 2 als Spezialvorschrift vor.

§ 11 HeizkostenV Ausnahmen

(1) Soweit sich die §§ 3 bis 7 auf die Versorgung mit Wärme beziehen, sind sie nicht anzuwenden
1. auf Räume,
   a) in Gebäuden, die einen Heizwärmebedarf von weniger als 15 kWh/(m² · a) aufweisen,
   b) bei denen das Anbringen der Ausstattung zur Verbrauchserfassung, die Erfassung des Wärmeverbrauchs oder die Verteilung der Kosten des Wärmeverbrauchs nicht oder nur mit unverhältnismäßig hohen Kosten möglich ist; unverhältnismäßig hohe Kosten liegen vor, wenn diese nicht durch die Einsparungen, die in der Regel innerhalb von zehn Jahren erzielt werden können, erwirtschaftet werden können; oder
   c) die vor dem 1. Juli 1981 bezugsfertig geworden sind und in denen der Nutzer den Wärmeverbrauch nicht beeinflussen kann;
2. a) auf Alters- und Pflegeheime, Studenten- und Lehrlingsheime,
   b) auf vergleichbare Gebäude oder Gebäudeteile, deren Nutzung Personengruppen vorbehalten ist, mit denen wegen ihrer besonderen persönlichen Verhältnisse regelmäßig keine üblichen Mietverträge abgeschlossen werden;
3. auf Räume in Gebäuden, die überwiegend versorgt werden
   a) mit Wärme aus Anlagen zur Rückgewinnung von Wärme oder aus Wärmepumpen- oder Solaranlagen oder
   b) mit Wärme aus Anlagen der Kraft-Wärme-Kopplung oder aus Anlagen zur Verwertung von Abwärme, sofern der Wärmeverbrauch des Gebäudes nicht erfasst wird;
4. auf die Kosten des Betriebs der zugehörigen Hausanlagen, soweit diese Kosten in den Fällen des § 1 Absatz 3 nicht in den Kosten der Wärmelieferung enthalten sind, sondern vom Gebäudeeigentümer gesondert abgerechnet werden;

5. in sonstigen Einzelfällen, in denen die nach Landesrecht zuständige Stelle wegen besonderer Umstände von den Anforderungen dieser Verordnung befreit hat, um einen unangemessenen Aufwand oder sonstige unbillige Härten zu vermeiden.

(2) Soweit sich die §§ 3 bis 6 und § 8 auf die Versorgung mit Warmwasser beziehen, gilt Absatz 1 entsprechend.

1. Anwendungsbereich

Die HeizkostenV will möglichst umfassend eine verbrauchsabhängige Heiz-   **1** kostenabrechnung erreichen. Die in § 11 genannten Ausnahmefälle sind deshalb als abschließende Aufzählung aufzufassen. Die Ausnahmetatbestände sind eng auszulegen, Passivhäuser sind von der Heizkostenverordnung generell ausgenommen (Abs. 1 Nr. 1 lit. a).

2. Unverhältnismäßige Umrüstungskosten

Unverhältnismäßig hoch (Nr. 1 lit. b) sind die Umrüstungskosten zB dann,   **2** wenn sie deutlich die Kosten übersteigen, die üblicherweise bei nachträglicher Anbringung der Ausstattung zur Verbrauchserfassung entstehen. Dies wird in der Regel auf besonderen baulichen oder technischen Umständen im Einzelfall beruhen. Zu denken ist hierbei auch an eine Niedrigtemperaturheizung, deren Leistungsabgabe nicht durch die üblichen Verdunstungsröhrchen am Heizkörper erfassbar ist. Die Anbringung elektronischer Erfassungsgeräte kann unverhältnismäßig teuer sein. Von Bedeutung können aber auch sonstige besondere Umstände des Einzelfalls sein, zB der absehbare, bevorstehende Abriss des Hauses (→ § 4 Rn. 11). Die Ausnahmevorschrift ist auch auf die Erfassung des Warmwassers anzuwenden (Abs. 2). Erfolgt die Warmwasserverteilung nicht horizontal, so ist wegen der hohen Kosten keine entsprechende Änderung des Leitungsnetzes und auch keine Installation zahlreicher einzelner Wasseruhren notwendig.

Zu beachten ist immer das Verhältnis der Kosten zu dem von der Verord-   **3** nung erstrebten Einspareffekt (BGH ZMR 1991, 170). Dabei wird die in der Verordnung genannte Quote (§ 12 Abs. 1) in Höhe von 15 % heranzuziehen sein. Wenn die laufenden Kosten der Verbrauchserfassung, Abrechnung und Eichung sowie die auf zehn Jahre verteilten Kosten der Anbringung der Verbrauchserfassungsausstattung 15 % der Heizkosten der gemeinsamen Anlage übersteigen, sind die Kosten (zB im Falle der Untervermietung) unangemessen hoch.

Bestehen Meinungsverschiedenheiten zwischen Vermieter und Mieter über   **4** die Anwendbarkeit der Verordnung, kann der Vermieter zur Vermeidung einer gerichtlichen Auseinandersetzung eine Entscheidung der zuständigen Behörde nach Nr. 5 beantragen. Diese ist dann zivilrechtlich bindend.

In **Nr. 1 lit. c** werden zB Einrohrheizungen angesprochen, bei denen der   **5** erste Nutzer seine Heizung nicht abschalten kann, ohne zugleich die Heizungen der dahinter liegenden Nutzer mit abzuschalten. Bei Anlagen, die nach dem 1.7.1981 in dieser Weise eingerichtet wurden, kann der Mieter jedoch eine Änderung verlangen.

3. Nr. 2

6 Bei den in Nr. 2 genannten Fällen der Raumüberlassung wird eine verbrauchsabhängige Abrechnung nicht vorgeschrieben, weil dort die Wohneinheiten regelmäßig recht klein sind, ein erheblicher Wärmeaustausch zwischen den einzelnen Räumen erfolgt und wegen der häufig sehr großen Fluktuation ein unverhältnismäßig großer Verwaltungsaufwand durch verbrauchsabhängige Abrechnung ausgelöst würde. Auf diese Gesichtspunkte ist auch abzustellen bei der Frage, ob vergleichbare Verhältnisse nach Nr. 2b vorliegen. Bewusst nicht generell ausgenommen hat der Verordnungsgeber jedoch Warmmietverhältnisse über **Einliegerwohnungen** sowie Fälle der **Untervermietung.** Soweit in der Einliegerwohnung oder den untervermieteten Räumen jedoch nur ein sehr kleiner Anteil der erzeugten Wärme verbraucht wird, können diese unter den Ausnahmetatbestand nach Nr. 1 oder Nr. 5 fallen. Im Einfamilienhaus mit Einliegerwohnung kann die Anwendung der HeizkostenV gemäß § 2 unter Umständen vertraglich ausgeschlossen werden.

4. Nr. 3

7 Die Regelung in Nr. 3 ermöglicht eine Ausnahmeregelung für neue energiesparende technische Verfahren. Die Pauschalabrechnung darf in diesen Fällen einer Energieeinsparung nicht entgegenstehen und muss der Gesamtheit der Nutzer zugutekommen. Dies wird aber nur selten der Fall sein. Die Aufzählung ist abschließend. Bei anderen technischen Verfahren ist die HeizkostenV anzuwenden. Auch bei den genannten Technologien besteht die Ausnahme nur, wenn eine entsprechende behördliche Genehmigung vorliegt.

5. Nr. 4

8 Nr. 4 betrifft den Fall der externen Wärmelieferung (→ § 1 Rn. 4). Die beim Gebäudeeigentümer entstehenden Kosten sind regelmäßig nicht sehr hoch (maximal 2 % der Gesamtkosten). Sie müssen deshalb nicht verbrauchsabhängig umgelegt werden, sondern können auch ohne ausdrückliche vertragliche Regelung nach Wahl des Eigentümers nach einem geeigneten Schlüssel (zB Fläche) umgelegt werden. Im Übrigen sind aber auch diese Kosten Heizkosten im Sinne des § 1 Abs. 1 Nr. 1.

9 Für die nach § 11 vom Anwendungsbereich der Verordnung ausgenommenen Räume besteht auch keine Ausstattungspflicht; vielmehr gilt die Ausnahme auf Dauer.

10 Zum Anwendungsbereich der Verordnung ergänzend → § 1 Rn. 4 ff.

§ 12 HeizkostenV Kürzungsrecht, Übergangsregelungen

(1) [1]Soweit die Kosten der Versorgung mit Wärme oder Warmwasser entgegen den Vorschriften dieser Verordnung nicht verbrauchsabhängig abgerechnet werden, hat der Nutzer das Recht, bei der nicht verbrauchsabhängigen Abrechnung der Kosten den auf ihn entfallenden Anteil um 15 vom Hundert zu kürzen. [2]Dies gilt nicht beim Wohnungseigentum im Verhältnis des einzelnen Wohnungseigentümers zur Gemeinschaft der Wohnungseigentümer; insoweit verbleibt es bei den allgemeinen Vorschriften.

(2) Die Anforderungen des § 5 Absatz 1 Satz 2 gelten bis zum 31. Dezember 2013 als erfüllt

1. für die am 1. Januar 1987 für die Erfassung des anteiligen Warmwasserverbrauchs vorhandenen Warmwasserkostenverteiler und

2. für die am 1. Juli 1981 bereits vorhandenen sonstigen Ausstattungen zur Verbrauchserfassung.

(3) Bei preisgebundenen Wohnungen im Sinne der Neubaumietenverordnung 1970 gilt Absatz 2 mit der Maßgabe, dass an die Stelle des Datums „1. Juli 1981" das Datum „1. August 1984" tritt.

(4) § 1 Absatz 3, § 4 Absatz 3 Satz 2 und § 6 Absatz 3 gelten für Abrechnungszeiträume, die nach dem 30. September 1989 beginnen; rechtsgeschäftliche Bestimmungen über eine frühere Anwendung dieser Vorschriften bleiben unberührt.

(5) Wird in den Fällen des § 1 Absatz 3 der Wärmeverbrauch der einzelnen Nutzer am 30. September 1989 mit Einrichtungen zur Messung der Wassermenge ermittelt, gilt die Anforderung des § 5 Absatz 1 Satz 1 als erfüllt.

(6) Auf Abrechnungszeiträume, die vor dem 1. Januar 2009 begonnen haben, ist diese Verordnung in der bis zum 31. Dezember 2008 geltenden Fassung weiter anzuwenden.

1. Anwendungsbereich

Gebäude, die **nach** dem 1.7.1981 **bezugsfertig** geworden sind (neue Bundesländer nach dem 1.1.1991), fallen ab Bezugsfertigkeit unter die Heizkostenverordnung. Sie müssen von Anfang an mit der erforderlichen Ausstattung zur Verbrauchserfassung versehen sein. Ist dies nicht der Fall, wird dieselbe zivilrechtliche Sanktion eintreten wie dies für die vor diesem Stichtag bezugsfertig gewordenen Wohnungen in Abs. 1 bestimmt ist. Ferner wird man davon ausgehen müssen, dass ein Vermieter, der pflichtwidrig die Ausstattung vor Bezugsfertigkeit nicht angebracht hat, die Kosten der nachträglichen Anbringung nicht nach § 559 BGB auf die Mieter umlegen kann. **1**

In Gebäuden, die **vor** dem 1.7.1981 **bezugsfertig** geworden sind, ist eine verbrauchsabhängige Abrechnung nach der Verordnung seit 1.7.1984 durchzuführen. **2**

2. Kürzungsrecht des Mieters

Zum Kürzungsrecht des Mieters (Abs. 1 S. 1) im Falle einer pflichtwidrig unterlassenen verbrauchsabhängigen Abrechnung → § 4 Rn. 5. Die Ausnah- **3** me für die Wohnungseigentümer trägt dem Umstand Rechnung, dass die Wohnungseigentümergemeinschaft die Gesamtkosten der Heizung aufbringen muss, so dass ein Kürzungsrecht der einzelnen Wohnungseigentümer nicht möglich ist. In diesen Fällen wird der einzelne Wohnungseigentümer nur auf Erfüllung der Umstellungspflicht gegen die Wohnungseigentümergemeinschaft klagen können. Für den Mieter einer solchen Eigentumswohnung ist das Kürzungsrecht gegenüber dem Vermieter jedoch hierdurch nicht beschränkt.

4   Kein Kürzungsrecht besteht, wenn der Vermieter eine nach den §§ 9a, 9b zulässige Schätzmethode angewendet hat (BGH NJW-RR 2006, 232). Fehlt nur die Erfassung des Verbrauchs von Warmwasser, darf nur auf diesen Kostenanteil ein Strafabschlag verlangt werden (BGH NJW-RR 2006, 86). Für Fehler der Abrechnung, die nicht darauf beruhen, dass verbrauchsunabhängig abgerechnet wurde, gilt das pauschale Kürzungsrecht nicht (BGH NJW 2012, 522).

3. Bereits vorhandene Ausstattung

5   War eine Ausstattung zur Verbrauchserfassung bereits **vor dem** 1.1.1981 (im preisgebundenen Wohnungsbau vor dem 1.8.1984) vorhanden, so sind die technischen Anforderungen nur noch bis 31.12.2013 reduziert. Anforderungen an den Standard dieser Ausstattung sind, sofern sie nur generell zur Verbrauchserfassung geeignet ist, nicht zu stellen (Abs. 2). Die Anforderungen des § 5 HeizkostenV gelten dann erst bei einer Ersetzung der Erfassungsgeräte bzw. ab 1.1.2014.

4. Übergangsregelung

6   Durch die Übergangsregelung in Abs. 5 wird sichergestellt, dass in Fällen, in denen – abweichend von § 5 Abs. 1, aber nach § 18 Abs. 1 ABV-FernwärmeV zulässig – der Wärmeverbrauch mit Hilfe von Wasserzählern ermittelt wird (sog. Ersatzverfahren), dies auch in Zukunft zulässig bleibt.

5. Thermostatventile

7   Thermostatventile zur selbsttätigen, raumweisen Temperaturregelung müssen in bestehenden Wohnungen schon seit 1987 nachgerüstet werden, sofern keine Niedrigtemperatur-Heizung besteht (Heizanlagenverordnung vom 20.1.1989, BGBl. 1989 I 120).

5. Gesetz zur Regelung der Wohnungsvermittlung (WoVermittG)

vom 4.11.1971 (BGBl. 1971 I 1745),
zuletzt geändert durch Gesetz vom 21.4.2015 (BGBl. 2015 I 610)

§ 1 WoVermittG [Begriff des Wohnungsvermittlers]

(1) Wohnungsvermittler im Sinne dieses Gesetzes ist, wer den Abschluß von Mietverträgen über Wohnräume vermittelt oder die Gelegenheit zum Abschluß von Mietverträgen über Wohnräume nachweist.

(2) Zu den Wohnräumen im Sinne dieses Gesetzes gehören auch solche Geschäftsräume, die wegen ihres räumlichen oder wirtschaftlichen Zusammenhangs mit Wohnräumen mit diesen zusammen vermietet werden.

(3) Die Vorschriften dieses Gesetzes gelten nicht für die Vermittlung oder den Nachweis der Gelegenheit zum Abschluß von Mietverträgen über Wohnräume im Fremdenverkehr.

Die Vorschriften dieses Gesetzes begrenzen die Vertragsfreiheit bei Abschluss **1** eines Maklervertrages (§§ 652 ff. BGB), die bei der Vermittlung für Wohnraum zur Miete besteht. Auf gewerbliche Mietverhältnisse sind die Einschränkungen nur anzuwenden, wenn die Voraussetzungen des Abs. 2 vorliegen. Dann gelten die Vorschriften für Wohnräume für den vermittelten Vertrag insgesamt.

§ 2 WoVermittG [Anspruch auf Entgelt]

(1) ¹Ein Anspruch auf Entgelt für die Vermittlung oder den Nachweis der Gelegenheit zum Abschluß von Mietverträgen über Wohnräume steht dem Wohnungsvermittler nur zu, wenn infolge seiner Vermittlung oder infolge seines Nachweises ein Mietvertrag zustande kommt. ²Der Vermittlungsvertrag bedarf der Textform.

(1a) Der Wohnungsvermittler darf vom Wohnungssuchenden für die Vermittlung oder den Nachweis der Gelegenheit zum Abschluss von Mietverträgen über Wohnräume kein Entgelt fordern, sich versprechen lassen oder annehmen, es sei denn, der Wohnungsvermittler holt ausschließlich wegen des Vermittlungsvertrags mit dem Wohnungssuchenden vom Vermieter oder von einem anderen Berechtigten den Auftrag ein, die Wohnung anzubieten (§ 6 Absatz 1).

(2) ¹Ein Anspruch nach Absatz 1 Satz 1 steht dem Wohnungsvermittler nicht zu, wenn

1. durch den Mietvertrag ein Mietverhältnis über dieselben Wohnräume fortgesetzt, verlängert oder erneuert wird,

2. der Mietvertrag über Wohnräume abgeschlossen wird, deren Eigentümer, Verwalter, Mieter oder Vermieter der Wohnungsvermittler ist, oder

3. der Mietvertrag über Wohnräume abgeschlossen wird, deren Eigentümer, Verwalter oder Vermieter eine juristische Person ist, an der der Wohnungsvermittler rechtlich oder wirtschaftlich beteiligt ist.

[2] Das gleiche gilt, wenn eine natürliche oder juristische Person Eigentümer, Verwalter oder Vermieter von Wohnräumen ist und ihrerseits an einer juristischen Person, die sich als Wohnungsvermittler betätigt, rechtlich oder wirtschaftlich beteiligt ist.

(3) [1] Ein Anspruch nach Absatz 1 Satz 1 steht dem Wohnungsvermittler gegenüber dem Wohnungssuchenden nicht zu, wenn der Mietvertrag über öffentlich geförderte Wohnungen oder über sonstige preisgebundene Wohnungen abgeschlossen wird, die nach dem 20. Juni 1948 bezugsfertig geworden sind oder bezugsfertig werden. [2] Satz 1 gilt auch für die Wohnungen, die nach den §§ 88d und 88e des Zweiten Wohnungsbaugesetzes, nach dem Wohnraumförderungsgesetz oder nach entsprechenden landesrechtlichen Vorschriften gefördert werden, solange das Belegungsrecht besteht. [3] Das gleiche gilt für die Vermittlung einzelner Wohnräume der in den Sätzen 1 und 2 genannten Wohnungen.

(4) Vorschüsse dürfen nicht gefordert, vereinbart oder angenommen werden.

(5) Eine Vereinbarung ist unwirksam, wenn

1. sie von den Absätzen 1 bis 4 abweicht oder
2. durch sie der Wohnungssuchende verpflichtet wird, ein vom Vermieter oder einem Dritten geschuldetes Vermittlungsentgelt zu zahlen.

1   Bei einer engen wirtschaftlichen Beziehung zu dem vermittelten Objekt (Verflechtung) versagt das Gesetz dem Makler einen Vergütungsanspruch (Abs. 2 Nr. 2 und Nr. 3). Hierfür reicht es zB aus, wenn der Makler als Hausmeister für den Eigentümer tätig ist. Der Verwalter nach dem Wohnungseigentumsgesetz ist jedoch nur dann auch Verwalter der zu vermietenden Wohnung, wenn er bezogen auf diese Wohnung besondere Verwaltungsaufgaben ausführt, zB Renovierung des Sondereigentums, Vermietung und Betreuung des Mietverhältnisses oÄ. Als Ehegatte des Vermieters ist für den Makler ein Honorar hingegen nicht ausgeschlossen (BVerfG NJW 1987, 2733).

2   **Zu § 2 Abs. 1:** Maklerverträge, die nicht zumindest in Textform (§ 126b), insbesondere per E-Mail oder Computerfax geschlossen worden sind, sind nichtig und begründen keinen Honoraranspruch des Maklers.

3   **Zu § 2 Abs. 1a:** Im Zusammenhang mit der **Mietpreisbremse** (§ 556d) hat der Gesetzgeber im Reformgesetz vom 21.4.2015 praktisch das **Verbot** einer wirksamen Vereinbarung eines Maklerhonorars mit einem Wohnraumsuchenden eingeführt. Anders als die Mietpreisbremse ist diese Regelung weder regional auf Gebiete angespannter Wohnungsmärkte begrenzt noch zeitlich befristet. Der damit verbundene Eingriff in das Recht der freien Berufsausübung (Art. 12 GG) wurde im Gesetzgebungsverfahren heftig kritisiert; ist aber vom BVerfG nicht beanstandet worden (BVerfG NJW-RR 2016, 1497).

4   Der angestrebte Schutz des Mieters wird dadurch erreicht, dass der Makler **ausschließlich** auf Initiative eines Mieters tätig geworden sein muss, wenn der Mieter die Maklervergütung tragen soll. Die angebotene Wohnung darf nicht bereits davor dem Makler an die Hand gegeben worden sein. Der Makler muss die Zustimmung des Vermieters einholen, bevor er die Wohnung dem Mieter anbietet (§ 6, dort „Auftrag" genannt). Der Vermieter darf bei dieser Anfrage aber nicht zum Ausdruck gebracht haben, dass er auch selbst ein Interesse an der Vermittlung dieser Wohnung durch den Makler hat; jetzt oder auch später. Dies wird je kaum einmal so der Fall sein. Die Beweislast für genau diese Umstände trägt der Makler.

Stellt der Makler dem Mieter ein Honorar in Rechnung, obwohl die **5** Verhältnisse nicht so waren, ist die Honorarforderung unwirksam und der Makler hat eine Ordnungswidrigkeit (§ 8 Abs. 1 Nr. 1) begangen.

Abgesichert wird dieses faktische Verbot der Geltendmachung des Honorars **6** beim Mieter durch die Regelung in Abs. 5. Hiermit soll sowohl die direkte als auch eine indirekte Belastung des Mieters verhindert werden. Umfassend zum „Bestellerprinzip" Fischer WM 2016, 391).

§ 3 WoVermittG [Entgelt; Auslagen]

(1) Das Entgelt nach § 2 Abs. 1 Satz 1 ist in einem Bruchteil oder Vielfachen der Monatsmiete anzugeben.

(2) ¹Der Wohnungsvermittler darf vom Wohnungssuchenden für die Vermittlung oder den Nachweis der Gelegenheit zum Abschluß von Mietverträgen über Wohnräume kein Entgelt fordern, sich versprechen lassen oder annehmen, das zwei Monatsmieten zuzüglich der gesetzlichen Umsatzsteuer übersteigt. ²Nebenkosten, über die gesondert abzurechnen ist, bleiben bei der Berechnung der Monatsmiete unberücksichtigt.

(3) ¹Außer dem Entgelt nach § 2 Abs. 1 Satz 1 dürfen für Tätigkeiten, die mit der Vermittlung oder dem Nachweis der Gelegenheit zum Abschluß von Mietverträgen über Wohnräume zusammenhängen, sowie für etwaige Nebenleistungen keine Vergütungen irgendwelcher Art, insbesondere keine Einschreibgebühren, Schreibgebühren oder Auslagenerstattungen, vereinbart oder angenommen werden. ²Dies gilt nicht, soweit die nachgewiesenen Auslagen eine Monatsmiete übersteigen. ³Es kann jedoch vereinbart werden, daß bei Nichtzustandekommen eines Mietvertrages die in Erfüllung des Auftrages nachweisbar entstandenen Auslagen zu erstatten sind.

(4) ¹Eine Vereinbarung, durch die der Auftraggeber sich im Zusammenhang mit dem Auftrag verpflichtet, Waren zu beziehen oder Dienst- oder Werkleistungen in Anspruch zu nehmen, ist unwirksam. ²Die Wirksamkeit des Vermittlungsvertrags bleibt unberührt. ³Satz 1 gilt nicht, wenn die Verpflichtung die Übernahme von Einrichtungs- oder Ausstattungsgegenständen des bisherigen Inhabers der Wohnräume zum Gegenstand hat.

Abs. 1 schließt es aus, dass der Makler Auslagenerstattung formularmäßig mit **1** seinem Auftraggeber vereinbart. Das Maklerhonorar kann stets nur bei erfolgreicher Tätigkeit, also nach Abschluss des Mietvertrags verlangt werden (§ 2 Abs. 1).

§ 4 WoVermittG [Vertragsstrafe]

¹Der Wohnungsvermittler und der Auftraggeber können vereinbaren, daß bei Nichterfüllung von vertraglichen Verpflichtungen eine Vertragsstrafe zu zahlen ist. ²Die Vertragsstrafe darf 10 Prozent des gemäß § 2 Abs. 1 Satz 1 vereinbarten Entgelts, höchstens jedoch 25 Euro nicht übersteigen.

(nicht kommentiert)

§ 4a WoVermittG [Unwirksame Vereinbarungen]

(1) ¹Eine Vereinbarung, die den Wohnungssuchenden oder für ihn einen Dritten verpflichtet, ein Entgelt dafür zu leisten, daß der bisherige Mieter die gemieteten Wohnräume räumt, ist unwirksam. ²Die Erstattung von Kosten, die dem bisherigen Mieter nachweislich für den Umzug entstehen, ist davon ausgenommen.

(2) ¹Ein Vertrag, durch den der Wohnungssuchende sich im Zusammenhang mit dem Abschluß eines Mietvertrages über Wohnräume verpflichtet, von dem Vermieter oder dem bisherigen Mieter eine Einrichtung oder ein Inventarstück zu erwerben, ist im Zweifel unter der aufschiebenden Bedingung geschlossen, daß der Mietvertrag zustande kommt. ²Die Vereinbarung über das Entgelt ist unwirksam, soweit dieses in einem auffälligen Mißverhältnis zum Wert der Einrichtung oder des Inventarstücks steht.

1 Die Vorschrift verbietet dem Mieter eindeutig, ein Entgelt für die Vermittlung der von ihm freigemachten Wohnung zu verlangen. Soweit versucht wird, die Vorschrift zu umgehen (zB Zahlungen für Renovierungsaufwand), sind die Vereinbarungen ebenfalls unwirksam (BGH NJW 1997, 1845). Die Preiskontrollvorschrift (Abs. 2 S. 2) entspricht den objektiven Voraussetzungen des Wuchers (§ 138 BGB; → WiStG § 5 Rn. 8), dessen subjektive Voraussetzungen nicht erfüllt sein müssen. Es ist somit nicht erforderlich, dass der Mieter zB die Unerfahrenheit des Nachmieters oder dessen Notlage ausnutzen wollte. Übersteigt der Preis die Wuchergrenze, bleibt die Vereinbarung in Höhe von 150 % des angemessenen Preises wirksam.

§ 5 WoVermittG [Rückforderung von Leistungen]

(1) Soweit an den Wohnungsvermittler ein ihm nach diesem Gesetz nicht zustehendes Entgelt, eine Vergütung anderer Art, eine Auslagenerstattung, ein Vorschuß oder eine Vertragsstrafe, die den in § 4 genannten Satz übersteigt, geleistet worden ist, kann die Leistung nach den allgemeinen Vorschriften des bürgerlichen Rechts zurückgefordert werden; die Vorschrift des § 817 Satz 2 des Bürgerlichen Gesetzbuchs ist nicht anzuwenden.

(2) Soweit Leistungen auf Grund von Vereinbarungen erbracht worden sind, die nach § 2 Absatz 5 Nummer 2 oder § 4a unwirksam oder nicht wirksam geworden sind, ist Absatz 1 entsprechend anzuwenden.

Die Vorschrift stellt sicher, dass ein unwirksam vereinbartes Honorar zurück 1 gefordert werden kann nach den Grundsätzen des Bereicherungsrechts (§§ 812 ff. BGB). Auch der Mieter, der in Kenntnis des gesetzlichen Verbots zunächst das Maklerhonorar bezahlt hat, wird geschützt (§ 817 BGB). Eine Vereinbarung zwischen Mieter und Vermieter, zB im Mietvertrag, nach der der Mieter die Maklerkosten trägt, ist unwirksam. Auch in diesem Fall besteht ein Rückforderungsrecht des Mieters.

§ 6 WoVermittG [Angebote; Anforderungen an Anzeigen]

(1) Der Wohnungsvermittler darf Wohnräume nur anbieten, wenn er dazu einen Auftrag von dem Vermieter oder einem anderen Berechtigten hat.

(2) Der Wohnungsvermittler darf öffentlich, insbesondere in Zeitungsanzeigen, auf Aushängetafeln und dergleichen, nur unter Angabe seines Namens und der Bezeichnung als Wohnungsvermittler Wohnräume anbieten oder suchen; bietet er Wohnräume an, so hat er auch den Mietpreis der Wohnräume anzugeben und darauf hinzuweisen, ob Nebenleistungen besonders zu vergüten sind.

Der Makler soll ohne Auftrag des Vermieters dem Mieter keine Wohnung 1 anbieten. Dadurch sollen dem Mieter Wohnungsbesichtigungen bei solchen Vermietern erspart bleiben, die diese Wohnungen dem Makler nicht an die Hand gegeben haben. Ein Verstoß macht den Maklervertrag jedoch nicht nichtig (BGH NJW 2002, 3015). Insoweit ist die Regelung nur eine Ordnungsvorschrift mit Relevanz im Wettbewerb (UWG).

§ 7 WoVermittG [Ausnahmen von § 3 Abs. 1 und § 6]

Die Vorschriften des § 3 Abs. 1 und des § 6 gelten nur, soweit der Wohnungsvermittler die in § 1 Abs. 1 bezeichnete Tätigkeit gewerbsmäßig ausübt.

(nicht kommentiert)

§ 8 WoVermittG [Ordnungswidrigkeiten]

(1) Ordnungswidrig handelt, wer als Wohnungsvermittler vorsätzlich oder fahrlässig
1. entgegen § 2 Absatz 1a vom Wohnungssuchenden ein Entgelt fordert, sich versprechen lässt oder annimmt,
1a. entgegen § 3 Abs. 1 das Entgelt nicht in einem Bruchteil oder Vielfachen der Monatsmiete angibt,

2. entgegen § 3 Abs. 2 ein Entgelt fordert, sich versprechen läßt oder annimmt, das den dort genannten Betrag übersteigt,
3. entgegen § 6 Abs. 1 ohne Auftrag Wohnräume anbietet oder
4. entgegen § 6 Abs. 2 seinen Namen, die Bezeichnung als Wohnungsvermittler oder den Mietpreis nicht angibt oder auf Nebenkosten nicht hinweist.

(2) Die Ordnungswidrigkeit nach Absatz 1 Nummer 1 und 2 kann mit einer Geldbuße bis zu 25 000 Euro, die Ordnungswidrigkeit nach Absatz 1 Nummer 1a, 3 und 4 mit einer Geldbuße bis zu 2 500 Euro geahndet werden.

(nicht kommentiert)

§ 9 WoVermittG [Inkrafttreten]

(1) Mit dem Inkrafttreten dieses Gesetzes tritt die Verordnung zur Regelung der Entgelte der Wohnungsvermittler vom 19. Oktober 1942 (Reichsgesetzbl. I S. 625) außer Kraft.

(2) [aufgehoben]

(3) § 2 gilt für das Land Berlin und für das Saarland mit der Maßgabe, daß das Datum „20. Juni 1948" für das Land Berlin durch das Datum „24. Juni 1948", für das Saarland durch das Datum „1. April 1948" zu ersetzen ist.

(nicht kommentiert)

Sachverzeichnis

Die fett gedruckten Zahlen bezeichnen die Paragraphen des BGB oder der sonst jeweils zusätzlich angegebenen Rechtsvorschrift; die mager gedruckten Zahlen bezeichnen die Randnummern.

Sachverzeichnis

Sachverzeichnis

Sachverzeichnis

Sachverzeichnis

Sachverzeichnis